# 唐代四川农业发展与社会变迁研究

李钊 著

新华出版社

**图书在版编目（CIP）数据**

唐代四川农业发展与社会变迁研究 / 李钊著 . —北京：新华出版社，2021.8
ISBN 978-7-5166-5990-8

Ⅰ . ①唐…　Ⅱ . ①李…　Ⅲ . ①农业史—研究—四川②社会变迁—研究—四川　Ⅳ . ① F329.71 ② K297.1

中国版本图书馆 CIP 数据核字（2021）第 158523 号

**唐代四川农业发展与社会变迁研究**

**作　　者：** 李　钊

**责任编辑：** 徐文贤　许兼畅
**封面设计：** 顽瞳书衣

**出版发行：** 新华出版社
**地　　址：** 北京石景山区京原路 8 号　　**邮　　编：** 100040
**网　　址：** http://www.xinhuapub.com
**经　　销：** 新华书店
**购书热线：** 010-63077122　　**中国新闻书店购书热线：** 010-63072012

**照　　排：** 北京人文在线文化艺术有限公司
**印　　刷：** 廊坊市海涛印刷有限公司
**成品尺寸：** 170mm × 240mm　1/16
**印　　张：** 28. 5　　**字　　数：** 452 千字
**版　　次：** 2021 年 12 月第一版　　**印　　次：** 2021 年 12 月河北第一次印刷
**书　　号：** ISBN 978-7-5166-5990-8
**定　　价：** 98. 00 元

# 序

# 天府农耕文明的悠久历程和辉煌成就

四川古称巴蜀，是中华文明多元一体宏大共同体的重要组成部分，而且是历史文化富有特色、成就卓越、贡献巨大的组成部分。在历史上四川给予中华文明乃至人类文明的众多贡献中，四川的农业无疑是其中最值得称道者之一。

翻开中国的地理版图，从农业发展的自然环境看，巴蜀地区地处秦岭以南，长江上游，地形地貌多样，土壤种类繁多，据1980年—1985年普查，四川全省土壤就有18类，其中尤以紫色土（水稻土的主要母土）、水稻土面积最大，其次为黄壤，再次为石灰（岩）土。[①]前二者适宜农业种植，尤其适宜水稻。其余土壤区，也有数量可观的耕地。以上土地资源的多样性，为巴蜀地区农业及其多种生业的起源和发展提供了非常优越的自然条件。尤其四川盆地气候温暖，雨量充沛，平原、丘陵、山区坝子和河流台地土壤肥沃，农业起源早而发展历程悠久。

就巴蜀农业起源而言，迄今由于学术资料不足，研究工作尚处于起步阶段。不过，如前所述，巴蜀地区具有农业发生发展的良好的自然环境和生态条件，学界早就对此形成共识。国际著名农史学家瓦维洛夫研究认为，中国

---

① 四川省地方志编纂委员会编纂．四川省志·农业志（上册）[M]．四川辞书出版社，成都：1996：17.

是世界八大农业起源中心之一。[①] 杰出的考古学家张光直教授根据瓦氏的“经典著作”明确指出：

> 瓦维洛夫主张：（上述世界八大农业起源中心中）最大也是最早的中心是中国中部、西部的山区以及附近的低地。他所指的是湖北西部到四川西部的山区及附近的低地。[②]

“湖北西部到四川西部的山区及附近的低地”，正是上古巴蜀文化的主要分布区。史学大师蒙文通先生早年论及巴蜀地区农业起源问题时，也引述指出：

> 近时有研究中国农业史的科学家认为，中国农业在古代是从三个地区独立发展起来的，一个是关中，一个是黄河下游，在长江流域则是从蜀开始的。[③]

上述诸说所据，虽主要只是植物学及为数不多的文献资料，但所论却有筚路蓝缕的重要开创意义。考古发掘和研究已经揭示，距今大约一万年左右的新石器时代之初，原始农业在我国境内南北都开始起源，进而形成长江中下游的水田农业起源中心和以黄河中游为主的旱地农业起源中心，并逐步发展出主要是南方的稻作农业体系，和主要是北方的粟作农业体系。同时，东亚大陆南北之间粟作和稻作体系并存过渡的情形也很早就大范围出现。巴蜀地区尤其四川盆地位于长江上游的青藏高原东侧，既可通过峡江地区与长江中游地区相联系，也可通过源于青藏高原东缘的岷江、嘉陵江、汉江水系河

---

① 注：瓦维洛夫是前苏联学者，他在1935年出版的名著《育种的植物地理学基础》一书中提出这一学说。转引自李根蟠．中国农业史上的“多元交汇”——关于中国传统农业特点的再思考［J］．中国经济史研究，1993（1）：1—20.

② （美）张光直．考古学专题六讲［M］．北京：生活·读书·新知三联书店，2010：33.

③ 蒙文通．巴蜀史的问题［A］//蒙文通文集（第二卷）古族甄微［M］．成都：巴蜀书社，1993：258.

谷与黄河上、中游广大地区发生联系，因而有学者指出其史前文化很早就产生了南北中介和交替的两元特点[①]，这就使得粟作农业和稻作农业都至迟在新石器时代中晚期就传播影响到巴蜀地区，由此开启了四川或曰巴蜀地区农业文明悠久的发展历程。

四川农业文明史源远流长，大致经历了以下几个繁荣期和平缓期。

第一个繁荣期是先秦的古蜀文明时期。此期的四川盆地尤其成都平原以稻作农业为主的生业，继新石器时代晚期宝墩文化以来经历长足发展，达到了上古区域文明的高峰，其集中代表即成都平原上的三星堆—金沙遗址及其大量精美绝伦的金器、铜器、玉器等，号称20世纪最伟大的考古发现之一，无疑也是上古世界最灿烂的青铜文明之一。

紧随其后的第二个繁荣期是秦汉时期。公元前316年秦举巴蜀之后，一方面用几十年平息了动荡，重建并稳定了统治秩序；一方面抓紧陆续开展大规模建设，包括在成都、郫、临邛和江州等地大兴土木兴建城垣，大规模进行修筑蜀道、五尺道等交通建设，尤其是在巴蜀地区普遍开展农田水利建设，其典型即举世闻名的都江堰大型综合性水利工程。都江堰大型水利体系的兴建，使得成都平原及其周边浅丘地区至迟在汉代就变成了“水旱从人、不知饥馑”的“天府之国”，促进了古代农耕文明的极大发展和繁荣。

第三个繁荣期是隋唐五代两宋时期。隋唐巴蜀地区农耕文明继魏晋南北朝动荡分裂的低谷之后，在大一统格局下重新走向复兴，并在入唐以后长期较为安稳的社会环境中得到进一步恢复和发展，趋于繁荣。唐代巴蜀大兴水利，不仅旧有的水利工程如都江堰灌溉体系得到修缮和进一步的提升扩展，而且增加了若干新的水利设施，以至以成都平原为中心的“蜀地”享有“人富粟多”“土腴谷羡”之誉，史称“扬一益二”，这是盆地西部农业经济迅速恢复和发展的明证。到宋代，巴蜀地区的经济文化发展更上层楼，人口迅速增加，到南宋宁宗嘉定十六年（1223年）越过千万大关，这从一个侧面反映了农耕文明时代区域经济社会的空前昌盛。作为国民经济的基础，巴蜀农业

① 孙华．四川盆地史前谷物种类的演变——主要来自考古学文化交互作用的信息［J］．中华文化论坛，2009（2）：147—154.

尤其是农田水利事业继续发展。由于岁修制度进一步完善，影响整个川西平原以至周邻浅丘地区的大型综合性水利都江堰工程体系，不仅功能继续维持，而且效益提升，农业经济迅速高涨。农业的发展，有力地促进了区域社会经济的全面繁荣。

除了以上三个繁荣期外，魏晋南北朝和元明清时期是巴蜀农耕文明的低谷或平缓期。但即使处于相对低缓时期，巴蜀作为重要农业区，仍然在全国具有非常重要的历史影响。即使在遭受严重的天灾人祸之后，农业和整个农耕文明仍然循曲折的路径顽强地恢复发展起来，在全国格局中基本保持着举足轻重的地位。中国历史上，先后有关中、蜀中等几个地方号称“天府”，这是典型的农耕文明桂冠，但中古以后最终只有巴蜀地区保留了这一美誉，并非偶然。由此提示我们，古代四川或曰巴蜀的农业和农耕文明，无论从区域还是整个中国古代史着眼，都是极有学术意义的研究课题。

李钊博士的《唐代四川农业发展与社会变迁研究》一书，正是这一研究领域中颇为厚重的成果之一；而从区域农业与社会的互动展开探索，亦正好切中农耕文明研究的特质，可谓非常有学术意义的视角。李钊硕士毕业于四川师范大学历史学专业，学有渊源，师从著名隋唐史和经济史研究学者谢元鲁先生。在其考入四川大学历史文化学院随我攻读博士学位期间，我建议他将隋唐史和巴蜀文化相结合，探究唐代巴蜀经济文化的地域特质及其自身演变的内在机理，最后形成了《唐代四川农业发展与社会变迁研究》这一博士学位论文选题。该选题立足于巴蜀农耕文明第三个繁荣期的上升阶段——唐代，探究其农业发展与社会变迁的内在关系，颇具学术价值和史鉴意义。

在以农立国的我国传统社会，农业是社会变迁的核心动力。在同一历史发展阶段，由于自然地理环境和人文地理环境的差异性，国家统一的农业政策和近乎相同的农业生产技术在不同的农业生产区并不必然形成等同的农业发展水平，这就造成了我国传统社会农业发展和社会变迁虽然总体上呈现出共时性，但区域发展却颇为不平衡的显著特征。有唐一代，从农业发展的必要条件来看，除却统一的农业政策和近乎相同的农业生产技术，四川地区农业物质资源和劳动力资源都无法与地理范围更为广阔、人口数量更为众多的黄河中下游、长江中下游两大区域相比，但四川地区却能发展成为与上述两大区域并列的全国三大农业生产区之一，并成为促进和维护国家统一的战略后方和“王业之基”。探讨这一引人瞩目的历史表象及其原因，无疑具有极高的学术研究价值。目前，学界对唐代四川地区农业发展问题的关注，见于一些通史、断代史论著和农业史专论以及巴蜀区域史研究之中，虽然能够反映出唐代四川地区农业发展的概貌，但还不能准确地说明此期四川农业自身发展演变及其促进社会变迁的历史进程中所折射出的内在合理性。唯有将二者联系起来考察，才能从理性和史实层面阐释唐代四川农业发展与社会变迁这一逻辑进程与历史进程相统一的辩证命题。

另外，课题的选择具有学术和时代意义上的双重价值。十九大报告指出，中国特色社会主义的建设，必须着力解决好中西部发展不均衡不充分的问题。在中西部地域构成中，成渝两地是西部尤其大西南区域发展的龙头所在。2020 年初，国家将成渝地区双城经济圈列为继京津冀地区、长三角地区、粤港澳大湾区之后第四个区域经济增长极，以此引领中国西部地区发展，拓展全国经济增长新空间。但成渝地区双城经济圈作为“第四极”与其他三个区域增长极相比，在经济总量占比、科技创新及其对经济增长的带动程度等方面，都还存在着显著的差距。从历史中，尤其是从农业发展对于促进区域社会变迁的历史发展进程中汲取经验教训，无疑可以为推动成渝地区双城经济圈建设和乡村振兴提供历史上的借鉴、学术上的支持和理论上的思考。正是基于这种考虑，本书以“唐代四川农业发展与社会变迁”为个案，试图从历史视角来分析我国传统社会区域农业发展与社会变迁的演变机理，既具有学术创新的典型意义，也可以较为系统地总结有关历史经验教训，以为完成上述历史使命提供参考。

本书立足于马克思主义生产力与生产关系的辩证原理，结合文献记载和考古发现，首先从农业物质生产资源、劳动力资源、农业生产技术资源三个层面，着力解析唐代四川地区农业发展的内在动力；其次，以唐代时人及后世文献不吝笔墨广为记载的“扬一益二”“别籍异财”“俗好娱乐”以及“和同为一家”等唐代四川地区特有的历史现象为例，从社会经济结构、家庭组织结构、社会生活及民族交融等诸领域，全面考察了唐代四川地区农业发展与社会变迁之间双重互动下所折射出的内在合理性。

李钊随我就学四年，身荷在职攻读学位的双重压力，但始终保持坚定的向学之志、强烈的问题意识和饱满的职业热忱，学业、工作两不误，可谓天道酬勤。作为西华大学文化产业管理系的系主任，他工作繁忙，与同事一道兢兢业业，辛勤教书育人，历年已向北京大学、复旦大学、四川大学等高校输送了近百名硕士、博士生，桃李丰硕，敬业与奉献精神令人感佩。

《唐代四川农业发展与社会变迁研究》由李钊在自己博士论文的基础上，几经修改而成。通观全书，其主要观点言之成理，持之有故；其基本论证体系既有精心设计、严密周延的逻辑脉络，也大体合乎研究对象的社会历史实际，成绩可喜。本书的出版，可以在一定程度上弥补唐代四川地区农业研究的不足，为考察我国传统社会区域农业发展与社会变迁提供一个有新意的学术个案，同时亦可为成渝地区双城经济圈建设提供历史借鉴和理论思考。当然，学术没有止境，书中不可避免地还存在若干不足，尚祈读者批评指正。

彭邦本<br>2021 年 6 月于四川大学竹林村

# 目　录

CONTENTS

绪　论…… 1

第一节　问题的提出与学界研究现状…… 1

一、问题的提出 …… 1

二、学界研究现状及存在问题 …… 23

第二节　研究目的、理论、方法与创新之处…… 34

一、研究目的 …… 34

二、研究理论 …… 36

三、研究思路与方法 …… 38

四、创新之处 …… 40

第一章　唐代四川地区农业发展的内在基础与历史起点…… 44

第一节　唐代四川行政区划的历史演绎…… 45

第二节　自然地理基础：复合的农业发展条件…… 51

一、文献所载四川农业地理环境 …… 51

二、土地资源类型及其分布 …… 54

三、气候气象资源 …… 56

四、水利资源 …… 59

五、农林牧畜资源 …… 61
第三节 人文地理基础：深厚的农业发展底蕴…… 62
一、古蜀时期：四川农产区的初步形成 …… 63
二、秦汉时期："天府之国"成为成都平原农产区的专称 …… 65
三、魏晋南北朝时期：农业区的"三足鼎立"…… 79
本章小结…… 85

第二章 农业物质生产资源的演进…… 86
第一节 唐代四川农业物质生产资源概述…… 87
一、我国传统社会农业生产资源的界定 …… 87
二、唐代四川农业物质生产资源概述 …… 89
第二节 农产区的扩展：从平原走向丘陵…… 91
一、官方在籍耕地数量的考察 …… 92
二、农田水利工程的建设与耕地面积的扩展 …… 98
三、农作物种类的增加与农产区的扩展 …… 101
四、畲田的开垦与农产区的扩展 …… 102
第三节 粮食生产及其地理分布…… 107
一、水稻 …… 108
二、旱地粮食作物（麦类、粟黍类、芋薯、豆类）…… 114
三、粮食产量的考察 …… 127
第四节 蔬菜、油料作物的种植及全面发展…… 131
一、蔬菜作物 …… 131
二、油料作物 …… 137
第五节 经济作物的种植与全面发展…… 140
一、桑麻 …… 140
二、茶树的栽培与种植 …… 145

三、甘蔗的栽培与种植 …………………………………… 152
第六节 林、牧、副、渔业的发展与变化…………………………… 156
一、林业 …………………………………………………… 157
二、牧业 …………………………………………………… 164
三、副业 …………………………………………………… 168
四、渔业 …………………………………………………… 170
本章小结……………………………………………………………… 172

第三章 农业劳动力资源的演变……………………………………… 173
第一节 我国传统社会农业劳动力资源概述……………………… 173
一、人口与农业发展的关系 …………………………………… 173
二、我国传统社会农业劳动力资源概念的界定 ……………… 176
第二节 唐代四川地区人口的地理分布、民族构成与流动……… 178
一、唐代四川地区人口的地理分布 …………………………… 178
二、唐代四川地区人口的民族构成 …………………………… 187
三、唐代四川地区人口的空间流动 …………………………… 189
第三节 唐代四川地区农业劳动力数量的推算与劳动力素养的提高 … 200
一、唐代四川劳动力数量的推算 ……………………………… 200
二、农业教育与农业劳动力素养的提高 ……………………… 205
本章小结……………………………………………………………… 211

第四章 农业生产技术资源的推进…………………………………… 212
第一节 四川地区农业发展对水利设施的依赖…………………… 213
第二节 唐代四川水利工程的建设与管理………………………… 215
一、唐代四川地区水利工程的建设与特点 …………………… 216
二、唐代四川地区水利工程的管理 …………………………… 235

三、唐代四川地区水利工程的作用 …………………………… 239
第三节 农业生产技术的提高…………………………………… 247
一、农业生产工具的推广 …………………………………… 247
二、耕作技术的改进 ………………………………………… 249
三、“合耦相助”提高生产率 ……………………………… 256
本章小结……………………………………………………………… 258

第五章 农业发展与“扬一益二” ……………………………… 260
第一节 文献记载所见“扬一益二”………………………… 261
一、“扬一益二”的由来 ………………………………… 261
二、“扬一益二”的形成与衰落 ………………………… 263
第二节 唐代四川地区农产品的商品化与商业都会的出现……… 267
一、我国传统社会农产品商品化的理论基础 ……………… 267
二、唐代四川地区农产品的商品化 ………………………… 271
三、商业都会的出现 ………………………………………… 286
本章小结……………………………………………………………… 296

第六章 农业发展与“别籍异财” ……………………………… 297
第一节 “别籍异财”历史考察 …………………………… 298
一、“别籍异财”的内涵与演变 ………………………… 298
二、“别籍异财”与社会伦理的冲突 …………………… 301
第二节 唐代四川地区“别籍异财”的普遍化……………… 305
第三节 唐代四川地区农业发展与农民家庭结构的分化……… 310
一、个体家庭与农业生产 …………………………………… 311
二、唐代四川地区农业发展与农民个体家庭的分化 ……… 313
本章小结……………………………………………………………… 322

第七章 农业发展与“俗好娱乐” …………………………………… 323
第一节 文献记载所见唐代四川地区“俗好娱乐” ………………… 324
一、文献记载所见唐代四川地区“俗好娱乐” ………………… 324
二、文人士子眼中唐代四川地区的“俗好娱乐” ……………… 330
三、唐代四川地区“俗好娱乐”的特点 ………………………… 338
第二节 唐代四川地区农业发展与“俗好娱乐”的形成 ………… 343
一、农业财富的高度集中与外运难度的矛盾考察 ……………… 343
二、农业财富的高度集中与狭小的投资环境之间的矛盾考察 348
三、农业财富的消耗与“俗好娱乐”的推升 …………………… 352
本章小结 ……………………………………………………………… 356

第八章 农业发展与“和同为一家” ……………………………… 358
第一节 唐代四川地区民族交往交流交融关系的历史考察 ……… 359
一、吐蕃 ……………………………………………………………… 359
二、羌族 ……………………………………………………………… 361
三、西爨白蛮与东爨乌蛮 ………………………………………… 362
四、南诏 ……………………………………………………………… 363
第二节 农业发展与唐代西南边境安全的维护 …………………… 365
一、唐代四川地区军事地位：维护唐廷西南边境安全的门户 366
二、唐代四川戍边驻军数量与战略装备的考察 ………………… 377
三、唐代四川地区农业发展与戍边驻军的建设 ………………… 391
本章小结 ……………………………………………………………… 405

结 语 ………………………………………………………………… 406
一、唐代四川地区农业发展的考察 ……………………………… 408
二、唐代四川地区社会变迁的考察 ……………………………… 410

三、课题未来考察空间 …… 411

主要参考文献 …… 415

一、马克思主义经典著作 …… 415
二、古籍 …… 415
三、考古报告 …… 419
四、专著 …… 421
五、论文 …… 429
六、报纸 …… 436

后　记 …… 439

# 绪　论

## 第一节　问题的提出与学界研究现状

### 一、问题的提出

#### （一）社会变迁：问题研究的起点

社会始终处于动态发展的变迁态势之中，变迁是人类社会普遍存在的一种社会现象。美国社会学家莫尔（Wilbert.E.Moore）说："自有人类社会以来，社会就无时无刻不在进行着或大或小的变迁。"① 可以说，变迁是人类社会发展的根本特征。因此，有学者指出，变迁是我们这个时代学术讨论的核心问题之一②，任何学术研究无论其出发点和目的是什么，都不可能规避这个问题。古希腊哲学家赫拉克利特在他经常被引用的命题中亦指明了这一点，即人不能两次踏进同一条河流。美国当代社会学家史蒂文·瓦戈在其代表性著作《社会变迁》一书中对社会变迁的内涵进行了着重解读，他认为，无论在何处，变迁都已成为人们注意的中心，而且人们相信变迁是不可逆转、不可抗拒与不可消除的。任何一个社会，都存在技术变迁、人口变迁、快速的

① （美）莫尔（Wilbert.E.Moore）著；俞景蘧译．社会变迁［M］．北京：巨流图书公司，1988：5.

② （波）Piotr Sztompka，林聚任等译．社会变迁中的社会学［M］．北京：北京大学出版社，2011：1.

生态变迁以及有经济、政治模式在内的不一致和相互冲突的意识形态所导致的变迁。[①] 正是基于这样的考虑，20 世纪以来，西方学者将他们自身的学术规范带入了社会变迁的研究范畴中，提出了多种关于社会变迁概念表述的观点。史蒂文·瓦戈列举了其中一些代表性的观点：如汉斯·格兹认为，社会是一个复杂的关系模式网络，社会变迁是指一段时间内，角色、制度或组成一个社会结构的秩序的出现、发展和衰落方面所发生的任何事情；莫里斯·金斯伯格认为，社会变迁是社会结构的变迁；约翰·马西奥尼斯将社会变迁归结为“文化和社会制度随时间变化而发生的转型”；贾德森·兰迪斯则认为，社会变迁是指一个社会的社会关系的结构和功能运行中的变迁[②] 等。

较之西方，国内社会变迁相关问题的研究相对起步较晚，目前尚未达成共识。代表性的主要观点有：于真认为“社会变迁的过程，从一个社会形态转到另一个社会形态，是全社会文化特质和人的社会本质发生变化的全过程”[③]；王其俊按照现代社会学的理解，认为社会变迁是指社会的政治生活、经济生活、思想文化生活现象的发展和变化，是一个包括众多内容的概念，既指不同社会形态的代替和发展，又指同一社会形态的变化和发展[④]；中国台湾学者张玉法认为社会变迁“是由一个旧的安定、和谐的社会，转变到一个新的安定、和谐而整合的社会，这期间会遇到内外环境的挑战。社会产生改变，由一种改变产生一连串的改变，由于改变太多，产生社会的紧张与混乱，然后有一种新的方法稳定了改变后的社会秩序，变成一个新的安定、和谐而整合的社会”[⑤]；另一位中国台湾学者柳立言则指出，社会变迁表现在政

---

① （美）史蒂文·瓦戈著；王晓黎等译．社会变迁［M］．北京：北京大学出版社，2007：6.

② （美）史蒂文·瓦戈著；王晓黎等译．社会变迁［M］．北京：北京大学出版社，2007：6—8.

③ 于真．我国的社会变迁与社会历史文化特质［J］．社会学研究，1986（6）：9—18.

④ 王其俊．论孟子的社会变迁观［J］．东岳论丛，1994（2）：95—99.

⑤ 张玉法．近代中国社会变迁（1860—1916）［J］．社会科学战线，2003（1）：244—250.

治、经济、军事与文化等诸领域的新变化之中，各个领域都有各自不同的变革期[①]等。这些富有价值的观点对于我们理解社会变迁有着重要的启示意义。

细细研读，不难看出，这些解释尽管讨论的角度各有不同，但都一致把社会变迁视作进行问题研究的起点。综合学界中外学者的研究观点，本书认为，变迁是社会发展的根本属性，只要有社会存在就会有变迁现象的发生，变迁是一个动态发展的历史过程。社会变迁的内容极其广泛，涵盖经济、政治、军事、文化等构成社会发展的各个系统，它既是社会发展进程的外在表现形式，也是衡量社会发展的基本表象特征之一。由此，我们对于社会变迁的探究而言，根本问题就牵涉到：社会变迁主要表现在哪些方面？或者说，在复杂的社会系统中，哪些方面表现出强烈的变迁意义的特征？社会变迁以何种方式发生？其变迁的程度和范围是什么？又有哪些因素促使了社会变迁？在这些因素中，哪个或哪些在社会变迁的进程中发挥了根本性的作用？社会变迁的历史性与区域性呈现出怎样的演变规律？我们应当如何在宽泛的社会系统中确定研究单位？等等。

毫无疑问，在动态发展的社会变迁进程中，从其所涉及的宽泛领域内，如何判定变迁对社会发展的影响，是件极其复杂的事情。但有一点毋庸置疑，社会变迁总是在某一特定的时间和区域内，借助某种或某几种表现突出的社会现象表现出来。诚如王学典先生指出，为了确切地显示历史的变迁，必须将这种变迁置于一定的时间和区域框架内予以考察，因为："历史"与"时间"和"空间"便在这里发生了关联。[②]因此，考察社会变迁首先必须要借助衡量变迁的两个维度，即空间维度和时间维度，二者对社会变迁在什么地方发生、持续多长时间、哪些因素促使了社会变迁以及变迁产生了怎样的社会效应等诸多问题提供了最基本的解释和考量。

就时间而言，李大钊先生认为"历史"一词本身就包含着社会变迁的内涵："历史不是只纪过去事实的纪录，亦不是只纪过去的政治事实的纪录。历史是亘过去，现在，未来的整个的全人类生活。换句话说，历史是社会的

① 柳立言.何谓"唐宋变革"？［J］.中华文史论丛，2006（1）：125—171.

② 王学典.史学引论［M］.北京：北京大学出版社，2008：6.

变革……是在不断的变革中的人生及为其产物的文化。那些只纪过去事实的纪录，必欲称之为历史；只能称为记述历史，绝不是那生活的历史……历史的研究，即是明其变迁沿革的经过……历史学就是研究社会变革的学问。"[①]《中国通史论文选》开篇亦言："历史的最大特性就是'变'，研究历史就是要明了它的变化情形"，并强调可以从历史的分期中研究历史的变迁，"历史分期的目的即在于帮助我们找出历史的变点，进一步观察它的质变和量变，从而了解各时代的特性"。[②]王学典先生在其史学名著《史学引论》一文中也指出："'历史'的本质就是'变迁'和发展。"[③]波兰当代著名社会学家什托姆普卡认为："时间不仅是变迁的一个基本维度，也是变迁的核心和基本构成要素，任何统一的社会实体都不存在两个时间上截然相同的状态。"[④]

就区域空间而言，某个国家或地区的社会变迁总是呈现出共时性和区域性并行发展，但区域性特征更为显著的特质。由此看来，如果我们把我国传统社会作为研究社会变迁的考察对象，那么，空间和时间对于我们理解某一特定区域在某一特定历史发展阶段的社会变迁就尤其具有重要的理论和方法意义。

### （二）农业：我国传统社会变迁的重要原动力

确定了考量社会变迁的空间和时间两个基本维度之后，另一个需要解决的根本性问题就牵涉到什么是推动社会变迁的原动力这一核心问题。我们知道，社会历史在发展嬗变的过程中存在着一系列相互依存、相互作用、相互制约的关系。换句话说，历史发展就是诸多要素交互作用的结果，历史研究不仅要重视这些诸多因素所产生的交互复杂的作用[⑤]，而且还要注意，在这些诸多要素中，其中一个要素的变迁，往往会催发另外一些要素，甚至整个社

---

① 李守常．史学要论［M］．北京：商务印书馆，1999：82—85.

② 中国通史教学研讨会编．中国通史论文选［M］．台北：台北华世出版社，1979：62.

③ 王学典．史学引论［M］．北京：北京大学出版社，2008：6.

④（波）Piotr Sztompka，林聚任等译．社会变迁中的社会学［M］．北京：北京大学出版社，2011：42.

⑤ 戴逸．世纪之交中国历史学的回顾与展望［J］．历史研究，1998（6）：5—16.

会系统的变迁。那么，在众多要素中，哪个或哪些要素是推动或者促使社会产生变迁的原始推动力呢？对此，西方学者给予了较多的关注和解释。如美国社会学家戴维·弗里曼认为技术改变了人类生活环境和社会制度；帕森斯则运用社会平衡理论来解释社会变迁；德国社会学家马克斯·韦伯指出意识形态是导致社会变迁的决定性因素；另一位德国社会学家齐美尔则认为竞争既是社会变迁的原因，也是其后果；美国学者史蒂文·瓦戈对上述观点进行了总结，认为政治、经济、意识形态、技术、竞争、冲突等诸因素共同作用导致了社会变迁的产生。在众多因素中，单独挑出一个“第一推动力”、一个因素、一个解释，需要借助一定的社会性质和社会发展形态加以判断和使用。[①]

毫无疑问，影响社会变迁的因素是复杂多样的，但究竟哪一种是基础的、初始的因素，认定起来却颇为困难。所以，应当承认，上述这些对导致社会产生变迁的各种不同的因素相对重要性的见解都具有一定合理性和可取性，但做出经典解释的还是马克思和恩格斯，他们认为“一切社会变迁和政治变革的终极原因，不应当在人们的头脑中、在人们对永恒的真理和正义的日益增进的认识中去寻找，而应当在生产方式和交换方式的变更中去寻找；不应当在有关的时代的哲学中去寻找，而应当在有关的时代的经济学中去寻找”[②]。王学典进一步将这一观点明确化：“从经济因素的作用中找到了对一切历史事件的最终解释，在作用于历史事件的所有因素中，强调经济因素是事变的最后之因。”[③]这种把某一社会形态在某一特定历史发展阶段的生产方式和交换方式看作社会发展的助推器，进而利用生产力和生产关系的辩证原理去解析社会发展的形态和演变轨迹的唯物史论，已经被多种理论阐释和实证研究证实是一种行之有效的观察社会变迁的科学的理论和方法体系。

因此，观察我国传统社会变迁的原动力问题，就必须借助马克思主义的

① （美）史蒂文·瓦戈著；王晓黎等译．社会变迁［M］．北京：北京大学出版社，2007：9—19.

② （德）马克思，恩格斯．马克思恩格斯选集（第3卷）［M］．北京：人民出版社，1972：425.

③ 王学典．史学引论［M］．北京：北京大学出版社，2008：92.

历史唯物主义和辩证唯物主义的理论。而要借助这一科学方法论体系，最重要的就是要立足于我国传统社会的基本性质，然后从某一特定历史发展阶段的生产方式与交换方式的变更中予以考量。这种研究范式，实际上，前辈学者已经做出尝试，并提出了卓有成效的见解。如蒙文通先生在 20 世纪 50 年代就曾指出：人类社会始终处在不断向前发展、向前运动的过程中。社会不断向前发展、运动的泉源，归根结底是取决于社会生产力的发展，周秦以来二千多年，我国历史上生产领域占主要地位的是农业生产。[①] 显然，蒙先生已经将我国传统社会变迁的原始推动力归结为农业生产力。其后，李根蟠先生又进一步指出：我国传统社会的发展业已证明，社会的存在、文化的发展，都有赖于农业基础的稳固。如果农业衰落或中断了，文化和历史就难以为继。[②] 李伯重先生则更为直接地点明："我国古代社会发展的终极原因，必须从农业发展中去探求。"[③]

由此看来，关于我国传统社会变迁原动力问题的争论，学界尚有不同观点，但是认为农业是我国传统社会变迁原动力的观点正日益受到支持。可是长期以来，我们更习惯把农业作为一个单纯的经济问题来对待，而忽略了农业在发展过程中其自身所必然带有的政治、社会、文化、生活等多重价值。被大家所熟悉的"农业首先是一个经济概念"[④]，或者更进一步认为"农业是国民经济的基础"以及类似的表述就是最具代表性的判断[⑤]；另一种讨论社会变迁的观点认为，我国传统社会的变迁主要表现为"三个方面的内容，其一是周期性的治乱兴衰；其二是传统农业社会处于相对的静态；其三是传统社会转型，它与周期性的治乱兴衰相交叉，变化更为复杂与深刻"。[⑥] 给出这

---

① 蒙文通．中国历代农产量的扩大和赋役制度及学术思想的演变［J］．四川大学学报（社会科学版），1957（2）：27—106.

② 李根蟠．中国古代农业［M］．北京：商务印书馆，1998：6.

③ 李伯重．唐代江南农业的发展［M］．北京：北京大学出版社，2009：4.

④ （美）舒尔茨著；梁小民译．改造传统农业［M］．北京：商务印书馆，1992：26.

⑤ 朱启臻．农业社会学［M］．北京：社会科学文献出版社，2009：1—2.

⑥ 唐力行．徽州方氏与社会变迁——兼论地域社会与传统中国［J］．历史研究，1995（1）：73—85.

种解释的理由至少是把我国传统农业看作是一种生产方式长期没有变动，基本维持简单再生产的、长期停滞的小农经济。[①] 这两种关于农业在我国传统社会变迁中所扮演的角色和历史作用的认识反过来又影响到我们对促使我国传统社会发生变迁的深层因素的考察和理解。而实际上，农业是我国历史发展所呈现的基本现象之一，是自然生产和社会再生产的有机统一，为社会发展提供重要物资支撑的同时，也渗透在社会变迁的方方面面，在很大程度上决定着社会变迁方向的速率与性质。诚如许倬云先生所言："中国人好像一旦踏上了农业路，就再也没有背离过。进步和变革时有发生，但是农业在中国人的生活方式中始终保持着至高无上的地位。"[②]

应该说，从单纯学术意义上讲，农业发展与社会变迁又是两个独立具有自我发展需求要素的不同系统。因此，对二者学术考察的思维和方式也不尽相同。但我国传统社会的实际发展历程又证明了二者互为因果，相互融合：农业发展是我国传统社会变迁的原始推动力，同时社会变迁的广度和深度又深刻影响着农业发展的方向、程度和方式。可以说，农业发展为社会变迁创造条件，社会变迁又为农业发展提供政策调整、生产资源的优化组合、劳动力资源的支撑及科学技术的智力支持等，而总趋势则是前者为因，后者为果，即社会变迁是农业发展所结之果。这是因为：在以农业立国的我国传统社会，自给自足的自然经济占据经济发展的主体，农业不仅仅是国民经济的基础，农业收成的好坏往往会直接关系到社会的稳定与否，甚至对王权的兴衰更替在某种程度上也起着决定性的作用。如果说历代王朝最高统治集团将追求政权的稳固与国家的长治久安作为终极目标，并在具体的政权运作过程中围绕这一目标制定与推行了一系列政治、经济、文化、军事、民族、外交等诸领域相应的政策或法令作为常备性的国家治理手段之外，那么，毫无疑问，如何推动农业发展，使民安居乐业，从而稳固国家政权，便是他们从建立政权伊始就要考虑，且贯穿政权存在始终的无法规避的核

① （美）舒尔茨著；梁小民译．改造传统农业［M］．北京：商务印书馆，1992：26—27.

② （美）许倬云著；程农译．汉代农业：早期中国农业经济的形成［M］．南京：江苏人民出版社，2011：1.

心问题。在他们看来，《周礼·燧人》所倡导的“凡治野……以土宜教氓稼穑……以时器劝氓”[①]的治国理念向他们开启了一个治国方略；《管子·治国》篇所推崇的“民事农则田垦，田垦则粟多，粟多则国富；国富则兵强，兵强者战胜，战胜者地广……彼守国者，守谷而已矣”[②]治国逻辑则向他们传授了一个国家治理的“公式”或者说是“定理”。此后，这种依靠发展农业稳固国家政权的治国理念又经吕不韦、贾谊以及生活在各自时代的统治集团不断地注入和补充重农思想，逐渐汇集成一条日臻完善的治理国家和寻求社会稳定的公理。发展农业，不仅仅是稳固国家政权的手段和关键所在，而且也是他们践行唐虞之道的政治理想和治国指导思想。在治理国家的具体过程中，他们将抽象的王道、帝道落实为具体的农业发展方略，并由此推拓至社会生活的方方面面，从而深刻地影响着我国传统社会变迁的方式、程度和范畴。

由此看来，农业是我国整个传统社会变迁和发展的总根源。我国传统社会“只有在其本身农业保持长盛不衰，或者能够从外部取得农产品可靠供应时，其文化和历史才能持续发展”[③]。农业发展体现了社会复杂化程度和社会形态演进的水平，是社会变迁的外在表现形式。农业发展与社会变迁所结合的黏度以及由此而表现出的历史演变的复杂程度均为世界所罕见。因此，在某种程度上可以说，农业发展史即是我国传统社会的发展“剪影”。

综上，我们完全有理由认为，农业是自然、社会和人类自身能动作用的复杂产物，集中反映了人类利用自然环境从事物质生产，并通过一定的社会结构或者说社会组织实行社会管理和促进社会发展的能力。农业发展与社会变迁之间存在着相互联系和相互依存的因果关系，并不是简单的决定与被决定、作用与反作用，而是复杂的双向关系。[④]概而言之，农业既是推动我国传统社会变迁的重要原动力，也是传统社会变迁的结果。所以，忽略农业这

① 王云五，朱经农主编；黄公渚选注．周礼［M］．上海：商务印书馆，1936：49.

② （春秋）管仲著；（唐）房玄龄注；（明）刘绩补注；刘晓艺校点．管子［M］．上海：上海古籍出版社，2015：323—324.

③ 李根蟠．中国农业史［M］．台北：台北文津出版社，1997：序言。

④ 葛剑雄主编．中国人口史［M］．上海：复旦大学出版社，2002：37.

个意义深远的特质，就等于没有看到我国传统社会发展的实质所在，历史的逻辑往往如此！因此，农业研究，应当而且必须成为我国古代史研究的基础。

### （三）土富人繁[①]：唐代四川农业发展与社会变迁矛盾运动的历史写照

既然农业是推动我国传统社会产生变迁的原动力，那么我们若要从空间和时间这两个考量社会变迁的基本维度上来讨论农业发展与社会变迁的双向互动问题，就必须需要在我国历史发展的长河中确定一个研究样本予以详细解读。但是，一个不容忽略的事实是：我国幅员辽阔，历史时期农业发展的区域性差异不仅一直是客观存在的，而且随着历史的发展又呈现出波动性的典型特征。这是因为在两千多年的历史发展进程中，尽管社会性质和政治意义上的上层建筑没有发生实质性的改变，但是国家统一的农业政策和近乎相同的农业生产技术受限于区域自然地理和人文地理环境，在不同的农业生产区并不必然形成完全等同的农业发展水平。这就造成了我国传统社会农业发展虽然总体呈现共时性的特点，但区域发展的不平衡更为明显，并由此导致了社会变迁的内容、程度与方式亦呈现出显著的区域性特征。因此，研究我国传统社会农业经济与社会变迁双重互动关系的重点任务，就落在了区域农业发展的问题上。另外，在我国传统社会农业发展史上，也应当说是我国古代史发展的一个重大关键问题，是农业生产力的强大发展在魏晋南北朝之后，由北向南、由黄河流域转到长江中下游地区的那幅更为壮阔的历史图像。[②]从这个意义上讲，讨论区域农业发展与社会变迁的双重互动关系，抽取哪一时间段、哪一区域作为研究样本就必须根据历史时期该区域农业发展在我国历史发展进程中的地位和作用及其在促进社会变迁所起到的典型作用而定。

四川地区西邻青藏高原，北拥秦巴山地，东据长江三峡，南依云贵高原。历史时期，因其特殊的地理位置和高度发展的农业而对我国历史发展的

---

① （宋）司马光等著；（元）胡三省注．资治通鉴［M］．北京：中华书局，1997：6975.

② 李伯重．唐代江南农业的发展［M］．北京：北京大学出版社，2009：序言。

进程产生了重要影响。首先，从地理位置因素上分析，童恩正先生有着精彩的论述：

> 四川所处的环境也是很有特点的：就南北方向而言，它恰好位于黄河与长江两大巨流之间，亦指中国古代两大文明发展的地区之间，既是我国西部南北交通的孔道，又成为我国南北文明的汇聚之区。就东西方向而言，它正当青藏高原至长江中下游平原的过渡地带，又是西部游牧民族和东部农业民族交往融合的地方。这种地理位置的特点，就使四川自古就在我国历史发展进程中留下了十分丰富的内容。①

童先生认为，四川地处黄河与长江两大文明的交汇处，同时又是青藏高原游牧文明与平原农耕文明的交融地带，呈现出独特的农耕亚文化气质，注定在我国历史发展进程中留下极其丰富的内容。这一观点已得到四川区域自身发展史实和学界研究成果的双重证实。

其次，从农业高度发展的作用上看，清人顾祖禹则以史家的眼光予以了详细解读：

> 成都府山川重阻，地大而要。战国时，司马错说秦惠王伐蜀曰：取其地，足以广国也；得其财，足以富民缮兵。诸葛武侯亦云：益州险塞，沃野千里，天府之土，是也。自秦取蜀，因蜀攻楚，楚繇以亡。汉高资巴蜀之力，战胜荥阳、成皋间，卒有天下。故取天下之规，常在巴蜀。公孙述之据蜀也，北连秦陇，东逼荆州，号为盛强。诸葛武侯用巴蜀，北出秦川，魏人骚动。晋李雄窃成都，亦能北收汉中，东取夔峡，南并宁州。是故蜀之险，弱则足以自固，强则足以伐人。晋人借之以并吴，隋人资之以亡陈。唐亦繇此以平萧铣，其与秦之攻楚同一揆也。王建之据蜀，号为完固，

① 童恩正．古代的巴蜀［M］．重庆：重庆出版社，1998：8.

孟氏因其辙，亦足以自守。元末，明玉珍有蜀。[①]

在顾氏看来，历史时期四川地区凭借高度发展的农业以及“山川重阻”的自然地理特点，“弱则足以自固，强则足以伐人”，在为促进国家统一做出重要历史贡献的同时，也成为地方割据政权成就霸业的理想之地。顾氏这一观点亦可在其他文献记载和征引中得到全面的体现和诠释。[②]来自正史类的记载则强调了历史时期四川地区农业发展在国家统一之后，维护社会稳定方面所作的历史贡献，如《汉书》卷1《高帝纪》载：

高祖二年（前205）六月，关中大饥，米斛万钱，人相食，令民就食蜀汉。[③]

① （清）顾祖禹撰；贺次君等点校．读史方舆纪要［M］．北京：中华书局，2005：3131.

② 注：如《华阳国志》卷3载：“周显王三十二年，秦惠王方欲谋楚……司马错、中尉田真黄曰：‘蜀其国富饶，得其布帛金银，足给军用……得蜀则得楚，楚亡则天下并矣’……周赧王七年，司马错率巴蜀众十万，大舶船万艘，米六百万斛，浮江伐楚。”（原文“周显王二十二年”，刘琳先生依据《史记》《太平广记》等史料，认为“周显王二十二年”当为“三十二年”，本书即按此说）（【晋】常璩：《华阳国志》卷3《蜀志》，北京：中华书局，1985年，第29—30页）《三国志》卷32《先主传》注引《献帝春秋》云：“孙权欲与备共取蜀遣使报备曰：‘米贼张鲁居王巴、汉，为曹操耳目，规图益州。刘璋不武，不能自守。若操得蜀，荆州危矣。今欲先攻取璋，……无所忧也。’备欲自图蜀，拒答不听，曰：‘益州民富强，土地险阻。’”（【晋】陈寿撰；（【宋】裴松之注：《三国志》卷32《先主传》，北京：中华书局，1959年，第880页）《隋书》卷29《地理志》：“蜀之旧城，其地四塞，山川重阻，水陆所凑，货殖所萃，盖一都之会也。昔刘备资之，以成三分之业。自金行丧乱，四海沸腾。李氏据之于前，谯氏依之于后。当梁氏将亡，武陵凭险而取败。后周之末，王谦负固而速祸。”（【唐】魏征等：《隋书》卷29《地理志》，北京：中华书局，1973年，第803页）《新五代史》卷63《前蜀世家》：“乾德六年，蜀都士庶，帘帷珠翠，夹道不绝。严见其人物富盛，而衍骄淫，归乃献策伐蜀。明年，唐魏王继岌、郭崇韬伐蜀。”（【宋】欧阳修撰：《新五代史》卷63《前蜀世家》，北京：中华书局，1974年，第793页）北宋文学家、益州郫人（今成都市郫都区）张俞《送张安道赴成都序》：“蜀世有货泉储蓄为用，自昔王室不纲，则权臣因而据有。是知蜀之可疑，而不知蜀之顺逆系中国盛衰也。”（【宋】袁说友等编撰；赵晓兰整理：《成都文类》卷22，北京：中华书局，2011年，第459页）

③ （汉）班固撰；（唐）颜师古注．汉书［M］．北京：中华书局，1962：38.

宋人司马光编写《资治通鉴·汉纪卷》、元人马端临编著《文献通考·国用考·赈恤》时都对该条史料未做任何修改[①]，这本身就说明了一代史学家司马光、马端临已经用史学的理念高度认可了四川地区农业发展对于国家发展的重要性。现代论者经过深入研究，又进一步认为，以成都平原为核心的四川农业区，自秦昭襄王（公元前306年—前251年在位）由秦移民至巴蜀之后直至元代，发展水平一直居于我国领先地位，是王朝财赋的主要供应区域，是我国开发西南边疆、促进国家统一和维护社会稳定的重要基地。[②]

再次，唐代四川地区农业发展是继秦汉之后又一次发展高峰。有唐一代（公元618年—907年），经过四川人民的辛勤开发与经营，四川地区农业迎来了新的突破与发展，突出表现在水利工程的建设与管理、农产区的扩展、农作物种类的增加以及水稻产量的显著提高等方面，学界已有诸多研究成果。如冀朝鼎先生认为，四川地区在战国兴修水利1项，汉及魏晋南北朝未见文献记载，而唐代则增至15项[③]；李敬洵先生则认为唐代四川地区水利工程的建设至少是18项。[④]水利工程的建设使得该地区灌溉发达，改善了农业生产条件，最为显著的成果就是耕地面积的扩大和农产量的提高。尽管目前现有资料还无法给出唐代四川地区耕地面积的具体数目，只能提供一个大概的参考数据，但诸多文献记载，这一时期四川地区农产区从平原走向盆地中部及周边的丘陵与山地即是耕地面积扩大的有力证据。至于农产量，据蒙

---

① 注：如《资治通鉴》卷9《汉纪一》"高祖二年六月"条："关中大饥，米斛万钱，人相食。令民就食蜀、汉。"（【宋】司马光等著；【元】胡三省注：《资治通鉴》卷9《汉纪一》，北京：中华书局，1997年，第322页）《文献通考》卷26《国用考·赈恤》："汉高祖二年，关中大饥，米斛万钱，人相食。令民就食蜀、汉。"（【元】马端临：《文献通考》卷26《国用考·赈恤》，北京：中华书局，1986年，第252页）

② 蒙默，刘琳等．四川古代史稿［M］．成都：四川人民出版社，1988：204；冀朝鼎．中国历史上的基本经济区与水利事业的发展［M］．北京：中国社会科学出版社，1981：79；段渝．四川通史（先秦卷）［M］．成都：四川人民出版社，2010：3—6.

③ 冀朝鼎．中国历史上的基本经济区与水利事业的发展［M］．北京：中国社会科学出版社，1981：36.

④ 李敬洵．唐代四川经济［M］．成都：四川省社会科学院出版社，1988：49—55.

文通先生的研究，唐代成都平原水稻亩产量是汉代的两倍之多。[①] 中唐以后，四川地区成为全国农业发展速度最快，同时也是最稳定的农业区。因此，学界在评述这一现象时，一般将其归位于经济范畴而有与黄河流域、长江下游流域并称的全国三大基本经济区说[②]，以及与江淮流域并列的全国经济最为发达的两个地区说[③] 两种观点。之所以做出这样的学术判断，主要是基于唐代四川地区农业高度发展的基本史实及其对我国历史发展进程所作出的突出历史贡献的考量。

农业的高度发展进一步强化了唐代四川在促进国家统一和维护社会稳定方面的职能。隋炀帝大业十三年（617 年）二月，李渊太原起兵，进军长安之后，适逢"东都米斗三钱，人饿死者十二三"。在这种情况下，为了及时充实起兵之后的军备物资保障，是年十二月，李渊立即"遣云阳令詹俊、武

① 蒙文通 . 中国历代农产量的扩大和赋役及学术思想的演变［J］. 四川大学学报（社会科学版），1957（2）：27—106.

② 注："三大基本经济区说"以冀朝鼎先生和齐涛先生为代表。冀朝鼎先生认为，四川地区在隋唐时期发展成为与黄河和长江下游流域并列的三大基本经济区（参见冀朝鼎：《中国历史上的基本经济区》，北京：商务印书馆，2014 年，第 90 页）；齐涛先生认为："中国古代的经济区域首先是在农业生产与农业经济的基础上形成的……魏晋南北朝时期，是中国古代史上经济中心的多元化时代，这一时代，先是山东、巴蜀、江东三大经济中心的并立，其后的变化都是在此基础上进行的。隋唐时代，各地经济都得到长足的发展，其格局仍是三大经济中心的并立，但其内容已大不同于前代，这一时期所形成的是以长安、洛阳为基点的商业贸易与手工业中心，以扬州为基点的江淮综合经济中心以及以益州为基点的农业、手工业中心。"（参见齐涛：《中国古代经济史》，济南：山东大学出版社，2011 年，第 27—28 页）

③ 注："两大区域说"又分为"四川与江南地区并列"和"四川与江淮地区并列"两种观点。前者以蒙默、刘琳等诸位先生为代表。蒙氏、刘氏认为，唐代四川农业经济高度繁荣，和江南地区成为唐王朝财赋的主要供应区域（参见蒙默，刘琳等：《四川古代史稿》，成都：四川人民出版社，1988 年，第 204 页）；后者以李敬洵先生为代表，李氏认为唐朝是我国封建经济繁荣的时期，也是封建经济地域结构发生重大变化的时代，位于长江上游的四川和地处长江下游的江淮地区，发展速度最快，是中唐以后全国经济最发达的两个地区（参见李敬洵：《唐代四川经济》前言，成都：四川省社会科学院出版社，1988 年）。综合学界研究成果，本文认为"四川与江南地区并列说"更能体现和反映唐代四川地区农业发展及其在我国历史进程中的地位和作用，故采用此说。

功县正李仲衮徇巴、蜀”[①]。之所以做出这样迅速的决策，应是基于关中对于巴蜀地区粮食供应依赖性的考虑。这也反映了唐初统治集团是把控制四川地区作为进行统一战争的首要基地来看待的。宋人王钦若《册府元龟》卷486《邦计部·迁徙》载：

> 唐高祖初为唐王下令曰：比年寇盗，郡县饥荒，百姓流亡，十不存一……今岷嶓款服，蜀汉沃饶，闾里富于猗陶，菽粟同于水火。曩者储蓄，徵敛实繁，帑藏犹殷，宜垂拯济。木牛流马，非可转输……下官部领，就食剑南诸郡。

同书卷498《邦计部·漕运》载：

> 武德二年闰二月，太府少卿李袭誉运剑南之米以实京师。……贞观二十二年七月开斜穀道水路运米以至京师。[②]

两条史料合观，至少说明，唐前期，面对京畿要塞关中饥荒问题，唐政府一方面采取了鼓励饥民自发和遣送饥民到四川地区就食、以恤饥馑的方法；另一方面，又不得不调运四川地区的粮食供应关中地区。面对这种局势，甚至有些中产之家在荒旱年月，也主动到四川地区求生。这足以反映出，唐前期四川地区高度发展的农业及其在维护国家稳定方面所作出的贡献。唐政权渐趋稳定之后，四川梓州（今四川射洪）人陈子昂多次上疏言及四川地区的富庶及其对全国政治稳定与经济发展的重要性，如《上蜀川军事》云：

> 国家富有巴蜀，是天府之藏，自陇右及河西诸州军国所资，邮驿所给，商旅莫不皆取于蜀，又京都府库，岁月珍贡尚在其外，此诚蜀国之珍府。[③]

---

① （宋）司马光等著；（元）胡三省注．资治通鉴［M］．北京：中华书局，1997：5770.

② （宋）王钦若等筹编．册府元龟［M］．北京：中华书局，1960：5816、5966.

③ （清）董浩等编．全唐文［M］．北京：中华书局，1983：2700.

《新唐书》卷107《陈子昂传》载：

> 蜀为西南一都会，国之宝府，又人富粟多，浮江而下，可济中国。①

陈子昂的这个军事主张，绝非来自蜀人自我夸耀的溢美之词，后来得到具体实现。安史之乱后，剑南道就凭借丰厚的农业赋税稳定了唐廷政权，杜甫《为阆州王使君进论巴蜀安危表》一文指陈了这一史实：

> 河南河北，贡赋未入，江淮传输，异于曩时。唯独剑南，自用兵以来，税敛则殷，部领不绝，琼林诸库，仰给最多。是蜀之土地膏腴，物产丰富，足以供王命也。②

杜甫是唐代著名的现实主义诗人，又避乱蜀中近十年，其所言当为信史。又：现代学者冯汉镛先生通过对唐代剑南道农业发展状况的考证，认为剑南道农业赋税是维护李唐王朝兴亡的经济命脉所在。③同时，由于唐代四川地区"土腴谷羡，储从易办"④，故每当中原有事，关中地区受到威胁的时候，唐代帝王都要驾幸巴蜀。⑤史载，"安史之乱"之时，玄宗出长安避乱，高力士进言："剑南虽窄，土富人繁，表里江山，内外险固。"⑥玄宗接受这一建议而避乱蜀地。其后，四川地区一度被唐代高层统治集团认为是唐廷退守与恢复帝王之气的理想之地。史称，唐德宗在兴元元年（784年）

① （宋）欧阳修，宋祁等．新唐书［M］．北京：中华书局，1975：4074.

② （唐）杜甫著；（清）仇兆鳌注．杜诗详注［M］．北京：中华书局，1979：2193.

③ 冯汉镛．唐代剑南道的经济状况与李唐的兴亡关系［J］．中国史研究，1982（1）：79—92.

④ （宋）欧阳修，宋祁等．新唐书［M］．北京：中华书局，1975：4641.

⑤ 王双怀．"天府之国"的演变［J］．中国经济史研究，2009（1）：71—81.

⑥ （宋）司马光等著；（元）胡三省注．资治通鉴［M］．北京：中华书局，1997：6982.

“西幸成都”，甚至考虑“迁都岷峨”[①]。唐末，黄巢领导农民战争又使中原陷入战火漩涡之中，“黄巢犯阙，僖宗出幸……中和元年三月，自褒中幸成都，次绵州”[②]。

此外，有唐一代亦是我国境内民族关系发展的重要时期，作为维护唐政府西南边境安全的前沿阵地，四川地区频遭吐蕃与南诏等少数民族政权的侵扰，如若没有高度发展的农业为唐廷提供最基本的军队战略物资和兵源保障，唐政府政权的稳定亦无从谈起。唐人杜佑《通典》卷172《州郡二》：

剑南节度使：（原注：理蜀郡，管兵三万九百人，马二千匹，衣赐八十万匹段，军粮七十万石）西抗吐蕃，南抚蛮獠。[③]

有学者对此条史料进行了考据，认为唐代剑南道驻军军费来源尽管有增盐估供军、采铜铸钱支度军用等多项临时措施，但主要军费还是要靠征收当地农业税供军。[④]诚如是，该条史料则提供了唐代四川农业发展为维护边境安全做出了重要贡献的有力释证。

据此，可以认为，四川地区农业经济在有唐一代一度替代关中地区，成为维护都城长安及关中政权的重要基地，对于促进国家统一和维护社会稳定作出了突出贡献。正是鉴于这种认识和考虑，高祖李渊专门任命“器宇冲深，体识明允。专征阃外，茂绩克宣”的秦王李世民担任益州道行台尚书令。[⑤]此后，这一统治理念又被推及至四川地区地方行政长官的人选问题上，较之全国其他地方行政管理，出任四川地区行政长官必须具备两个条件，即德高望重（或功勋卓著）而又深受朝廷信任。这似乎成为不成文的惯例，贯穿有唐一代始终。如玄宗天宝十载（751年），备受玄宗宠信的权臣杨国忠“权知蜀郡都督府长史，充剑南节度副大使，知节度事”。出任宰相后，仍

① （宋）司马光等著；（元）胡三省注．资治通鉴［M］．北京：中华书局，1997：7419.
② （后晋）刘昫等．旧唐书［M］．北京：中华书局，1975：4646.
③ （唐）杜佑．通典［M］．北京：中华书局，1988：911.
④ 贾志刚．唐代军费问题研究［M］．北京：中国社会科学出版社，2006：174—176.
⑤ （清）董浩等编．全唐文［M］．北京：中华书局，1983：19.

“兼吏部尚书……剑南节度”，直接控制蜀中“出纳租庸铸钱”等军政要务。[①]剑南西川也被其后担任蜀地地方行政的长官普遍认为是“宰相回翔之地”。[②]这种现象在唐人卢求的《成都记序》中得到了证实：

> （蜀地）赤府畿县与秦、洛并，故非上将、贤相、殊勋，重德、望实为人所归伏者，则不得居此。……大中六年四月诏，以丞相太原公有驱制羌戎之成绩，由汾宁节度拜司徒同平章事镇蜀，蜀为奥壤。[③]

唐政府的这种极为重视四川地区地方行政管理的政治意识与其说是立足于军事战略地位，不如说是从农业发展所赋予的政治意义为出发点的。这也从一个侧面再次印证了唐代四川地区因其高度发展的农业和特殊的地理环境而被赋予了重要的军事防御、政治稳定和社会发展等多重战略意义。无怪乎，代宗大历年间（766 年—779 年）宰相杨炎将四川地区视为稳固唐廷政权的“外府”[④]。

另一方面，有唐一代，我国传统农业经济不仅得到高度发展，同时社会变迁也表现得最为强烈。以至于初次踏上这片土地的文人士子对一些社会现象大为困惑。如肃宗上元元年（760 年），历经战乱纷扰、颠沛流离来到成都的诗人杜甫，耳闻目睹了四川地区的风土人情，不由得发出“我行山川异，忽在天一方。但逢新人民，未卜见故乡”的感慨。寓居成都之后，又发出了“出入异中原”“天路看殊俗”“异俗吁可怪，斯人难并居”的追问。大历元年（766 年），诗人游历白帝城，又抒发了“兵戈犹拥蜀，赋敛强输秦”的忧黎之情。[⑤]显然，诗人是以外来客而实际上是中原人士的生活眼光来看待

---

① （后晋）刘昫等 . 旧唐书［M］. 北京：中华书局，1975：3243.

② （宋）司马光等著；（元）胡三省注 . 资治通鉴［M］. 北京：中华书局，1997：7641.

③ （清）董浩等编 . 全唐文［M］. 北京：中华书局，1983：4540.

④ （后晋）刘昫等 . 旧唐书［M］. 北京：中华书局，1975：3401.

⑤ （清）彭定求等编 . 全唐诗［M］. 北京：中华书局，1999：2302、2337、2531、2540、2504.

这一问题的。诗人生活在普通百姓的群体之中，“天一方”“新人民”“异中原”“异俗……怪”“难并居”“兵戈犹”“赋敛强”应是当时四川地区社会变迁的外在表现带给时人的一种心理映射。那么，让诗人大为困惑的社会现象到底是什么呢？又是什么战争引发了诗人如此强烈的爱国主义情怀呢？从涉及唐代四川区域史的文献记载来看，无论唐人的著述还是宋人的追述，都为我们提供了这方面的思考，上引《隋书》卷29《地理志》载：

蜀之旧域……其人……多溺于逸乐，少从宦之士，或至耆年白首，不离乡邑。人多工巧，绫锦雕镂之妙，殆侔于上国。贫家不务储蓄，富室专于趋利。其处家室，则女勤作业，而士多自闲。聚会宴饮，尤足意钱之戏。小人薄于情礼，父子率多异居。①

《旧唐书》卷65《高士廉传》载：

贞观元年，……蜀土俗薄，畏鬼而恶疾，父母病有危殆者，多不亲扶侍，杖头挂食，遥以哺之。士廉随方训诱，风俗顿改。②

同书卷196《吐蕃传》载：

吐蕃，在长安之西八千里……贞观八年，其赞普率其众二十余万，顿于松州西境……贞观十五年，太宗以文成公主妻之……仪凤三年，高宗令益州长史李孝逸、嶲州都督拓王奉等发剑南、山南兵募以御之……中宗神龙元年，吐蕃请婚，中宗以金城公主许嫁之……开元十七年，赞普上表曰：“外甥是先皇帝舅宿亲，又蒙降金城公主，遂和同为一家。天下百姓，普皆安乐……剑南西山与吐蕃、氐、羌邻接，武德以来，开置州县，立军防。”③

---

① （唐）魏征等．隋书［M］．北京：中华书局，1973：830.

② （后晋）刘昫等．旧唐书［M］．北京：中华书局，1975：2441.

③ （后晋）刘昫等．旧唐书［M］．北京：中华书局，1975：2442、5219—5267.

北宋乐史《太平寰宇记》卷72《剑南西道·益州风俗》篇载唐代四川：

人情物态，别是一方。[①]

宋人祝穆《方舆胜览》卷51《成都府路》追述唐代四川地区：

益州风俗，民性循柔。其俗好文，学者比肩于齐鲁……地险物侈，国富民殷，工商结驷。宝薮珍藏，乐国丰壤。万商之渊，夜市三鼓。遨头宴集，蚕市药市……地称天府，地大且要，扬一益二。[②]

综合上引诸条史料，可知，让初到蜀地的诗人杜甫感到“天一方”，除了四川“山川异”的自然景观之外，应当是“扬一益二”[③]高度繁荣的农业经济；“新人民”“异俗……怪”当是蜀民的“俗好娱乐”[④]；“难并居”当指

① （宋）乐史．太平寰宇记［M］．北京：中华书局，1985：1457.

② （宋）祝穆著；施和金点校．方舆胜览［M］．北京：中华书局，2003：899.

③ 注：“扬一益二”，唐人诗文、唐代及唐之后历代文献多有记载。除了上引《方舆胜览》之外，成书于元和年间（806—820年）的《元和郡县图志·阙卷逸文》卷2《淮南道》载：“（扬州）与成都号为天下繁侈，故称扬一益二”（【清】缪荃孙辑：《元和郡县志阙卷逸文》卷2《淮南道》，北京：中华书局，1983年，第1071页）；武元衡在《奉酬淮南中书相公见寄》诗序中写道：“时号扬益，俱曰重藩，左右皇都”（【清】彭定求等编：《全唐诗》卷317武元衡《奉酬淮南中书相公见寄》，北京：中华书局，1960年，第3565页）；唐代成都人卢求在《成都记序》中说：“大凡今之推名镇为天下第一者，曰扬、益”（【清】董浩等：《全唐文》卷744卢求《成都记序》，北京：中华书局，1983年，第4540页）；《资治通鉴》卷259“昭宗景福元年七月”条载：“扬州富庶甲天下，时人称扬一益二”（【宋】司马光等著；【元】胡三省注：《资治通鉴》卷259，北京：中华书局，1997年，第8430页）；宋人洪迈《容斋随笔》卷9载：“唐世盐铁转运使在扬州，尽斡利权，判官多至数十人，商贾如织，故谚称‘扬一益二’”（【宋】洪迈：《容斋随笔》卷9，上海：上海古籍出版社，1978年，第122页）；另一位宋人王楙《野客丛书》卷15载：“唐时扬州为盛，时有‘扬一益二’之语”（【宋】王楙撰；王文锦点校：《野客丛书》，北京：中华书局，1987年，第166页）等。

④ （元）费著．岁华纪丽谱［M］．北京：中华书局，1991：3.

“父子率多异居”；而“兵戈犹”“赋敛强”则指当时四川地区内有崔旰之乱，外临吐蕃、南诏等诸民族频繁侵扰的史实。“犹”反映出安史之乱得以平定之后，在国家相对安定的前提下，四川地区却依然陷于战争的漩涡；“强”则折射出为了对抗吐蕃、南诏等诸民族的侵扰，四川人民承担的赋税之重。较之其他区域，这些社会现象表现得更为强烈和突出，无怪乎，冀朝鼎先生认为，唐代四川地区俨然“成为人文地理的一种具有独特形态的孤立区”。①

从现代学术意义上分析，这些社会现象分别涉及社会经济结构、社会家庭结构、社会生活与民族关系的变迁。“扬一益二”“别籍异财”②“俗好娱乐”“和同为一家”分别从社会经济结构、家庭组织结构、社会生活与民族关系等诸领域集中反映了唐代四川地区社会变迁的广度和深度，在一定程度

---

① 冀朝鼎．中国历史上的基本经济区［M］．北京：商务印书馆，2014：90.

② 注：“别籍异财”这一社会现象在唐代虽不是四川地区独有，但《隋书·地理志》《旧唐书·高士廉传》《新唐书·高俭传》等正史俱言“父子率多异居”而造成“蜀土俗薄”；《唐律疏议》亦将“别籍异财”列为“十恶”之一；北宋初年更是专门针对四川地区的“别籍异财”发布了两条诏令，以国家最高法令的形式予以禁止（【唐】魏征等：《隋书》卷29《地理志》，北京：中华书局，1973年，第830页；【后晋】刘昫等：《旧唐书》卷65《高士廉传》，北京：中华书局，1975年，第2442页；【宋】欧阳修，宋祁等：《新唐书》卷95《高俭传》，北京：中华书局，1975年，第3840页；【元】脱脱等：《宋史》卷2《太祖本纪》、卷4《太宗本纪》，北京：中华书局，2011年，第24—30页）。数条史料合观，有唐一代，较之全国，“别籍异财”这一社会现象在四川地区表现得更为突出和普遍。原因有二：其一，《隋书》《旧唐书》《新唐书》分别成书于唐太宗贞观三年（629年）、后晋齐王开运二年（945年）和宋仁宗嘉祐五年（1060年），三位主持编撰的史家分别生活于初唐、唐末与北宋中期，应该说，对这一社会现象具有较高的认知度；从史料的采撷和遴选角度分析，这种通过记载前代人记忆的历史记录，其取材范围相对前人而言应当得以扩展，或者说更为广阔，但著述者未做任何改动，本身就说明了史家对此条史料的认可和接纳程度；其二，从北宋初年在两年内，专门针对四川地区的“别籍异财”颁布两条诏令予以禁止，“别籍异财”不可能在后蜀亡国六年内就发展成为全国表现最为强烈的社会现象。况且，按《隋书》所记，“别籍异财”在隋朝就已经存在，作为承隋续宋的唐朝，没有理由不存在。按照人类社会发展的一般规律，只有一种解释才能合乎历史发展的逻辑，即四川地区的“别籍异财”不仅在唐代就已经存在，而且在唐中期以后演变成为全国表现最为强烈的社会现象。故而本书借此讨论唐代四川农业发展与作为我国传统社会农业生产基本单位的个体农民家庭之间的变迁关系。

上折射出了历史嬗变的轨迹。自《隋书》《旧唐书》之后，历代典籍文献无论宋人完成的《资治通鉴》《太平寰宇记》《方舆胜览》，还是明人的《蜀中名胜记》《全蜀艺文志》等在著述或追述唐代四川地区历史史实时，俱对上述四类社会现象不吝笔墨地予以记载。从史料的遴选和采撷的角度分析，这种通过记载前人记忆的历史记录，其取材范围相对前人而言应当得以扩展，或者说更为广阔，但著述者未做较大改动，本身就说明了历代史家对唐代四川地区上述四类社会现象的认可和接纳程度。

值得注意的是，尽管学界不论“三大基本经济区说”还是“经济最为发达的两个地区说”都肯定了唐代四川地区农业高度发展的史实。但是有一点必须指出，它们形成的自然条件和社会条件差别甚大。首先，从农业自身的发展动态来看，我国传统农具发展格局至唐代已基本完成。① 同时，随着北方人民的南迁，黄河流域旱作农业生产技术与南方稻作农业生产技术的交融渐趋尾声，以精耕细作为核心的农业生产技术体系也完成了在全国范围内的交流与碰撞，先进的生产技术不断在核心农业区得以推广和应用。因此，从宏观上讲，全国范围内代表性农业区的农业生产技术水平相差并不大；其次，从传统社会农业发展的最为关键的因素，即耕地面积和劳动力资源来看，四川地区都无法与地理范畴更为广阔的黄河、长江两大流域的中下游地区相比拟。在此时代背景下，四川地区却能发展成为与长江下游江淮流域并列的全国两大基本农业区，并且一度成为促进和维护国家统一的战略大后方。究其原因，当首推优越的自然地理环境。现存文献不吝笔墨高度称颂四川地区优越的自然地理环境对于农业发展的重要意义。②

但是，仔细推敲，就会发现，唐代四川农业高度发展及其促使社会产生

---

① 周昕．中国农具通史［M］．济南：山东科学技术出版社，2010：482.

② 注：如《史记》卷129《货殖列传》称：“巴蜀亦沃野，地饶卮、姜、丹沙、石、铜、铁、竹、木之器，南御滇僰，僰僮。西近邛笮，笮马、旄牛”（【汉】司马迁：《史记》卷129《货殖列传》，北京：中华书局，1959年，第3261—3262页）；《汉书》卷28《地理志》载：“土地肥美，有江水沃野、山林、竹木、蔬食、果实之饶。南贾滇、僰僮，西近邛、笮马旄牛。民食稻鱼，亡凶年忧，俗不愁苦”（【汉】班固撰；【唐】颜师古注：《汉书》卷28《地理志》，北京：中华书局，1962年，第1645页）等。

显著变迁的原因，显然并非优越的自然地理条件和深厚的农业历史发展底蕴就能简单地予以概括。其内在的深层原因和农业发展在促进社会变迁方面所折射出的合理性，或者说是内在规律性具有极高的学术研究价值。因此，我们有必要对学界一贯认为隶属长江流域的四川地区这一“小环境农业发展区域”进行历史的追溯和探讨。

需要补充的是，严格意义上讲，唐代并无“四川”这一行政地理名词，直至宋代，“四川”作为行政区划单位才正式出现。[①] 但是，由于历史时期四川所辖区域基本上是由成都平原、中心盆地和盆周山地构成的一个相对封闭性的地理空间，既自成一体，又符合我国传统意义上按照山脉走向和河流流向划分地方行政单位的政治理念，自然形成了比较适合单独划分行政单位的地区。同时，自北宋真宗咸平四年（1001 年）始设“川陕四路”、元代世祖至元二十三年（1286 年）设“四川行中书省”，直至 1997 年川渝分治的近千年之间，围绕这一核心区域基本变化不大。从学术研究角度讲，“唐代四川”这一学术命名始于 20 世纪 40 年代初期“巴蜀文化”作为一个科学命题得以确立之后。如 1941 年，张梁任先生在论证《四川粮食问题》时，已经“不自觉地”使用了“唐代四川”这种学术表述。[②] 最早使用这一学术命名的是日本学者松井秀一，其在 60 年代相继发表《唐代前半期的四川》《唐代后半期的四川》两篇文章，以剑南道为“唐代四川”的核心区域讨论了当时四川地区社会发展概貌。[③]80 年代之后，“唐代四川”成为学界惯常使用的学术命名，如李敬洵的《唐代四川经济》[④]、卢华语的《唐代蚕桑丝绸研究》[⑤]、卢丁与日本学者肥田露美合编的《中国四川唐代摩崖造像：蒲江・邛崃地区调查研

① 注：北宋真宗咸平四年（1001 年），分置益州路、梓州路、利州路和夔州路，“谓之川陕四路，后遂省文，名曰四川”。(【清】顾炎武著；周苏平等注：《日知录》卷 31《四川》，兰州：甘肃民族出版社，1997 年，第 1321 页）

② 张梁任 . 四川粮食问题［M］. 重庆：重庆振华印书馆，1941：1—60.

③ （日）松井秀一 . 唐代前半期的四川［J］. 史学杂志 71 卷，1962（9）；唐代后半期的四川［J］. 史学杂志 73 卷，1964（10）.

④ 李敬洵 . 唐代四川经济［M］. 成都：四川省社会科学院出版社，1988.

⑤ 卢华语 . 唐代蚕桑丝绸研究［M］. 北京：首都师范大学出版社，1995.

究报告》[1]等。因此，在遵循目前学界惯用的学术范式下，本书所指“唐代四川”，包括唐代的剑南东川、剑南西川、山南西道、山南东道、黔中道及川西高原东部部分吐蕃控制区域，除了覆盖今天四川主体行政地理范围以外，也包括今重庆市所辖奉节、涪陵、万州、忠县等地区，基本符合唐廷对四川地区的统辖地理范围。

## 二、学界研究现状及存在问题

### （一）农业概念的界定

农业与社会发展相生相伴，是人类社会发展历程中最为悠久的生产部门。尽管“农业”一词出现很早，但人们对农业的认识却经历了较长时期，当时的含义与此后沿用的含义不尽相同，以至于给农业下一个科学的学术定义难度较大。英国当代著名的农学家斯佩丁（C.R.W. Spedding）认为造成这种学术困惑的“部分原因是大多数人认为他们已经知道它是什么；另一部分原因则是因为给出一个有效的定义很难”。[2]

现存传世古籍文献的记载中，农业的本义首先表现为“农”的本元意义，即五谷种植。成书于春秋末期的《子夏易传》提供了这方面的例证[3]，该书卷8《周易》记载：“神农氏之时，人育而繁，腥毛不足供给其食，修易其变，观天地之宜，相五谷之种可食者，收而艺之……得农之道，是以取诸益。”[4]利用文渊阁四库全书数据库，查阅用法较之文集、笔记相对规范的正

---

① （日）肥田路美著；卢丁等主编．中国四川唐代摩崖造像：蒲江·邛崃地区调查研究报告［M］．重庆：重庆出版社，2006.

② （英）斯佩丁（C.R.W. Spedding）著；贾慎修译．草地生态学［M］．北京：科学出版社，1983：5.

③ 注：关于《子夏易传》的作者及真伪问题，数千年来，学界一直争论不休，至今尚无统一定论。目前有学者认为此书系唐人张弧伪作（参见刘玉建：《〈子夏易传〉真伪考证》，《山东大学学报》（哲学社会科学版）1995年第4期；陈伟文：《今本〈子夏易传〉即唐张弧伪本考论》，《周易研究》2010年第2期）。本书沿用学界惯说，即此书系春秋末晋国温（今河南温县）人子夏所撰。

④ （春秋）卜商撰；（清）张澍辑．子夏易传［M］．北京：中华书局，1991：139.

史，涉及“农”字的多达一万余条。“农”最早发轫于尧舜之世，而后时贤以此为基点，推拓以言王道教化，并逐渐成为历代王朝践行唐虞之道的政治理想和治国指导理念。《史记》卷 3《殷本纪》：“后稷降播，农殖百谷”，其中的“农”即指五谷播种；卷 4《周本纪》：“周后稷，名弃……及为成人，遂好耕农，相地之宜，宜谷者稼穑焉，民皆法则之。帝尧闻之，举弃为农师，天下得其利，有功。”文中两次出现的“农”字分别组成了“耕农”与“农师”两个词，显然，这里的“农”已被赋予了新的含义，“耕农”并非指耕作的农民，而是强调土地的耕作与五谷的播种；“农师”则指主管土地耕作与五谷播种的官员。卷 10《孝文本纪》：“上曰：‘农，天下之本，其开籍田，朕亲率耕，以给宗庙粢盛。’”[①] 可见，至迟在西汉初期，正史中所记载的“农”字不仅已经具备了“农业”的表象特征，而且被赋予了强烈的政治意义和社会意义。成书于东汉时期的《汉书》认为“辟土殖谷曰农”[②]，《说文解字》给出的解释则为“农，耕也”；《齐民要术》卷 1《耕种》篇引西晋杨泉《物理论》：“种作曰稼，稼犹种也；收敛曰穑，穑犹收也。”[③] 这两种解释都立足于最早适于农业生产的平原和丘陵地区。可见，三国两晋时，人们对农业的认识在强调农业的土地开垦与作物播种这一本质属性的同时，已经注意农业生产的自然环境问题了。成书于 11 世纪的西夏《文海》则将“农”与“耕”联在一起，认为“农耕，灌溉之谓”[④]，强调水对于农业发展的关键作用，则反映了农业对于自然环境具有较强的依赖性的特征。将“农业”作为一个词组，并且赋予社会生产部门的含义，目前在正史中能找到的最早例证是东汉班固的《汉书》，该词条共出现五处，兹一并摘录如下：

本始四年（前 70 年），诏曰：“盖闻农者兴德之本也……令太官……宰乐府，减乐人，使归就农业。”

---

① （汉）司马迁 . 史记［M］. 北京：中华书局，1959：97、112、423.

② （汉）班固撰；（唐）颜师古注 . 汉书［M］. 北京：中华书局，1962：1118.

③ （北朝）贾思勰著；缪启愉，缪桂龙译注 . 齐民要术译注［M］. 上海：上海古籍出版社，2009：61.

④ 史金波等 . 文海研究［M］. 北京：社会科学出版社，1983：31.

宽既治民，劝农业，……表奏开六辅渠，定水令以广溉田。

居民得并田作，不失农业。

贼乱蠲除，民反农业，拊循贫弱，锄耘豪强。

上下同心，劝进农业，安元元焉。①

可见，古人对于农业的认识基本上是随着社会的发展、在农业不断满足社会发展的刚性需求之后作出的理性判断。进入现代社会之后，农业涉及领域更为广泛，学界对其内涵的界定因研究视野和目的的分异而有所不同。日本学者河田嗣郎认为，“凡以生产植物性或动物性之食料或原料为目的之业务皆可称为农业，包括土地之耕作，家畜之饲养以及造林、园艺、种菜、养鱼、养蚕等”②。

西方人一般根据人类生存对各个生产部门的依托关系而提出三个产业的概念，农业因为具备使人类走出采集、渔猎，摆脱对于自然界的纯粹依赖而独立进行生产活动的功能而被列为第一产业。③20 世纪 60 年代之后，农业的社会功能又逐渐引起了各国的重视。有学者将社会学、哲学、经济学等学科研究理论引入了农业的研究范畴，农业的内涵和外延进一步得以充实和拓展。如美国明确提出了农业社会学的概念④；日本学者祖田修认为农业“通过保护和活用地域资源，管理和培育有利于人类的生物来实现经济价值、生态价值和生活价值的均衡与和谐的人类目的性社会活动”⑤。

反观国内，中国大百科全书对农业条的释义为“利用生物生长发育过程来获取动植物产品的社会生产部门”。该定义明确指明了农业自身的生产

---

① （汉）班固撰；（唐）颜师古注．汉书［M］．北京：中华书局，1962：345、2630、2987、3235、4143.

② （日）河田嗣郎著；郑里镇译．农业经济学［M］．上海：文华书局，1934：1.

③ 韩茂莉．中国历史农业地理［M］．北京：北京大学出版社，2012：1—3.

④ Walter L. Slocum；F. Stuart Chapin；William H. Sewell. Agricultural Sociology：A Study of Sociological Aspects of American Farm Life［J］. American Sociological Review，Vol.28，No.4.（Aug 1963）：682—683.

⑤ （日）祖田修著；张玉林等译．农学原论［M］．北京：中国人民大学出版社，2003：57.

对象、生产过程与经济意义。目前学界对于农业的认识基本存在农业社会发展阶段说和农业本质属性说两种观点。农业社会发展阶段说认为农业的进步是按不断演进的阶段进行的，根据农业发展的形态和社会功能，又存在“三分法”和“四分法”两种观点。“三分法”把农业的发展历程划分为原始农业、传统农业和现代农业三个阶段；另一种“三分法”则认为农业的发展经历了古代农业、近代农业和现代农业三个阶段。“四分法”中和了“三分法”的两种观点，认为农业发展包括原始农业、古代农业、近代农业和现代农业四个阶段。① 农业本质属性说认为农业是指利用土地生产农产品、畜产品以满足人类需要的生产活动，包括狭义和广义两种内涵，狭义农业主要指种植业；广义农业除种植业外，还包括畜牧业、养殖业、林业、渔业等生产部门。② 可见，学界对于农业概念的界定在突出农业自身的本质属性的基础上，也注意考察农业的社会附加值。

本书选取唐代四川地区农业发展作为研究对象，试图运用马克思主义关于生产力与生产关系、经济基础与上层建筑的辩证原理去认识我国传统社会区域农业发展与社会变迁的双重互动关系。从研究时段上讲属于传统农业，从研究空间分析，又属于区域农业，这就需要对传统农业内涵予以重新解构。综合上述各种观点，结合我国传统社会农业发展的自身特点，本书认为传统农业是指某一国家或地区在特定的历史发展阶段和当时已有生产力发展水平的制约下，利用自然资源（包括土地资源、林业、牧业和渔业资源、气候气象条件、水利资源以及生态环境等方面）和社会资源（包括劳动力资源、劳动人民在长期的生产实践中认识自然、利用自然和改造自然发展农业生产的经验和科学技术的总结、谚语以及国家关于农业发展的政策和措施等）发展种植业、林业、牧业、渔业以及副业的生产活动，核心是由自然生态系统和社会经济系统耦合而成的复杂的、多层次的复合系统。从发展本质上讲，传统农业的主要特征是自给自足的自然经济。按此内涵解读，传统农

① 吴志强，傅泽平．四川丘陵地区发展现代农业研究［M］．成都：西南财经大学出版社，2011：1—3.

② 韩茂莉．中国历史农业地理［M］．北京：北京大学出版社，2012：1—3.

业的发展主要表现为农业生产资源的演进、农业劳动力资源的演变以及农业生产技术的推进三项宏观参考指标上，又可进一步细分为土地类型（耕地、山林、丘陵等）利用率的提高、耕地面积的扩展、农作物种类的增加、农产量的提高、劳动力数量的升降与素养的提高、农田水利工程的建设与管理以及农业生产技术的改进与推广等方面。相应地，传统农业对社会变迁的贡献则主要表现在社会经济结构、社会家庭结构与社会生活等方面。同时，从地缘政治角度分析，唐代四川地区作为唐廷西南“萃兵捍戎之地”，正是得益于农业的高度发展，才创造出了“财足兵气雄”[①]，从而维护唐廷政权稳定的局面。故而，讨论唐代四川农业发展与社会变迁这一学术命题亦不能忽略农业发展与民族关系的变迁问题。

### （二）学界研究现状

尽管唐代四川农业的高度发展提升了四川地区的政治、经济以及军事战略地位，但从宏观上讲，“唐代四川农业发展”作为一个学术问题真正进入学界研究视野却是在20世纪40年代“巴蜀文化”作为一个科学命题得以确立之后。[②]就目前现有研究成果来看，关于这一学术问题的研究主要集中在通史、断代史类论著和我国传统社会农业专题对该问题的涉猎以及四川区域

---

① （宋）袁说友等编撰；赵晓兰整理.成都文类［M］.北京：中华书局，2011：456.

② 注：巴蜀文化作为中国地域特色鲜明的区域文化，有着悠久的历史，其文明起源最早可以追溯至考古学意义上的宝墩文化遗址。但“巴蜀文化”作为一个科学研究命题，首次提出却是在抗战时期。1941年，广汉真武宫玉器坑和成都白马寺坛君庙青铜器两处考古发掘引发了学界对巴蜀文化的密切关注，当时颇具影响力的《说文月刊》第3卷第4期题名为“巴蜀文化专号”，并刊发了卫聚贤先生的考释性论文《巴蜀文化》。卫氏根据上述两处考古遗址出土的石器、玉器、兵器等考古实物，结合《华阳国志》《山海经》等相关文献，认为巴蜀文化较之中原文化具有“古”“异”两大特征。卫氏观点一经刊发，立即引发了学界的轩然大波，著名学者于右任、商承祚等相继发表学术论文从巴蜀地域、青铜器、族属以及与中原的关系等诸多方面予以批驳，标志着“巴蜀文化”开始进入学界的研究视野。虽然这一阶段巴蜀文化的学术研究还基本笼罩在考辨争论的氛围之中，并没有对巴蜀文化的地域特质、历史演变及其内在发展规律进行深入的探讨，但却标志着“巴蜀文化作为一个科学命题的最终确立”。（参见段渝：《巴蜀文化研究发轫》，《史学史研究》2007年第4期；李钊：《2012年巴蜀文化研究综述》，《中华文化论坛》2013年第9期。）

史的研究三个方面。为了更加详尽地说明这一问题，兹将分类择其要者予以综述。

第一，通史、断代史类论著（编著）。鉴于唐代四川农业发展的历史贡献和历史地位，通史、断代史类论著（编著）俱有采编。代表性的有范文澜主编的《中国通史》（人民出版社，2004年）、白寿彝主编的《中国通史》（上海人民出版社，2004年）、翦伯赞主编的《中国史纲》（商务印书馆，2010年）、吕思勉的《中国通史》（上海古籍出版社，2009年）、钱穆的《国史大纲》（商务印书馆，2011年）、英国人崔瑞德主编的《剑桥中国史》（中国社会科学出版社，1992年）、韩国磐的《魏晋南北朝史纲》（人民出版社，1983年）、岑仲勉的皇皇巨著《隋唐史》（中华书局，1982年）、王仲荦的《隋唐五代史》（上海人民出版社，1988年）、张国刚的《隋唐五代史研究概要》（天津教育出版社，1996年）、史念海的《中国历史地理纲要》（山西人民出版社，1991年）等。此类论著（编著）对唐代四川农业研究呈现一个显著的特点，即将其置于唐代历史发展进程中予以考量的同时，侧重于从宏观层面举陈这一时期四川农业发展的个别突出表现点。

另外，经济史类通史著作自然无法回避这一历史现象。李剑农的《中国古代经济史稿》（武汉大学出版社，2011年）、全汉昇的《中国经济史论丛》（中华书局，2012年）、傅筑夫的《中国经济史论丛》（人民出版社，1980年）和《中国古代经济史概论》（中国社会科学出版社，1981年）、冀朝鼎的《中国历史上的基本经济区域水利事业的发展》（中国科学出版社，1981年）、齐涛的《中国古代经济史》（山东大学出版社，2011年）以及日本学者西嶋定生的《中国经济史研究》（东京大学出版社，1966年）等经济史类著作在注重讨论我国传统社会各个历史时期经济形态演变的过程中，将唐代四川农业发展问题归结为唐代经济范畴而予以简单罗列。

第二，我国传统社会农业专题研究。作为唐代农业发展的重要组成部分，我国传统社会农业专题研究自然无法忽略或者回避唐代四川农业发展问题。纵览学界，很多中外学者的研究已经涉及这一问题的诸多方面。就农史类著作而言，有李根蟠先生的两本专著《中国农业史》（台湾文津出版社，1991年）《中国科学技术史·农学卷》（科学出版社，2000年）、唐启宇的《中国农史稿》（农业出版社，1985年）、郭文韬等编著的《中国农业科技发展史略》（中国科学技术出版社，1988年）、梁家勉的《中国农业科学技术史稿》（农业出版社，1989年）、熊大桐的《中国农业科学技术史》（中国林业出版社，1995年）、陈安仁的《中国农业经济史》（商务印书馆，1948年）、曹贯一的《中国农业经济史》（中国社会科学出版社，1989年）、岳琛的《中国农业经济史》（中国人民大学出版社，1989年）、吴慧的《中国历代粮食亩产研究》（农业出版社，1985年）等著作；农作物栽培方面，有李璠的《中国栽培植物发展史》（科学出版社，1984年）、彭世奖的《中国作物栽培简史》（中国农业出版社，2012年）、游修龄的《中国稻作史》（中国农业出版社，1995年）、杨直民的《农学思想史》（湖南教育出版社，2006年）、曾雄生的《中国农学史》（福建人民出版社，2012年）等著作或编著；农业地理研究方面，史念海先生的学术论文集《河山集》[①]、韩茂莉的《中国历史农业地理》（北京大学出版社，2012年）等论文集和著作；农业思想史方面，有钟祥财的《中国农业思想史》（上海社会科学出版社，1997年）、阎万英的《中国农业思想史》（中国农业出版社，1997年）、张剑光与邹国慰的《唐五代农业思想与农业经济研究》（上海三联书店，2010年）等著作。就国外学者而言，有英国布瑞的《中国农业史》（李学勇译，台湾商务印书馆，1994年）、李约瑟的《中国科学技术史·第六卷　生物学及相关技术》（科学出版社，2010年）以及日本著名农史学者天野元之助的《中国农业史研究》（御茶の水书房，1979年）、美国经济史学家德·希·珀金斯的《中国农业的发展（1368—1968年）》（上海译文出版社，1984年）、日本学者西嶋定生的《中国经济史研究》（冯佐哲等译，农业出版社，1984年）等著作。这些论著在各自研究领域勾勒我国古代农业发展进程的同时，亦无可避免地涉及唐代四川农业发展问题，但研究范式只是对其"零星"或者"蜻蜓点水"式的引用或举证。

---

① 注：《河山集》一至七集，由三联书店、人民出版社、陕西师范大学出版社、山西人民出版社等出版社陆续出版于1963年至1999年间，收录了我国著名历史地理学家史念海先生的绝大部分代表性学术论文，如《秦汉时代的农业地区》《隋唐时期长江下游农业的发展》等。这些典范性的系列研究成果，充分借鉴和吸收了现代历史学、地理学的研究范畴和方法，在我国历史地理学研究进程中，具有里程碑式的学术意义。

第三，四川区域史研究。四川区域通史类著作，代表性的有四川文献研究所主编的《四川通志》（京华书局，1967 年）、贾大泉与陈世松主编的《四川通史》（四川人民出版社，2010 年）、《成都通史》编委会主编的《成都通史》（四川人民出版社，2011 年）、傅崇矩主编的《成都通览》（巴蜀书社，1987 年）、蒙默与刘琳等编著的《四川古代史稿》（四川人民出版社，1988 年）等编著（著作）在按照王朝更替的编撰序列中，一般将唐代四川农业归位于经济范畴而予以简单举陈。

就四川地区农业专题研究而言，严格意义上讲，纯粹以历史时期“四川农业”为学术命题的著作，郭声波先生的《四川历史农业地理》（四川人民出版社，1993 年）是迄今为止关于四川农业研究的较有影响力的学术研究专著，该书“从时间、部门、空间三个方面阐明了四川地区历史时期农牧业生产区域的分布与变化”①，可谓拓荒之作。赵文欣、吕火明编著的《天府之国的四川农业》（西南财经大学出版社，2010 年）在梳理四川农业在我国历史上的地位时，概括说明了唐代四川农业发展的历史地位；四川省农业区划办公室编写的《四川农业灾害与减灾对策》（四川科学技术出版社，1999 年）在举陈历史时期四川农业灾害的种类及减灾对策时，高度评价了唐代四川水利工程的历史作用。除此之外，其他关于四川农业方面的著作，基本上将其置于经济范畴予以考察，如李敬洵先生的《唐代四川经济》（四川省社会科学院出版社，1988 年）运用较大篇幅介绍了唐代农作物的分布、农业生产技术与水利灌溉的基本状况；卢华语的《唐代西南经济研究》（科学出版社，2010 年）从不同角度揭示了唐代西南经济开发的整体性与多样性；阚能才的《四川制茶史》（中国农业科学技术出版社，2013 年）详细分析了四川制茶的起源、种类与茶马古道的形成。此外，蒋君章的《西南经济地理》（商务印书馆，1945 年）、翁俊雄的《唐代区域经济研究》（首都师范大学出版社，2001 年）均将唐代四川的农业发展问题归入唐代西南经济问题的范畴予以简要的概述。

较之著作，目前学界对于唐代四川农业问题的研究更多的是将其视作某

① 郭声波 . 四川历史农业地理［M］. 成都：四川人民出版社，1993：1—3.

一学术命题的参考引证或例证。本书从学术史的观点来判断，在为数不多的关于唐代四川农业问题的研究论文中，选取了一些较为重要、较有影响且概括性与专论性兼具的成果，简单梳理如下：

20 世纪 30 年代鞠清远先生的《唐宋时代的四川蚕市》(《食货》第 3 卷第 6 期，1936 年）指出，唐代成都及其附近的蚕市分为由崇拜圣地而构成的季节性市场和单纯的季节性市场两种；潘孝伟的《唐代蜀中农业发展原因补议——谈水旱灾害的稀少》(《中国农史》1990 年第 2 期）认为作为唐代主要经济区之一的蜀中水旱灾害较之其他地区旱涝灾害稀少的原因得力于水利的兴修与管理，以及大片森林植被的完好保存；通过注意与分析唐代四川农业发展概貌来探讨当时的四川农业经济与李唐王朝政权的建设与稳固的关系，是从冯汉镛先生的《唐代剑南道的经济状况与李唐的兴亡关系》(《中国史研究》1982 年第 1 期）一文开始的。在其论考中，冯先生通过对剑南道农业、手工业与商业的分析，认为唐代的财赋收入以剑南和江南为主要来源，并非像一般人所言，安史之乱之后维系李唐王朝的经济命脉唯有江南；之后，何汝泉利用唐代成都平原农业发展概貌对诸文献记载的“蜀为西南一都会，国家之宝库”予以了考证（《唐代成都的经济地位试探》，《社会科学研究》1982 年第 6 期）；严耕望运用详实的史料解读了唐五代成都“西南一都会”的经济地位（《唐五代时期之成都》，载《严耕望史学论文选集》，中华书局，2006 年）；谢元鲁考察了唐代四川农业经济的基本表现与“扬一益二”这一历史局面形成的内在联系（《论“扬一益二”》，《唐史论丛》1987 年第 2 期）；贾大泉对唐五代四川茶树的种植区域分布、茶叶的商品化以及唐廷在四川茶政的实施状况予以了钩沉（《唐和五代时期四川的茶叶》，《天府新论》1987 年第 4 期）；张荣强则论证了唐前期剑南道作为中央重要赋税区形成的内在农业经济基础（《唐前期剑南道的财赋地位及其特征》，《中国农史》2003 年第 4 期）等。

另外，卢华语主编的论文集《古代长江上游的经济开发》(西南师范大学出版社，1989 年）汇集了多篇关于唐代四川农业发展的远见卓识之作；阎守诚的《唐代的农田水利建设》(《晋阳学刊》1986 年第 2 期）、陈良文的《唐代麻产地之分布及植麻技术》(《农业考古》1990 年第 2 期）、赵丰的《唐代蚕桑业的地理分布》(《中国历史地理论丛》1991 年第 2 期）、华林甫的《唐代水稻生产的地理布局及其变迁初探》(《中国农史》1992 年第 2 期)、马湘泳的《唐代茶树的地理分布与贡茶》(《农业考古》1995 年第 2 期)、姚乐野《论汉唐间巴蜀地区开发的历史经验》(《华中科技大学学报・社科版》2005 年第 2 期)、杜文玉等的《唐五代时期茶叶产区分布考述》(《陕西师范大学学报・哲学社会科学版》2007 年第 3 期)、潘林的《唐代西南地区糖业述略》(《古今农业》2009 年第 2 期)、聂顺新的《再论唐代长江上游地区的荔枝分布北界及其与气温波动的关系》(《中国历史地理论丛》2011 年第 1 期)、李冰冰的《唐代甘蔗分布及影响初探》(《农业考古》2015 年第 1 期)等文章在各自研究领域内都对唐代四川农业发展问题有所论及。

国外学者对于唐代四川农业问题的关注一般将其归结为经济范畴，如日本学者松井秀一的两篇文章《唐代前半期的四川》(《史学杂志》71 卷，1962 年第 9 期)和《唐代后半期的四川》(《史学杂志》73 卷，1964 年第 10 期)俱将唐代四川农业发展视为社会变动的经济基础。这些观点对于思考唐代四川地区的农业发展与社会变迁的互动关系无疑具有重要的学术借鉴意义。

### (三) 存在的问题与不足

如上所述，中外学者对唐代四川地区农业发展相关问题做了诸多努力，不仅新论迭出，而且在提供新的观察点的同时也拓展了研究范畴。但另一方面，我们亦应看到，学界对该领域的关注也存在一些问题和不足，集中表现在以下几个方面：

其一，关注度较之先秦和秦汉备受学界“青睐”,“唐代四川农业问题”的研究则要“落寞”得多，这固然与可资佐证的考古发现与出土文物的数量较少有关，还有文献记载的相对阙如也加大了研究难度。但造成这种学术困惑的主要原因却在于：长期以来，受中原中心论正统观念的影响，唐代四川农业发展的地位和作用未得到应有的肯定和评价，有关研究也未引起学界的足够关注，除了都江堰这一举世闻名的水利工程之外，一般情况下，学界更多地将以成都平原为核心的四川农业区归位于长江流域或西南地区的农业问题而加以笼统分析。

其二，尽管唐代四川地区是李唐王朝稳固政权最为倚重的农业生产区，但学界并未形成对其自身的专题研究。现有的研究范式不是将其视为唐代农业史或四川区域史的一个不可或缺的组成部分而予以简单罗列，就是将其作为讨论某一学术问题（如唐代四川经济、唐代农田水利等）的参考例证或引证，至今没有全面而系统地讨论唐代四川农业及其相关问题的学术专著或学术论文问世。这种研究范式显然不能揭示“唐代四川农业”作为一种社会历史现象在自身存在与发展过程中所折射出的内在规律性和历史合理性。

其三，尽管农业是推动我国传统社会变迁的重要原动力，但学界对唐代四川农业发展问题的关注并没有推及社会变迁的深度和广度。上述研究范式在未能深入具体地对唐代四川农业赖以存在与发展的社会历史背景展开探讨的前提下，也就无法考察农业发展社会变迁的互动关系，更不可能从理论角度揭示我国传统社会农业发展与社会变迁相互作用下所折射出的内在机制与历史合理性。

其四，经验层面的解释成果居多，理性层面的应用性研究不足。习近平总书记在十九大报告中指出，我国特色社会主义建设已经进入新时代，这是我国发展新的历史定位。在新的历史时期，我国社会的主要矛盾已经转化为人们日益增长的美好生活和不平衡不充分发展之间的矛盾。这种不平衡与不充分突出表现在区域发展之间，较之东部沿海地带，面积更为广阔、人口分布相对分散的中西部地区依然未能得到充分的发展。未来中国特色社会主义的建设重心，必须着力解决好中西部发展不平衡不充分的问题。同时，成渝地区双城经济圈作为引领中国西部发展的新的增长极，较之京津冀地区、长三角地区、粤港澳大湾区，在经济总量占比、科技创新及其对经济增长的带动程度等方面，都还存在着显著的差距。从历史中，尤其是从农业发展对于促进区域社会变迁的历史发展进程中汲取经验教训，无疑可以为推动成渝地区双城经济圈建设和乡村振兴提供历史上的借鉴、学术上的支持和理论上的思考。作为西南地区农业发展程度最高、社会变迁最为强烈的唐代四川地区，在其特定小农经济发展模式下，具有相对独立的“四川特色”，并在推动社会变迁的历史进程中体现出了特有的内在演变机制和历史合理性。单纯依靠经验层面的解释性研究，显然不能实现“历史研究与服务现代的对话”，也就不能为国家和四川省制定符合中国特色、四川省情发展以及成渝地区双城经济圈建设应用性需求提供历史借鉴、理论依据和智力支持。

综上，目前学界对于唐代四川农业问题的研究只是对一个时间点的描述，不是从头讨论说明这一学术命题在唐代的发展变化。也就是说，已有的研究成果主要是考述唐代四川农业发展的个别表现与事实。这种纯粹以感性层面的陈述式的具体性解释虽然能够反映出唐代四川地区农业发展的概貌，却不能准确地说明这一时期四川地区农业在自身发展演变过程中所折射出的内在规律性，更不能揭示农业在自身发展及其在促进社会变迁的客体性实践进程中所折射出的内在机制与历史合理性。唯有将二者联系起来考察，才能从理性层面阐释唐代四川地区农业发展和社会变迁这一逻辑进程与历史进程相统一的辩证命题。显然，上述研究范式局限和削弱了"唐代四川农业发展"这一学术命题的研究价值和时代意义。只有将历史性的解释与当今社会发展需求的应用性研究结合起来，才能为贯彻党和国家提出的"一带一路"倡议和十九大深入推进中西部地区社会全面发展的精神服务。

## 第二节　研究目的、理论、方法与创新之处

### 一、研究目的

史学大师岑仲勉先生曾对史学研究的核心目的做了精确的论断：治史是为了治今，重新认识传统的中国，为的是要更深入、更准确地认识今天中国的国情，为创造未来提供历史借鉴。[①] 具体到区域史而言，地方史专家隗瀛涛先生在 20 世纪 90 年代指出："由于中国幅员广阔，各地区的经济、政治、文化发展不平衡，区域特征各异，史学界日益感到划分若干易于把握的区域空间，进行深入研究，是推动全国通史、断代史与专门史向纵深和广度进展

① 岑仲勉 . 隋唐史［M］. 石家庄：河北教育出版社，2000：1—3.

的一个有效途径。”[①] 再进一步细分到农业专题研究而言，国家统一的农业政策和近乎相同的农业生产技术在不同的农业生产区并不必然形成完全等同的农业发展水平，这就造成了农业发展虽然总体呈现共时性的特点，但区域发展的不平衡更为明显，并由此导致了社会变迁的内容、程度与方式亦呈现出显著的区域性特征。

前已论及，有唐一代，四川地区不仅是全国农业发展速度最快、最稳定的农业区，而且高度发展的农业又因为在促进国家统一和维护社会稳定方面做出了突出的历史贡献而被赋予了军事战略、社会战略和政治战略意义。同时，社会变迁也表现得尤为突出和典型，现存传世文献不吝笔墨对此予以了专门记载。可以说，唐代四川地区人民运用“土富人繁”“士民之庶，物力之饶，甲乎天下”[②] 的农业生产方式造就了“扬一益二”；并将西汉以来蜀民“俗好娱乐”的生活方式推向一个新的高度；相对优越的农业生产条件又改变了个体农民的家庭组织结构，夫妻组成的核心家庭成为农业生产的基本单位，“父子别居”成为社会普遍化现象；同时，从地缘政治意义上讲，作为“藩捍西南隅”，唐代四川地区的农业发展又为唐廷驻守西南边境的军队提供了最基本的战略物资和兵源保障，从而在改善唐与吐蕃、南诏等民族关系的同时，维护了唐廷西南边境的安全。

但是，学界目前现有研究成果并没有全面而深入地揭示唐代四川地区农业高度发展的历史成因，也没有从理性层面考察农业发展与社会变迁的互动关系。因此，本书拟就唐代四川地区农业发展问题作个案研究，在前人及学界既有研究成果的基础上，试图通过文献资料的梳理和考古发现的相互印证来全面而系统地考察唐代四川地区农业高度发展的历史成因。同时，本书在考察唐代四川地区农业发展与社会变迁之间的相互关系时，并没有展开泛泛而论，而是选择既带有唐代四川地区显著地域特色，又能集中反映唐代四川地区社会变迁的历史轨迹的“扬一益二”“别籍异财”“俗好娱乐”“和同为一家”四类社会现象作为研究视角，来集中探讨农业发展与社会变迁的互动

① 隗瀛涛. 四川近代史稿［M］. 成都：四川人民出版社，1990：1—3.

② （清）彭遵泗. 蜀碧［M］. 北京：中华书局，1985：1—3.

关系，从而为考察我国传统社会区域农业发展与社会变迁之间双重互动性下所折射出的合理性和规律性提供一个新的观察点。

总之，农业是我国传统社会变迁的重要原动力，本书以“唐代四川农业发展与社会变迁”为题，研究初衷并非刻意通过考察唐代四川地区农业发展的概貌再现社会变迁的整个历程，而是希冀通过分析“扬一益二”“别籍异财”“俗好娱乐”“和同为一家”这四类专属唐代四川地区的文化符号的内涵及其演变，来探讨区域农业发展与社会变迁之间存在的必然联系。一方面具有典型意义利于取得学术突破，另一方面亦可较为全面系统地总结有关历史经验教训，为加强成渝地区双城经济圈建设和深入推进乡村振兴，提供思想文化智源和学术理论意义上的支持。

## 二、研究理论

由于“唐代四川农业发展与社会变迁”这一学术命题涉及历史学、社会学、民族学、经济学以及人口学等诸学科领域，论证难度较大。因此，为了保证本研究的科学性，本书采取了如下理论：

首先，运用马克思主义关于生产力与生产关系、经济基础与上层建筑的辩证关系的经典理论作为根本理论，去分析唐代四川农业发展与社会变迁的互动关系。马克思在《资本论》中指出：“劳动过程的简单要素是：有目的的活动或劳动本身，劳动对象和劳动资料。”[①] 劳动者、劳动资料和劳动对象构成了传统意义上的生产力三要素。劳动者只有在具备了相应的劳动资料和劳动对象时才是一切财富的源泉。同时，马克思主义又强调人类的生产活动包括物质资料的生产与人类自身的生产，二者存在对立统一的关系。换言之，考察我国传统社会的农业发展问题，只有将历代王朝的农业政策、农民、土地、农作物与农业生产技术相结合才能得出科学的认识。因此，唯有运用马克思主义唯物史观的基本原理去考察唐代四川地区农业发展与

① （德）马克思，恩格斯．马克思恩格斯选集（第23卷）[M]．北京：人民出版社，1972：202.

社会变迁的基本史实，才能对其作出恰如其分的价值评判。诚如蒋大椿先生所言："掌握唯物史观，认识社会发展的一般规律，再来考察个别历史现象。那么，对这个社会现象在社会结构层次以及历史运动过程中所处的地位，对它与其他相关历史现象的联系、作用及其产生的结果，就一定会获得比较深刻的了解。"①

其次，本书也注意吸纳和借助西方现代思维理论来分析农业发展和社会变迁的相关问题，如帕森斯的社会平衡理论对于理解和考察我国传统社会的变迁有着重要的启示意义，该理论的核心是："社会生活有一种趋势，就是功能上保持整合，因此社会系统的任何一部分改变，都会带动其他部分适应性地改变。第一波的改变会造成社会的不稳定，但经过各部门在功能上调整适应以后，就会产生整合、适应而较为稳定的社会系统。"② 借助这一理论来解释我国传统社会的变迁，首先必须找出促使我国传统社会变迁的第一波力量。

除此之外，本书还利用目前学界惯用的社会文化学相关理论来分析唐代四川社会变迁的内在机制。如利用马尔萨斯的人口论、苏联学者（Chayano）的小农家庭生产模式理论③、人类文化学中"结构主义"的理论等来解释我国传统社会农业生产者行为的社会化问题。其中，结构主义虽然注重研究"意识的结构模式"和"非意识的结构模式"，但实质是对某个特定群体的特殊生活方式的分类。④ 所以，运用这一理论解析唐代四川地区的社会变迁过程中所表现出的特异性的具体表现及其原因应更具针对性。

---

① 光明日报社史学专刊编 . 史坛纵论［M］. 重庆：重庆出版社，1984：25.

② Ruth A，Wallance and Alison Wolf，eds. *Contemporary Sociological Theoy*. Englewood Cliffs，N.J.1980：34—35.

③ 注：该理论的核心是通过对农民家庭劳动的定性评价，强调家庭规模与家庭结构对农民经济行为的影响。在此经济系统中，土地、劳动力和生产方式根据家庭发展的自然过程而结合在一起，家庭提供的劳动力是唯一可能的收入来源。尽管学界对这一理论是否适合我国传统社会"小农经济"运行的实际状况存在争议，但至少会对我们考察我国传统社会农业发展与社会变迁的相关问题能够产生有益的启示（参见黄宗智主编：《中国乡村研究（第十一辑）》，福州：福建教育出版社，2014 年，第 166 页）。

④ 谭继和 . 巴蜀文化的研究现状与未来［J］. 四川文物，2002（2）：15—21.

## 三、研究思路与方法

本书的主旨是以“唐代四川农业发展与社会变迁”为个案，从历史视角来分析我国传统社会区域农业发展与社会变迁的演变机理。因此，从学术意义的角度讲，这一学术命题至少应当包括三个方面的问题，即唐代四川农业发展的具体表现、促进唐代四川地区农业发展的主要因素以及由此而产生的社会变迁现象，这三个方面集中反映了唐代四川农业发展与社会变迁双向互动下所折射出的内在机制与历史合理性。历史现象是复杂的，社会生活的方面亦很宽广，“农业发展与社会变迁”这一命题显然不能完全表达唐代四川地区和丰富的社会生活与复杂的历史进程。如何遴选考察因子是本书首先要解决的问题。变迁不仅仅体现在结果上，更表现在变化的过程中。马克思主义指出：“一个伟大的基本思想，即认为世界不是一成不变的事物的集合体，而是过程的集合体，其中各个似乎稳定的事情以及它们在我们头脑中的思维映像即概念，都处在生成和灭亡的不断变化中。”[①] 李大钊先生曾对考察社会变迁做出了经典论断：“最要紧的，是要寻出组成这个社会的人依以为生的方法，因为所有别的进步，都靠那个社会生产衣食方法的进步与变动”[②]，即任何社会现象都与当时时代的经济运行状况和总体社会环境是分不开的。按照这一唯物史观的指导，并结合马克思主义关于生产力与生产关系、经济基础与上层建筑的辩证关系理论，本书确立了如下基本研究思路和方法：

第一，考察唐代四川地区农业高度发展的内在基础与基本动力，即在明确唐代四川行政区划的基础上，分析唐代四川地区进行农业生产的自然地理条件以及历史底蕴。

第二，从农业物质资源（包括耕地面积的扩展、农作物种类的增加与农产量的提高等方面）、劳动力资源的嬗变以及生产技术资源的推进等三类衡量我国传统社会农业发展的基本变量上，来考察唐代四川地区农业高度发展

① （德）马克思，恩格斯．马克思恩格斯选集［M］．北京：人民出版社，1972：240.

② 李守常．史学要论［M］．北京：商务印书馆，1999：28.

的基本表现和历史成因。

第三，选择历代文献着重记载，既带有唐代四川显著地域特色，又能集中反映唐代四川地区社会变迁的历史轨迹的“扬一益二”“别籍异财”“俗好娱乐”“和同为一家”作为集中观察点，即通过“扬一益二”考察社会经济结构的变迁、通过“别籍异财”考察社会组织结构的变迁、通过“俗好娱乐”考察社会生活的变迁、通过“和同为一家”考察四川地区农业发展对成边军队建设以及由此而上升至维护唐朝西南边境安全的支撑力度，最终考察区域农业发展与社会变迁之间双重互动性下所折射出的合理性和规律性。

第四，材料使用方面，在全面梳理现存传世文献关于本课题的相关史料的基础上，充分吸收学界现有研究成果，并注意挖掘考古研究范畴关于该时期农业考古资料的学术价值。除此之外，还要从唐人所记自身所见所闻的诗文与笔记小说中汲取可证资料[①]，力争做到“文献足证”和“详细占有材料”相结合，尽可能充分地保证本研究的科学性。

第五，在具体研究方法和手段上，采用比较研究法。区域无论大小，都不是孤立存在的，它的形成与发展既是区域内部多种因素共同作用的结果，也离不开同一时期区域外部其他历史因素的予以推进。“两刃相割，利钝乃

① 注：诗文的史料价值，前人及时贤多有论及。如梁启超所言：“至如杜甫、白居易诸诗，专记述其所身历之事变，描写其所目睹之社会情状者，其为价值最高之史料，又无待言。”（参见梁启超著：《梁启超史学论著四种·中国历史研究法》，长沙：岳麓书社，1985年，第157页）国学大师陈寅恪亦指出：“通论吾国史料，大抵私家纂述流于诬妄，而官修之书，其病又在多讳饰，考史事之本末者，苟能于官书及私著等量齐观，详辨而慎取之，则庶几得其真相，而无诬讳之失矣。”（参见陈寅恪：《金明馆丛稿二编·顺宗实录与玄怪录》，上海：上海古籍出版社，1980年，第74页）卢华语先生认为：“唐人诗歌，以抒发个人情感为主，虽亦属私著，但诗人笔下的人物、事件、场景，都是他们亲眼所见、亲耳所闻、亲身经历、深切感悟，无诬无讳，应是最原始的第一手资料。”（参见卢华语主编：《〈全唐诗〉经济资料辑释与研究》，重庆：重庆出版社，2006年，第15页）在这种学术观点的指引下，我们不妨枚举《旧唐书》所载一条史料为例，该书卷190《文苑下·杜甫》记载：“甫于成都浣花溪里种竹植树，结庐枕江，纵酒啸咏，与田夫野老相狎荡，无拘检。”（【后晋】刘昫等：《旧唐书》卷190《文苑下》，北京：中华书局，1975年，第5054页）据此可见，杜甫寓居成都期间，与“田夫野老”交往深厚，其农业诗文应该能够真实反映当时农业发展的实际情况，这亦可印证梁氏、陈氏等前人及卢华语等时贤对杜甫、白居易等唐人诗文史料价值的评判。

知；二论相订，是非乃见”。[1]通过比较，从共性中寻求差异，从差异中分析特殊，从而全面探讨历史现象发生与存在的合理性。马克思主义认为“极为相似的事情，但在不同的历史环境中出现就引起了完全不同的结果。如果把这些发展过程中的每一个都分别加以研究，然后再把它们加以比较，我们就会很容易地找到理解这种现象的钥匙”。[2]因此，考察唐代四川地区农业发展与社会变迁这一命题，既不能忽视秦汉、魏晋时期的农业发展概况，亦要关注同一时期江淮农产区以及其他具有可比性的农产区的发展水平。按此方法，将考量我国传统社会农业发展的几个基本变量，诸如耕地面积、农作物种类与产量、劳动力数量以及农业生产技术等诸方面做一纵向和横向的比较，从而推论出唐代四川地区农业发展与社会变迁的基本概貌。

## 四、创新之处

本书的创新之处主要体现在以下几点：

第一，课题的选择具有学术和时代意义上的双重价值。如前所述，以农业立国的我国传统社会，国家统一的农业政策和近乎相同的农业生产技术在不同的农业生产区并不必然形成完全等同的农业发展水平，实际造成了我国传统社会农业发展虽然总体呈现共时性的特点，但区域发展的不平衡更为明显，并由此导致了社会变迁的内容、程度与方式亦呈现出显著的区域性特征。十九大报告指出，未来中国特色社会主义的建设中心，必须着力解决好中西部发展不均衡不充分的问题。在中西部地域构成中，巴渝两地是西部发展的龙头所在。2020 年年初，国家将成渝地区双城经济圈列为继京津冀、长三角地区、粤港澳大湾区之后第四个区域经济增长极，以此引领中国西部地区发展，拓展全国经济增长新空间。但成渝地区双城经济圈作为“第四极”在经济总量占比、科技创新及其对经济增长的带动程度等方面，与其他三个区域增长极，都存在着显著的差距。从历史中，尤其是从农业发展对于促进

---

① 黄晖．论衡校释［M］．北京：中华书局，1990：1172.

② （德）马克思，恩格斯．马克思恩格斯全集（第 19 卷）［M］．北京：人民出版社，1963：131.

区域社会变迁的历史发展进程中汲取经验教训，无疑可以为推动成渝地区双城经济圈建设和乡村振兴提供历史上的借鉴、学术上的支持和理论上的思考。正是基于这种考虑，本书以“唐代四川农业发展与社会变迁”为个案，试图从历史视角来分析我国传统社会区域农业发展与社会变迁的演变机理，一方面具有典型意义利于取得学术突破，另一方面可以较为全面系统地总结有关历史经验教训，以供完成上述历史使命参考。

第二，关于我国传统社会农业发展与社会变迁的思考。学界既承认农业发展是促使我国传统社会产生变迁的重要原动力，也不否认社会变迁亦是促进农业发展的重要因素。这两种说法是对同一历史事实从两个视角所作的概括表述，并不互相排斥。马克思历史唯物主义告诉我们：社会变迁的本质是社会现象的变化，任何社会现象一旦成为历史，就不会在另一历史发展阶段再次以原有的面貌完整“出现”，历史现象有惊人的相似也只是相似而已。从这个意义上讲，我们考察某一历史发展阶段任何社会现象的发展变化，并非只着眼于对其内容、成因以及历史作用作出陈述式的具体性解释，而是试图透过其存在的表象，揭示其产生、发展与消亡的规律性，或者说是这一社会历史现象在自我运行的过程中所折射出的合理性，核心目的是为进一步推动社会发展提供历史借鉴和必要的智力支持。

第三，论证方法的创新。本书在运用马克思主义关于生产力与生产关系的经典理论和现代史学、社会学、民族学、经济学等相关学科相关理论的基础上，根据我国传统社会农业发展的自身特点，借鉴现代农业经济学的研究方法，并注重吸纳学界关于区域农业发展的最新研究成果，首次提出我国传统社会农业生产资源的概念，将促进我国传统社会农业发展的核心要素归结为物质生产资源、劳动力生产资源和生产技术资源，通过考察唐代四川农业物质生产资源的演进、劳动力资源的演变以及生产技术资源的推进来探讨唐代四川农业发展所折射出的合理机制和内在规律性。其中，需要特别指出的是，以往学界在考察我国传统社会劳动力资源与农业发展的相互关系系列问题时，往往只注重讨论劳动力数量与农业发展的相适性，而忽略对劳动者在实际生产劳动过程中所必然存在的个体差异性以及产生这种个体差异性原因的必要分析。本书尝试从个体农民家庭的农业教育这一角度对此问题作学术上的追问。

第四，讨论唐代四川地区农业发展问题必然不能忽略农民问题。本书以个体家庭农业生产状况与社会变迁之间的关系为研究视角来反思当今时代背景下，个体农民家庭的农业生产与社会发展之间的关系。我国传统社会的重农思想虽然更强调国家，而非个体家庭的农业生产效应，但实际上具体的农业生产劳动却是由个体家庭在相对独立的情况下完成的。这些个体家庭通过上交农业生产实物（唐中期“两税法”实施之后，主要以货币缴纳各种赋税）充当赋税的方式上升为国家财富。这与西方农业经济时代将农业发展的重点置于提高农庄的农业生产的指导思想截然不同。从这个意义上讲，考察我国传统社会某一历史时期、某一区域个体家庭的具体农业生产状况以及由此而引发的社会生活现象的变迁在某种程度上就是抓住了我国传统社会变迁的一个关键节点。作为国家实施西部大开发战略的核心区域，四川有许多方面的问题需要研究和思考，其中一个重要问题就是要回顾和思考四川地区农业发展和社会变迁的历史进程，研究和借鉴历史经验，从中获取历史智慧，以便为四川抓住新的历史机遇、实现跨越式发展提供历史意义上的战略启示和决策鉴戒。[①] 在这一时代背景下，个体农民家庭具体的农业生产劳动在社会变迁的过程中起着怎样的作用？作为地方政府如何贯彻党中央关于“三农”的发展精神？如何通过发展农业进一步促进乡村振兴？这是本书试图从历史角度解答的又一问题。

第五，关于我国传统社会区域人口与区域农业发展双重互动关系的新审视。在我国传统社会，区域人口数量的升降与农业发展存在双重互动关系，即人口是农业发展系统中最为活跃的因素，为农业发展提供必要的劳动力保障。同时，农业发展又能满足人口生存对于衣食的最基本需求，这已是学界通识。但这一认识尚有诸多思考需要进一步地深入分析和论证。例如，如何判定人口与土地结合的程度和方式已经达到优化？人口与劳动力，尤其是农业劳动力并不能完全对等，农业劳动力数量如何计算？在人口系统中所占的比重又是多少？农业劳动力自身素养是通过何种方式得以提升的？这种劳动力素养与农业生产又存在着怎样的联系？唐代四川的农

---

① 谭继和．四川开发的历史经验［J］．四川省情，2006（1）：23—24.

业劳动力资源整体状况如何？贯穿有唐一代的移民入蜀现象对唐代四川农业发展产生了怎样的影响？等等。本书以劳动力资源为视角，首次提出我国传统社会农业劳动力概念并关注劳动力素养问题，试图通过分析唐代四川人口的民族构成、地理分布、人口数量的升降、移民入蜀、农业教育等历史现象，讨论农业劳动力的身份构成、权重问题以及自身素养提高的方式与途径等，最终以此观察农业劳动力资源对农业发展的支撑力度而非笼统的人口与农业发展的关系。

第六，关于我国传统社会劳动力资源在具体的农业生产劳动过程中所体现出的个体劳动差异的关注。学界开始关注人口素质的研究始于 20 世纪 50 年代，社会学家陈达、经济学家马寅初等学者十分关注人口素质问题的考察；80 年代，朱国宏、穆光宗等学者提出了人口素质应当包含身体素质、科学文化素质和思想道德素质三个方面；国外学者对于人口素质的起步研究则以马尔萨斯和马克思为代表。[①] 国内外学者未能对中国传统社会的人口素质在具体生产劳动过程中体现出来的个体差异性予以关注。本书尝试利用马克思主义关于人类生产活动包括物质资料的生产与人类自身的生产，二者之间存在对立统一关系的历史唯物主义和辩证唯物主义理论予以浅显的讨论，这是以往学界没有关注和涉猎的。

最后，需要必须指出的是，社会变迁不仅涉及内容极其广泛，而且表现形式以及由此所折射出的特征亦复杂多变，同时引发社会变迁的因素也是多种多样的。本书将农业发展视为我国传统社会变迁的原动力，主张从区域农业发展的历史观来解构唐代四川社会变迁的历史轨迹，并不是强调这种历史观和研究方式、研究方法的唯一性和正确性，而是旨在提供一种新的思考问题的视角和途径。倘若以上所述能够对推进学界关于我国传统社会区域农业发展与社会变迁互动关系的研究有所启示，那么也达到了本书研究的目的。

---

① 彭希哲．人口与人口学［M］．上海：上海人民出版社，2009：2—27.

# 第一章
# 唐代四川地区农业发展的内在基础与历史起点

马克思主义认为："任何历史记载都应当从这些自然基础以及它们在历史进程中由于人们活动而发生的变革出发。"[①] 农业是历史发展的产物，它依存于特定的自然地理环境和历史发展阶段。《吕氏春秋·审时》篇曰："夫稼，为之者人也，生之者地也，养之者天也。"[②] 现代学者游修龄先生亦言："农业生产是一个非常复杂的系统，它兼受自然环境和社会条件的制约。"[③] 作为一个相对独立的区域，四川地区基本上以龙门山、邛崃山和大、小凉山为界分为东西两大基本区。东部以四川盆地及其缘边丘陵、山地组成，以种植业为主，形成了盆地西部平原、中部河谷地带的稻作农产区及盆地东部丘陵山区的旱作农产区两种基本农业生产布局；西部则以高原和山地为主，形成了低缓山区的半耕半牧与高原的畜牧业农产区，并由此催生了同一行政区域内部农业与畜牧业两大经营方式完全不同的农业经济次生体。这两种农业经济次生体的物品交换又进一步推动了农业商品化的进程，对社会变迁产生了重要影响。除此之外，行政区划也是影响农业发展的重要因素。因此，本章节从唐代四川行政区划的历史演绎、优越的自然地理条件和深厚的农业发展底蕴三个方面综合考察唐代四川农业发展的内在基础与历史起点。

① （德）马克思，恩格斯．马克思恩格斯全集［M］．北京：人民出版社，1960：23—24.

② 冀昀主编．吕氏春秋［M］．北京：线装书局，2007：656.

③ 游修龄．占城稻质疑［J］．农业考古，1983（1）：25—32.

## 第一节　唐代四川行政区划的历史演绎

李唐王朝对四川地区的行政控制始于隋恭帝义宁元年（617 年）。当时相对于饱受战火摧残的关中、山东及长江下游农业区，免受兵灾之厄的四川农业却呈现稳定增长。是年十二月，乘势起兵的隋太原留守李渊，攻克长安、控制关中地区之后，面对群雄逐鹿中原所造成的地方割据势力，出于军事战略的考虑，即"遣云阳令詹俊、武功县正李仲衮徇巴、蜀"[①]，招慰四川地区，着手予以政治、经济与军事方面的经略。

武德元年（618 年）李唐王朝取代杨隋政权，正式开始了对四川的行政管辖。唐初地方行政区划除了承袭隋制，采取州县二级方式之外，又在地方上普遍设置军事性质较为浓厚的总管府与行台尚书省。武德元年（618 年），改隋蜀郡为益州，置益州总管府，"管益、绵、陵、遂、资、雅、嘉、泸、戎、会、松、翼、嶲、南宁、昆、恭十七州……二年，分置邛、眉、普、荣、登五州属（益州）总管府……三年，罢总管，置西南道行台……九年，罢行台，置都督府"。[②]

太宗贞观元年（627 年），"因山河形便，分天下十道"。剑门关以南划为剑南道管辖，监理益、泸、戎、嶲、茂等都督府及若干直隶州。秦岭、伏牛山以南归为山南道。但此时的"道"仅为地理区域，而非真正意义上的行政区划，地方行政管理实际上仍然执行州县二级方式。需要指出的是，有学者经过考证认为，剑南道与山南道大致以嘉陵江为界，与秦朝巴蜀两郡的分界

---

① 注：关于李渊遣使招慰四川的时间，诸书所记略有不同。《旧唐书》《新唐书》《资治通鉴》载为义宁元年十二月（【后晋】刘昫等：《旧唐书》卷 1《高祖纪》，北京：中华书局，1975 年，第 5 页；【宋】欧阳修，宋祁等：《新唐书》卷 1《高祖纪》，北京：中华书局，1975 年，第 5 页；【宋】司马光等著；【元】胡三省注：《资治通鉴》卷 184《唐纪五》"义宁元年十二月甲辰"条，北京：中华书局，1997 年，第 5770 页），而《大唐创业起居注》则记为义宁元年十一月（【唐】温大雅：《大唐创业起居注》卷 3《起摄政至即真日凡一百八十三日》，上海：上海古籍出版社，1983 年，第 44 页）。本书在综合考量学界既有研究成果的基础上，采用前说，即隋恭帝义宁元年（617 年）十二月。

② （后晋）刘昫等 . 旧唐书［M］. 北京：中华书局，1975：1663—1664.

线相吻合，可能是因两地“民俗风情之异，不全为山川之别”。[①] 可见，初唐政权对四川的行政管理，在贯彻我国古代行政区划山河形便与犬牙相入两大通行原则的基础上，已融入了新的治理元素，表明了初唐政权对于四川行政管理的重视。

这种借助自然地理形势虚拟行政区划的理念一直持续到玄宗开元二十一年（733 年）。是年，分天下为十五道，“每道置采访使，检察非法，如汉刺史之职”。肃宗至德之后，因“中原用兵，刺史皆治军戎”[②]，又将采访使改为观察使，并使其成为常驻地方的行政长官，于是“道”演变成为州以上的行政单位。剑南道保持不变，但出任剑南道行政长官必须同时具备两个条件，即德高望重（或功勋卓著）而又深受朝廷信任；山南道则分为东西两道。至德二年（757 年）分剑南道为“东西二川，各置节度使”。代宗广德元年（763 年），“复并东、西川为一节度”。崔宁镇蜀之后，“分为西川，自后不改”[③]，形成东、西川分治格局。至此，唐代在四川境内的行政区划一般统称为剑南东川、剑南西川、山南西道为“剑南三川”或“三川”。除此之外，山南东道和黔中道也有部分地区在今四川境内。

李唐王朝除了对四川地区实施普通的地方行政管理之外，另外一条值得注意的管理方案来自民族关系的考虑。鉴于剑南道处于“西抗吐蕃，南

---

① 周振鹤．体国经野之道——中国行政区划沿革［M］．上海：上海书店出版社，2009：97.

②（后晋）刘昫等．旧唐书［M］．北京：中华书局，1975：1385.

③ 注：剑南道分立，诸书所记不同，《旧唐书》《新唐书》《资治通鉴》《太平寰宇记》等书均记为肃宗至德二年（757 年），《唐会要》《成都记序》则为高宗上元二年（675 年），学界普遍采纳肃宗至德二年说。(【后晋】刘昫等:《旧唐书》卷 41《地理志》，北京：中华书局，1975 年，第 1664 页;【宋】欧阳修，宋祁等:《新唐书》卷 67《方镇表四》，北京：中华书局，1975 年，第 1870 页;【宋】司马光著;【元】胡三省注:《资治通鉴》卷 220《唐纪三十六》“至德二年”条，北京：中华书局，1997 年，第 7051 页;【清】董浩等:《全唐文》卷 774 卢求《成都记序》，北京：中华书局，1983 年，第 7702 页;【宋】王溥:《唐会要》卷 78《诸使中》，上海：上海古籍出版社，2006 年，第 1692 页）本书采纳学界普遍观点。

抚蛮獠”①、维护西南边境的重要军事防务区，唐廷积极经略西南少数民族地区的管理，先后设置了数以百计的羁縻州。这些羁縻州的行政长官均由归附之后的民族或部落首领担任，并世袭其职。其中“羌、蛮隶剑南者，为州二百六十一”。同时，又在与羌、蛮缘边的诸州，如松州、茂州等州设置若干都督府监理这些羁縻州。据《新唐书》卷43《地理志》记载，松州都督府领西雅州、蛾州等4州；茂州都督府领涂州、炎州等39州；嶲州都督府领思量州、杜州等16州；雅州都督府领当马州、林波州等57州；黎州领奉上州、辄荣等53州；戎州都督府领南宁、昆州等64州；姚州都督府领于州、异州等13州；泸州都督府领纳州、萨州等14州。②

上述两种对四川地区的行政管理方案，使得四川地区既具备普通地方行政管理，同时又要兼顾民族事务以及维护西南边境安全的多重特征。在具体的行政区划中，剑南道辖“益、蜀、彭、汉、绵、剑、梓、遂、普、资、简、陵、邓、眉、雅、嘉、荣、泸、戎、黎、茂、龙、扶、文、当、松、静、柘、翼、悉、维、嶲、姚三十三州”。其中，“黎、戎、泸、茂、松、嶲、姚又管羁縻州，静、柘、翼、悉、维五州并管羌、夷”。山南道辖利州、扶州、集州、壁州、巴州、蓬州、通州、开州、阆州、果州、渠州、夔州、忠州、涪州、万州十五州。黔中道辖黔州、南州、溱州三州。③据李敬洵先生的研究，剑南三川55州279县中的49州244县以及山南东道和黔中道的7州26县、56州270县治所在今四川境内④（详见表1—1“唐代四川行政区划表”）。

在这种行政管理模式下，四川地区农业既要满足朝廷征收赋税的要求（前已所论，四川是有唐一代赋税最重的农业区），又要肩负与吐蕃、南诏、僚、羌、蛮等诸民族的经济往来重任。因此，考察“唐代四川农业发展与社会变迁”这一学术命题不能忽略唐代四川地区行政管辖的这一突出特征。

---

① （后晋）刘昫等．旧唐书［M］．北京：中华书局，1975：1388.

② （宋）欧阳修，宋祁等．新唐书［M］．北京：中华书局，1975：1119.

③ （唐）李林甫等撰；陈仲夫点校．唐六典［M］．北京：中华书局，1992：71.

④ 李敬洵．唐代四川经济［M］．成都：四川社会科学院出版社，1988：3.

表 1—1　唐代四川行政区划表[①]

| 道名 | 州（府）名 | 治所（今地名） | 辖县 | 资料来源 |
|---|---|---|---|---|
| 剑南西川 | 成都府（蜀） | 成都（成都） | 成都、华阳、新都、犀浦、新繁、双流、广都、郫、温江、灵池 | 《旧唐书》卷41《地理志》 |
| | 彭（濛阳） | 九陇（彭州） | 九陇、导江、唐昌、濛阳 | 同上 |
| | 蜀（唐安） | 晋原（崇州） | 晋原、青城、唐安、新津 | 同上 |
| | 汉（德阳） | 雒（广汉） | 雒、德阳、什邡、金堂、绵竹 | 同上 |
| | 嘉（犍为） | 龙游（乐山） | 龙游、平羌、峨眉、夹江、玉津、绥山、罗目、犍为 | 同上 |
| | 眉（通义） | 通义（眉山） | 通义、彭山、丹棱、洪雅、青神 | 同上 |
| | 邛（临邛） | 临邛（邛崃） | 临邛、依政、安仁、大邑、蒲江、临溪、火井 | 同上 |
| | 简（阳安） | 阳安（简阳） | 阳安、金水、平泉 | 同上 |
| | 资（资阳） | 盘石（资中） | 盘石、资阳、清溪、内江、月山、龙水、银山、丹山 | 同上 |
| | 嶲（越嶲） | 台登（冕宁泸沽） | 台登、越嶲、邛部、苏祁、西泸、昆明、和集、昌明、会川 | 同上 |
| | 雅（卢山） | 严道（雅安） | 严道、卢山、名山、百丈、荥经 | 同上 |
| | 黎（洪源） | 汉源（汉源九襄） | 汉源、飞越、通望 | 同上 |
| | 茂（通化） | 汶山（茂县） | 汶山、汶川、石泉、通化 | 同上 |
| | 翼（临翼） | 卫山（茂县校场） | 卫山、翼水、峨和 | 同上 |
| | 维（维川） | 薛城（理县薛城） | 薛城、通化、归化 | 同上 |
| | 戎（南溪） | 南溪（南溪李庄） | 南溪、僰道、宜宾、开边、归顺 | 同上 |
| | 松（交川） | 嘉城（松潘） | 嘉城、交川、平康、盐泉 | 同上 |

① 注：表 1—1“唐代四川行政区划表”以《旧唐书·地理志》为主，并参考李敬洵《唐代四川经济》一书的研究成果（参见李敬洵：《唐代四川经济》，成都：四川省社会科学院出版社，1988 年，第 4—6 页）。

续表

| 道名 | 州（府）名 | 治所（今地名） | 辖县 | 资料来源 |
|---|---|---|---|---|
| 剑南西川 | 当（江源） | 通轨（黑水扎窝） | 通轨、和利、谷和 | 同上 |
| | 悉（归城） | 左封（黑水木苏） | 左封、归城 | 同上 |
| | 静（静川） | 悉唐（黑水西尔） | 悉唐、静居、清道 | 同上 |
| | 柘（蓬山） | 柘（黑水芦花） | 柘、乔珠 | 同上 |
| | 恭（恭化） | 和集（黑水知木林） | 和集、博恭、烈山 | 同上 |
| | 保（天保） | 定康（理县沙坝） | 定康、归顺、云山、安居 | 同上 |
| | 真（昭德） | 真符（黑水色尔古） | 真符、鸡川、昭德、昭远 | 同上 |
| | 霸（静戎） | 安信（理县危关） | 安信、牙利、保宁、归化 | 同上 |
| 剑南东川 | 梓（梓潼） | 郪（三台） | 郪、射洪、通泉、玄武、盐亭、飞乌、永泰、铜山、涪城 | 同上 |
| | 遂（遂宁） | 方义（遂宁） | 方义、长江、蓬溪、青石、遂宁 | 同上 |
| | 绵（巴西） | 巴西（绵阳） | 巴西、昌明、魏城、罗江、神泉、盐泉、龙安、西昌 | 同上 |
| | 剑（普安） | 普安（剑阁） | 普安、普城、永归、梓潼、阴平、临津、武连、剑门 | 同上 |
| | 合（巴川） | 石境（合川） | 石境、新明、汉初、赤水、巴川、铜梁 | 同上 |
| | 龙（应灵） | 江油（平武南坝） | 江油、清川 | 同上 |
| | 普（安岳） | 安岳（安岳） | 安岳、安居、普慈、乐至、普康、崇龛 | 同上 |
| | 渝（南平） | 巴（重庆） | 巴、江津、万寿、南平、璧山 | 同上 |
| | 陵（仁寿） | 仁寿（仁寿） | 仁寿、贵平、井研、始建、籍 | 同上 |
| | 荣（和义） | 旭川（容县） | 旭川、应灵、公井、资官、威远、和义 | 同上 |
| | 昌（—） | 大足（大足） | 大足、静南、昌元、永川 | 同上 |
| | 泸（泸川） | 泸川（泸州） | 泸川、富义、江安、绵水 | 同上 |

续表

| 道名 | 州（府）名 | 治所（今地名） | 辖县 | 资料来源 |
| --- | --- | --- | --- | --- |
| 山南西道 | 利（益昌） | 绵谷（广元） | 绵谷、葭萌、益昌、嘉川、胤山、景谷 | 同上 |
| | 扶（同昌） | 同昌（九寨沟） | 同昌、帖夷、万全、钳川 | 同上 |
| | 集（符阳） | 难江（南江） | 难江、大牟、嘉川 | 同上 |
| | 壁（始宁） | 通江（通江） | 通江、广纳、符阳、白石、东巴 | 同上 |
| | 巴（清化） | 化城（巴中） | 化城、盘道、清化、曾口、归仁、始宁、其章、恩阳、七盘 | 同上 |
| | 蓬（蓬山） | 蓬池（仪陇立山） | 蓬池、良山、仪陇、伏虞、蓬山、朗池 | 同上 |
| | 通（通川） | 通川（达州） | 通川、永穆、三冈、石鼓、东乡、宣汉、新宁、巴渠、阆英 | 同上 |
| | 开（盛山） | 开江（开县） | 开江、新浦、万岁 | 同上 |
| | 阆（阆中） | 阆中（阆中） | 阆中、晋安、南部、苍溪、西水、奉国、新井、新政、岐评 | 同上 |
| | 果（南充） | 南充（南充五里店） | 南充、相如、流溪、西充、岳池 | 同上 |
| | 渠（潾山） | 流江（渠县） | 流江、渠江、潾山 | 同上 |
| 山南东道 | 夔（云安） | 奉节（奉节白帝） | 奉节、云安、巫山、大昌 | 同上 |
| | 忠（南宾） | 临江（忠县） | 临江、丰都、南宾、垫江、桂溪 | 同上 |
| | 涪（涪陵） | 涪陵（涪陵） | 涪陵、宾化、武龙、乐温、温山 | 同上 |
| | 万（南浦） | 南浦（万县） | 南浦、武宁、梁山 | 同上 |
| 黔中道 | 黔（黔中） | 彭水（彭水） | 彭水、黔江、洪杜、信宁、都濡 | 同上 |
| | 南州 | | 南川、三溪 | 同上 |
| | 溱州 | | 荣懿、扶欢 | 同上 |

## 第二节　自然地理基础：复合的农业发展条件

讨论历史时期区域农业发展诸问题不能脱离当时的自然地理环境。从本质上讲，农业生产是人类在特定的自然环境下，通过劳动，利用植物的光合作用，将太阳能转化为生物能，从而获取动植物产品满足人类自身生存及社会发展需求的过程。植物的生长取决于土地、气候、水资源等自然资源。因此，农业生产，尤其是在社会生产力发展水平相对低下的传统社会，对自然条件的依赖非常强烈。我国传统社会因地制宜、不违农时的两大农业生产基本原则就是古人对这种依赖性认识的集中反映。如成书于南宋的《陈旉农书》认为："农事必知天时地宜，则生之畜之，长之育之，成之熟之，无不遂矣。"①特定的自然地理环境构成了区域农业生产的前提和物质基础。本小节拟着重考察唐代四川地区农业发展的自然地理环境。

### 一、文献所载四川农业地理环境

如前所述，四川地区东西部截然不同的自然地理条件形成了农业和畜牧业两大农业经济次生体，所以汉人班固言及四川地区农业地理环境，说东部四川盆地及缘边丘陵山区"土地肥美，有江水沃野""民食稻鱼，亡凶年忧，俗不愁苦"②；而西部高原和山区则"地少无谷，以畜牧为业"。③谈及历史时期四川地区农业经济的成因，史家历来以东部种植业为主，并形成了"恃险而富"④的通识，现存传世文献不吝笔墨高度称颂四川地区优越的自然地理环境对于农业发展的重要意义。最早记述四川地区农业地理特点的《山海经·海内经》曰：

① （宋）陈旉．陈旉农书［M］．北京：中华书局，1985：5.

② （汉）班固撰；（唐）颜师古注．汉书［M］．北京：中华书局，1962：1645.

③ （南朝）范晔撰；（唐）李贤注．后汉书［M］．北京：中华书局，1965：2869.

④ （宋）欧阳修撰；（宋）徐无党著．新五代史［M］．北京：中华书局，1974：513.

西南黑水之间，有都广之野，后稷葬焉。爰有膏菽、膏稻、膏黍、膏稷，百谷自生，冬夏播琴。鸾鸟自歌，凤鸟自舞，灵寿实华，草木所聚。爰有百兽，相群爰处。[①]

《史记》卷129《货殖列传》称：

巴蜀亦沃野，地饶卮、姜、丹砂、石、铜、铁、竹、木之器，南御滇僰，僰僮。西近邛莋，莋马、旄牛。[②]

扬雄的《蜀都赋》云：

蜀都之地……禹治其江，渟皋弥望，郁乎青葱，沃壄千里。上稽干度，则井络储精。[③]

《汉书》卷28《地理志》言：

（蜀郡）土地肥美，有江水沃野、山林、竹木、蔬食、果实之饶。南贾滇、僰僮，西近邛、莋马旄牛。民食稻鱼，亡凶年忧，俗不愁苦。[④]

《华阳国志》卷3《蜀志》载：

（蜀地）东接于巴，南接于越，北与秦分，西奄峨嶓。地称天府……井络垂耀，江、汉导流……其山林泽渔，园囿瓜果，四节代

① （清）郝懿行撰；栾保群点校．山海经笺疏［M］．北京：中华书局，2019：274.
② （汉）司马迁．史记［M］．北京：中华书局，1959：3261—3262.
③ （宋）章樵．古文苑［M］．北京：中华书局，1985：82.
④ （汉）班固撰；（唐）颜师古注．汉书［M］．北京：中华书局，1962：1645.

熟，靡不有焉……蜀沃野千里。①

晋人左思《蜀都赋》曾生动地描绘晋代蜀地的农业生态：

其（成都平原）封域之内，则有原隰坟衍，通望弥博。演以潜沫，浸以绵雒，沟洫脉散，疆里绮错，黍稷油油，粳稻漠漠，……邑居隐赈，夹江傍山，栋宇相望，桑梓接连，家有盐泉之井，户有橘柚之园。②

《三国志》卷35《蜀书·诸葛亮传》：

益州险塞，沃野千里，天府之土。③

《南齐书》卷15《州郡志》：

益州土瑰富，西方之一都焉。④

《太平御览》卷166《州郡部·剑南道》引《十道志》云：

（剑南道）有盐井、铜山之富，蔬食果实之饶。⑤

《四川通志》卷9载：

沃野千里，天府之土……其地四塞，山川重阻，水路所凑，货

---

①（晋）常璩．华阳国志［M］．北京：中华书局，1985：27—28.

②（南朝）萧统编；于平等注释．昭明文选［M］．北京：华夏出版社，2000：110.

③（晋）陈寿撰；（宋）裴松之注．三国志［M］．北京：中华书局，2011：912.

④（南朝）萧子显．南齐书［M］．北京：中华书局，1972：298.

⑤（宋）李昉等．太平御览［M］．北京：中华书局，1960：807.

殖所萃。[①]

经检诸书，不难发现，现存传世文献尽管不可能运用现代意义上系统考察发展农业生产的意识全面记载四川地区发展农业生产的自然地理条件，但“土地肥美”“沃野千里”“蔬食果实之饶”等无不透露出四川地区具备“天时地宜”的传统社会发展农业生产最为优越的自然地理条件。另据寓居成都杜甫的描述，唐代夔州（今重庆奉节）夏季“炎赫衣流汗”，冬季则“冬热鸳鸯病”[②]，应是唐代四川地区盆地气候特征的真实写照。有学者指出，这种气候正好适宜农作物的生长，有利于四川盆地农业的开发。[③]

## 二、土地资源类型及其分布[④]

土地资源是农业发展最为倚重的基本生产资料。贾思勰的《齐民要术》卷 1《耕种》开篇即言：“山势有良薄，山、泽有异宜。顺天时，量地利，则用力少而成功多。”[⑤] 四川位于我国大陆地势三大阶梯中的第一级青藏高原和第二级长江中下游平原的过渡带，高低悬殊，西高东低的特点特别明显。西部为高原、山地，海拔多在 3000 米以上；东部为盆地、丘陵，海拔多在 500 ~ 2000 米。

按地貌地形分区，主要包括四川盆地、盆地周边丘陵地带、川西南山岭地带和川西高原东部的高山峡谷区。四川盆地，海拔 200 ~ 750 米，面积约 17 万平方千米。盆地内，农业地貌以丘陵、平原为主，少部分为低山和

---

① （清）常明，杨芳灿等 . 四川通志［M］. 台北：京华书局，1967：688.

② （清）彭定求等编 . 全唐诗［M］. 北京：中华书局，1999：2490.

③ 卢华语等 . 唐代西南经济研究［M］. 北京：科学出版社，2010：11.

④ 注：前已论及，本书所指“唐代四川”从地理范围上讲，主要涵盖四川盆地、盆地周边丘陵与山区、川西高原以及川西高原东部区域。根据这一区域的界定，本小节内容在参考《中国农业全书・四川卷》（中国农业全书四川卷编委会编：《中国农业全书・四川卷》，北京：中国农业出版社，1994 年）的基础上整理而成。

⑤ （北朝）贾思勰著；缪启愉，缪桂龙译注 . 齐民要术译注［M］. 上海：上海古籍出版社，2009：50—51.

谷地。长江自西向东横贯盆地南缘，地势由南、北向长江河谷倾斜。从气候上讲，盆地处于亚热带，无霜期年均300天左右，热量丰富，四季宜种，土地类型以耕地为主，垦殖系数和复种指数高；盆地周边丘陵地带海拔1400米左右，紧靠盆周外围，地貌以中低山为主，气候、植被的垂直差异比较明显，农、林、牧综合发展，耕地以旱地为主，水田较少；川西南山岭地带是云贵高原和川西部高山高原区的过渡地带，海拔在1300～2500米，山地多，丘陵与平坝少。川西高原东部区海拔多在3000～4000米，北部为丘状高原和平坦高原，高原面宽广，谷地开阔，坡地平缓，牧草繁茂，适于畜牧业发展。

按地貌地形分类，则主要包括平原、台地、丘陵、山地等类型。平原亦称平坝，是指坡度小于7度，相对高差小于20米，海拔高度小于3000米的平坦之地。根据成因和分布的地貌部位，大体可以分为三种：以成都平原为主体的冲积平原、各大河流两侧的冲积阶地平原以及发育于丘陵体之间的沟谷平原。此外，还有少量的湖积平原与喀斯特平原。成都平原位于四川盆地西部边缘、龙泉山和龙门山之间，是岷江、石亭江、绵远河、西河、南江等河流的山前冲洪积扇联合而成的冲洪积平原，面积近万平方公里，地表平坦，土壤肥沃，水系密集，排灌方便，地下堆积物结构疏松，有丰富的地下水，对发展农业和渔业十分有利。除成都平原外，在山区主河和支流汇合处，常常形成冲积扇平原，虽然面积不大，但因地表平坦、土壤肥沃，是山区发展种植业的重要基地。阶地平原主要分布在嘉陵江流域的阆中、南部、南充等地区，涪江流域的江油、绵阳、射洪、遂宁等地区，长江沿岸的南溪、泸州等地区，岷江下游的犍为以及沱江流域的资阳、简阳等地区。沟谷平原又称丘间平坝，主要分布在盆地中部和南部的丘陵地带，尤其是低丘陵区。这三类平原地带因地表平坦，土层深厚，排灌方便，且热量充分，是唐代稻、麦等粮食种类的主产区；台地，海拔小于3000米，相对高度小于20米，零星分布，面积较小；丘陵又分为低丘陵和高丘陵。低丘陵又称浅丘陵，海拔小于3000米，相对高度小于100～200米，主要分布于盆地中部、东部与周边山区地带；山地海拔在200～4000米，主要分布于盆地周围和盆周山地最外缘。按土壤分布特点和生产特性以及土地利用可分为水稻土、紫色土、黄壤、红壤、冲积土、山地草甸土和沼泽土等类型。

由此可见，以四川盆地为核心的四川农产区，虽然地形地貌及土壤种类相对齐全，但可耕土地主要集中在盆地西部的成都平原以及盆地中部、东部和盆地周边的低缓丘陵和海拔较低的山地等区域，总体面积相对狭小。这种地理格局造就了唐代四川农业发展以成都平原为核心，向盆地中部、东部及盆地周边低缓丘陵与山地扩展，且其他区域与成都平原发展水平相差甚远的基本概貌。

## 三、气候气象资源①

古人将自然称之为天，更多的是指直接影响农作物生长和收成的气候因素，诸如光、热、水、气等。四川地区位于亚热带范围内，由于复杂的地形和不同季风环流的交替影响，气候复杂多样。东部盆地属亚热带湿润气候；西部高原在地形作用下，以垂直气候带为主，从南部山地到北部高原，由亚热带演变到亚寒带，垂直方向上有亚热带到永冻带的各种气候类型。复杂多样的气候类型，有利于四川地区农业生产的全面发展。

日照。东部盆地全年日照 900 ~ 1600 小时，是全国日照最少的地区。在地域上由西向东递增：盆地西部 900 ~ 1200 小时，盆地中部 1200 ~ 1400 小时，盆地东部 1400 ~ 1600 小时。在时间上，春夏多于秋冬，盛夏最多。全年太阳总辐射量为 3100 ~ 4200 兆焦耳 / 平方米，其时空分布与日照类似。西部高原全年日照数为 2000 ~ 2500 小时，地区差异不大，仅龙门山区相对较少，为 1600 ~ 2000 小时。全年太阳总辐射量多为 5000 ~ 6800 兆焦耳 / 平方米，属全国光能丰富区之列。西南山地全年日照时数为 1200 ~ 2700 小时，较东部盆地多一倍。空间上，由东北向西南部递增；时间上，干季多于雨季。全年太阳总辐射量为 4000 ~ 6200 兆焦耳 / 平方米，除小凉山东侧外，光能资源大于东部盆地。

气温。东部盆地年平均气温 14 ~ 19℃，比同纬度地区高 1℃。一月

① 注：本小节内容在参考《中国农业全书 · 四川卷》（中国农业全书四川卷编委会编：《中国农业全书 · 四川卷》，北京：中国农业出版社，1994 年）的基础上整理而成。

平均气温 3～8℃，盆周略高；四月平均气温 15～19℃；七月平均气温 25～29℃，是全年最热月份；十月平均气温 15～19℃，接近该区年平均气温。四季分明：春季候温 10～21.9℃，长约 3 个月；夏季候温≥ 22℃，长 3 个多月；秋季候温 10～21.9℃，长 2.5 个月；冬季候温＜ 10℃，长 3.5 个月。全年日平均气温≥ 10℃的积温 4200～6100℃，无霜期 280～300 天。川西高原主体部分年平均气温＜ 8℃。一月平均气温 -5℃左右；四月平均气温 5～10℃；七月平均气温 10～15℃；十月平均气温 5℃左右。全年无夏，冬季漫长，可分 3 期：寒期候温≤ 0℃，冷期候温 1.1～9.9℃，温凉期候温≥ 10℃。全年日平均气温≥ 10℃，积温在 2000℃以下。川西南山地年平均气温：谷地 15～20℃，山地 5～15℃。一月平均气温 5℃，德昌以南谷地 10～12℃，为全省冬季最暖地区；四月平均气温 10～24℃；七月平均气温 15～26℃；十月平均气温 10～20℃。四季不分明，一般只分两季。全年日平均气温≥ 10℃，积温德昌以南河谷＞ 4500℃，以北锐减至 2000℃。

降水量。东部盆地大部年降水量 900～1200 毫米。但在地域上，盆地周边丘陵地带多于盆地，盆地西缘山地是全省降雨最多之地，为 1300～1800 毫米；次为盆地东北和东南边缘山地，为 1200～1400 毫米；盆地中部丘陵区降水最少，为 800～1000 毫米。在季节上，冬季（12 月—次年 2 月）降水最少，占全年总降水量的 3%～5%，夏季（5—10 月）降水最多，占全年总雨量的 80%，冬干夏雨，雨热同期。川西高原降水少，年降水量大部为 600～700 毫米，金沙江河谷＜ 400 毫米。干雨季分明，6 月—9 月为雨季，降水占全年总降水量的 70%～90%；11 月—次年 4 月为干季，各月降水量小于 10 毫米。

气候是影响农业生产的主要自然因素之一。不论是长时期、周期性的气候冷暖干湿变迁，还是短时期的旱涝风霜变化，都会对农业生产造成显著影响。现代天文学和气象学研究业已证明，寒冷直接制约着降水量的大小，若寒冷与干旱相结合，则成为影响与制约农业生产的重大危害，当然，最终的后果自然反映在农业产量上。① 气象史学家张家诚先生曾指出："气候的冷

① 王利华主编．中国农业通史·魏晋南北朝卷［M］．北京：中国农业出版社，2009：2.

暖干湿变化，对于高纬度地区如我国华北农作物产量有直接影响。在其他条件不变的情况下，年平均气温每下降1℃，单位面积粮食产量即可比常年下降10%。”[①]另有学者指出，尽管这种气象规律在低纬度地区影响后果不如中高纬度地区显著[②]，但就我国大部分分布在中高纬度的农业区而言，气候冷暖干湿的显著变化导致了农作结构发生改变，并迫使人们在农作的时令安排和技术措施上不得不做出相应的调整。成都平原所在的北纬30度区域，按照黑格尔关于人类文明与地理环境的说法，是最有利于产生人类灿烂文明的环境，“历史的真正舞台所以便是温带，当然是北温带，因为地球在那儿形成了一个大陆……有着一个广阔的胸膛”[③]。正是在这个北纬30度区域上下“广阔的胸膛”上，西亚美索不达米亚平原的苏美尔人创造了巴比伦文明，北非尼罗河的埃及文明、东亚的东亚文明（包括成都平原的巴蜀文明）以及南亚次大陆的印度文明都发生于此[④]。为了清晰地说明四川地区所处的长江流域热量资源的状况，特列表如下：

表1—2　长江流域的热量资源及其分配情况[⑤]

| 项目 | 成都 | 乐山 | 内江 | 达县 | 泸州 | 重庆 | 长沙 | 武汉 | 上海 |
|---|---|---|---|---|---|---|---|---|---|
| 年平均气温 / ℃ | 16.3 | 17.2 | 17.7 | 17.3 | 18.0 | 18.3 | 17.5 | 16.3 | 15.7 |
| 常年积温 / ℃ | 5956 | 6297 | 6471 | 6314 | 6597 | 6712 | 6413 | 5985 | 5743 |
| 11月1日—4月30日小春生长季积温 / ℃ | 1859 | 2106 | 2142 | 1594 | 2233 | 2210 | 1783 | 1517 | 1469 |
| 小春占年积温 / % | 31.0 | 33.0 | 33.0 | 31.2 | 34.0 | 33.0 | 27.6 | 25.3 | 25.5 |
| 5月1日—10月31日大春生长季积温 / ℃ | 4097 | 4191 | 4239 | 4360 | 4364 | 4502 | 4630 | 4468 | 4274 |
| 大春占年积温 / % | 69.0 | 66.7 | 67.0 | 68.8 | 66.0 | 67.0 | 72.4 | 74.7 | 74.5 |

① 张家诚．气候变化对中国农业生产的影响初探［J］．地理学报，1982（2）：8—15.

② 王馥堂．世界气候与粮食产量的预测［J］．气象知识，1984（1）：4—6.

③（德）黑格尔著；王造时译．历史哲学［M］．北京：生活·读书·新知三联书店，1956：124.

④ 段渝．成都通史·古蜀时期［M］．成都：四川人民出版社，2011：6.

⑤ 张隐农．四川盆地一条农业气候规律［J］．中国农业气象，1981（3）：63—64.

四川盆地地处长江上游，地势较高，距海较远，地形闭塞，形成冬暖、春旱、夏热的气候特点，年平均气温为16～18℃，比同纬度的长江中下游高出1～2℃，零度以上累积积温5900～6700℃，比长江中下游高出400～500℃，素以热量丰富著称全国。冬半年小春生长季（11月至次年4月）所占积温与夏半年大春生长季（5月至10月）所占积温之比为1∶2。

据竺可桢先生的研究，自东汉时起，我国气候逐渐寒冷，至三国时尤甚，年平均气温比现在低1～2℃；自隋朝建立之后，我国天气转暖。这个温暖时期一直延续到北宋前期……唐代的年平均气温比今天高1℃左右。① 王开发、任振球等学者利用考古资料和天文资料也得出了类似的结论。② 这一结论已为学界的深入研究所证实。美国哈佛大学教授布雷特·辛斯基指出，“从公元前3000年到前800年，欧洲经历了一个温暖期，这一点已为地理学和古植物学的材料所证明。大约在公元前1500年，北亚气候开始不时变冷。与亚洲情况相对应的是，大约公元前1500年欧洲气候也开始变冷，且于公元前900年到前700年间达到极冷……如果中国气候变化与北半球其他地区气候变化是一致的话，那么我们就可能发现公元前1500年前中国存在一个相对温暖随后又逐渐转冷的气候期”。③ 由此可见，唐代四川地区气候同比今天要温暖和湿润，这就为当时的农业的高度发展提供了必不可少的自然条件。

## 四、水利资源④

四川地区境内多大江大河，地表水资源相当丰富，但地域分布不均衡，

---

① 竺可桢.中国近五千年来气候变迁的初步研究［J］.考古学报，1972（1）：15—38.

② 王开发等.根据孢粉分析推断上海地区近六千年以来的气候变迁［J］.大气科学，1978（2）：139—145；任振球.中国近五千年来气候的异常期及其天文成因［J］.农业考古，1986（1）：298—303.

③（美）布雷特·辛斯基，蓝勇等.气候变迁和中国历史［J］.中国历史地理论丛，2003（2）：50—65.

④ 注：本小节水利资源内容在参考《中国农业全书·四川卷》（中国农业全书四川卷编委会编：《中国农业全书·四川卷》，北京：中国农业出版社，1994年）的基础上整理而成。

包括江河、湖泊、塘库、冰川等各种水体。江河是地表水的主体，据不完全统计，境内流域面积在 100 平方公里以上的河流就达 1400 多条（见表 1—3）。除上游位于高山高原的金沙江、大渡河等河流依靠有融雪水供给外，其余都以大气降水补给为主，间有地下水补给。长江横贯全省，干流在宜宾市以上的上游段称金沙江；宜宾市以下至三峡段，又称川江，其左岸有大支流自西向东有岷江、沱江、嘉陵江，右岸大支流有乌江。岷江的较大支流有大渡河，嘉陵江较大支流有涪江、渠江。大渡河的支流有青衣江等，这些江河纵横交错，据《四川省水利志》提供的材料来看，历史时期四川地区境内主干河流的流向及其构成的流域面积基本变化不大①。按此推论，新中国成立后关于四川省水利资源的统计数据，可以作为分析唐代四川农业发展的基本依据。这些主要河流的流量及其构成的流域面积为唐代四川农业的发展提供了必要的条件。

表 1—3　唐代四川辖区内主要江河

| 河名 | 河长（公里） | | 流域面积（平方公里） | | 河口流量（立方米 / 秒） | 省内干流落差（米） |
|---|---|---|---|---|---|---|
| | 总 | 省内 | 总 | 省内 | | |
| 川江 | | 892 | | 7.46 | 13900（巫山） | 198 |
| 岷江 | 711 | 711 | 13.6 | 12.3 | 2840（高场） | 3560 |
| 大渡河 | 1047 | 952 | 7.67 | 6.82 | 1510（福禄） | 2788 |
| 青衣江 | 279 | 279 | 1.3 | 1.3 | 528（千佛岩） | 2840 |
| 沱江 | 629 | 629 | 2.78 | 2.78 | 412（李家湾） | 2353 |
| 嘉陵江 | 1101 | 796 | 15.8 | 11.1 | 2160（北碚） | 350 |
| 涪江 | 660 | 660 | 3.23 | 3.23 | 490（小河坝） | 2810 |
| 渠江 | 667 | 666 | 3.92 | 3.64 | 730（罗渡） | 1410 |
| 乌江 | 1018 | 235 | 8.69 | 1.55 | 1600（武隆） | 144 |

① 《四川省水利志》编写组．四川省水利志［M］．成都：四川省水利电力厅出版，1989：1—113.

四川地区地表渗漏大，河网较密，因而地下水量丰富。由于水文地质条件复杂，地下水的地区分布很不均衡。成都平原、盆地边缘、川西南山地的地下水资源最为丰富；盆地底部与川西高原相对贫乏；盆地内部则西多于东。水资源的时空分布亦不均衡。在时间分配上，70% 的水量集中在 6—9 月，且多伴随着暴雨、洪涝灾害天气出现；3—5 月仅占 15% ~ 25%；其他月份较少。因而极易出现局部性的洪涝或大面积的干旱灾害。显然，这种情况对农业发展带来不利影响。河川径流量在年际间分布也不均衡。沱江、涪江、嘉陵江年际之间的径流深差距可达 4 ~ 8 倍。在地域分配上，主要表现为地表径流量分布不均。全省河流和径流深年平均为 523.4 毫米，其中最低位金沙江上游，年均仅 100 毫米；最高为盆地西缘鹿头山青衣江暴雨区，年均径流深 1000 毫米以上，最深可达 2000 毫米。根据上述竺可桢先生的考据，唐代四川气温同比今天高 1℃左右 [①]，那么，其域内水利资源至少维持现有状况应无异议，这就为考察唐代四川水利设施的建设与管理问题提供了必要的基础资料依据。

## 五、农林牧畜资源

唐代四川地区的森林状况总体良好，《中国农业通史》编写组在考察这一问题时曾指出："长江中上游地区除成都平原外，其余区域均开发较晚，人口稀少，自然面貌近乎原始状态，这个时期森林覆盖率仍保持在很高的水平"。[②] 童恩正先生在论证这一问题时也谈到，历史时期，四川全境"既有巍峨的雪山，又有深陷的峡谷，既有起伏的丘陵，也有富饶的平原。加以海拔高度悬殊，气候垂直变化显著，因而动植物种类繁多，几乎包括了从寒带到亚热带的各种特点。这种丰富的自然条件就为古代不同生产力水平和不同经济类型的民族劳动生息创造了有利的条件"。[③]

综合学界这两条代表性的观点，我们可以看出四川盆地特有的自然地

① 竺可桢 . 中国近五千年来气候变迁的初步研究［J］. 考古学报，1972（1）：15—38.

② 王利华主编 . 中国农业通史・魏晋南北朝卷［M］. 北京：中国农业出版社，2009：4.

③ 童恩正 . 古代的巴蜀［M］. 重庆：重庆出版社，1998：4.

理环境：河流纵横形成的以成都平原为核心的农业区，土地资源类型丰富多样，光照充足，气温适中，水量丰沛。按照我国传统社会农业发展的基本条件分析，是极为有利的。但是有一点应当指出，即自然地理环境对于农业发展所表现出的意义是与社会整体生产水平相适应的。[①] 土壤性能、水文条件、气候等农业发展深为倚重的资源优势，只有在生产技术相对较低的情况下，才能获得更为充分的体现。生产技术的进步能够在某种程度上改变农业生产对自然地理环境的过度依赖，这已为社会发展所证实。所以，讨论唐代四川自然地理环境与农业发展的相互关系诸项问题，不能只关注自然地理环境的优越性而忽略当时四川地区农业发展的历史底蕴。

## 第三节　人文地理基础：深厚的农业发展底蕴

任何农业生产都是在一定的社会历史发展阶段进行的，马克思在1846年致安年科夫的信中指出："人们不能自由地选择农业生产力——这是他们全部历史的基础。"人们只能根据当时他们所处的社会发展水平所具备的生产力和生产区域为基础来进行和发展生产，前一代人所达到的生产力水平，就是他们进行社会生产的起点。[②] 唐代之前，四川农业发展经历了三个重要阶段：古蜀时期，经过杜宇"教民务农"和鳖灵治水，四川农业区初步形成；秦汉时期，都江堰及其附属水利工程的创建，使四川成为"水旱从人"的全国先进农业区，"天府之国"成为成都平原农产区的专称；魏晋南北朝时期，蜀汉开始用军事和行政手段加强对以都江堰为核心的水利工程的建设与管理，成都平原农产区成为与关中、长江下游江淮地区并列的全国三大农业区。唐代四川正是在继承这些农业成就的基础上，发展成为全国发展速度最快、最稳定的全国两大农业区之一。

---

① 王勇．东周秦汉关中农业变迁研究［M］．长沙：岳麓书社，2004：245.

②（德）马克思，恩格斯．马克思恩格斯选集（第4卷）［M］．北京：人民出版社，1995：532.

## 一、古蜀时期：四川农产区的初步形成

现存传世文献关于古蜀时期四川农业发展状况的直接记载仅有两条：成书不晚于西周中期、出自蜀人之手的《山海经·海内经》[①] 载：

> 西南黑水之间，有都广之野，后稷葬焉。爰有膏菽、膏稻、膏黍、膏稷，百谷自生，冬夏播琴。鸾鸟自歌，凤鸟自舞，灵寿实华，草木所聚。爰有百兽，相群爰处。[②]

晋人常璩《华阳国志·蜀志》云：

> 鱼凫王田于湔山……后有王曰杜宇，教民务农……以褒斜为前门，熊耳、灵关为后户，玉垒、峨眉为城廓，江、潜、绵、洛为池泽，汶山为畜牧，南中为园苑……巴亦化其教而力农务。迄今巴蜀民农时先祀杜主君。[③]

这两条史料综合反映了古蜀时期四川农业生产区域、农业生产条件、农耕技术的传承以及农作物的种植等农业发展的基本信息。另外，《太平御览》卷 888 引扬雄的《蜀王本纪》[④] 记载了开明氏治水史迹：

---

① 注：关于《山海经》的作者及成书年代，学界颇有争议。蒙文通先生经过缜密考证认为，此书作者应为蜀人，且成书年代不晚于西周中期（参见蒙文通：《略论〈山海经〉的写作年代及其产生地域》，载《蒙文通：第一卷古学甄微》，成都：巴蜀书社，1987 年，第 35—66 页），本书采取蒙氏观点。

② （清）郝懿行撰；栾保群点校 . 山海经笺疏［M］. 北京：中华书局，2019：274.

③ （晋）常璩 . 华阳国志［M］. 北京：中华书局，1985：28.

④ 注：《蜀王本纪》原本已佚。关于其作者，学界普遍认为是西汉蜀人扬雄；另有一说为三国时谯周（详见徐中舒：《论〈蜀王本纪〉成书年代及其作者》，《社会科学研究》1979 年第 1 期；罗开玉：《"鳖灵决玉山"纵横论——兼析〈蜀王本纪〉的写作背景》，《四川师范大学学报》（社会科学版）1984 年第 1 期等），本书采取学界普遍观点。

望帝积百余岁，荆有一人，名鳖灵，其尸亡去，荆人求之不得。鳖灵尸随江水上至郫，遂活，与望帝见。望帝以鳖灵为相。时玉山出水，若尧之洪水。望帝不能治，使鳖令决玉山，民得安处。[①]

上述三段史料合观，结合考古发现，基本可以认定古蜀时期四川农业经历了三个重要阶段：其一，蚕丛、柏灌、鱼凫三代蜀王时期，四川农业属于古蜀人（族）由岷江峡谷进入成都平原发展定居的初始农业阶段；其二，“杜宇教民务农”，将朱提（今云南昭通）先进的水稻栽培及种植技术引入四川[②]，并根据四川的地理特点，实施了古蜀历史上最早的农牧区生产区划[③]，四川农业进入稻作农业阶段；其三，杜宇王朝后期，成都平原屡有水灾，但杜宇统治集团却“不能治”，来自荆楚一带善于治水的开明氏，“凿巫山，开三峡，决江、沲，通绵、洛，合汉、沔”[④]，为四川农业提供了最基本的防洪灌溉保障，顺应了当时四川农业发展的需求，取代杜宇氏，建立了开明王朝。至此，四川农产区初步形成，并发展成为长江上游核心农业区。

需要指出的是，四川地区自从有文献记载以来，就是一个农业发达的区域。徐中舒先生在论及这一问题时着重指出，四川的农业，首先是它自身发展的结果，其次才是吸收外来农业生产技术、农作物种类等基本农业生产要素与本土已有的农业生产水平相互融合的结果[⑤]，这一特征在秦并巴蜀、秦人入蜀之后表现得尤为明显。

---

① （宋）李昉等 . 太平御览［M］. 北京：中华书局，1960：3945.

② 注：关于“朱提”的具体地点，学界虽尚存争议，但主流观点认为是今云南昭通一带（参见段渝：《成都通史 · 古蜀时期》，成都：四川人民出版社，2011 年，第 208 页）。

③ 注：《华阳国志》卷 3《蜀志》言杜宇“以褒斜为前门，熊耳、灵官为后门，玉垒为城廓，江、潜、绵、洛为池泽，汶山为畜牧，南中为园苑”（【晋】常璩：《华阳国志》卷 3《蜀志》，北京：中华书局，1985 年，第 28 页）。学界普遍将该条史料视作杜宇王朝统治范围的依据，但从杜宇氏“教民务农”的时代背景及成都平原特有的自然地理环境等历史因素分析来看，未尝不是杜宇氏因地制宜、实施农产区划的发展农业的措施之一（参见拙作：《试论杜宇、开明王朝的嬗替与先秦时期蜀地农业发展的关系》，《西南民族大学学报》（人文社会科学版）2015 年第 9 期）。

④ （宋）袁说友等编撰；赵晓兰整理 . 成都文类［M］. 北京：中华书局，2011：631.

⑤ 徐中舒 . 巴蜀文化初论［J］. 四川大学学报（社会科学版），1959（2）：21—44.

## 二、秦汉时期："天府之国"成为成都平原农产区的专称

秦并巴蜀之后，鉴于蜀地农业发展的重要性，即将蜀地视为其谋求全国统一的粮食供应基地而予以经略，进一步将杜宇时期的农产区划明确化，采取了调整农业生产关系、移民入蜀、兴修水利及推广农业生产技术等多项发展农业的措施。农业劳动力、农业生产技术、农田水利设施、耕地和农作物种类等传统农业生产要素得到空前的优化组合，极大地促进了蜀地的农业发展，使蜀地发展成为与关中、长江下游地区并列的三大农产区之一，并最终为秦朝的统一提供了丰厚的物质基础。汉承秦制，保留并深入推进了这些措施，将四川农业推向一个新的发展高度，初步形成了成都平原农业区、川西高原牧业区、盆地南部农牧并重区、川中丘陵农业区以及川东北、川东农渔猎并重区的农业发展格局[①]。东汉时，"天府之国"从指代全国范围内先进农业发展区域的泛称而逐渐演变成为成都平原农产区的专称[②]，这足以反映出这一时期四川农业区已经领先于全国其他农业区的史实。

### （一）调整农业生产关系

公元前316年，秦并巴蜀，四川地区正式被纳入秦国版图。目前尚未有足够的传世文献记载、考古出土实物以及学界研究成果支持秦并巴蜀之前该区域已实行土地自由买卖制度。秦人入蜀即着手改造四川农业生产关系，将"坏井田、开阡陌、民得买卖"的土地利用制度与土地价值观念迅速推广开来。1979年青川战国墓出土的秦武王二年（前309年）《为田律》被学界认为是为保护巴蜀地区土地私有制而专门制定的一项法令。[③] 该律令规定每一顷田地上（实即每一户人家的田边）要筑"封"与"埒"，即户与户之间划分土地的界限标志。该木椟清楚地写道："封，高四尺，大称其高。（寽）埒

---

① 罗开玉．四川通史·秦汉三国卷［M］．成都：四川人民出版社，2010：247.

② 王双怀．"天府之国"的演变［J］．中国经济史研究，2009（1）：71—81.

③ 四川省博物馆；青川县文化馆．青川县出土秦更修田律木牍——四川青川县战国墓发掘简报［J］. 文物，1982（1）：1—21、97—99；罗开玉．四川通史·秦汉三国卷［M］. 成都：四川人民出版社，2010：268；樊志民．秦农业历史研究［M］．西安：三秦出版社，1997：78.

高尺，下厚二尺。以秋八月，修封（埒）埒。[①]可见，这种以法令的形式强调每家每户设立田地界限的措施，其目的就是确保农户的土地私有权不受侵犯，以便最大限度地保证土地私有制的合法化。同时，秦政府选派蜀守李冰在蜀地兴修水利设施，随着都江堰水利工程的日渐完善，都江堰“溉田畴之渠以亿计，然莫足数也”[②]。李冰在蜀时间虽无明文记载，但可以肯定的是，李冰任蜀守期间，除了兴修都江堰水利工程，还疏通了蜀地境内的郫江、捡江、青衣江等主流河域。《华阳国志》卷3《蜀志》记载：“冰穿郫江、捡江，别支流，双过郡下，以行舟船……时青衣有沫水，出蒙山下，伏行地中……冰乃凿平溷崖……通正水道……又通笮汶井江……”。[③]毫无疑问，这些附属水利工程的修建，又进一步保证了蜀地土地私有制的最大效益。汉承秦制，继续推行巴蜀地区日渐成熟的土地私有制，两件出土文物可资为证。清道光年间巴县发现一处西汉宣帝时期石刻：“地节二年（前68年）正月，巴州民杨量买山，值钱千万，作业冢，子孙永保勿替。”[④]显然，该石刻在性质上应是一处地界石刻。1966年郫县（现郫都区）犀浦出土的一块东汉残碑记录了当时一个“里”的农家家产：“田八亩，质四千……田卅亩，质六万……五亩买□十五万”[⑤]等内容，以户为单位，对户主名下所持资产计值记录。[⑥]两则材料合观，可知两汉时期巴蜀地区土地私有制已经普遍存在了。无疑，这种生产关系的调整顺应了当时巴蜀地区农业发展的要求，从而将农业发展推向一个新的高度。

### （二）秦汉移民入蜀与四川劳动力资源状况

秦入主巴蜀后，出于稳固政权和充实巴蜀地区统治基础的多种考虑，将至少包括一般秦民、各类反抗秦政府的“罪犯”以及被秦王朝认为是潜在

---

① 四川省博物馆；青川县文化馆．青川县出土秦更修田律木牍——四川青川县战国墓发掘简报［J］．文物，1982（1）：1—21、97—99.

②（汉）司马迁．史记［M］．北京：中华书局，1959：132.

③（晋）常璩．华阳国志［M］．北京：中华书局，1985：30—31.

④ 唐长寿．乐山崖墓和彭山崖墓［M］．成都：电子科技大学出版社，1994：24.

⑤ 谢雁翔．四川郫县犀浦出土的东汉残碑［J］．文物，1974（4）：67—71.

⑥ 蒙默．犀浦出土东汉残碑是泐石“资薄”说［J］．文物，1980（4）：68—71.

威胁的地方豪族这三类人强行迁徙至巴蜀。《华阳国志》卷 3《蜀志》说："周赧王元年，秦惠王封子通为蜀侯……戎伯尚强，乃移秦民万家实之"；又说："秦惠文、始皇克定六国，辄迁其豪侠于蜀，资我丰土……临邛县，郡西南二百里，本有邛民，秦始皇徙上郡民实之。"[①]《史记》卷 6《秦始皇本纪》称，秦始皇九年（前 238 年），秦王嬴政剪灭嫪毐叛乱之后，"（嫪毐）舍人，轻者为鬼薪，及夺爵迁蜀四千余家"；卷 7《项羽本纪》称："秦之迁人皆居蜀"；卷 129《货殖列传》又称："蜀卓氏之先，赵人也，用铁冶富。秦破赵，迁卓氏……山东迁虏也，亦冶铁，贾椎髻之民，富埒卓氏，俱居临邛。"[②]《太平寰宇记》卷 77《剑南道》载："严道县，秦始皇二十五年灭楚，徙严王之族以实此地"。[③] 有学者考证出，荥经曾家沟发现墓葬群即为秦时楚国之移民墓。[④] 将文献记载和出土资料合观，不难发现，秦政府移民入蜀的地域范围不仅涵盖秦国本土居民，还包含被秦国灭掉的齐国、楚国等地的居民，而且移民次数至少在三次以上。因此，有学者指出，秦政府移民入蜀是我国历史上第一次大规模的移民。[⑤]

那么，下一个需要讨论的问题就牵涉到，秦政府先后移民入蜀的具体人数究竟有多少？由于我国自西汉平帝元始二年（2 年）方有关于全国人口统计的具体数字[⑥]，且秦政府移民入蜀也只有以家为单位的粗略数字，为我们了解这一问题带来一定的困难，但我们可以根据西汉官方在籍户数、口数的记载予以大致的推算。据梁方仲先生的研究，西汉平帝元始二年在籍每户平均口数为 4.87，东汉明帝永平十八年（75 年）每户平均口数为 5.82，平均数为 5.34，东汉顺帝永和五年（140 年）蜀郡每户平均口数为 4.49[⑦]，若以每

---

① （晋）常璩 . 华阳国志［M］. 北京：中华书局，1985：30、32—33、36.

② （汉）司马迁 . 史记［M］. 北京：中华书局，1959：30、46、542.

③ （宋）乐史 . 太平寰宇记［M］. 北京：中华书局，2007：1551.

④ 罗开玉 . 论秦汉政府向巴蜀的移民、徙徒与迁虏［J］. 天府新论，1990（3）：86—92.

⑤ 罗开玉 . 四川通史 · 秦汉三国卷［M］. 成都：四川人民出版社，2010：30.

⑥ 齐涛 . 中国古代经济史［M］. 济南：山东大学出版社，2011：43.

⑦ 梁方仲编著 . 中国历代户口、田地、田赋统计［M］. 北京：中华书局，2008：6、34.

户5口计算，仅上述材料所列，至少在7万余人以上。假设每户又有2个农业劳动力（关于我国传统社会农业劳动力的界定，本文第三章第一节有详细说明），那么，秦人入蜀至少会带来3万余农业劳动力，这样就进一步扩充了蜀地的劳动力资源。至于本次移民入蜀的具体安置地点，除了卓氏、程郑等六国豪族迁入临邛之外，史料缺载，学界一般认为主要分布在成都、郫与临邛构成的三角地带内。① 两汉时期，尽管没有再次出现大规模的移民入蜀，但不定期的徙民入蜀当是存在的。如上引《太平寰宇记》卷77《剑南道》称，汉文帝时，将淮南王之族迁于严道县。由此，我们认为，秦汉政府持续发起的移民入蜀进一步扩充了当时四川的劳动力资源，对农业发展起到了相当大的推动作用。

### （三）秦汉时期四川农田水利设施的建设与管理

秦汉时期，四川地区已经形成了大规模修建水利设施的优良传统。《华阳国志》卷3《蜀志》载："惠王二十七年，仪与若城成都……筑城取土，去城十里，因以养鱼，今万岁池是也……城北又有龙坝池，城东有千秋池，城西有柳池，冬夏不竭……平阳山亦有池泽。"② 秦昭襄王时，李冰治蜀期间③，大规模地兴修农田水利工程。有学者考证出，至少包括创建都江堰、疏通成都"二江"与笮道文井江和洛水、开凿羊摩江与石犀溪、凿平南安溷崖与僰道崖滩、平掉雷垣与盐溉险滩等多项水利工程④，史不绝书的记载即是有力的

---

① 罗开玉．四川通史·秦汉三国卷［M］．成都：四川人民出版社，2010：30.

② （晋）常璩．华阳国志［M］．北京：中华书局，1985：30.

③ 注：李冰治蜀时间诸书所载不一，《华阳国志》卷3《蜀志》记为"秦孝文王以李冰为蜀守"，然秦孝文王在位仅三天，可能无暇顾及于此；成书于东汉《风俗通义·佚文》载为："秦昭王听田贵之议，遣李冰为蜀郡太守"；《水经·江水注》亦载为："秦昭王以李冰为蜀郡守。"三段材料合观，本书采后二书所载，即李冰担任蜀守在秦昭王时期（【晋】常璩：《华阳国志》卷3《蜀志》，北京：中华书局，1985年，第31页；【清】严可均辑；任雪芳审订：《全汉文》，北京：商务印书馆，1999年，第338页；【北魏】郦道元原注；陈桥驿注释：《水经注》卷33《江水》，杭州：浙江古籍出版社，2001年，第519页）。

④ 罗开玉．四川通史·秦汉三国卷［M］．成都：四川人民出版社，2010：19.

释证[①]。汉承秦制，继续重视农田水利工程的建设与管理，在维护现有水利工程的基础上，又新建多项水利工程。孝文帝末年，蜀守文翁“穿湔江口，溉灌繁田千七百顷”。[②]武阳县（今属彭山）修筑蒲江大堰，开六水门引水灌溉农田。[③]江原县（今崇州）文井江有长达30多里的以防洪和灌溉的常氏堤。[④]西汉末年，益州郡守文齐，“造起陂田，开通灌溉，垦田二千余顷”。[⑤]东汉时，广都县（今双流）望川原有水利工程，《后汉书》卷13《公孙述传》引晋人任豫《益州记》云：“凿石二十里，引取郫江水，溉广都田。”[⑥]顺、桓间（126年—167年），成都令冯颢，“开稻田百顷”[⑦]。开垦稻田，必先修建水利工程。灵帝熹平三年（174年），广汉太守沈子琚建绵竹江堰，使“五稼丰茂”。[⑧]蜀汉时，“诸葛武侯筑堤九里以防冲啮”。[⑨]又维修都安金堤堰，《水经

---

① 如：《华阳国志》卷3《蜀志》载：“冰乃壅江作堋，穿郫江、检江，别支流，双过郡下，以行舟船。梓柏大竹，颓随水流，坐致材木。又灌三郡，开稻田。于是蜀沃野千里，号为陆海。旱则引水浸润，雨则杜塞水门……穿石溪于江南……自湔堰上分穿羊摩江、灌江……凿平（南安）溷崖，通正水道……僰道有崖崭峻不可凿，乃积薪烧之……又通笮道文井江……导洛通山，出瀑口……会新都大渡……绵水出紫严山，经绵竹入洛，东流过资中，会江江阳。皆溉灌稻田，膏润稼穑。”（【晋】常璩：《华阳国志》卷3《蜀志》，北京：中华书局，1985年，第31—32页）；《水经注》卷33《江水》载：“都安县，李冰作大堰于此，壅江作堋，堋有左右口。”（【北魏】郦道元原注；陈桥驿注释：《水经注》卷33《江水》，杭州：浙江古籍出版社，2001年，第519页）；《史记》卷29《河渠书》载：“蜀守李冰凿离堆，避沫水之害，穿二江成都之中”（【汉】司马迁：《史记》卷29《河渠书》，北京：中华书局，1959年，第132页）等。

②（晋）常璩．华阳国志［M］．北京：中华书局，1985：31—32.

③（晋）常璩．华阳国志［M］．北京：中华书局，1985：39；（北魏）郦道元原注；陈桥驿注释．水经注［M］．杭州：浙江古籍出版社，2001：518.

④（晋）常璩．华阳国志［M］．北京：中华书局，1985：36.

⑤（南朝）范晔撰；（唐）李贤注．后汉书［M］．北京：中华书局，1965：2844.

⑥（南朝）范晔撰；（唐）李贤注．后汉书［M］．北京：中华书局，1965：3508.

⑦（晋）常璩著；任乃强注．华阳国志校补图注［M］．上海：上海古籍出版社，1987：156.

⑧（宋）洪适．隶释［M］．北京：中华书局，1985：161.

⑨（晋）常璩著；任乃强注．华阳国志校补图注［M］．上海：上海古籍出版社，1987：131.

注》称，“诸葛亮北征，以此堰农本，国之所资。”又言：夔州府有义泉，“诸葛亮所凿，虑城中无水，乃接筒引泉入城”。犍为太守李严“凿天社山，寻江通道……开六水门，用灌郡下”。[①]新都县令卫常“开池作堰，以便水利”。[②]为了清晰地说明秦汉四川地区水利工程修建情况，钩稽史料，特列表如下：

表 1—4 秦汉四川主要水利工程一览表

| 朝代 | 所在县 | 工程名称 | 修建时间 | 主持官员 | 修建目的 | 资料来源 | 合计 |
|---|---|---|---|---|---|---|---|
| 秦代 | 成都 | 万岁池、千秋池、龙坝池、柳池、平阳山池泽 | 秦惠文王二十七年（前 311 年） | 张仪、张若 | 城防、漕运 | 《华阳国志》卷 3《蜀志》 | 8 |
| | 成都 | “二江” | 秦昭襄王时（前 274 年—前 250 年） | 李冰 | 防洪、漕运 | 《史记》卷 29《河渠书》 | |
| | 湔氐道 | 都江堰及其附属水利工程 | 秦昭襄王时（前 274 年—前 250 年） | 李冰 | 防洪、灌溉、漕运 | 《华阳国志》卷 3《蜀志》 | |
| | 临邛 | 文井江 | 秦昭襄王时（前 274 年—前 250 年） | 李冰 | 防洪、灌溉 | 《华阳国志》卷 3《蜀志》 | |
| | 南安 | 凿平溷崖 | 秦昭襄王时（前 274 年—前 250 年） | 李冰 | 防洪、灌溉、漕运 | 《华阳国志》卷 3《蜀志》 | |
| | 僰道 | 凿平崖滩 | 秦昭襄王时（前 274 年—前 250 年） | 李冰 | 防洪、灌溉、漕运 | 《华阳国志》卷 3《蜀志》 | |
| | 什邡 | 疏通洛水 | 秦昭襄王时（前 274 年—前 250 年） | 李冰 | 防洪、灌溉、漕运 | 《华阳国志》卷 3《蜀志》 | |
| | 都安 | 大堰 | 秦昭襄王时（前 274 年—前 250 年） | 李冰 | 防洪、灌溉 | 《水经注》卷 33《江水》 | |

① （北魏）郦道元原注；陈桥驿注释．水经注［M］．杭州：浙江古籍出版社，2001：519、518.

② 《四川省水利志》编写组．四川省水利志［M］．成都：四川省水利电力厅出版，1989：216.

续表

| 朝代 | 所在县 | 工程名称 | 修建时间 | 主持官员 | 修建目的 | 资料来源 | 合计 |
|---|---|---|---|---|---|---|---|
| 西汉 | 蜀郡 | 疏通湔江口 | 景帝时期（前 156 年—前 141 年） | 文翁 | 灌溉 | 《华阳国志》卷3《蜀志》 | 4 |
| | 蜀郡 | 浦江大堰 | 西汉（具体年代不详） | 不详 | 灌溉 | 《华阳国志》卷3《蜀志》,《水经》卷 33《江水》,《元和郡县志》卷 33《剑南道下》 | |
| | 江原 | 文井江常氏堤 | 西汉晚期至东汉中期，具体年代不详 | 不详 | 防洪、灌溉 | 《华阳国志》卷3《蜀志》,《水经》卷 33《江水注》 | |
| | 广汉郡 | 起陂田 | 西汉末（具体年代不详） | 文齐 | 灌溉 | 《后汉书》卷86《南蛮西南夷列传》 | |
| | 阆中 | 彭道将池[①] | 具体时间不详 | 不详 | 灌溉 | 《汉书》卷 29《地理志》 | |
| 东汉 | 广汉郡 | 绵竹江堰 | 灵帝熹平三年（174 年） | 沈子琚、樊君 | 灌溉 | 《隶释》卷 15《广汉太守沈子琚绵竹江堰碑》 | 3 |
| | 广都 | 望川原 | 具体时间不详 | 不详 | 灌溉 | 《后汉书·郡国志》 | |
| | 成都 | 不详 | 顺、桓间（127 年—167 年） | 冯灏 | 灌溉 | 《华阳国志》卷3《蜀志》 | |

① 注:《汉书·地理志》载，阆中有彭道将池，该池“自汉以来，堰大斗、小斗之水溉田，里人赖之”，可见嘉陵江中游自流灌溉及水田之出现亦可溯及西汉（【汉】班固撰；【唐】颜师古注:《汉书》卷 28《地理志》，北京：中华书局，1962 年，第 1603 页）。

续表

| 朝代 | 所在县 | 工程名称 | 修建时间 | 主持官员 | 修建目的 | 资料来源 | 合计 |
|---|---|---|---|---|---|---|---|
| 蜀汉 | 成都 | 九里堤 | 先主彰武三年（223年） | 诸葛亮 | 防洪 | 《成都府志》《大清一统志》卷293 | 5 |
| | 都安 | 金堤堰 | 先主彰武三年（223年） | 诸葛亮 | 灌溉 | 《水经》卷33《江水注》 | |
| | 犍为郡 | 大修六水门 | 建安十九年至先主彰武二年（214年—222年） | 李严 | 防洪、灌溉 | 《水经》卷33《江水注》 | |
| | 新都 | 卫湖 | 彰武年间（221年—223年） | 卫常 | 防洪、灌溉 | 《三国疆域志》 | |
| | 夔州 | 义泉 | 具体年代不详 | 诸葛亮 | 改善城市用水条件 | 《水经注》卷33《江水注》 | |
| 合计 | | | | | | | 20 |

秦汉政府在四川地区大规模建设水利工程的同时也注重对水利工程的管理和修缮。鉴于以都江堰为核心的水利工程对于蜀地农业发展的重要性，秦政府专设有负责水利日常事务的行政管理部门——“都水”。有学者考证指出，这一官职的设立，即是秦政府基于对以都江堰为代表的农田水利工程重要作用的认识。[①] 这一观点并非孤证，可从秦始皇为李冰立祠堂得到印证，成书于东汉应劭的《风俗通义·佚文》篇说“始皇得其利以并天下，立其祠也”[②]。显然，秦始皇的这一举措说明其深谙“治蜀先治水”的道理，同时又规定定期对都江堰予以维护，上述秦《为田律》，明确规定“十月为桥，修坡堤，利津隘”。[③] 汉承秦制，“数使使者祭之”[④]。1974年在都江堰外金刚堤

① 罗开玉．四川通史·秦汉三卷［M］．成都：四川人民出版社，2010：398.

② （汉）应劭撰；王利器校注．风俗通义校注［M］．北京：中华书局，1981：584.

③ 四川省博物馆；青川县文化馆．青川县出土秦更修田律木牍——四川青川县战国墓发掘简报［J］．文物，1982（1）：1—21、97—99.

④ （晋）常璩．华阳国志［M］．北京：中华书局，1985：30.

发现东汉建宁元年（168 年）所造李冰石像一躯，题记为“都水掾尹龙长陈壹”，有学者解读为“蜀郡的都水掾，名叫尹龙，都水长是陈壹，‘都水’二字是省略了。都水长是秦汉时‘主陂池灌溉，保守河渠’的官吏，掾是办事的官吏”。[①] 这说明了秦汉时期都江堰已经有专设职官予以管理[②]，蜀地水利工程的管理俨然已经形成了比较完备的岁修制度，其岁修工程的实施亦随之从民间自理改为政府地方官吏主持。[③] 蜀汉政权又进一步加强了对都江堰的维护与管理，在都江堰专设堰官并带武装。[④] 总之，秦汉时期四川地区水利工程的建设与管理，使蜀、广汉、犍为“三蜀之地”不仅拥有防洪、灌溉和交通之利，而且进一步优化了蜀中生态环境。可以说，都江堰水利工程的岁修理念与生态环境的保护形成了一个良性循环的过程，[⑤] 使成都平原逐渐成为最适宜人类生活的地区之一。[⑥] 清人朱河龄赞誉说：“史称岷山之下，沃野千里，与汉中俱号天府之国，盖成于李冰，而肇于神禹也。”[⑦] 这些评价均表明了秦人入蜀之后蜀地农耕文明的突出成就。

### （四）农业生产技术的推广与提高

秦汉时期，四川地区农业的精耕细作生产体系已初步形成。从考古发现的实物看，成都平原在战国晚期还流行铜镰。铁制农具在四川盆地内部的普及，学界一般认为始于秦人入蜀之后，现存传世文献记载和考古发现均支持这一观点。但有一点值得我们深入推敲：三星堆遗址与金沙遗址出土的大量青铜器上均带有不同的符号（目前有学者称之为“巴蜀图语”），这些符号学

---

① 蜀勃．东汉石刻李冰像在都江堰出土［N］．光明日报，1974-06-06（02）．

② 张莉红．成都平原稻作农业区的形成与经济社会影响［J］．社会科学研究，2005（4）：158—161.

③ 王双怀．古史新探［M］．西安：陕西人民出版社，2013：301.

④ （北魏）郦道元原注；陈桥驿注释．水经注［M］．杭州：浙江古籍出版社，2010：518.

⑤ 邹礼洪．从石刻碑铭看都江堰历史上的生态环境保护［J］．中国农史，2008（4）：110—116.

⑥ 陈瑶．李冰成就天府之国［J］．资源与人居环境，2005（3）：9—11.

⑦ 李勇编．禹贡集成 3［M］．上海：上海交通大学出版社，2009：325.

界一般认为是青铜器冶炼成型之后篆刻而成。按此观点，在青铜器上篆刻符号，一定会采用比青铜器质地更为坚硬的工具。在当时的技术条件下，很可能是铁质工具。至于三星堆和金沙遗址中为什么没有出土铁制农具，我们不妨大胆假设：

第一，创造三星堆与金沙文明的政权主体和中原王朝有着密切的商贸往来；第二，虽然此时铁制农具在中原地区已初步推广，但四川盆地铁制农具的全面推广要滞后于中原地区，成都平原秦墓、汉墓出土实物均印证了这一点：20 世纪 90 年代初期成都市近郊发现的秦人墓葬中，即出土有斧、锸、凿、镰、铧等铁制农具[①]；1956 年成都东北郊西汉墓出土铁斧 2 件、铁锤 1 件[②]；1957 年四川双流牧马山灌溉渠汉墓出土铁制镬 2 件、铁制镰 3 件[③]；同年成都站东乡汉墓出土的“执铁镬残陶俑”及铁镬各 1 件[④]；1977 年郫县（现郫都区）汉墓出土“双手执铁口木臿石俑”1 件[⑤]；20 世纪 90 年代初期成都市郊发现的秦人墓亦有斧、凿、镰、铧等铁器出土[⑥]，等等。值得注意的是，盆地缘边丘陵山区铁制农具的普及可能略早于盆地内部，岷江上游区域石棺墓及川南大石墓两处遗迹均发现有铁镰等铁制农具，时代为战国晚期至汉初。[⑦] 这一“反常”现象作何解释？有学者认为这是缘于成都平原农民受限于价值规律（可能是当时盆地内部的铁制农具价格较贵）和生产观念（已习惯使用铜制农具），这种观点虽不无道理，但难免有牵强之嫌。解释这一问题至少需要厘清两点：其一，秦并巴蜀之前全国范围内已普遍使用铁制农具；其二，秦并巴蜀之后，秦政府极其重视四川地区的农业生产，将其视作

① 周尔泰．我市发现一批秦人墓［N］．成都晚报，1992-06-11（03）．

② 赖有德．成都东北郊西汉墓葬发掘简报［J］．考古通讯，1958（2）：14—31.

③ 邓伯清．四川牧马山灌溉渠古墓清理简报［J］．考古，1959（8）：419—429、457—458.

④ 徐鹏章．成都站东乡汉墓清理记［J］．考古通讯，1956（1）：39—43、15—19.

⑤ 史占扬．从陶俑看四川汉代农夫形象和农具［J］．农业考古，1985（1）：66—69.

⑥ 周尔泰．我市发现一批秦人墓［N］．成都晚报，1992-06-11（03）．

⑦ 茂县羌族博物馆，阿坝藏族羌族自治州文物管理所．四川茂县牟托一号石棺墓及陪葬坑清理简报［J］．文物，1994（3）：1 、4—40；四川省金沙江渡口西昌段、安宁河流域联合考古调查队．西昌坝河堡子大石墓发掘简报［J］．考古，1976（5）：326—330、357.

统一全国的战略后方予以经略。由此，我们认为，秦政府在调整农业生产关系、大规模兴修水利工程的同时，将至少15,000余家、大约8万余人迁入成都、郫与临邛三角地带构成的成都平原核心农业区。为了提高农业总产量而强行推广铁制农具，使得铁制农具在盆地内部得以全面普及，这种解释应是符合史实的。至于牛耕，四川地区始于何时，目前学界尚无定论，但考古资料已证实秦人入蜀之后，四川地区的稻田耕作基本使用水牛，丘陵山地与高原旱作区则基本使用黄牛。成都平原及其周边出土的秦铁铧犁表明，即使这一时期牛耕在蜀地尚未普及，但至少也应当使用人力进行犁耕了。[①] 另据新津县汉墓[②]、成都汉墓出土的陶水田、陶水塘模型以及双流牧马山汉墓出土的陶池田等实物清楚地显示有修渠整田、冬水泡田、施肥、耕地、耙地、育秧、插秧、除草以及收获等细致而完整的水稻种植及管理劳作工序，这表明至迟在两汉时期，四川地区无论是稻作还是旱作农产区，已经形成了精耕细作的农业生产体系。

### （五）农林牧副渔的全面发展

秦汉时期，四川地区农业格局总体上已呈现出农林牧副渔全面发展的态势。首先看耕地面积，由于史料缺载秦汉时期各州县耕地的具体数量，为我们了解秦汉时期四川地区耕地面积扩展的具体情况造成了一定的困难。目前学界通行方法是以人口数与全国人均耕地数的乘积，予以推算理论耕地数。如林鸿先生据此推算西汉四川地区耕地约为20万顷[③]，郭声波先生推算为25万顷[④]，罗开玉先生推算为5000万～6500万亩之间。[⑤] 虽然三位先生的推算有所出入，但却为我们考察这一时期四川地区的耕地面积提供了最基本的数据资料。

作为当时人们一般生活最真实的写照，考古资料为我们提供了新思考。

---

① 郭声波．四川历史农业地理［M］．成都：四川人民出版社，1993：14—15.

② 陆德良．四川新津县堡子山崖墓清理简报［J］．考古，1958（8）：6、31—37.

③ 林鸿．四川古代的森林变迁［J］．农业考古，1985（1）：162—168.

④ 郭声波．四川历史农业地理［M］．成都：四川人民出版社，1993：23.

⑤ 罗开玉．四川通史·秦汉卷［M］．成都：四川人民出版社，2010：273.

1966年郫县（今成都市郫都区）犀浦出土的一块东汉残碑记录了当时一个“里”的11户普通农户家产，土地最少的有耕田8亩，最多者260亩，应是自耕农和小地主，30亩出现3次，可视为中间户。当时四川置有蜀、广汉、犍为、巴、越嶲5郡，各郡皆有户口统计，5郡户数合计为1,018,841户[①]，以中间户拥有的土地数量计算，四川耕地数量最少估算也在3100万亩以上。另外，成都、广汉、新津、郫县（今成都市郫都区）、都江堰等地均发现了汉代执锸俑。锸，是两汉时期四川地区最常见的从事水田劳作的工具[②]，它的出土说明上述地区已经有水田普遍存在的史实。

这一时期，就农作物而言，见于文献记载的主要有水稻、粟、麦、芋、莲藕等，形成了以成都平原为核心的稻作区和盆地中部、东部及缘边丘陵山区地带旱作区交相辉映的种植业发展格局。随着精耕细作体系的日渐成熟，成都平原水稻亩产量成为全国最高亩产区之一。《华阳国志》卷3《蜀志》载：“绵与雒各出稻稼，亩收三十斛，有至五十斛。”[③]刘琳先生考证指出，这一产量相当于现代的390～580公斤[④]，而当时全国水稻亩产量基本维持在400公斤左右。[⑤]若刘氏考证无误，足以说明了成都平原水稻亩产量高于当时全国其他水稻产区的史实。除了成都平原，在盆地中部河谷地带亦有水稻的种植，《汉书·地理志》载阆中有彭道将池[⑥]，该池“自汉以来，堰大斗、小

---

① 梁方仲编著.中国历代户口、田地、田赋统计［M］.北京：中华书局，2008：34—35.

② 史占扬.从陶俑看四川汉代农夫形象和农具［J］.农业考古，1985（1）：66—69.

③ （晋）常璩著；任乃强注.华阳国志校补图注［M］.上海：上海古籍出版社，1987：166.

④ （晋）常璩著；刘琳注：华阳国志［M］.成都：成都时代出版社，2007：133.

⑤ 注：《淮南子·主述训》载有汉代南方水田稻谷亩产量：“农夫跖来而耕，不过十亩，中亩之获，率岁之收，不过四十石。”（【汉】高诱注：《淮南子注》，上海：上海书店，1986年，第127页）“十亩”水田收获稻谷“四十石”，平均亩产即为四石。从“不过”二字看，这一亩产量似乎并非当时亩产最高产量，充其量居于中等，或者说是较为普遍的亩产量。

⑥ （汉）班固撰；（唐）颜师古注.汉书［M］.北京：中华书局，1962：1603.

斗之水溉田，里人赖之”[①]，说明嘉陵江中游区域引流灌溉及水田之出现亦可溯及西汉。[②]有学者考证认为，汉代四川地区以成都平原为核心的稻作农业区无论种植面积、生产技术，还是亩产量，都居于全国首位。[③]

麦、粟等旱地作物，已逐渐从成都平原旱地向盆地中部、东部及缘边丘陵与山地扩展开来，成都、广汉、彭州和新津等地发现的汉画像砖中，常见以枷脱麦图案，可证。阆中賨人[④]善酿“清酒”，黍粟类应是其主要粮食作物。另据《三国志》载，麦类加工的食品已成为人们日常生活中的常备粮和军粮供应品。[⑤]这说明作为重要的粮食作物，黍粟类至迟在蜀汉时期四川地区已经大面积种植。另外，芋、莲的栽植也很普遍。成都出土的种莲陶水塘、彭县（今彭州市）出土的“采芋”画像砖以及新都出土的“采莲”画像图，反映了两汉时期芋、莲作为重要的农副产品在四川的栽种盛况。[⑥]汉代

---

① （清）顾祖禹撰；贺次君等点校．读史方舆纪要［M］．北京：中华书局：3201.

② 郭声波，陈铁军．秦汉时代四川的农业开发［J］．西南师范大学学报（人文社会科学版），1993（4）：107—112、115.

③ 张莉红．成都平原稻作农业区的形成与经济社会影响［J］．社会科学研究，2005（4）：158—161.

④ 注：“賨人”，是生活在川东地区土著民族“板楯蛮”的别称。秦昭襄王时，因板楯蛮射杀白虎有功而给予一定的赋税优惠，称为“賨”：“复（免除）夷人顷田不租，十妻不算”(【晋】常璩著；刘琳校注：《华阳国志》卷1《巴志》，成都：巴蜀书社，1984年，第35页)。

⑤ 注：《三国志》卷64《诸葛恪传》注引《诸葛恪别传》云：“权尝飨蜀使费祎，先逆敕群臣：‘使至，伏食勿起。’祎至，权为辍食，而群下不起。祎啁之曰：‘凤凰来翔，麒麟吐哺，驴骡无知，伏食如故。’恪答曰：‘爰植梧桐，以待凤凰，有何燕雀，自称来翔？何不弹射，使还故乡！’祎停食饼，索笔作麦赋，恪亦请笔作磨赋，咸称善焉。”蜀汉使者费祎停食麦饼，从容索笔而作麦赋，说明小麦已是当时人们生活中的常备粮，而且还被加工成麦饼之类的食品；同书卷44《姜维传》注引《华阳国志》曰：“姜维见黄皓枝附叶连，惧于失言，逊辞而出。后主敕皓诣维陈谢。维说皓求沓中种麦，以避内逼耳。”姜维惧怕黄皓在蜀汉政权运作中的“枝附叶连”，谎称黄皓面见姜维是商议在姜维军队驻扎的沓中种植小麦，以消除蜀汉军粮供应不足的隐患(【晋】陈寿撰；【宋】裴松之注：《三国志》卷64《诸葛恪传》、卷44《姜维传》，北京：中华书局，1959年，第1431、1063页)。据此可推知，小麦已经被视作当时军粮供应的重要农产品，其种植的区域亦应呈现逐步扩大的趋势。

⑥ 姜世碧．成都汉代农业考古概述［J］．农业考古，1992（3）：93—99.

民歌“川崖惟平，其稼多黍。旨酒嘉谷，可以养父。野惟阜丘，彼稷多有。嘉谷旨酒，可以养母”[①]，则反映了旱作农产区百姓自给自足的田园生活风貌。

这一时期，以饲养马、牛、羊为主的牧业主要分布在川西高原和盆地南部，随着盆地内部种植业的发展，牧业经营相应地从满足放牧民族、家族的自我消费转向与盆地内部交换粮食与衣物的商品。盆地内部则形成了以饲养牛、羊、猪、鸡、鸭、鹅等家畜、家禽为主的小农经济副业模式。

家庭副业的发展还体现在织锦业及园植业的发展上。四川广汉出土画像砖上的“桑园”图以及成都土桥汉墓出土的“耕织图”画像石表明，两汉时期四川地区不仅已大面积种植桑树，而且形成了家庭和官府经营的两种模式。[②]“蜀锦”开始走向全国，并在蜀汉时期成为蜀汉政权对外贸易交流的专利品。[③]宋人山谦之的《丹阳记》记录了这一事实：“历代尚未有锦，而成都独称妙，故三国时魏则市于蜀，吴亦资西蜀，至是乃有之。”[④]此外，广大农户也把园植作为副业，利用房屋周围及田边地头加以发展。所种植的果品主要有桃、梨、李、杏、板栗、柑橘、荔枝、橙子等。汉人扬雄《蜀都赋》、司马迁《史记·货殖列传》、王褒《僮约》、东晋常璩《华阳国志》等文献均有记载，1983 年成都北郊凤凰山东汉墓考古发现亦可印证。两汉政府在朐忍（今重庆万州区）、鱼复（今重庆奉节县）、南安（今四川乐山市）等地设有专门管理园植业发展的橘官[⑤]，可见当时四川地区园植业的发展已初具规模。

渔业的发展更多地体现在稻田养鱼方面，目前文献有关我国稻田养鱼的最早记载就是指的成都平原的郫县（今郫都区）。东汉末年曹操所撰《四时食制》说：“郫县子鱼，黄鳞，赤尾，出稻田。”[⑥]新津县、成都东汉墓出土的

---

① （晋）常璩．华阳国志［M］．北京：中华书局，1985：3.

② 宋伯胤，黎忠义．从汉画像石探索汉代织机构造［J］．文物，1962（3）：23—28、44.

③ 徐中舒．巴蜀文化初论［J］．四川大学学报（社会科学版），1959（2）：21—44.

④ （宋）山谦之．丹阳记［M］．北京：中国书店，1986：17.

⑤ （晋）常璩．华阳国志［M］．北京：中华书局，1985：39.

⑥ （宋）李昉等．太平御览［M］．北京：中华书局，1960：4158.

陶水田模型亦有稻田养鱼的反映。可见，至迟在东汉时期，四川地区稻田养鱼已经得到普及。

总之，秦汉时期，基本形成了以成都平原为核心的稻作农业区和以盆地中部丘陵低山为核心的旱地农业区，农、林、渔业全面得到发展。史家称："土植五谷，牲具六畜。桑、蚕、麻贮、鱼……汉家食货，以为称首"①；"民食稻鱼，亡凶年忧，俗不愁苦"②；"蜀地沃野千里，土壤膏腴，果实所生，无谷而饱。女工之业，覆衣天下。名材竹干，器械之饶，不可胜用"。③东汉初，"蜀地之富已超过关中"④，成为全国最重要的农业区，并且成为中央政府赈济灾荒、安抚难民以及征发军粮的首选农业区。《汉书》卷1《高帝纪》载："高祖二年六月，关中大饥，米斛万钱，人相食，令民就食蜀汉"；卷6《武帝纪》载："元鼎二年，山东被河灾，及岁不登数年，人或相食，方二、三千里……下巴蜀米以赈焉。"⑤这两条史料足以能够反映这一史实。

## 三、魏晋南北朝时期：农业区的"三足鼎立"

自265年司马氏掌控的曹魏政权灭蜀汉至北周大象二年（580年）近320年的时间内，四川地区先后经历了西晋、成汉、东晋、前秦、刘宋、南齐、南梁、西魏及北周9个政权的统治。政权更替频繁，最短的仅存在十几年，且中间又充斥着割据和叛乱，四川西北部被吐谷浑、川西高原被吐蕃等少数民族政权控制，社会长期处于动乱的漩涡之中。在此时局下，四川地区被上述先后控蜀的政权视为"土境丰富""民物殷阜"⑥"军国所资"⑦"可乘可

---

① （晋）常璩．华阳国志［M］．北京：中华书局，1985：2、33.

② （汉）班固撰；（唐）颜师古注．汉书［M］．北京：中华书局，1962：1645.

③ （汉）班固撰；（唐）颜师古注．后汉书［M］．北京：中华书局，1965：535.

④ 蒙默，刘琳等．四川古代史稿［M］．成都：四川人民出版社，1988：80.

⑤ （汉）班固撰；（唐）颜师古注．汉书［M］．北京：中华书局，1962：38、182.

⑥ （南朝）沈约．宋书［M］．北京：中华书局，1974：2074、2367.

⑦ （唐）令狐德棻等．周书［M］．北京：中华书局，1971：699.

利”[①]的地方。这种统治理念导致了上述控蜀政权对四川的农业物资掠夺多于农业开发与建设。如四川地区农业发展的生命线——水利工程而言，两晋时期仅有南安、武阳陂池、浦江六门堰[②]、夔州函道[③]4 项（处）；南北朝则有维修江原文井江“常氏堤”[④]、成都昌堰、峨眉龙池[⑤]3 项（处）。此 7 项水利工程中，仅有夔州函道为新建，并且是为了改善军事统治而非农田灌溉。另外，就劳动力资源而言，尽管在西晋惠帝元康八年（298 年）“流民十万余口”[⑥]以及成汉咸康四年（338 年）僚人“十万余家”[⑦]迁入四川，但因政权更迭以及僚人自身农业生产水平较低等因素，这笔劳动力资源并没有发挥应有的农业生产优势。

综合看来，魏晋南北朝时期四川地区农业发展基本以维持秦汉以来原有的农业发展水平为主。如徐中舒先生谈及蜀锦的发展问题时，曾提出著名论断：《益州记》所言“锦城在益州南笮桥东流江岸，蜀时故锦官也。其处号锦里，城墉犹在”，魏晋时期四川织锦业的发展是在继承秦汉田蚕织作的基础上逐渐发展而形成的。[⑧]在突破方面虽乏善可陈，但并不意味着没有发展，兹举两例为证。《读史方舆纪要》卷 67《成都府》：

---

① （北齐）魏收．魏书［M］．北京：中华书局，1974：1438.

② 注：《华阳国志》卷 3《蜀志》载：“南安、武阳，多陂池。”（【晋】常璩：《华阳国志》卷 3《蜀志》，北京：中华书局，1985 年，第 39 页。）

③ 注：《水经注》卷 33《江水》载：“晋安帝义熙年间（405 年—419 年），益州刺史鲍陋镇守（奉节），为谯道福所围。城里无泉，乃南开水门，凿石为函道，上施木天工直下至江中，有似猿臂，相牵引汲，然后得水。”（【北魏】郦道元著；陈桥驿注释：《水经注》卷 33《江水》，杭州：浙江古籍出版社，2001 年，第 526 页。）

④ 注：《水经注》卷 33《江水》载：“文井水又东迳江原县，县滨文井江，江上有常氏堤跨四十里。”（【北魏】郦道元著；陈桥驿注释：《水经注》卷 33《江水》，杭州：浙江古籍出版社，2001 年，第 519 页。）

⑤ （晋）任豫．益州记［M］．文渊阁四库全书影印本第 879 册：298.

⑥ （唐）房玄龄等．晋书［M］．北京：中华书局，1997：3021.

⑦ （宋）郭允蹈：蜀鉴［M］．成都：巴蜀书社，1984：200.

⑧ 徐中舒．先秦史论稿［M］．成都：巴蜀书社，1992：3.

双流牧马川，县东南八里，即二江下流也。蜀先主于此置籍田，牧马江滨。①

《水经注》卷 33《江水》：

汉安县虽迫山川，土地特美，蚕桑鱼盐，家有焉……江州县有官橘、官荔枝园，夏至则熟，二千石常设厨膳。县北有稻田，出御米也……朐忍县有橘官，有民市。②

为了清晰地说明汉晋之世，四川地区农业发展的整体概貌，根据东晋常璩《华阳国志》所载，列表如下：

表 1—5 《华阳国志》所载汉晋之世四川地区农业发展概貌一览表

| 郡县名 | 农 | 林 | 牧 | 副 | 渔 | 资料来源 |
| --- | --- | --- | --- | --- | --- | --- |
| 巴郡 | 汉世有甘橘官 | | 畜牧在沮 | | | （晋）常璩著；任乃强注：《华阳国志校补图注》，上海古籍出版社，1987 年，第 27 页 |
| 巴郡江州 | 有稻田，出御米，有陂池水利工程 | 有荔支园 | | 蒲蒻蔺席 | 陂池初为养鱼 | 同上书，第 30 页 |
| 巴郡枳县 | 土地确瘠 | | | | | 同上 |
| 巴郡垫江 | 种植桑树 | | 蓄养牛、马 | 养蚕业 | | 同上书，第 33 页 |
| 巴东鱼复 | 有橘官 | | | | | 同上书，第 36 页 |
| 巴东朐忍 | | 灵寿木、橘圃 | | 巴乡名酒 | | 同上 |

① （清）顾祖禹撰；贺次君等点校．读史方舆纪要［M］．北京：中华书局，2005：3144.

② （北魏）郦道元著；陈桥驿注释．水经注［M］．杭州：浙江古籍出版社，2001：521—525.

续表

| 郡县名 | 农 | 林 | 牧 | 副 | 渔 | 资料来源 |
|---|---|---|---|---|---|---|
| 涪陵郡 | 土地山险、水滩 | 出茶、丹、漆、蜜、蜡 | | | | 同上书，第41页 |
| 巴西郡 | 土地山原多平 | 有桑、蚕 | 有牛、马 | 丝织业 | | （晋）常璩著；刘琳注:《华阳国志校注》，成都时代出版社，2007年，第41页 |
| 巴西阆中 | 彭道将池、鱼池等水利工程 | | | | 多鱼池 | （晋）常璩著；任乃强注:《华阳国志校补图注》，上海古籍出版社，1987年，第46页 |
| 汉中郡 | 厥壤沃美，赋贡所出，略侔三蜀 | | | | | 同上书，第61页 |
| 梓潼涪县 | 涪江冲积平原，农田之美，比于成都。平原有水田，丘陵有旱田 | | | | | 同上书，第93页 |
| 梓潼晋寿 | | 漆、药、蜜所出 | | | | 同上书，第91页 |
| 梓潼汉德 | 桑下兵民 | | | | | 同上 |
| 武都郡 | 土地险阻，有麻田 | 出漆、蜜 | 出名马、牛羊 | | | 同上书，第96页 |
| 蜀郡 | | | | | | |
| 蜀郡成都 | 汉时，县令冯灏开稻田百顷 | | | | | 同上书，第156页 |
| 蜀郡繁县 | 有泉水，稻田 | | | | | 同上书，第157页 |
| 蜀郡江原 | 有好稻田，种植麻；水利工程常氏堤 | 羌筒 | | 黄润细布 | | 同上书，第157页 |

续表

| 郡县名 | 农 | 林 | 牧 | 副 | 渔 | 资料来源 |
| --- | --- | --- | --- | --- | --- | --- |
| 蜀郡广都 | 江西有安稻田 | | | | 江有鱼漕梁，大豪冯氏有鱼池 | 同上书，第 158 页 |
| 广汉郡 | 土地沃美 | | | | | 同上书，第 163 页 |
| 广汉绵竹 | 绵与雒各出稼穑，亩收三十斛，有至五十斛 | | | | | 同上书，第 166 页 |
| 广汉什邡 | 有美田 | 山出好茶 | | 有盐井 | | 同上 |
| 广汉新都 | 汉时五仓，名万安仓 | 有枣 | | | 有鱼梁 | 同上 |
| 广汉五城 | 汉时置五仓 | | | | | 同上 |
| 广汉郪县 | 有山原田 | 出好枣 | 山出麋，尾特好，入贡 | 富国盐井 | | 同上 |
| 广汉县 | 有山原田 | | | | | 同上 |
| 广汉德阳 | 山原肥沃 | | | | 有泽渔之利 | 同上 |
| 犍为武阳 | 蒲江大堰灌郡下，六水门 | 出名茶 | | 出铁及白玉 | | 同上书，第 175 页 |
| 犍为南安 | 县溉有名滩，一曰雷垣，二月盐溉 | 有柑橘官社，出名茶 | | | 多陂池 | 同上 |
| 犍为僰道 | | 有荔支、姜、蒟 | | | | 同上 |
| 犍为牛鞞 | | | | 有阳明盐井 | | 同上 |
| 犍为资中 | 多山田，少种稻之地 | | | | | 同上书，第 176 页 |
| 江阳郡 | | 有荔支、巴椒、桃支、蒟、给橙 | | | | 同上书，第 180 页 |

续表

| 郡县名 | 农 | 林 | 牧 | 副 | 渔 | 资料来源 |
|---|---|---|---|---|---|---|
| 江阳县 | 伯涂鱼梁水利工程 | | | | | 同上 |
| 江阳汉安 | 土地虽迫，山水特美好，一郡丰沃 | 宜蚕桑 | | 有盐井 | 鱼池以数百，家家有焉 | 同上 |
| 江阳新乐 | | | | 有盐井 | | 同上书，第 181 页 |
| 汶山郡 | 土地刚卤，不宜五谷，唯种稞麦 | 特多杂药名香 | 牛马、旄毡、班罽、青顿、毞毲、羊羖 | | | 同上书，第 184 页 |
| 汶山县 | | | | 山出碱石，煎之得盐 | | 同上书，第 189 页 |
| 汶山都安 | 县东南皆沃野，有大芋如蹲鸱 | | | | | 同上 |
| 汉嘉县 | 土地多山 | 产名茶 | 牦牛毦 | | | 同上书，第 198 页 |
| 越巂会无 | | | 马日千里……民家马牧山下，或产骏驹，云天马子，牧养羊牛 | | | 同上书，第 210 页 |
| 越巂三缝 | | | 夷昔牧猪于此 | | | 同上 |

综上，魏晋南北朝时期，四川地区尽管先后经历了西晋、成汉、东晋、前秦、刘宋、南齐、南梁、西魏及北周 9 个政权的统治，政权的频繁更迭以及周边少数民族政权的侵扰，但整体上还是在继承秦汉以来农业发展的基础上，农、林、牧、副、渔业进一步向纵深推进，成都平原成为与黄河流域的关中、长江下游的江淮地区并列的三大农产区之一。

# 本章小结

任何历史发展阶段的区域农业生产都不可能脱离当时的自然地理条件、已有的发展基础或者说是发展水平以及行政制度的约束而单独存在。通过以上论述，我们清楚地看到：以成都平原为核心的四川农产区拥有气候、水温和土壤等发展农业生产得天独厚的优势。杜宇“教民务农”，将先进的水稻种植技术带入蜀地，开启了四川地区真正意义上的农耕时代；开明治水，使四川稻作和旱作农业两大生产体系初步形成。秦并巴蜀，通过调整农业生产关系、移民入蜀、兴修水利以及推广农业生产技术等措施，四川农业物质生产资源、劳动力生产资源与生产技术资源首次得到全面优化；汉承秦制，在继承的基础上又有所发展，四川农业进入精耕细作时代，奠定了盆地内部平原与河谷地带开展稻作、丘陵与山区开展旱作，且以稻作为主、旱作为辅的农业发展格局。传统意义上的农、林、牧、副、渔业得以全面发展，“天府之国”从指代全国范围内先进农业发展区域的泛称而逐渐演变成为四川地区的专称。魏晋南北朝时期，四川地区政权更迭频繁，社会长期处于动乱状态，造成人口总量减少。同时，非农耕区的少数民族进入四川盆地，又进一步导致了农业生产能力的下降。从宏观上看，这一时期四川农业发展态势基本以维持原有的农业发展水平为主。

# 第二章
# 农业物质生产资源的演进

较之秦汉时期，唐代四川行政控制区域减少，西北部被吐谷浑、川西高原被吐蕃、西南部被南诏等少数民族政权先后控制，形成了农耕与游牧两种农业经济并行发展的局面。本章在界定我国传统社会农业物质资源内涵的基础上，参稽史料，佐以考古出土文物以及时人诗文描述，并结合时贤研究成果，拟根据学界普遍考察我国传统社会农业发展的农、林、牧、副、渔业等分类视角，对唐代四川农业物质资源的演进概貌作一统览，以此观察我国传统社会农业区域物质生产资源对农业发展的推进作用。秉承这一思路，同时考虑到我国传统社会农业生产的根本特征是以个体家庭为基本生产单位。所以，本章从个体农民家庭的农业生产和生活结构为出发点，并结合唐代四川农业发展的实际状况，将农作物分为粮食作物、蔬菜和油料作物经济作物以及林业作物。按此划分，粮食作物主要包括水稻、麦类、粟黍类、芋薯类与豆类作物；蔬菜和油料作物主要包括唐代四川广泛种植的各种蔬菜以及芝麻和油菜两类油料作物；经济作物主要包括桑麻、茶叶与甘蔗三类；林业作物主要指各种果类作物。

# 第一节　唐代四川农业物质生产资源概述

## 一、我国传统社会农业生产资源的界定

目前学界对于农业生产资源的诠释一般是从农业经济学的角度予以认定，如沈达尊认为农业生产资源是指农业生产中的各种投入物，通常包括土地、劳动力和生产资金三类[①]；青柏林认为农业生产资源是指农产品在生产过程中所需要的土地、劳动、肥料等各种因子的总称，属于农业生产过程的内部因素[②]；包明宝则提出农业生产资源包含劳动、劳动对象和劳动手段三个方面；[③]《当代中国经济大辞库·农业卷》给出的解释为："农业生产资源就是进行农业生产所必需的自然因素、物质因素与人力因素的总称。"[④]日本学者河田嗣郎将农业生产资源归结于农地、农业劳动、农业资金及农业经营等范畴内[⑤]；英国学者 M. 厄普顿的观点也颇具代表性，他认为农业生产依赖于动植物的自然生长和再生长。但是农场主可以控制并促进这些进程，从而生产出供人类消费的食物和其他农产品。为了生产活动，农场主需要土地、种子、牲畜、人类的技能和劳动、工具和机器等生产要素。这些生产要素又叫作生产资源，按其效用分为自然资源、劳动力、资本和管理四大类。[⑥]西方后凯恩斯主流经济学派美国萨缪尔森等人的观点也值得借鉴，他们提出经济学是研究"生产什么（种类和数量）、如何生产（资源如何配置获得最高

---

① 沈达尊 . 略论农业生产资源的利用及其评价问题［J］. 农业技术经济，1985（1）：42—45.

② 青柏林等 . 简明农业科技全书·农业经济与管理篇［M］. 成都：四川辞书出版社，1987：66.

③ 包明宝 . 农业经济学［M］. 南京：江苏科学技术出版社，1988：1.

④ 张振国主编 . 中国经济大辞库·农业卷［M］. 北京：中国经济出版社，1993：267.

⑤（日）河田嗣郎著；郑里镇译 . 农业经济学［M］. 上海：文华书局，1934：1—17.

⑥（英）M. 厄普顿著；姚君泽等译 . 农业生产经济学和资源利用［M］. 北京：农业出版社，1987：1.

经济效率)、为谁生产(合理分配)”三个问题的。①

应当承认，上述中外学者关于农业生产资源的认定更符合现代农业发展的运行特点。但是，我国传统社会的农业发展与现代农业、日本以及西方的农业发展在运行机制以及由此而产生的社会效应等方面毕竟存在着较大的差异。马克思关于历史唯物主义的理论告诉我们，对农业问题进行探讨，其要点就在于考虑特定社会形态下生产方式的运行机制。因此，讨论我国传统社会农业发展与社会变迁诸问题必须要借助马克思主义关于传统农业的经典论述对小农经济背景下的农业生产资源予以重新解构。马克思主义将小农的特征概括为：小农是小块土地的所有者、经营者，以个体家庭为单位进行生产和消费；生产孤立、分散，使用的是落后工具与传统技术，与机器、先进的农业技术无缘；生产是自给性的，主要依靠与自然交换，而不是靠人与人之间的社会联系；生活水平是低下的，遭受严重的剥削，生活困苦。②再看我国传统社会个体农民家庭生产劳动的实际运行状况，《汉书》概括得较为全面，该书卷24《食货志》称：“种谷，必杂五种，以备灾害。田中不得有树，用妨五谷。力耕数耘，收获如寇盗至。还庐树桑，菜茹有畦。瓜瓠果蓏殖于疆场，鸡豚狗彘毋失其时。女修蚕织，则五十可以衣帛，七十可以食肉。入者必持薪樵。轻重相分，班白不提携。”③

两相对照，不难发现，马克思主义关于传统社会小农生产特征的经典判断与我国传统社会小农经济运行机制极为符合。因此，以这一经典理论为核心，根据我国传统社会农业运行特征，并结合上述中外学者的研究观点来界定我国传统社会农业生产资源的内涵应是符合科学逻辑的。参考上引《当代中国经济大辞库·农业卷》对农业物质生产资源的界定：“物质资源亦称人工资源，是天然资源的扩延，即通过人们的劳动加以采集、储存、加工、仿

① (美)保罗·萨缪尔森，(美)威廉·诺德豪斯著；萧琛译.经济学[M].北京：商务印书馆，1982：2.

② (德)马克思，恩格斯.马克思恩格斯全集(第1卷)[M].北京：人民出版社，1995：585.

③ (汉)班固撰；(唐)颜师古注.汉书[M].北京：中华书局，1962：943.

制、改良，以提高其被利用的程度，如良种、肥料、机械等”[①]，并结合我国传统社会农业实际运作特征，本书认为，我国传统社会农业生产资源是指在历代封建政府农业政策调控下，以个体家庭为基本生产单位进行农业生产所必需的物质生产资源、劳动力生产资源和生产技术资源的总称。物质生产资源是指在小农经济背景下，农民进行农、林、牧、副、渔业各种生产劳动所必需的物质生产资料，包括耕地（水田和旱地）、农作物、山林、牲畜和水泽等。

## 二、唐代四川农业物质生产资源概述

618年，唐兴代隋，进一步结束了四川地区长达300多年割据动乱的社会局面，社会渐趋稳定，为四川农业发展创造了前提预设。秦汉以来形成的盆地内部、东部、南部农耕区与川西高原、川西南游牧农产区两种农业生产模式进一步得到强化。农耕生产成为主流，随着贯穿有唐一代农田水利工程的建设，自西汉平帝元始二年（2年）就基本形成的以成都平原为核心的稻作农业区和以盆地中部丘陵低山为核心的旱地农业区两大农产区迅速扩展。水田逐渐由成都平原向北扩大到涪江冲积平原的绵州、向南扩大到岷江冲积平原的眉州以及沱江、嘉陵江以及长江等河流的河谷地带。[②]旱地则从盆地内部丘陵低山扩大至盆周缘边山区。农作物种类增加且分布广泛，粮食作物以水稻、小麦、芋薯与豆类为主；经济作物以桑、麻、茶叶和甘蔗为主；农、林、牧、副、渔业，较之秦汉时期，无论规模还是全面性均有大幅度的提升。

但是，这个发展过程很不平衡，盆地中部、东部丘陵地带与周边边远山区较之川西大道通衢的平原地带，无疑是要缓慢得多。这一点在文献记载、时人评述、人口的地理分布、农业生产技术以及农产总量等方面可以得到宏观的印证。此后，四川地区的这一农业发展格局依然没有改观，甚至一度贯

① 张振国主编．中国经济大辞库·农业卷［M］．北京：中国经济出版社，1993：267.

② 李敬洵．四川通史·两晋南北朝隋唐卷［M］．成都：四川人民出版社，2010：285.

穿到清代。如北宋蜀人魏了翁在《汉州劝农文》中描述自己家乡农业发展状况时说："蜀地险隘，多硗少衍，侧耕危获，田事孔难，唯成都、彭、汉、平原沃壤，桑麻满野。"[①] 嘉庆版《四川通志》说："古所称蜀地肥饶，及沃野千里，号为陆海之说，大抵指成都近地言之。而巴、阆、邛、僰间，穷谷堪岩，去水泽绝远，类多硗瘠之区，自不能如江东、浙西之湖田、圩田，衍至数倍也。"[②] 其实，我国传统社会区域农业发展由于受限于自然地理条件及当时复杂的社会环境条件，域内发展不平衡恰恰是历史发展的真实写照。有学者指出："尽管农业区内部存在着相对发达的极化中心和相对落后的边缘地区并存的现象，区域间发展很不平衡，但一个农业区往往是以区域性整体功能的形成发展演化和发挥作用的。"[③]

由于文献缺乏对各州县农业发展的直接记载，为了更好地对唐代四川农业发展的概貌有一个整体而全面的认识，本书采取文献所载各州土贡和时人诗文描述相结合的方法。之所以作出这样的学术处理，主要基于两种考虑：其一，土贡是我国传统社会生产力低下、社会分工不细、交通运输工具落后及物资与生产技术交流不畅等社会环境下，各地区最具特色、同时也是品质最佳的农产品最直接的外化形式，如《唐六典》卷3云："天下十道，任土所出，而为贡赋之差。"[④] 土贡虽不完全等同于农产品，但能够在一定程度上反映各州县农业发展的全貌和整体水平当是无疑[⑤]；其二，"自古文人皆入蜀"在唐中期已成为社会基调[⑥]，这些时贤在蜀期间，留下了大量关于他们对自己生活时代认知和感悟的诗篇，尤其是关于他们自身实际生活场景的描述，也从一个侧面反映了唐代四川各州县农业发展的真实状况。

---

① （宋）魏了翁.鹤山先生大全文集［M］.文渊阁四库全书影印本第1260册：1.

② （清）常明，杨芳灿等.四川通志［M］.台北：京华书局，1967：2217.

③ 侯向阳.区域农业发展的历史生态研究［M］.北京：中国农业出版社，2000：72.

④ （唐）李林甫等撰，陈仲夫点校.唐六典［M］.北京：中华书局，1992：64.

⑤ 卢华语.唐代西南经济研究［M］.北京：科学出版社，2010：12—13.

⑥ 注：钱钟书先生认为，"自古文人多入蜀"最早由唐人韩愈提出，韩愈《城南联句》言："蜀雄李杜拔"，即是将李杜在四川的生活经历和他们的诗歌造诣联系起来（参见钱钟书：《宋诗选注》，北京：人民文学出版社，2005年，序言）。

## 第二节　农产区的扩展：从平原走向丘陵

土地的垦辟和由此带来的耕地面积的扩展历来都是衡量我国传统社会农业发展的重要标志之一。考察我国传统社会农产区扩展的途径，一般而言，不外乎三条：其一，官方在籍耕地数量的增加。以土地为核心的田赋收入一直是我国传统社会政府财政收入的支柱，唐中期政治家杨炎曾云："财赋，邦国之大本，生民之喉命，天下理乱轻重，皆由焉。"[①] 历朝历代莫不高度重视对在籍土地数量的管控，从这个意义上讲，官方所记在籍耕地数量的增加应是考察我国传统社会农产区扩展最为直接的依据。其二，农田水利工程建设数量的增多。由于我国地势呈现高山、高原、平原西高东低的三级分布特征，同时大部分地区受季风气候的影响，降雨量与时间地区分配不均匀，导致旱涝自然灾害频繁发生。因此，要确保农业生产的顺利开展，就必须依靠修建农田水利工程来加以调节，进行农田灌溉和排泄洪水。从大禹治水至商周时期，发展农业→兴修水利工程→稳固国家政权之间的关系，逐渐被演绎为"水利殖则养其国"的治国理念，并很快被历代统治集团所接受并付诸实际行动，在主要农产区兴修了众多农田水利工程，如春秋战国时期淮河流域的思雩娄渠系灌溉工程、关中平原的郑国渠、成都平原的都江堰以及唐宋时期的太湖圩田、元明清时期珠江三角洲堤围等。可以说，"水利是农业发展的命脉，农业的每一个进步都包括了农田水利发展的积极成果"[②]。农田水利工程的修建是农业发展的必然要求之一。因此，农田水利工程建设数量的增多在一定程度上能够反映出一定历史时期农产区扩展的状况。其三，农作物种类的增加和种植区域的扩展亦能反映这一问题。除此之外，四川盆地中部、东部及北部丘陵山区畲田的开垦亦能反映农产区的扩展。本小节拟从这四个方面对唐代四川农产区的扩展予以考察。

---

① （后晋）刘昫等．旧唐书［M］．北京：中华书局，1975：3420.

② 张泽咸．汉晋唐时期农业［M］．北京：中国社会科学出版社，2003：12.

## 一、官方在籍耕地数量的考察

自西汉平帝元始二年（2年），我国方有各郡县及全国人口统计的具体数字。据《汉书·地理志》记载，全国103个郡、国（郡级政权）登记在籍人口是59,594,978人。这是目前学界一致认为可以接受的比较准确的人口数据，也是我国现存最早的一个中原王朝全国性的人口统计数。[①]但遗憾的是，《汉书·地理志》缺载耕地确切数量，这为我们了解人口与土地结合的程度和方式造成了较大的困难。目前学界了解历史时期某一区域耕地面积的通行方法是利用全国在籍耕地面积和人口总数量相除，得出人均耕地数量，然后用行政辖区内人口总数乘以人均耕地数量，从而推算出区域理论意义上的耕地数量。[②]按此方法，本书选取西汉平始二年（2年）、东汉顺帝建康元年（144年）、蜀汉后主炎兴元年（263年）、隋朝大业五年（609年）和唐代玄宗天宝十四载（755年）五个王朝代表性的社会发展节点为观察点[③]，推算出上述五个王朝四川地区理论意义上的耕地数量，然后根据学界关于历代度量衡的研究成果，换算成今市亩统一标准，从而考察从西汉至唐代四川地区官方在籍耕地数量的变化情况。

西汉平始二年（2年），全国已垦耕地约有827,053,600亩，人均耕地约13.88亩，学界普遍认为这一人均耕田数大致反映了西汉末年的农业生产水平。[④]全国垦田面积约折合为571,990,269今市亩，人均耕地约折合为

---

① 葛剑雄.统一与分裂：中国历史的启示［M］.北京：商务印书馆，2013：103.

② 郭声波.四川历史农业地理［M］.成都：四川人民出版社，1993：21.

③ 注：两晋南北朝时期，控制四川地区的政权更迭频繁，造成行政区域的变化复杂，按上述方法统计官方在籍耕地数量的实际价值不大，故本书不作选取。

④ 葛剑雄.西汉人口地理［M］.北京：人民出版社，1986：49；何炳棣.中国古今土地数字的考释和评价［M］.北京：中国社会科学出版社，1988：6.

9.60 今市亩。[①]其时四川置有蜀、广汉、犍为、巴、越嶲五郡，人口总数为 3,514,217 口，耕地数约为 3,514,217×9.60 ≈ 33,736,483 今市亩，约占全国总数的 5.9%；东汉顺帝建康元年（144 年），全国耕地数为 689,627,156 亩，人均耕地为 13.87 亩，分别约折合为 476,946,141 今市亩、人均耕地 9.60 今市亩。其时四川地区置有蜀、广汉、犍为、巴、越嶲五郡及蜀郡、广汉 2 属国，人口总数为 4,662,030 口，耕地数约为 4,662,030×9.60 ≈ 44,755,488 今市亩，约占全国总数的 9.38%；蜀汉后主炎兴元年（263 年），全国耕地数、人均耕地数均缺载，姑且从《三国志》所载三国人口，并采用东汉顺帝建康元年（144 年）人均耕地数 13.87 亩、约折合 9.60 今市亩予以推算。全国耕地数为 106,442,859.5 亩，约折合 73,615,881 今市亩；蜀汉人口 940,000 口，耕地数 940,000×9.60 ≈ 9,024,000 今市亩，约占全国总数的 12.25%。隋朝大业五年（609 年），全国耕地数 5,585,404,000 亩，人均耕地 121.37 亩，有学者对此提出质疑，隋代疆域较之两汉并无扩大，两晋南北朝时期亦没有大规模、持久的拓殖运动，隋代耕地面积不可能超出两汉时期的近十倍。[②]笔者赞同这一说法，其一，隋代存在短促，从 581 至 609 年 28 年时间内不可能开垦出超过两汉近十倍的耕地；其二，按此推算，隋代人均耕地 121.37 亩，约折合 137.15 今市亩[③]，即便是在现代农业发展水平背景下，完成难度也相当大。所以，按照上述方法推算四川地区耕地数已失去有效意义，本文采取东汉与唐代前后对比与折中的方法予以大致推算。东汉顺帝建康元年（144 年），人均耕地 13.87 亩，约折合 9.59 今市亩；唐天宝年间人均耕地

---

① 注：汉亩与今市亩的折算，学界略有出入，如吴承洛先生认为 1 汉亩折合成 0.9908 今市亩；梁方仲先生认为 1 汉亩折合成 0.6916 今市亩（参见汪篯著，唐长孺等编：《汪篯隋唐史论稿》，北京：中国社会科学出版社，1981 年，第 46 页；梁方仲编著：《中国历代户口、田地、田赋统计》附录《中国历代度量衡变迁表》，北京：中华书局，2008 年，第 738—740 页），本书从梁氏之说。

② 郭声波．四川历史农业地理［M］．成都：四川人民出版社，1993：42.

③ 注：据梁方仲《中国历代度量衡变迁表》推算，1 隋亩约等于今 1.130 亩（参见梁方仲编著：《中国历代户口、田地、田赋统计》《中国历代度量衡变迁表》，北京：中华书局，2008 年，第 738—740 页。）

27.03 亩，约折合 21.89 今市亩[①]，二者平均值 15.74 今市亩，以此作为隋代人均参考耕地数应当较为合理。那么，隋大业五年（609 年），全国耕地数应约为 46,019,956（口数）×15.74 ≈ 724,354,107.44 今市亩，其时四川地区人口总数为 2,644,998 口，四川地区耕地数约为 2,644,998×15.74 ≈ 41,632,268.52 今市亩，约占全国总数的 5.75%；唐代玄宗天宝十四载（755 年），全国耕地数 1,430,386,213 亩[②]，人均耕地 27.03 亩，分别折算约为 1,158,612,832 今市亩、人均耕地 21.89 今市亩。其时四川地区人口总数为 4,099,826 口，耕地数约为 4,099,826×27.03 ≈ 89,745,191 今市亩，约占全国总数的 7.75%。

由此可见，从西汉平始二年（2 年）至唐玄宗天宝十四载（755 年），考虑到不可避免的自然灾害以及战争造成人口的锐减与土地的荒芜等因素，上述所列全国耕地数只是当时政府所掌控的全国在籍耕地数而非当时全国实际耕地数，所以数量的变化并没有呈现出递增的趋势。另外，从上述所列五个朝代的社会发展节点来看，尽管整体上四川地区耕地数量在全国所占比例一直维持在 5% ~ 12% 之间，但是唐玄宗天宝十四载（755 年），四川地区耕地面积达到最高的约 89,745,191 今市亩，较之东汉顺帝建康元年（144 年）的约 44,720,485 今市亩增长了 2 倍多，较之隋代大业五年（609 年）约 41,632,268 今市亩增长了 2.16 倍，有力地证明了唐代四川耕地面积的扩展。为了清楚地说明西汉至唐代四川地区官方在籍耕地数量的变化情况，特列表如下：

---

① 注：唐亩与今市亩的折算学界略有出入，汪篯先生推算折率为 1 唐亩≈ 0.786 今市亩，梁方仲先生推算折率为 1 唐亩≈ 0.810 今市亩，今从梁氏之说（参见汪篯著；唐长孺等编：《汪篯隋唐史论稿》，北京：中国社会科学出版社，1981 年，第 46 页；梁方仲编著：《中国历代户口、田地、田赋统计》附录《中国历代度量衡变迁表》，北京：中华书局，2008 年，第 738—740 页）。

② 注：唐代总的耕地面积，史书缺载。汪篯先生推算为 800 万 ~ 850 万顷之间，梁方仲先生推算为 1,440,386,213 亩，约 140 余万顷，今从梁氏之说（参见汪篯：《唐代实际耕地面积》，载汪篯著；唐长孺等编：《汪篯隋唐史论稿》，北京：中国社会科学出版社，1981 年，第 56 页；梁方仲编著：《中国历代户口、田地、田赋统计》甲表 1，北京：中华书局，2008 年，第 10 页）。

表 2—1　西汉至唐代四川官方在籍耕地数量变化表

| 年代 | 每口平均亩数（今市亩） | 四川口数（口） | 四川耕地数（今市亩） | 全国耕地数（今市亩） | 所占全国比例（%） | 资料来源 |
|---|---|---|---|---|---|---|
| 西汉平始二年（2 年） | 9.60 | 3,514,217 | 33,736,483 | 571,990,269 | 5.9 | 《汉书》卷 28《地理志》、梁方仲《中国历代户口、田地、田赋统计》甲表 1 |
| 东汉顺帝建康元年（144 年） | 9.60 | 4,662,030 | 44,755,488 | 689,627,156 | 9.3 | 《后汉书》卷 23《郡国志》、梁方仲《中国历代户口、田地、田赋统计》甲表 1 |
| 蜀汉后主炎兴元年（263 年） | 9.60 | 940,000 | 9,024,000 | 73,615,881 | 12.3 | 《三国志·蜀志》、梁方仲《中国历代户口、田地、田赋统计》甲表 1 |
| 隋朝大业五年（609 年） | 15.74 | 2,644,998 | 41,632,268 | 724,354,107 | 5.7 | 《隋书》卷 29《地理志》、梁方仲《中国历代户口、田地、田赋统计》甲表 1 |
| 唐玄宗天宝十四载（755 年） | 21.89 | 4,099,826 | 89,745,191 | 1,158,612,832 | 7.7 | 《新唐书》卷 42《地理六》、梁方仲《中国历代户口、田地、田赋统计》甲表 1 |

上述考察了历史时期四川地区理论意义上耕地面积数量的变化情况，那么，较之同一时期的其他两大农业区——江南[①]和关中地区[②]的耕地面

---

① 注：唐代“江南农业区”的地域范围，学界普遍认为包括江南道润州、常州、苏州、湖州、杭州、越州与明州（参见李伯重：《唐代江南农业的发展》，北京：北京大学出版社，2009 年，第 3 页）。

② 注：唐代“关中农业区”的地域范围学界一般认为是指泾渭两水的中下游，西起陇山东麓，东至黄河西岸，包含京畿道以及关内道的大部分地区（参见吴存浩：《中国农业史》，北京：警官教育出版社，1996 年，第 376 页；曹尔琴：《论唐代关中的农业》，《中国历史地理论丛》1989 年第 2 期；杨希义：《唐代关中农业经济的主要产品及其地理分布》，《西北大学学报》（哲学社会科学版）1986 年第 1 期等）。本书以京畿道和关内道予以分析。

积，成都平原[①]耕地面积又是如何呢？按照上述考察方法，选取贞观十三年（639年）和天宝元年（742年）这两个唐前期社会发展的关键节点作为观察点。由于文献缺载全国耕地数和人均耕地数，故采用隋代与唐天宝十四（755年）载折中的方法予以大致推算。前文推出隋代人均耕地数约为15.74今市亩，唐天宝十四载（755年）为21.89今市亩，取二者平均值18.82今市亩，贞观十三年（639年）全国在籍人口数为12,351,681口，全国耕地数约为12,351,681×18.82≈232,458,636今市亩。其时成都平原益、邛、绵、眉、嘉5州[②]在籍人口数约有1,253,889口，成都平原耕地数约为1,253,889×18.82≈23,598,191今市亩，约占全国总数的10.15%；江南农业区在籍人口数为277,730口，耕地数为277,730×18.82≈5,226,8789今市亩，约占全国总数的2.25%；关中农业区在籍人口数为1,744,628口，耕地数为1,744,628×18.82=32,833,898.96今市亩，约占全国总数的14.12%。天宝元年（742年）采用开元二十二年（734年）与天宝十四载（755年）折中的方法，开元二十二年全国人均耕地数约为34.78唐亩，天宝十四载（755年）全国人均耕地数约为27.03唐亩，取二者平均值30.9唐亩，全国在籍人口数为48,909,800口，由此推出天宝元年全国耕地数约为48,909,800×30.9≈1,511,312,820唐亩。其时成都平原益州、彭州、蜀州、汉州、嘉州、眉州、邛州、简州8州在籍人口数约为2,713,009口，成都平原耕地数约为2,713,009×30.9≈83,831,978唐亩，约占全国总数的5.55%；其时江南农业区人口数为3,786,311口，江南农业区耕地数约为3,786,311×30.9≈115,861,116.6唐亩，约占全国总数的7.74%；关中农业区在籍人口数为4,654,766口，关中农业区耕地数约为4,654,766×30.9≈143,832,269.4唐亩，约占全国总数的9.52%。由此可以看出，唐前期和

① 注：学界对于江南农业区、关中农业区的界定一般采用狭义，即指各自区域的核心农业区，为了对比观察四川农业区与上述两个农业区的耕地面积概况，本书以四川农业区的核心区域，即成都平原为比较因子。所采数据以处于成都平原范畴之内的益、彭、蜀、汉、邛、绵、眉、嘉8州作为参考。

② 注：彭、蜀、汉三州于高宗垂拱二年（686年）析益州置，故贞观十三年成都平原人口数据采用益、邛、绵、眉、嘉5州为参考。

中期成都平原耕地面积数量虽然都要低于江南和关中农业区，但总体数量却远远大于其他二区，这也从另一侧面印证了耕地面积从平原向丘陵、山地扩展的史实。为了清楚地说明这一问题，特列表如下：

表 2—2　唐代三大农业区耕地面积统计

| | 贞观十三年（639 年） | | 天宝元年（742 年） | | 资料来源 |
|---|---|---|---|---|---|
| | 耕地数（今市亩） | 所占全国比例（%） | 耕地数（唐亩） | 所占全国比例（%） | |
| 成都平原农业区 | 23,598,191 | 10.15 | 83,831,978 | 5.55 | 《新唐书》卷 42《地理六》、梁方仲《中国历代户口、田地、田赋统计》甲表 24 |
| 江南农业区 | 5,226,878 | 2.25 | 115,861,116 | 7.74 | 《新唐书》卷 41《地理五》、梁方仲《中国历代户口、田地、田赋统计》甲表 24 |
| 关中农业区 | 32,833,898 | 14.12 | 143,832,269 | 9.52 | 《新唐书》卷 37《地理一》、梁方仲《中国历代户口、田地、田赋统计》甲表 24 |

需要指出的是，人口数量的多少与历代王朝统辖区域的大小虽然并不存在直接的比例关系，但人口数量的增加与耕地面积的扩展却存在必然的联系，二者互为存在与发展的前提和物质基础，这是毋庸置疑的。我国传统社会官方在籍人口数量的变化受到自然环境、自然灾害、战争、社会资源、社会生产力发展水平、医疗条件、社会伦理观念以及历代王朝关于土地、人口、赋税、徭役和兵役等方面的各种政策这些诸多复杂因素的制约，呈现出区域不平衡性、极强的流动性以及时有发生的户口隐漏现象等显著特征，导致正史类所载官方在籍人口也带有很大的不确定性。诚如王毓铨先生所论：西汉关于“民数”的案比、编制、上计等程序虽极严密，事实上户籍的户口只是官府能使之附籍的人户，皇室、列侯、公卿、豪右所有的奴婢、宾客等皆不附籍，此外流民之中往往有始终未曾入籍的。民数如此，垦田之数可知。[①] 王

① 王毓铨．“民数”与汉代封建政权［J］. 中国史研究，1979（3）：62.

氏所论虽然只是针对汉代人口问题，但在以农立国的我国传统社会，历代王朝围绕农业经济而衍生出的人口政策，基本上是在继承前一朝代基础之上的对人口与土地结合的程度和方式进行的调整，而非现代意义上从生产力与生产关系辩证关系角度的根本性变革。从这个意义上讲，王氏所论对我国传统社会的人口问题具有普遍的参考性。因此，按照上述研究方法所推出的西汉至唐代四川以及唐代成都平原农业核心区官方在籍耕地数量只是一个理论数字，对考察唐代四川地区耕地数量的扩展问题只能起到参考作用，要深入了解这一问题尚需借助其他方式予以辅证。

## 二、农田水利工程的建设与耕地面积的扩展

历史时期，四川农产区的扩展轨迹基本上是随着农田水利技术的成熟和农田水利设施的修建而逐步从盆地西部平原走向盆地中部河川、盆地东部河谷及盆地周边丘陵山区的。古蜀时期，在以排泄积水为主的水利技术背景下，杜宇“教民务农”以及鳖灵治水的核心区域均在地势低洼的“都广”一带；秦并巴蜀之后，随着都江堰及其附属水利工程的日渐完善，川西平原成为核心农产区；汉晋之际，又从川西平原扩展到南起南安（今乐山）、北到涪县（今绵阳）的更为广阔的区域。① 入唐以后，唐政府先后在岷江、涪江冲积平原修建多项水利工程，农产区随之扩展到这两大河谷地区。据笔者根据现存传世文献的统计，从蜀汉控蜀（221 年）直至隋朝灭亡（618 年）397 年的时间内，包括重修以都江堰水利工程在内或新建的水利工程仅有 13 项。而有唐一代在其存在的 289 年时间内，四川地区所修建的水利工程就多达 42 项，是上述时间跨度内的 3 倍之多，是继秦汉之后又一次大规模地修建农田水利工程。唐政府在四川地区大规模地修建水利工程呈现出几个显著的特征：

---

① 注：这已得到文献记载和考古发现的双重印证。《华阳国志》卷 3《蜀志》载：“（南安）县溉有名滩”、卷 2《汉中志》载：“涪县农田之美，比于成都。”（【晋】常璩著；刘琳注：《华阳国志校注》，成都：成都时代出版社，2007 年，第 144 页；【晋】常璩著；任乃强注：《华阳国志校补图注》，上海：上海古籍出版社，1987 年，第 93 页）彭山发现汉“陶梯田”模型。（参见刘志远：《四川汉代画像砖反映的社会生活》，《文物》1975 年第 4 期。）

其一，新建数量远远超过扩建或重修。在笔者统计的42项水利工程中，扩建或重修仅10项，约占工程总数的24%，主要分布在原有的都江堰灌区；新建的却有32项，约占工程总数的76%，主要分布在成都平原北部和涪江冲积平原地带、成都平原南部岷江冲积平原地带以及盆地中部与东部丘陵山区地带（详见第四章第二节唐代四川水利工程的建设与管理）。

其二，从实际用途上看，用于改善农田灌溉条件、扩展耕地面积的工程数量远远大于防洪、漕运和改善城市用水条件的工程数量。笔者辑出的42项水利工程中，明确用于灌溉的有30项，约占工程总数的71%，其中确切记载新增水田面积的有7项，约占工程总数的16.6%，具体如下：高祖武德初（618年）陵州汉阳堰“溉田二百顷”①；睿宗垂拱四年（688年）绵州广济陂“溉田百余顷”②；玄宗开元中（713年—741年）眉州蟆颐堰“溉眉山、青神田亩七万二千有奇”、通济堰“溉田千六百顷”③；德宗贞元末（805年）汉州堤堰“溉田四百余顷”④；文宗太和中（827年—835年）眉州山酾渠“溉田二百余顷”⑤；文宗开成五年（840年）剑州新江“得田五百亩”。⑥确切记载通过扩建或新建溉田面积的有2项：宪宗元和八年（813年）之前成都府扩建汶江“溉田万顷”⑦；唐末眉州通济堰“溉田一万五千顷”⑧。未确切记载溉田数，但明确用于溉田的有16项：太宗贞观元年（627年）绵州龙安县云门堰“决茶川水溉田”、神泉县折脚堰“引射水溉田”⑨；高士廉担任益州大都督府长史期间（627年—631年）新开温江故渠“以广溉道”⑩；高宗

① （宋）欧阳修，宋祁．新唐书［M］．北京：中华书局，1975：1091.

② （宋）欧阳修，宋祁．新唐书［M］．北京：中华书局，1975：1089.

③ （清）顾祖禹撰；贺次君等点校．读史方舆纪要［M］．上海：商务印书馆，1937：3050—3051.

④ （宋）欧阳修，宋祁．新唐书［M］．北京：中华书局，1975：1081.

⑤ （宋）欧阳修，宋祁．新唐书［M］．北京：中华书局，1975：1082.

⑥ （清）董浩等编．全唐文［M］．北京：中华书局，1983：8329.

⑦ （唐）李吉甫撰；贺次君点校．元和郡县图志［M］．北京：中华书局，1983：767.

⑧ （清）吴任臣．十国春秋［M］．北京：中华书局，1983：597.

⑨ （宋）欧阳修，宋祁．新唐书［M］．北京：中华书局，1975：1089.

⑩ （宋）欧阳修，宋祁．新唐书［M］．北京：中华书局，1975：1089.

永徽五年（654 年）绵州罗江县茫江堰“引射水溉田”[①]；龙朔中（661 年—663 年）彭州侍郎堰、百丈堰“引江水以溉彭、益田”[②]；龙朔三年（663 年）剑州阴平县利人渠“引马阁水入县溉田”[③]；高宗时（650 年—683 年）汉州雒县重修金雁、白水在县令张知古“浚其涂洫，川浍始通”之后，“人得就耕”[④]；武后时（685 年—704 年）彭州新开唐昌沲江“溉九陇、唐昌田”[⑤]；唐前期眉州馨堰“拥江水为大堰，开六水门，用灌郡下”[⑥]；玄宗开元二十八年（740 年）眉州远济堰“溉眉州通义、彭山之田”[⑦]；天宝中（742 年—756 年）成都府万岁池“积水溉田”[⑧]；代宗广德元年（763 年）夔州青苗陂“蓄水溉田”[⑨]；广德二年（764 年）阆州南池“万顷浸坤轴”[⑩]；德宗贞元二十一年（805 年）罗江县杨村堰“引折脚堰水溉田”[⑪]。

其三，根据自然地理特征采取因地制宜的水利工程建造方式来扩展耕地面积。谈及四川地区的地形特征，冀朝鼎先生援引美国学者克雷西（Gressey）教授的观点：“在长江流域的中国南方各地都是丘陵与山岳之地”，认为唐代四川地区根据域内平原、丘陵与山地的地形进行了因地制宜的修建水利工程[⑫]。总体来看，唐政府在四川地区修建的用以扩展耕地面积的水利工程建造方式大体分为三种：在成都平原西部，即都江堰灌溉渠扩建原有水利

---

① （宋）欧阳修，宋祁．新唐书［M］．北京：中华书局，1975：1089.

② （宋）欧阳修，宋祁．新唐书［M］．北京：中华书局，1975：1080.

③ （宋）欧阳修，宋祁．新唐书［M］．北京：中华书局，1975：1090.

④ （清）董浩等编．全唐文［M］．北京：中华书局，1983：2175.

⑤ （宋）欧阳修，宋祁．新唐书［M］．北京：中华书局，1975：1080.

⑥ （清）顾祖禹撰；贺次君等点校．读史方舆纪要［M］．上海：商务印书馆，1937：3051.

⑦ （宋）欧阳修，宋祁．新唐书［M］．北京：中华书局，1975：1080—1081.

⑧ （宋）欧阳修，宋祁．新唐书［M］．北京：中华书局，1975：1079.

⑨ （清）常明，杨芳灿等．四川通志［M］．台北：京华书局，1967：1115.

⑩ （清）彭定求等编．全唐诗［M］．北京：中华书局：1999：2323.

⑪ （宋）欧阳修，宋祁．新唐书［M］．北京：中华书局，1975：1089.

⑫ 冀朝鼎．中国历史上的基本经济区与水利事业的发展［M］．北京：中国社会科学出版社，1981：102.

工程，在维持既有水田的基础上，最大限度地增加水田面积；在成都平原北部和涪江冲积平原地带新建灌渠、在成都平原南部岷江冲击平原地带新建堤堰，通过引流灌溉的方式增加水田面积；在盆地中部和东部丘陵山区地势稍高地带开凿陂池，利用天然降水积蓄水量，而后通过引水灌溉尽可能地增加可垦水田面积。

总之，唐政府在四川地区大规模地修建水利工程对四川耕地面积的扩展起到了显著成效，仅在成都平原北部、涪江冲积平原地带的绵州、汉州与蜀州13项灌渠和成都平原南部、岷江冲积平原地带的眉州6项堤堰，“就表明唐代的自流灌溉区，已经从成都平原向北扩大到绵州境内的涪江冲积平原，向南扩大到眉州境内的岷江冲积平原了”。① 有学者经过考证认为，四川盆地西部成都府蜀郡、蜀州唐安郡、汉州德阳郡、彭州濛阳郡、简州阳安郡、雅州卢山郡、陵州仁寿郡、眉州通义郡、邛州临邛郡耕地面积从隋代11万今顷增加至天宝间17万今顷。②

## 三、农作物种类的增加与农产区的扩展

目前学界主流观点认为，讨论四川农业生产区一般从四川盆地的农耕区和川西高原的游牧区两大宏观区域予以考察，而四川盆地根据农作物种植的分布又可划分为盆地西部成都平原、盆地中部与周边丘陵山区和盆地东南平行岭间河谷区三个基本生产区。③ 唐代四川农业发展，呈现出从成都平原走向盆地中部与周边丘陵山区和盆地东南平行岭间河谷区的发展态势。

成都平原为内河冲积平原，其具体所指，历代文献并没有确切记载。大致范围，清嘉庆《四川通志》卷62食货一田赋上记为：“古所称蜀地肥饶及沃野千里，号为陆海之说，大抵指成都近地言之。”④ 作为四川农业发展的

① 李敬洵．唐代四川经济［M］．成都：四川省社会科学院出版社，1988：51.

② 卢华语等．唐代西南经济研究［M］．北京：科学出版社，2010：62；郭声波．四川历史农业地理［M］．成都：四川人民出版社，1993：49.

③ 李敬洵．四川通史·两晋南北朝隋唐卷［M］．成都：四川人民出版社，2010：285.

④（清）常明，杨芳灿等．四川通志［M］．台北：京华书局，1967：2217.

核心区域，成都平原农作物种植主要以水稻、冬小麦、芋薯类粮食作物和蔬菜、油料作物、桑麻种植为中心（这一问题本章第三节详作论述）。

《辞海》对丘陵和山地的定义分别为："高低起伏、坡度较缓、连绵不断的低矮山丘。海拔高度大致在500米以下，相对高度一般不超过200米"；"山地是指在陆地表面高度较大，同时坡度较陡，绝对高度大于500米，相对高度大于200以上，呈隆起性的地形地貌"。从地理学角度讲，丘陵、山地是指与平原、盆地和高原等地貌相对应的地理区域。按此划分依据，四川地区丘陵集中分布在盆地的中部、东部与盆地缘边地区，包括上述盆地中部与周边丘陵山区和盆地东南平行岭间河谷区两大农产区。

唐代在此两大农产区内，通过修建陂塘、蓄水灌溉的水利工程改善了农田用水条件，域内农作物种类较之秦汉、魏晋时期有了大幅度的增加，原来只见于成都平原地带的农作物如水稻、小麦、豆类、姜、瓜、茄、葱、莲藕和芋头等在该区域亦有种植。而盆地南部乐山及宜宾一带除了少数平坝地区种植水稻外，绝大部分处于刀耕火种生产阶段，主要种植小麦、豆类等旱地粮食作物和甘蔗、荔枝、茶等经济作物（本章第三节详细论证）。这也从一个侧面印证了唐代四川农业从成都平原走向盆地中部与周边丘陵山区和盆地东南平行岭间河谷区的发展态势的史实。

## 四、畲田的开垦与农产区的扩展

唐代四川农产区扩展的另一表现是盆地东部及北部丘陵地区畲田的开发。畲田，《尔雅·释地》篇："田一岁曰菑，二岁曰新田，三岁曰畲。"曹魏孙炎注曰："畲，和也，田舒缓也。"[①] 可知，畲田是刀耕火种阶段的直接产物。史书对于畲田具体的耕作方式，一向缺乏详细记载，只是在唐宋时期才多起来。分别在宪宗元和四年（809年）和元和十年（815年）两次入蜀的元稹说"田仰畲刀少用牛""田畴付火罢耘锄"[②]。可知畲田一般选择盆地内部

① （晋）郭璞注．尔雅［M］．杭州：浙江古籍出版社，2011：41.

② （清）彭定求等编．全唐诗［M］．北京：中华书局，1999：4593.

及盆周缘边树木杂草丛生、坡度较大的丘陵地带，采用刀砍火烧的简易旱地耕作方法。由于山地坡度较大而无法采用牛耕，整个劳作体系几乎完全依靠人力来完成，生产效率相当低下。宋人范成大在《劳畬耕并序》中对这种耕作方法进行了颇为详细的描述：

> 畬田，峡中刀耕火种之地也。春初斫山，众木尽蹶，至当种时，伺有雨候，则前一夕火之，借其灰以粪。明日雨作，乘热下种，即苗盛倍收，无雨反是。山多硗确，地力薄，则一再斫烧始可艺。[①]

宋仁宗天圣八年（1030 年），利州转运使陈贯解释道：

> 畬刀是日用之器，川陕山险，全用此刀开山种田，谓之刀耕火种。[②]

上述材料合观可知，畬田与成熟农业区讲究的精耕细作的耕作方式存在较大差别，畬田基本不用翻耕，不用施肥，而是利用所烧的木灰、草灰作为肥料，只需要在春天选择野生植物茂密的山林之地，并观察天气变化，在下雨前夕烧荒，第二天趁雨后灰肥热气未退时播种，就等待秋天的收获。年复一年，直至土地不能播种，来年再选择新的地点。

生活在中、晚唐时期的一些入蜀文人士子及蜀人的诗文描述为我们提供了唐代盆地东部及北部丘陵地区畬田的开发的例证。岑参于代宗永泰元年（765 年）出任嘉州（今四川乐山）刺史，在蜀四年的时间内留有大量诗作。他在《与鲜于庶子自梓州成都少尹自褒城同行至利州道中作》中看到褒城至利州的道路两旁“水种新插秧，山田正烧畬”[③]。中唐诗人欧阳詹看到利州是“人烟遍畬田，时稼无闲坡”[④]的景象。入蜀后期又流寓夔州的杜甫说夔州

---

① （宋）范成大．范石湖集［M］．北京：中华书局，1962：217.

② 刘琳等校点．宋会要辑稿［M］．上海：上海古籍出版社，2014：9174.

③ （清）彭定求等编．全唐诗［M］．北京：中华书局，1999：2044.

④ （清）彭定求等编．全唐诗［M］．北京：中华书局，1999：3900.

“烧畬度地偏”,[①] 又说“斫畬应费日，解缆不知年”[②]；晚唐温庭筠的《烧歌》则详细地描述了盆地东部毗邻长江区域农民实行刀耕火种的畬田具体的耕作场景：

起来望南山，山火烧山田。微红夕如灭，短焰复相连。差差向岩石，冉冉凌青壁。低随回风尽，远照檐茅赤。邻翁能楚言，倚锸欲潸然。自言楚越俗，烧畬为早田。豆苗虫促促，篱上花当屋。废栈豕归栏，广场鸡啄粟。新年春雨晴，处处赛神声。持钱就卜人，敲瓦隔林鸣。卜得山上卦，归来桑枣下。吹火向白茅，腰镰映赪蔗。风驱槲叶烟，槲树连平山。迸星拂霞外，飞烬落阶前。仰面呻复嚏，鸦娘咒丰岁。谁知苍翠容，尽作官家税。[③]

另一位在穆宗长圣元年（821 年）出任夔州刺史的刘禹锡在《畬田行》一诗中也详细地记述了畬田的开垦过程：

何处好畬田，团团缦山腹。钻龟得雨卦，上山烧卧木。惊麏走且顾，群雉声咿喔。红焰远成霞，轻煤飞入郭……本从敲石光，遂至烘天热。下种暖灰中，乘阳拆牙孽。苍苍一雨后，苕颖如云发。巴人拱手吟，耕耨不关心。由来得地势，径寸有余金。[④]

考《旧唐书·刘禹锡传》，此诗当是刘禹锡在夔州刺史任上（821 年—824 年）期间所作[⑤]，从“巴人拱手吟，耕耨不关心”一句看，联系夔州自然地理特征，上述刘禹锡所记畬田应是山南东道万州一带农民的劳作过程。大历诗人卢纶《宋从舅成都丞广归蜀》诗云：

---

① （唐）杜甫著；（清）仇兆鳌注．杜诗祥注［M］．北京：中华书局，1979：1699.

② （清）彭定求等编．全唐诗［M］．北京：中华书局，1999：2501.

③ 刘学锴．温庭筠全集校注（第 1 册）［M］．太原：三晋出版社，2016：108.

④ （清）彭定求等编．全唐诗［M］．北京：中华书局，1999：3966.

⑤ （后晋）刘昫等．旧唐书［M］．北京：中华书局，1975：4211.

巴字天边水，秦人去是归。栈长山雨响，溪乱火田稀。[1]

“火田”即畲田，此诗所作具体年代，文献所载不详。检《新唐书》卷203《卢纶传》，从“大历初，数举进士不入第”“舅韦渠牟得幸德宗，表其才，召见禁中”等信息中，可推测此诗当作于德宗在位期间。由此可知，此诗反映的当是德宗在位期间四川东部丘陵山区畲田种植的状况。晚唐诗人薛能《褒斜道中》诗云：

十驿褒斜到处慵，眼前常似接灵踪。江遥旋入旁来水，山豁犹藏向后峰。鸟径恶时应立虎，畲田闲日自烧松。行吟却笑公车役，夜发星驰半不逢。[2]

褒斜道是先秦以来沟通关中与巴蜀的主要交通路线之一，南起汉中褒谷口，经武兴驿、悬泉驿、江口镇，北至眉州斜谷口，沿褒斜二水行，贯穿褒斜二谷，故名，其大部在四川境内，此诗记录了该区域畲田劳作的状况。元和十三年（818年）白居易赴任忠州（今重庆忠县）刺史后，留有“漠漠烧畲烟”“仓粟喂家人”诗句，并自注曰：“忠州刺史以下，悉以畲田给禄食。”[3]忠州刺史以下官员以畲田所收获的粟为俸禄，可见盆地东部丘陵山区采用畲田耕作方式的普遍性。元稹说渠州“畲余宿麦黄山腹”，又说通州“米涩畲田不解锄”[4]；中唐时期，曾担任涪州督赋的戴叔伦说涪州“均输问火田”[5]，涪州均输物资来源以畲田农作物为主，可见该区域耕地基本以畲田为主；宋人乐史记唐代泸州“每岁畲田，刀耕火种”[6]。经过开发，四川盆地东部及北部丘陵地区在中、晚唐时期已经出现“垂直立体农业”发展模式，

① （清）彭定求等编．全唐诗［M］．北京：中华书局，1999：3126.
② （清）彭定求等编．全唐诗［M］．北京：中华书局，1999：6500.
③ （清）彭定求等编．全唐诗［M］．北京：中华书局，1999：4798、4799.
④ （清）彭定求等编．全唐诗［M］．北京：中华书局，1999：4586、4593.
⑤ （清）彭定求等编．全唐诗［M］．北京：中华书局，1999：3096.
⑥ （宋）乐史．太平寰宇记［M］．北京：中华书局，2007：738.

在地势较高的耕地主要种植粟、黍类旱地作物，在地势较低、可利用陂塘蓄水灌溉的耕地种植为数不多的水稻，其他不能耕种的区域以发展林业为主，如杜甫《寄赞上人》云："近闻西枝西，有谷杉黍稠。亭午颇和暖，石田又足收。"① 另外，居住在黔州西部的东谢蛮亦有畲田的开垦，《新唐书》卷222《两爨传》载："东谢蛮，居黔州西三百里，地方千里，宜五谷，为畲田，岁一易之。"②

上述中、晚唐时期，入蜀文人士子及蜀人的诗文描述应是唐代农产区从盆地西部成都平原、北部涪江冲积平原以及南部岷江冲积平原地带走向盆地东部及北部缘边丘陵及山区、耕地面积得以扩展的有力释证。郭声波在论及历史时期蜀地农业开发相关问题时亦指出，畲田往高处推进的过程，实际上就是粟黍等旱地作物在水稻的排挤下逐渐离开河川往丘陵上部及低山、低半山发展的过程。③

总之，有唐一代，唐政府通过在平原、丘陵及河谷地带大规模地修建水利工程和在丘陵山区采取畲田等多种开发方式，不仅使得耕地面积显著增加，从隋代大业五年（609年）的约41,632,268今市亩增加到天宝十四载（755年）的约89,745,191今市亩，增长了2.16倍，而且也使得农业生产区域从平原逐渐走向丘陵与山地，是唐代四川农业发展的又一具体表现。这一点亦可从时人的记述中得到印证：寓居蜀地的杜甫说夔州（今重庆奉节、云阳等地）"烧畲度地偏"。"度地偏"，清人仇兆鳌注曰"言不遗僻壤也"④，就是说当时人们选择开荒种田的地点已经无暇顾及是否僻远，只要能开垦耕种就可以了。可见当时凡是能被开垦的地方都被开垦成了耕地。权德舆在为开州（今重庆开县）刺史新宅作记时说，开州"野无弃地"⑤，说明当时开州的土地得到最大限度的开发。张次宗举荐前汉州刺史薛元赏"干能有用……田

① （清）彭定求等编．全唐诗［M］．北京：中华书局，1999：2288.

② （宋）欧阳修，宋祁．新唐书［M］．北京：中华书局，1975：6320.

③ 郭声波．四川历史农业地理［M］．成都：四川人民出版社，1993：141.

④ （唐）杜甫著；（清）仇兆鳌注．杜诗详注［M］．北京：中华书局，1979：1699.

⑤ （清）董浩等编．全唐文［M］．北京：中华书局，1983：5041.

业开辟者踰五百顷”。[①] 明人曹学佺《蜀中广记》卷90《高僧传·附录》说唐代遂州（今四川遂宁市）在唐代初期还是“人多好猎采，捕虫鱼”。[②] 但这种落后的渔猎经济，中唐以后却发展成为“号为沃野，皆有重赋”[③] 的农业区。利州（今四川广元市）在唐前期还处于“野人半巢居”[④] 农业极度落后的水平，德宗贞元年间却是一番“耕夫陇上谣，负者途中歌。处处川复原，重重山与河。人烟遍畬田，时稼无闲坡”[⑤] 的景象。

需要指出的是，尽管唐代盆地东部及北部缘边丘陵及山区通过开展畬田的方式使得耕地面积得以扩展，但这种粗放经营的耕作方式较之精耕细作生产技术相对成熟的成都平原而言，仍是相对落后的生产方式。从诗人描述的具体生产劳动以及字里行间所表现出的对农民辛勤劳动的深切同情来看，这种劳动方式强度虽然极大，但由于劳作全程只能依靠人力，无法使用牛耕，导致生产效率低下，农业收获甚微；同时，这种“刀耕火种”的生产方式对农业生态环境造成了极大的破坏，反映了唐代四川区域内部农业生产平原、丘陵与山地之间存在极不平衡的事实。这种农业生产的不平衡又将盆地东部、盆周丘陵与山区和盆地西部成都平原原有的社会发展差距进一步扩大化，从而又影响了社会变迁的广度和深度。

## 第三节　粮食生产及其地理分布

蒙文通先生曾指出：社会生产力的发展首先反映在生产品的品种和数量上，农产品品种和数量的扩大和增加，就是农业生产力的发展和提高的反

---

① （清）董浩等编．全唐文［M］．北京：中华书局，1983：7897.

② （明）曹学佺．蜀中广记［M］．文渊阁四库全书第592册：464.

③ （唐）杜牧．樊川文集［M］．上海：上海古籍出版社，1978：276.

④ （清）彭定求等编．全唐诗［M］．北京：中华书局，1999：2300.

⑤ （清）彭定求等编．全唐诗［M］．北京：中华书局，1999：3900.

映。[①] 按此观点，某一区域在特定时间内农作物种类的嬗替和产量的增加即能反映出当地农业发展的广度、深度以及资源利用的合理效应。同时，鉴于农业生产最直接的目的就是为了获取稳定而可靠的食物来源，无论是通过单纯地扩展耕地面积，还是依靠生产技术追求单位面积产量和提高土地利用率，“归根结底都是为了获得更多数量的粮食”[②]，并在此基础上上升为稳定国家政权和社会发展的政治意义。纵观有唐一代，四川地区农业结构以种植业为主，在种植业结构体系中又以水稻和麦类、粟和芋薯类等旱地农作物的粮食生产为中心，蔬菜、果树的农业用地——菜园和果园已呈现出专门化的特征，不再依附于粮食生产，是这一时期农业发展的又一显著表现。基于此种考虑，本章节拟把唐代四川地区粮食种类、种植面积、产量与全国范围作同一历史阶段的横向比较；与先秦、秦汉、蜀汉、南北朝四个历史发展阶段做纵向比较，借此考察唐代四川地区农业发展的概貌。

## 一、水稻

如前所述，唐代四川地区农田水利工程的大规模修建不仅扩大了耕地面积，而且极大地改善了农田灌溉的用水条件，进一步优化了水稻种植的生产环境，使得水稻种植的面积、种类以及产量较之前期均有大幅度的增长。

### （一）种植面积的扩展

河流冲积平原地带的开渠自流灌溉和丘陵山地开凿陂塘蓄水、引水灌溉技术的日渐成熟，进一步增加了水田的耕作面积，水稻种植面积得以迅速扩展。李敬洵先生认为，这一时期水稻的种植范围在原有的基础上，逐渐从成都平原向北扩大到地处涪江冲积平原的绵州，向南扩展位于岷江冲积平原的眉州以及沱江、嘉陵江和长江等域内主要河流的冲积平原地带。[③] 华林甫通

① 蒙文通 . 中国历代农产量的扩大和赋役制度及学术思想的演变［J］. 四川大学学报（哲学社会科科版），1957（02）：27—107.

② 王勇 . 东周秦汉关中农业变迁研究［M］. 长沙：岳麓出版社，2004：183.

③ 李敬洵 . 唐代四川经济［M］. 成都：四川省社会科学院出版社，1988：35.

过对史料的详细梳理，也认为唐代四川地区水稻生产区域主要分布在川西平原、盆地中部丘陵地带的部分谷地以及盆地周边边缘地带的零星种植。[①]这种观点应该是契合唐代四川地区水稻种植的实际情况的，唐人的诗文描述为我们提供了这方面的证据。

先看河流冲积平原地带，杜甫《赠蜀僧闾丘师兄》赞美成都“粳稻卧不翻”;《茅堂检校收稻二首》说自己在成都的生活是“香稻三秋末，平田百顷间……红鲜终日有，玉粒未吾悭。稻米炊能白，秋葵煮复新”;《刈稻了咏怀》说：“稻获空云水，川平对石门”;《到村》借“稻粱须就列……疏顽惑町畦”，抒发自己渴慕社会稳定的心声；《重简王明府》则担心“蜀雨几时干……恐致稻粱难”[②]。田澄《成都为客作》中写道：“蜀郡将之远，城南万里桥……地富鱼为米，山芳桂是樵。”[③]史学家欧阳修称赞唐末五代双流“嘉禾合穗”[④]。清人吴任臣《十国春秋》卷40《前蜀·张琳传》载：“张琳，唐末官眉州刺史，修通济堰，溉田一万五千顷，民被其惠，歌曰：‘前有章仇后张公，疏决水利杭稻丰。’”[⑤]从中可见，位于岷江冲积平原地带的眉州，当时已经发展成为四川水稻丰产区应无异议。

盆地中部、东部及缘周丘陵与山区由于地势起伏较大，灌溉不便，一般以种植麦类、粟以及薯类旱地作物为主，水稻的种植通常只能在域内河谷地带、溪沟和建有陂塘潴水的部分区域。盆地中部的梓州、阆州与资州均有水稻的种植。陈子昂说自己家乡梓州“原田莓莓，粳黍漠漠，汶阳之稼如云矣”[⑥]；代宗永泰元年（765年）出任嘉州刺史的岑参说梓州至褒城和利州的道路两旁“水种新插秧，山田正烧畲”[⑦]，《新唐书·地理志》记载利州所

---

① 华林甫.唐代水稻生产的地理布局及其变迁初探［J］.中国农史，1992（2）：27—39.

②（清）彭定求等编.全唐诗［M］.北京：中华书局，1999：2304、2502、2503、2483、2436.

③（清）彭定求等编.全唐诗［M］.北京：中华书局，1999：2865.

④（宋）欧阳修撰；（宋）徐无党著.新五代史［M］.北京：中华书局，1974：782.

⑤（清）吴任臣：十国春秋［M］.北京：中华书局，1983：597.

⑥（唐）陈子昂.陈子昂集［M］.北京：中华书局，1960：112.

⑦（清）彭定求等编.全唐诗［M］.北京：中华书局，1999：2044.

产米成为贡品[①]，可见其品质优良。代宗广德二年（764 年），杜甫游历阆中，说“阆中芰荷入异县，粳稻共比屋……高田失西成，此物颇丰熟”[②]；晚唐何扶说阆州“十亩稻香新绿野，一声歌断旧青楼”[③]；元稹说通州“短檐苫稻草”[④]，既然用稻草苫房檐，证明通州当有水稻的种植；羊士谔说资州“稻畦残水入秋池”[⑤]；元和七年（812 年），“东川观察使潘孟阳奏龙州武安县嘉禾生，有麟食之”[⑥]，可知龙州武安县亦有水稻种植。

盆地东部以位于长江河谷地带的夔州为中心，岑参说夔州丘陵地带“芋叶藏山径，芦花杂渚田”[⑦]，潴田，即指利用陂塘引水灌溉的水田。杜甫在寓居夔州两年多（765 年 9 月—768 年 1 月）的时间里，留下了大量关于该地水稻种植的诗篇。如《秋，行官张望督促东渚耗稻向毕，清晨遣女奴阿稽、竖子阿段往问》“东渚雨今足，伫闻粳稻香”、《行官张望补稻畦水归》“东屯大江北，百顷平若案。六月青稻多，千畦碧泉乱。更仆往方塘，决渠当断案”、《自瀼西移居东屯茅屋四首》“烟霜凄野日，粳稻熟天风……东屯复瀼西，一种住青溪。来往皆茅屋，淹留为稻畦”、《暂往白帝复还东屯》“复作归田去，犹残获稻功。筑场怜穴蚁，拾穗许村童。落杵光辉白，除芒子粒红。加餐可扶老，仓庾慰飘蓬”、《夔州歌十绝句》“东屯稻畦一百顷，北有涧水通青苗”[⑧]等诗句，说明了夔州水稻种植的普遍性。另外，忠州亦有水稻的种植，杜甫说忠州“小市常争米，孤城早闭门”[⑨]。稻米显然成为忠州市场交易的主要农产品，可知忠州水稻种植的普遍性。

盆地缘周地带农田灌溉条件较好的区域如雅州、集州、果州、合州、戎

① （宋）欧阳修，宋祁．新唐书［M］．北京：中华书局，1975：1081.

② （清）彭定求等编．全唐诗［M］．北京：中华书局，1999：2324.

③ （清）彭定求等编．全唐诗［M］．北京：中华书局，1999：5899.

④ （清）彭定求等编．全唐诗［M］．北京：中华书局，1999：4530.

⑤ （清）彭定求等编．全唐诗［M］．北京：中华书局，1999：3696.

⑥ （后晋）刘昫等．旧唐书［M］．北京：中华书局，1975：412.

⑦ （清）彭定求等编．全唐诗［M］．北京：中华书局，1999：2091.

⑧ （清）彭定求等编．全唐诗［M］．北京：中华书局，1999：2344、2343、2501、2503、2507.

⑨ （清）彭定求等编．全唐诗［M］．北京：中华书局，1999：2489.

州和松州等地方亦有水稻的种植。《太平御览》卷839《百谷部·稻》引唐人樊绰《云南记》称："雅州荣经县，土田岁输稻米亩五斗。其谷精好，每一斗谷近得米一斗，炊之甚香滑，微似糯味"①;《资治通鉴》卷187"高祖武德二年冬十月"条记载："集州獠反，梁州总管庞玉讨之。獠据险自守，军不得进，粮且尽……玉扬言：'秋谷将熟，百姓毋得收刈，一切供军'"②;《太平广记》卷66《女仙十一·谢自然》载："谢自然，居果州南充……年十四，其年九月，因食新稻米饭。"③果州谢自然以新稻米为主要食品，说明果州水稻种植的史实，这亦可在另外一条史料中得到印证：《海录碎事》卷17《农田部·嶒田》云："果州、合州等处，无平田。农人于山陇起伏间，为防潴雨水，用植禾粳稏稻……戎州亦有之。"④《新唐书》卷222《两爨蛮传》载："松外蛮，有稻、麦、粟、豆、丝、麻、薤、蒜、桃、李。"⑤"松外蛮"，《资治通鉴》卷199引胡三省注曰："以其在松州之外而得名也"⑥，由此可判断，松州应当亦有水稻的种植。

### （二）水稻种类的增加

唐代全国水稻种植的种类较之前期有所增加，华林甫通过对《齐民要术》《四时纂要》《农政全书》《陈旉农书》等文献的考证，钩稽出当时全国范围内种植的水稻品种有25种之多。⑦卢华语则根据《全唐诗》的描述，认为唐代四川地区种植的水稻品种至少有12种⑧，其中粳稻、玉粒、香稻、陆稻、红莲稻、穲稏和秔稻7种，主要分布于剑南道的成都府、梓、资、雅、嶲、姚、眉、合、渝、昌、泸11州以及山南道的夔、利、阆、果、

---

① （宋）李昉等．太平御览［M］．北京：中华书局，1960：3752.

② （宋）司马光等著；（元）胡三省注．资治通鉴［M］．北京：中华书局，1997：5867.

③ （宋）李昉等编．太平广记［M］．北京：中华书局，1961：408.

④ （宋）叶廷珪．海录碎事［M］．上海：上海辞书出版社，1989：497.

⑤ （宋）欧阳修，宋祁．新唐书［M］．北京：中华书局，1975：6321.

⑥ （宋）司马光等著；（元）胡三省注．资治通鉴［M］．北京：中华书局，1997：6255.

⑦ 华林甫．唐代水稻生产的地理布局及其变迁初探［J］．中国农史，1992（2）：27—39.

⑧ 卢华语主编．《全唐诗》经济资料辑释［M］．重庆：重庆出版社，2006：49.

通、万、忠、涪等 8 州。[①] 检《齐民要术》《舆地纪胜》等文献，除了香稻，并没有其他六种水稻的记载，这至少可以说明唐代四川地区水稻品种的增多或改良。

《农政全书》卷 6《农事・营治》篇言："南方水稻，其名不一，大概为类有三：早熟而紧细者，曰秈；晚熟而香润者，曰粳；早晚适中，米白而粘者，曰稬。"[②] 李敬洵先生进一步指出，按照水稻的成熟期划分，一般分为早熟、中熟和晚熟三大类。我国近代把农历六、七月成熟的水稻称为早稻，八、九月成熟的水稻称为中稻，十月成熟的水稻称为晚稻。[③] 早稻的种植在四川地区最为普遍，贾思勰《齐民要术》卷 2《水稻》篇，在记载当时全国水稻种类时，专门引晋人郭义恭《广志》云："青芋稻，六月熟；累子稻，白汉稻，七月熟；此三稻，大而且长，米半寸，出益州。"[④] 这足以说明，南北朝时期四川地区水稻种植的种类较之汉晋时期已经大大增加，六月熟的青芋稻、七月熟的累子稻和白汉稻成为该区域的主要品种。唐代自然会继续种植这三种"大而且长"的优良品种，这在宋代蜀人留下的文献中可以得到印证。除了早稻，唐代四川还种植中晚稻品种穲稏和红莲稻。明人黄省曾《理生玉镜稻品》卷 1 介绍穲稏稻："粒长而色斑，五月而种，九月而熟。"[⑤] 晚唐韦庄《稻田》云："绿波春浪满前陂，极目连云穲稏肥。"[⑥] 在诗人眼中，满坡的稻禾长势喜人，苗肥棵壮，春风吹拂，层层梯田绿浪翻滚，直接云天。这俨然是一幅优美恬淡的水田风光图！尽管没有明确指明具体地点，但从韦庄晚年仕前蜀的生活经历来看，此诗描绘的当是自流灌溉技术较为成熟的成都平原及平缓低矮的丘陵地带。

---

① 卢华语等. 唐代西南经济研究［M］. 北京：科学出版社，2010：36、40.

② （明）徐光启著；石生汉点校. 农政全书［M］. 上海：上海古籍出版社，2011：145—146.

③ 李敬洵. 唐代四川经济［M］. 成都：四川省社会科学院出版社，1988：41.

④ （北朝）贾思勰著；缪启愉，缪桂龙译注. 齐民要术译注［M］. 上海：上海古籍出版社，2009：114.

⑤ （明）黄省曾. 理生玉镜稻品［M］. 北京：中华书局：1985：3.

⑥ （清）彭定求等编. 全唐诗［M］. 北京：中华书局，1999：8029.

红莲稻，上引《理生玉镜稻品》卷1载："五月而种，九月而熟"①，应是与穲稏稻同时栽培、同时收获的不同品种。杜甫在夔州寓居两年多的时间里所创作的430余首诗中有三首提到红莲稻，《行官张望补稻畦水归》言："秋菰成黑米，精凿传白粲。玉粒足晨炊，红鲜任霞散"、《暂往白帝复还东屯》云："复作归田去，犹残获稻功。筑场怜穴蚁，拾穗许村童。落杵光辉白，除芒子粒红。加餐可扶老，仓庾慰飘蓬"、《茅堂检校收稻二首》说："香稻三秋末，平田百顷间……红鲜终日有，玉粒未吾悭。稻米炊能白，秋葵煮复新。"②李敬洵先生引宋人淳祐《玉峰志》卷下《土产》"米半有红粒，碓时红粒先白，其味甚香"，认为"子粒红"即指品种属于中晚稻的红莲稻。③明人曹学佺《蜀中广记》卷21《夔州》引宋人王象之《舆地纪胜》言："东屯之田，可得百许顷，稻米为蜀第一，郡给诸官俸廪，以高下为差。"④对于"稻米为蜀第一"，清人仇兆鳌引杜甫另一首《孟冬》诗"尝稻雪翻匙"，做注解释此指水稻品质。⑤目前学界从唐代四川农业发展的整体布局来看，亦普遍认为，王氏所言"东屯稻米为蜀第一"应该不是指产量，而是指质量。⑥按此观点，红莲稻当为稻中优质品种，从"其味甚香"来看，深受蜀人喜欢，据同治版《重修成都县志》卷3《物产》记载，直至清代，成都平原一代仍然还在种植红莲稻。⑦

另外，唐代四川地区还有其他种类的中稻、晚稻、香稻和粳稻的种植。上引《资治通鉴》卷187"高祖武德二年冬十月"条记载，武德二年（619年）冬十月集州"秋谷将熟"⑧，十月即将成熟的水稻自然属于晚稻。上引《太平御览》卷839《百谷部·稻》引唐人樊绰《云南记》称唐代"雅州荣经

---

① （明）黄省曾．理生玉镜稻品［M］．北京：中华书局：1985：1—2.

② （清）彭定求等编．全唐诗［M］．北京：中华书局，1999：2343、2503、2502.

③ 李敬洵．唐代四川经济［M］．成都：四川社会科学院出版社，1988：42.

④ （明）曹学佺．蜀中广记［M］．文渊阁四库全书影印本四591册：252.

⑤ （唐）杜甫著；（清）仇兆鳌注．杜诗祥注［M］．北京：中华书局，1979：1654.

⑥ 卢华语主编．《全唐诗》经济资料辑释［M］．重庆：重庆出版社，2006：27.

⑦ （清）李玉宣等修；袁兴鉴编．同治重修成都县志［M］．同治十二年刻本，成都：巴蜀书社，1992：87.

⑧ （宋）司马光等著；（元）胡三省注．资治通鉴［M］．北京：中华书局，1997：5867.

县，土田岁输稻米亩五斗。其谷精好，每一斗谷近得米一斗，炊之甚香滑，微似糯味”[①]，有学者认为这是四川地区香稻最早的文献记载。[②]后蜀曾官至普州（今四川安岳）军事判官的何光远《鉴诫录》卷10《攻杂咏》引陈裕游蜀期间嘲笑一秀才赎酒家青衣为妇：“菜团个个皆钳项，粳米头头尽剪鬃。”[③]据此可知成都平原普遍种植粳稻的史实。

## 二、旱地粮食作物（麦类、粟黍类、芋薯、豆类）

除了水稻，唐代四川地区广为种植的另外一类粮食作物主要是麦类、粟黍类、芋类以及豆类等旱地粮食作物。

### （一）麦类作物

四川地区最早种植麦类作物的历史可以追溯到新石器时代。茂县城关石棺葬内出土大量谷物，经鉴定为皮大麦。[④]理县佳山石棺葬IM2、LM4内，出土盛于豆、罐等容器中的粮食，亦为皮大麦。[⑤]秦汉魏晋时期已普遍种植（前文已论，不再赘述），进入唐代，种植面积进一步扩展。考文献记载及时人诗文记述，剑南西川的成都、资州，剑南东川的泸州，山南西道的阆、渠、集、壁以及山南东道的夔、忠等州皆有种植。

成都平原江河两岸土地肥沃、且排水设施完善的区域是唐代四川地区麦类作物的主要产区。杜甫《为农》诗云：“锦里烟尘外，江村八九家。圆荷浮小叶，细麦落轻花”；《绝句漫兴九首》诗云：“舍西柔桑叶可拈，江畔细

① （宋）李昉等．太平御览［M］．北京：中华书局，1960：3752.

② 郭声波．四川历史农业地理［M］．成都：四川人民出版社，1993：154.

③ （后蜀）何光远．鉴诫录［M］．北京：中华书局，1985：75.

④ 四川省文管会、茂县文化馆．四川茂汶羌族自治县石棺葬发掘报告［J］．文物资料丛刊，1983（7）：295—364.

⑤ 阿坝藏族自治州文物管理所、理县文化馆．四川理县佳山石棺葬发掘清理报告［J］．南方民族考古（第一辑）［M］．成都：四川大学出版社，1987：211—237.

麦复纤纤”；《客堂》诗云：“巴莺纷未稀，徼麦早向熟。”[①]《大麦行》诗云：“大麦干枯小麦黄，妇女行泣夫走藏。”清人仇兆鳌引南宋黄鹤注曰：“此当是宝应元年（762 年）成都作。”[②] 陈敬瑄据蜀期间，曾“出家赀给民，募士出剗麦，收其半”[③]。薛能《行次灵龛驿西蜀尚书》诗云：“北客推车指蜀门……暑催蚕麦得归村。”[④] 蚕麦，即指“蚕”与“麦”的合成，并非指麦的一种。由此可知，唐代成都平原及其周边小麦的种植面积应该规模较大。另据《新唐书》卷 186《杨晟传》记载：“王建攻成都，田令孜以（杨）晟故将……守彭州……建使王宗裕率骑五万围晟，食四郊麦，掠民资产。”[⑤] 王建攻打彭州，将从彭州郊外农民手中掠夺到的小麦充为军粮，可知当时彭州周围小麦种植的普遍性。

唐代四川地区麦类作物的另一主产区分散于盆地中部、东部和缘周丘陵山区。杜甫说夔州“巴莺纷未稀，檄麦早向熟”，又言瀼西“山田麦无垄”[⑥]；羊士谔说资州“山蝉铃阁晚，江雨麦田秋”、梓州“萋萋麦陇杏花风”[⑦]；薛逢也说资州“桑柘林枯乔麦干”[⑧]；元稹说渠州“畲余宿麦黄山腹”[⑨]；郑谷说阆州“梅黄麦绿无归处，可得漂漂爱浪游”[⑩]；另据《新唐书》卷 222《南蛮下》载：“大中末，昌、泸二州刺史贪沓，以弱缯及羊强獠市，米麦一斛，得直不及半……成都西北两千余里，加亮夷，地高凉，多风少雨，宜小麦。”[⑪] 昌、泸二州刺史为满足其贪欲，强行将域内稻米、小麦与獠

① （清）彭定求等编．全唐诗［M］．北京：中华书局，1999：2432、2451、2312、2332.
② （唐）杜甫著；（清）仇兆鳌注．杜诗详注［M］．北京：中华书局，1979：910.
③ （宋）欧阳修，宋祁．新唐书［M］．北京：中华书局，1975：6409.
④ （清）彭定求等编．全唐诗［M］．北京：中华书局，1999：6498.
⑤ （宋）欧阳修，宋祁．新唐书［M］．北京：中华书局，1975：5430.
⑥ （清）彭定求等编．全唐诗［M］．北京：中华书局，1999：2332、2346.
⑦ （清）彭定求等编．全唐诗［M］．北京：中华书局，1999：3700、3696.
⑧ （清）彭定求等编．全唐诗［M］．北京：中华书局，1999：6332.
⑨ （清）彭定求等编．全唐诗［M］．北京：中华书局，1999：4586.
⑩ （清）彭定求等编．全唐诗［M］．北京：中华书局，1999：7741.
⑪ （宋）欧阳修，宋祁．新唐书［M］．北京：中华书局，1975：5430、6328.

人予以交易，可知昌州、泸州皆有小麦的种植。宋人王象之《舆地纪胜》卷153引李商隐《请留泸州刺史状》载，泸州刺史洗宗礼任职期间，注重种麦技术的推广，要求“给嘉种，喻以深耕”①，指导农民采用深耕技术，并重视良种的精选与培育，说明小麦在泸州得以普及种植。另外，松州亦有小麦的种植，前引《旧唐书》卷222《两爨蛮传》称，“松外蛮，有稻、麦、粟、豆、丝、麻、薤、蒜、桃、李。”②“松外蛮”，《资治通鉴》卷199引元人胡三省注解：“以其在松州之外而得名也。”③据此判断，松州应当亦有麦类作物的种植，再考虑到松州的次高原气候，唐代松州所种麦类作物当为春小麦或青稞。

就种类而言，唐代四川地区种植的麦类作物主要有小麦、荞麦与燕麦。小麦又分春小麦和冬小麦两种类型，春小麦春播秋收，适宜在高寒地区种植。唐代四川地区春小麦散见于岷江上游峡谷地带，唐启宇认为这是公元5世纪时推进到汶山郡的④；郭声波则认为早在秦汉时期岷江上游冉駹夷控制的区域就已出现春麦的种植⑤，其依据是《后汉书》卷86《南蛮西夷列传》所载冉駹夷“土地刚卤，不生谷、粟、麻、菽，唯以麦为资”。从春小麦的生长习性和岷江上游河谷地带的高寒地理环境上看，笔者赞同这一说法。冬小麦秋播夏收，适宜在冬季0～12℃地区种植，这一生长习性与四川盆地冬季常年温度基本契合。所以，唐代四川地区冬小麦的种植更为普遍，文献记载及时人诗文记述证实了这一点。《全唐文》卷360杜甫《说旱》云：“今蜀自十月不雨……况冬麦黄枯，春种不入。”⑥元稹《南昌滩》言渠州“畲余宿麦黄山腹”。⑦唐人颜师古对宿麦注解：“秋冬种之，经岁乃熟，故云宿麦”；又

① （宋）王象之．舆地纪胜［M］．南京：江苏广陵古籍刻印社，1991：1095.

② （宋）欧阳修，宋祁．新唐书［M］．北京：中华书局，1975：6321.

③ （宋）司马光等著；（元）胡三省注．资治通鉴［M］．北京：中华书局，1997：6255.

④ 唐启宇．中国作物栽培史稿［M］．北京：农业出版社，1986：58.

⑤ 郭声波．四川历史农业地理［M］．成都：四川人民出版社，1993：160.

⑥ （清）董浩等编．全唐文［M］．北京：中华书局，1983：3656—3557.

⑦ （清）彭定求等编．全唐诗［M］．北京：中华书局，1999：4586.

言："时过着者，失时不得种也。秋种夏收，故云宿麦。"[①] 宋人叶廷珪《海录碎事》卷 17《农田部·宿麦》云："宿，旧也。麦经岁始熟。"[②] 据此可知，宿麦即指冬小麦。羊士谔《野望》说梓州"萋萋麦陇杏花风"[③]，杏花开放的时候与麦陇相连，可知梓州所种小麦当为冬小麦。

荞麦，或作乔麦、莜麦，分为甜荞和苦荞二种，前者质优，种植较广。汉代已传入河西、关中及青藏高原。郭声波认为，荞麦传入四川地区可能是在唐代，且与吐蕃的东进有关。又引唐人薛逢的诗《芙蓉溪送前资州裴使君归宁拜裴侍郎》："桑柘林枯乔麦干，欲分离袂百忧攒"，认为这是关于四川地区荞麦的最早文字记载。[④] 郭氏的考证应是符合唐代农业发展的实际状况的。

青稞，又称裸大麦，只宜在高寒地区种植。《齐民要术》卷 2《大小麦》篇云："青稞麦，右每十亩用种八斗，与大麦同时熟。好收四十石，石八九斗面。堪做饭及饼饦，甚美。磨，总尽无麸。"[⑤] 唐代四川地区青稞的种植分布于川西高原吐蕃控制区及附近区域。《旧唐书》卷 196《吐蕃传》载："吐蕃，其地气候大寒，不生秔稻，有青稞麦、褁豆、小麦、乔麦。畜多牦牛猪犬羊马。"[⑥] 同书卷 175《东女国传》载：东女国"居康延川，中有弱水南流……散糟麦于空"[⑦]。随着吐蕃的强大，川西高原诸国及诸羌被吐蕃征服，青稞也逐渐扩展到龙门山区，如居住于岷江源头松州的羌人"多种青稞，好用麦粉"。[⑧] 笔者在川西高原甘孜州、阿坝州以及西藏地区进行实地考察时，

---

① （汉）班固撰；（唐）颜师古注．汉书［M］．北京：中华书局，1962：177、3470—3471.

② （宋）叶廷珪．海录碎事［M］．上海：上海辞书出版社，1989：495.

③ （清）彭定求等编．全唐诗［M］．北京：中华书局，1999：3700、3696.

④ 郭声波．四川历史农业地理［M］．成都：四川人民出版社，1993：159.

⑤ （北朝）贾思勰著；缪启愉，缪桂龙译注．齐民要术译注［M］．上海：上海古籍出版社，2009：111.

⑥ （后晋）刘昫等．旧唐书［M］．北京：中华书局，1975：5219.

⑦ （后晋）刘昫等．旧唐书［M］．北京：中华书局，1975：5277.

⑧ （明）曹学佺．蜀中广记［M］．文渊阁四库全书影印本第 592 册：93.

当地有种植经验的众位老农告知，青稞是其世代赖以为生的主要食物来源，是当年文成公主入藏带给他们的“恩赐”。老农的话语虽然不能作为唐代川西高原及西藏地区已经普遍种植青稞的直接证据，但结合史料记载，至少也从一个侧面说明了唐代川西高原已经有青稞种植的史实。

### （二）粟、黍类作物

就目前的认识来看，粟与黍是四川地区最古老的旱地粮食作物，其历史可以追溯到新石器时代。《太平御览》卷 842《百谷部》引《山海经》：“广都之野，后稷葬焉，爰有膏黍、膏稷。”又引《氾胜之书》曰：“黍者，暑也，种必侍暑。先夏至二十日，此时有雨。强土可种黍，亩三升。黍心未生，雨灌其心，心伤无实。凡种黍者，皆如禾，欲疏于禾。”又引《博物志》曰：“地三年种蜀黍，其后七年多蛇。”[①] 考古资料显示，汶川罗卜寨 SLM3 墓内出土的粮食作物，经初步鉴定为粟稷之属。[②]

自秦汉以来，四川地区粟、黍类粮食作物就广为种植，甚至一度成为军粮的主要组成部分和救济物资。《战国策》记载了时人张仪对当时四川地区粟、黍类粮食生产的看法：“秦西有巴蜀，方船积粟，起于汶山，循江而下，至郢三千余里。舫船载卒，一舫载五十人，与三月之粮，下水而浮……”[③]，足见当时粟盛产于岷江流域山谷两侧的平缓丘陵地带。《文献通考》卷 26《国用考·赈恤》又言：“汉武帝元鼎二年（前 115 年）诏曰：‘水潦移于江南，迫隆冬至，朕惧其饥寒不治，江南之地，火耕水耨，方下巴蜀粟致之江陵，遣博士中等分循行，谕告所抵，无令重困。吏民有救赈饥民免其厄者，具以名闻。’”[④]

魏晋南北朝时期，四川地区粟、黍类粮食作物依然在岷江流域山谷两侧的平缓丘陵地带广为种植，上引《华阳国志》已经证实了这一点，此不赘

---

① （宋）李昉等．太平御览［M］．北京：中华书局，1960：3762.

② 冯汉骥，童恩正．岷江上游的石棺葬［J］．考古学报，1973（2）：41—59.

③ （西汉）刘向著；贺伟，侯仰军点校．战国策［M］．济南：齐鲁书社，2005：155.

④ （元）马端临．文献通考［M］．北京：中华书局，2011：767.

述。进入唐代以后，随着水稻种植面积的扩展，粟、黍类虽然不再是四川地区最为倚重的粮食作物，种植区域逐渐退向平原地带的高地以及更为广阔的盆地中部、东部及缘周丘陵与山地，但其种植面积应当不小。武德初年，隋末战乱及唐初平定战争造成了“郡县饥荒，百姓流亡，十不存一”的社会景象，即使“倒悬京师仓廪军国资用，罄以恤民”，也是“便厥支拟”。唐高祖认为，“蜀汉沃饶，闾里富于猗陶，菽粟同于水火”，遂下令“下官部领，就食剑南诸郡”[①]。由此可证，唐初四川地区种植粟的普遍性。杜甫《大雨》诗云：“西蜀冬不雪，春农尚嗷嗷……敢辞茅苇漏，已喜黍豆高。阴色静陇亩，劝耕自官曹”；《锦树行（因篇内有锦树二字摘以为题非正赋锦树也）》诗云：“飞书白帝营斗粟，琴瑟几杖柴门幽”；《黄河二首》诗云：“黄河西岸是吾蜀，欲须供给家无粟”；《遣意二首》诗云：“衰年催酿黍，细雨更移橙。”[②]清人仇兆鳌注曰：“此（诗）当是上元二年（675 年）草堂成后逢春而作。”[③]粟性喜旱，杜甫所见粟、黍的种植当在平原地带地势较高、灌溉不便的旱地。陈子昂说其父陈元敬“年二十，以豪侠闻，属乡人阻饥，一朝散万钟之粟而不求报”[④]。陈氏家族能“散万钟之粟”“阻饥”，说明川东丘陵山区广为种植粟的史实。杜甫寓居夔州期间看到居住在丘陵山区的“山家蒸粟暖，野饭谢麋新”。[⑤]元和十三年（818 年）白居易赴任忠州刺史后，留有“漠漠烧畲烟”“仓粟喂家人”的诗句，并自注曰：“忠州刺史一下，悉以畲田给禄食。”[⑥]忠州刺史以下官员以畲田所收获的粟为俸禄，可见盆地东部丘陵山区粟类作物种植的普遍性。另据《新唐书》卷 144《严砺传》记载，严砺节度剑南东川期间，“擅没吏民田宅百余所，税外加敛钱及刍粟数十万”。[⑦]“刍粟”是指供养军队的粮草，严砺既然能聚敛剑南东川数十万的粟充当军粮，可见

① （宋）王钦若等筹编．册府元龟［M］．北京：中华书局，1960：5816.

② （清）彭定求等编．全唐诗［M］．北京：中华书局，1999：2310、2634、2481、2438.

③ （唐）杜甫著；（清）仇兆鳌注．杜诗详注［M］．北京：中华书局，1979：794.

④ （清）董浩等编．全唐文［M］．北京：中华书局，1983：2412.

⑤ （清）彭定求等编．全唐诗［M］．北京：中华书局，1999：2503.

⑥ （清）彭定求等编．全唐诗［M］．北京：中华书局，1999：4798、4799.

⑦ （宋）欧阳修，宋祁．新唐书［M］．北京：中华书局，1975：4709.

该地粟的种植分布之广。元稹说通州“杂莼多剖鳝，和黍半蒸菰”[①]，可证通州有黍的种植。另外，松州亦有粟的种植，前引《旧唐书》卷222《两爨蛮传》称，“松外蛮，有稻、麦、粟、豆、丝、麻、薤、蒜、桃、李”。[②]据此判断，松州应当亦有粟的种植。

作为仅次于水稻的粮食作物，历代文献并没有详细记述唐代四川粟的种植面积、具体亩产量以及在粮食作物中的比重等关键细节，对我们了解唐代四川粟的发展状况造成了极大的难度，只能从粟类作物对当时社会发展的支撑力度作侧面的分析。武德初年，关中饥荒，高祖下令就食剑南的理由即是“蜀中沃饶”，盛产“菽粟”。[③]陈子昂上疏言及四川农业富庶对于稳固全国政权稳定性时，特别强调了粟的地位和作用：“蜀为西南一都会，国家之宝库……人富粟多，顺江而下，可以兼济中国”[④]，可与上条史料相互印证。《文献通考》卷21《市籴考·常平义仓租税》载：“开元七年（719年），敕关内、陇右、河南、河北五道及荆、扬、襄、夔、绵、益、彭、蜀、资、汉、剑、茂等州并置常平仓。”[⑤]同书同卷又详细记载了天宝八载（751年）全国关内、河北等十道诸色仓所藏粮食（主要指粟）的数量，尽管不能完整地反映出这一阶段各道农业生产的总体状况，但也为我们讨论各道粟的种植在全国范围内所占地位问题提供了参考的数据。下述三表显示，尽管唐代四川地区并非全国粟类粮食作物的主产区，但在天宝八载（751年）十道正仓藏粮、十道义仓藏粮以及十道常平仓藏粮分别占0.53%、2.16%、0.23%的比重，也足以说明该区域粟的生产状况。为了详细说明这一问题，本文根据《文献通考》所载数据，列表予以分析：

---

① （清）彭定求等编．全唐诗［M］．北京：中华书局，1999：4530.

② （宋）欧阳修，宋祁．新唐书［M］．北京：中华书局，1975：6321.

③ （宋）王钦若等筹编．册府元龟［M］．北京：中华书局，1960：5816.

④ （唐）陈子昂．陈子昂集［M］．北京：中华书局，1960：202.

⑤ （元）马端临．文献通考［M］．北京：中华书局，2011：601.

表 2—3 天宝八载（751 年）十道正仓藏粮（粟）明细表

| 道名 | 藏粮（粟）数量（石） | 全国藏粮（粟）数量（石） | 所占比例（%） |
| --- | --- | --- | --- |
| 关内道 | 1,821,516 | 42,126,184 | 4.33 |
| 河北道 | 1,821,516 | 42,126,184 | 4.33 |
| 河东道 | 10,589,180 | 42,126,184 | 25.13 |
| 河西道 | 702,065 | 42,126,184 | 1.74 |
| 陇右道 | 272,780 | 42,126,184 | 0.62 |
| 剑南道 | 223,940 | 42,126,184 | 0.53 |
| 河南道 | 5,825,414 | 42,126,184 | 13.83 |
| 淮南道 | 688,252 | 42,126,184 | 1.63 |
| 江南道 | 978,825 | 42,126,184 | 2.32 |
| 山南道 | 143,883 | 42,126,184 | 0.34 |

表 2—4 天宝八载（751 年）十道义仓藏粮（粟）明细表

| 道名 | 藏粮（粟）数量（石） | 全国藏粮（粟）数量（石） | 所占比例（%） |
| --- | --- | --- | --- |
| 关内道 | 5,946,212 | 83,177,660 | 7.15 |
| 河北道 | 17,544,600 | 83,177,660 | 21.09 |
| 河东道 | 7,309,610 | 83,177,660 | 9.79 |
| 河西道 | 288,403 | 83,177,660 | 0.35 |
| 陇右道 | 230,014 | 83,177,660 | 0.28 |
| 剑南道 | 1,797,228 | 83,177,660 | 2.16 |
| 河南道 | 15,429,763 | 83,177,660 | 5.45 |
| 淮南道 | 4,840,872 | 83,177,660 | 5.82 |
| 江南道 | 6,739,270 | 83,177,660 | 7.67 |
| 山南道 | 3,871,666 | 83,177,660 | 4.65 |

表2—5 天宝八载（751年）十道常平仓藏粮（粟）明细表

| 道名 | 藏粮（粟）数量（石） | 全国藏粮（粟）数量（石） | 所占比例（%） |
|---|---|---|---|
| 关内道 | 373,570 | 4,602,220 | 8.12 |
| 河北道 | 1,663,778 | 4,602,220 | 36.15 |
| 河东道 | 535,386 | 4,602,220 | 11.63 |
| 河西道 | 31,090 | 4,602,220 | 0.68 |
| 陇右道 | 42,850 | 4,602,220 | 0.93 |
| 剑南道 | 10,710 | 4,602,220 | 0.23 |
| 河南道 | 1,212,464 | 4,602,220 | 26.35 |
| 淮南道 | 81,152 | 4,602,220 | 1.76 |
| 江南道 | 49,109 | 4,602,220 | 1.07 |
| 山南道 | 602,030 | 4,602,220 | 13.08 |

### （三）芋薯类作物

唐代四川地区粮食作物除了种植水稻和麦类、粟黍类之外，另一类普遍种植、被誉为能够度荒的传统杂粮是芋薯类作物。芋薯，《齐民要术》卷2《种芋》篇引东汉许慎《说文》曰："芋，大叶实根骇人者，故谓之'芋'"；引《广雅》曰："渠，芋；其茎谓之梗。籍姑，水芋也，亦曰乌芋。"[①] 四川地区种植芋，文献记载最早可追溯至秦并巴蜀之前，《史记·货殖列传》：

蜀卓氏之先，赵人也……秦破赵，迁卓氏。卓氏见虏略，独夫妻推辇，行诣迁处。诸迁虏少有余财，争与吏，求近处，处葭萌。唯卓氏曰：'此地狭薄，吾闻汶山之下沃野，下有蹲鸱（大芋），至

① （北朝）贾思勰著；缪启愉，缪桂龙译注．齐民要术译注［M］．上海：上海古籍出版社，2009：144.

> 死不饥，民工于市，易贾。'乃求远迁，致之临邛。[①]

卓氏被迫迁蜀，听闻汶山之下沃野（当指邛州）盛产“蹲鸱”，不仅可以“至死不饥”，而且还能“工于市，易贾”。于是，便舍近求远，自愿迁徙至临邛。可见，在秦代四川地区植芋不仅已经闻名全国，而且成为农民个体家庭借此出售、补贴家用的农产品。这一史实说明至迟在秦并巴蜀之前，四川地区芋薯类作物的种植已经相当普遍。进入汉代，四川地区植芋种类和面积均有所增加，并发展成为农民个体家庭普遍经营的著名农副业。彭山县（今眉山市彭山区）出土汉画像砖有“种芋”图[②]、成都土桥曾家包出土的画像石刻芋地“农作”图[③]，皆可证。上引《齐民要术》卷2《种芋》引晋人郭义恭《广志》曰：

> 蜀汉既繁芋，民以为资。凡十四等，有君子芋，大如斗，魁如杵簇，有车毂芋，有锯子芋，有旁巨芋，有青边芋：此四芋多子。有谈善芋，魁大如瓶，少子；叶如散盖，绀色；紫茎，长丈余，易熟，长味，芋之最善者也；茎可作羹臛，肥涩，得饮乃下。有蔓芋，缘枝生，大者次二三升。有鸡子芋，色黄。有百果芋，魁大，子繁多，亩收百斛；种以百亩，以养彘。有早芋，七月熟。有九面芋，大而不美。有象空芋，大而弱，使人易饥。有青芋，有素芋，子皆不可食，茎可为菹。凡此诸芋，皆可干腊，又可藏至夏，食之。”[④]

入唐之后，芋在人们日常饮食结构中的地位进一步提升，被视为亦粮亦蔬的不可或缺的食物，唐人元季川说“养葛为我衣，种芋为我蔬。谁能畹

---

① （汉）司马迁．史记［M］．北京：中华书局，1982：3277.

② 刘志远．考古材料所见汉代的四川农业［J］．文物，1979（12）61—70.

③ 姜世碧．成都汉代农业考古概述［J］．农业考古，1992（3）：93—99.

④ （北朝）贾思勰著；缪启愉，缪桂龙译注．齐民要术译注［M］．上海：上海古籍出版社，2009：144.

与畦，弥漫连野芜”①，代表了唐人对种植芋的普遍看法。在这种理念的指导下，唐代四川地区芋的种植更为普遍，种类也有所增加。检诸文献，芋在成都、嘉州、夔州、梓州等丘陵山地皆有种植。《蜀本草》卷17《果中》载，唐代四川地区芋的种植种类有六种之多：“有青芋、紫芋、真芋、白芋、连禅芋、野芋……今畿县遍有，诸山南、江左惟有青、白、紫三芋而已。”②宋祁《益部方物略记》说：“蜀芋有多种，鹯芋为最美，俗号鹯赤头芋，形长而圆，但子不繁衍。又有蛮芋，亦美，其形则圆，子繁衍，人多莳之……中人食之。”③

杜甫在《赠王二十四侍御契四十韵》一诗中，说自己在成都“偶然存蔗芋，幸各对松筠”；《南邻》诗云：“锦里先生乌角巾，园收芋栗不全贫……白沙翠竹江村暮，相送柴门月色新。”④江村翠竹、园收芋栗，完全是一幅邻家农民真实生活的写照！可见，芋不仅成为农家餐桌上的主食，而且由于种植规模较大、产量相对较高，在满足自身生活需要的前提下，成为当时一种专门的经济作物。卢纶《送盐铁裴判官入蜀》诗说“榷商蛮客富，税地芋田肥”⑤。芋，唐政府已经将其课以赋税。文宗太和四年（830年），西川宣抚使崔戎在一份奏文中称，“西川税科旧有青苗，如茄子、姜、芋之类，每亩或七、八百文”。⑥从“旧有”二字看，至少自唐中期，四川地区的芋已经被视为青苗税的重要来源之一。这不仅反映了其种植的广泛性，而且总产量也应当不低。僖宗广明元年（880年），郑古避乱入蜀，看到成都平原“村落人歌紫芋间”的景象。⑦唐末，芋类作物甚至成为人们餐桌上的日常饮食，韦庄《赠渔翁》说：“芦刀夜鲙红鳞腻，水甑朝蒸紫芋香。”⑧在韦庄看来，蒸

① （清）彭定求等编．全唐诗［M］．北京：中华书局，1999：2894.

② （五代）韩保昇撰；尚志钧辑复．蜀本草［M］．合肥：安徽科学技术出版社，2005：184.

③ （宋）宋祁．益部方物略记［M］．北京：中华书局，1985：4—5.

④ （清）彭定求等编．全唐诗［M］．北京：中华书局，1999：2481、2435.

⑤ （清）彭定求等编．全唐诗［M］．北京：中华书局，1999：3125.

⑥ （宋）王钦若等筹编．册府元龟［M］．北京：中华书局，1960：5841.

⑦ （清）彭定求等编．全唐诗［M］．北京：中华书局，1999：7742.

⑧ （清）彭定求等编．全唐诗［M］．北京：中华书局，1999：8201.

熟的紫芋味道鲜美，甚至超过了精心烹调的红鳞鱼。宋人陶谷《清异录》卷17《菜品门》载："蜀孟昶，月旦必素食，性喜薯药，左右因呼薯药为'月一盘'。"[①] 直至宋代，成都平原依然是芋的中心种植区，苏轼《送鲜于都曹归蜀灌口旧居》诗云："薙尽霜须照碧铜，依然春雪在长松。朝行犀浦催收芋，夜渡绳桥看伏龙。"[②]

成都平原以外的盆地中部、东部丘陵山地均有芋的种植。王维说梓州一带"巴人讼芋田"[③]，因为芋田而出现官司纠纷，可知当时种芋能够产生一定的经济效益。岑参说川东"芋叶藏山径，芦花杂渚田"[④]；杜甫说夔州"紫收岷岭芋"[⑤]，可证当时夔州丘陵旱地当有芋的种植。明代蜀人曹学佺《蜀中名胜记》卷9《川西道》引唐人唐子西诗句："酒酣握手登高丘，极目紫芋蹲春畴"[⑥]，印证了唐代绵州丘陵山区种植紫芋的史实。

### （四）豆类作物

唐代四川地区除了广泛种植上述水稻、麦类、粟黍类以及芋等主要粮食作物以外，亦有豆类作物的种植。我国是大豆栽培起源地，这已是学界共识。现今世界各地的大豆都是直接或间接从中国引进，故其对大豆的称呼，几乎都保留了大豆的古名"菽"的语音。《太平御览》卷841《百谷部·豆》引《物理论》曰："菽者，众豆之总名"；又引《广雅》曰："大豆，菽也。小豆，荅也。豆、豌豆，留豆也。胡豆，豆角谓之荚，其叶谓之藿也。巴菽，巴豆也。"[⑦]

四川地区是何时开始种植大豆、至唐代又是怎样的发展态势呢？《太平

① （宋）陶谷，吴淑撰；孔一校点．历代笔记小说大观·清异录［M］．上海：上海古籍出版社，2012：47.

② 张志烈等．苏轼全集校注［M］．石家庄：河北人民出版社，2010：381.

③ （清）彭定求等编．全唐诗［M］．北京：中华书局，1999：1272.

④ （清）彭定求等编．全唐诗［M］．北京：中华书局，1999：2091.

⑤ （清）彭定求等编．全唐诗［M］．北京：中华书局，1999：2514.

⑥ （明）曹学佺．蜀中名胜记［M］．重庆：重庆出版社，1984：135.

⑦ （宋）李昉等．太平御览［M］．北京：中华书局，1960：3762.

御览》卷841引《山海经》曰："广都之野，爰有膏菽。"引《蜀志》曰："彭羕与诸葛亮书：'先民有言：左手据天下之图，右手刎咽喉，愚夫不为，况仆颇别菽麦。'"又引《益部耆旧传》曰："朱仓，字卿云。之蜀，从处士张宁受《春秋》。籴小豆十斛，屑之为粮，闭户精诵。宁矜之，敛得米二十石，仓不受一粒。"[①] 可见，四川地区自先秦至魏晋时期一直都有大豆的种植。入唐以后，随着水稻种植面积的扩展，尽管豆类作物在粮食结构中不再占据主要地位，但其产量应当不少。上引武德初年，关中饥荒，高祖下令就食剑南"菽粟"[②] 可证。从杜甫《投简成、华两县诸子》诗中"南山豆苗早荒秽"一句，可知唐中期豆类作物基本种植在平原高地和丘陵地带。《大雨》一诗说"西蜀冬不雪，春农尚嗷嗷……敢辞茅苇漏，已喜黍豆高"；又在《陪王汉州留杜绵州泛房公西湖》中说"豉化莼丝熟，刀鸣鲙缕飞"，[③]"豉汁"即指豆汁，"豉"当指豆制品。可见，大豆已成为当时普通百姓之家的家常便饭。另有，北宋蜀人黄休复《茅亭客话》卷8《好画虎》记载：成都府灵池县一医卜从业者的"孙儿辈将豆麦入城货卖"[④]，均说明成都府、汉州普遍种植大豆的史实。后唐冯贽《云仙散录》"甲乙膏"条载："蜀人二月好以豉杂黄牛肉为甲乙膏"[⑤]；《鉴诫录》卷10《攻杂咏》引唐人陈裕游蜀期间所做《过旧居》："昔日颜回宅，今为裹饭家……豉汁锅中沸，粕糕案上葩。"[⑥] 豉杂黄牛肉、豉汁成为蜀人日常生活中的特色小吃，说明豆类作物在该区域种植的普遍性。另外，《酉阳杂俎续集》卷4《贬误》载："张芬中丞在韦南康皋幕府中，有一客于宴席上筹碗中绿豆击蝇，十不失一。"[⑦] 此条材料则说明了唐代成都平原种植绿豆的史实。

---

① （宋）李昉等．太平御览［M］．北京：中华书局，1960：3758.

② （宋）王钦若等筹编．册府元龟［M］．北京：中华书局，1960：5816.

③ （清）彭定求等编．全唐诗［M］．北京：中华书局，1999：2310、2306、2479.

④ （宋）黄休复．茅亭客话［M］．北京：中华书局，1991：75.

⑤ （后唐）冯贽．云仙散录［M］．北京：中华书局，1986：84.

⑥ （后蜀）何光远．鉴诫录［M］．北京：中华书局，1985：75.

⑦ （唐）段成式．酉阳杂俎（三册）［M］．北京：中华书局，1985：209.

## 三、粮食产量的考察

粮食产量是考察区域农业发展水平的重要指标之一，但由于资料的相对匮乏，对唐代四川地区农业生产情况很难进行准确的量化分析，平原、丘陵地带农作物种类的差异又使得对这个问题的研究变得更为复杂。针对这种学术难度，本书拟根据文献记载和时人研究成果，运用计量史学的考察方法予以粗略的推证，同时与秦汉时期和同一时期的江南、关中其他两大农业区作纵向和横向的比较，以此观察唐代四川粮食，尤其是水稻和麦类、粟黍类的产量问题。

目前学界主流观点认为，在已经了解某一年代、某一地区的人口数与耕地数的情况下，粮食亩产量可以用下述公式求出：

亩产量 =（按人平均的粮食消费量 × 人口数）÷ 耕地亩数[①]

关于唐代的人均消费口粮数量，《新唐书》卷 54《食货志》称“少壮相均，人（日）食米二升”。[②]如果把这个平均数视为当时包括所有人在内的平均粮食消费量，那么按照上述公式就可以推算出唐代理论上的粮食亩产量。但要注意的是，稻、粟两种谷物都要脱粒，《新唐书》所载人均每天消费 2 升米，是指脱粒之后的粟米，这就牵涉到稻、粟出米率的问题。宁可先生根据《云梦秦简》《说文解字》《九章算术》等文献的考证，得出秦汉时期稻的出米率约为 50%，粟约为 65%（均以容量计）。[③]《唐令拾遗》“仓库令第二十四条”载唐代“稻 3 斛折糙米 1.4 斛”[④]；《通典》卷 6《赋税》载唐代“粟 1 斛折米 6 斗”[⑤]。按此计算，唐代稻、粟的出米率分别为 47%、60%。

---

① 李伯重．唐代江南的农业发展［M］．北京：北京大学出版社，2009：111.

② （宋）欧阳修，宋祁．新唐书［M］．北京：中华书局，1975：1377.

③ 宁可．有关汉代农业生产的几个数字［J］．首都师范大学学报（社会科学版），1980（3）：76—89.

④ （日）仁井田陞著；栗劲等编译．唐令拾遗［M］．长春：长春出版社，1989：621.

⑤ （唐）杜佑．通典［M］．北京：中华书局，1988：106.

李伯重先生根据吉林人民出版社1980年刊行的《农业数据手册》稻、粟的比重（单位：市斤/市石）：水稻：102.2～117，一般112；谷子（粟）120～132.2，一般126.8，推算出稻、粟的出米率分别为45.6%和40.2%。现代实测数与史料记载略有出入，为了计算方便，本书斟酌学界研究成果，取稻、粟的出米率分别为60%、50%。人均每天食米2升，则人均每年消费米7.2石，合稻12石、粟14.4石，与胡戟先生考证的唐代官定口粮标准：男丁月食粟一石，年十二石[①]基本吻合。再以天宝元年（742年）为观察点，据《新唐书》卷42《地理志》，是年四川地区的人口约有4,922,790口，耕地约有152,114,211亩。但需要指出的是，这一数量是耕地总数，而缺乏对水田、旱地、林地等诸类耕地用地的具体数量的详细记载。因此，运用此种方法考察唐代四川地区水稻的亩产量，只能根据当时水稻种植的实际情况予以大致估算。在此耕地数量中，用于种植水稻的水田集中在盆地西部的成都平原、北部涪江、南部岷江冲积平原以及沱江、嘉陵江的河谷地带，假设按总数的六分之一计算，即25,352,368.5亩；粟则集中在平原地带高地及盆地中部、东部及缘边丘陵山区地带，按总量的五分之一计算，即30,442,842.2亩，代入上述公式，则得到：

（稻）亩产量=（12石 ×4,922,790口）÷25,352,368.5亩
≈2.3（石/亩）

（粟）亩产量=（14.4石 ×4,922,790口）÷30,442,842.2（亩）
≈2.3（石/亩）

按此计算方法获取的理论数字与晋人常璩所记汉代“绵与雒各出水稻，亩收三十斛，有至五十斛”[②]出入较大。因此，有几点需要专作说明：其一，对常氏所记产量，学界对此存在异议。蒙文通先生在摘录此条史料时，认为

① 胡戟.唐代粮食亩产量——唐代农业经济述论之一［J］.西北大学学报（哲学社会科学版），1980（3）：75—76.

② （晋）常璩.华阳国志［M］.北京：中华书局，1985：37.

《华阳国志》原文应为："绵与雒各出水稻，亩收三十斛，有至十五斛"，并专门批注曰："由下'至'字看，疑上'三'字为衍文"。按其观点，汉晋之时，四川地区水稻产量当为"亩收十斛，有至十五斛"。[①] 任乃强、刘琳二位先生皆认同《常志》所言汉晋之时，"绵与雒，亩收三十斛，有至五十斛"的说法，并分别对其进行了考证[②]，本书取此观点。又据《梁书》卷28《夏侯夔传》载："大通六年（532年），豫州（今河南境内）积岁寇戎，人颇失业，夔乃帅军人于苍陵立堰，溉田千余顷，岁收谷百余万石。"[③] 照此推算，当为亩收十石。晋人嵇康在其著作《养生论》中说："夫田种者，一亩十斛，谓之良田，此天下之通称也。不知区种可百余斛。"[④]《晋书》卷26《食货志》载："咸和五年（330年），成帝始度百姓田，取十分之一，率亩税米三升。"[⑤] 按照上述出米率，西晋亩产6石左右。可见，在世人看来，亩收十斛，就是良田，而亩收五六石在当时应是相当普遍的现象。其二，成都平原及其北部涪江、南部岷江冲积平原以及沱江、嘉陵江的河谷地带是唐代四川地区主要的稻麦复种区（第四章第三节已详细论述），两年三收稻谷和小麦。其三，常氏所言为汉石，据吴慧先生的考证，1唐石约等于3汉石。[⑥] 按此观点，唐代四川良田水稻、粟的亩产量大约为6.9汉石，远远超过了汉代该区域的水稻产量。另外，蒙文通先生的一项关于唐代粮食亩产量的考证结论可作为此项问题的辅证。蒙先生经过深入考究，认为唐代粮食亩产量是汉代的两倍之多。[⑦] 蒙先生的此项考证虽未确指唐代四川地区，但结合学界的现

---

① 蒙文通．中国历代农产量的扩大和赋役制度及学术思想的演变［J］．四川大学学报（哲学社会科学版），1957（02）：27—107.

② （晋）常璩著；任乃强校注．华阳国志校补图注［M］．上海：上海古籍出版社，1987：177；（晋）常璩著；刘琳校注．华阳国志校注［M］．成都：成都时代出版社，2007：133.

③ （唐）姚思廉．梁书［M］．北京：中华书局，1973：420.

④ （南梁）萧统编；（唐）李善注．文选［M］．上海：上海古籍出版社，1986：2287.

⑤ （唐）房玄龄等．晋书［M］．北京：中华书局，1974：782.

⑥ 吴慧．中国历代粮食亩产研究［M］．北京：农业出版社，1985：152.

⑦ 蒙文通．中国历代农产量的扩大和赋役制度及学术思想的演变［J］．四川大学学报（哲学社会科学版），1957（02）：27—107.

有研究成果来看，学界在考察唐代四川地区农业发展问题时，已普遍认同唐代四川地区农业高度发展，是当时全国三大主要农业经济区之一（另一种观点认为，唐中期以后，四川地区是与江淮地区农业最为发达的两个区域。这一问题，绪论部分已详证）。由此可以认为，作为当时全国核心农产区，蒙先生的考证结论应当涵盖四川地区当无异议。综合上述所论，推论唐代四川水稻、粟的亩产量均在2.3石左右，应当不谬。又据南宋王应麟《玉海》卷184《唐社仓义仓》载："唐高宗咸亨元年（670年）十一月乙卯，天下四十余州旱及霜虫，百姓饥乏，关中尤甚……运剑南义仓米百万石救饥人。"[①] 高宗时期，调运剑南道百万石米救济关中饥荒，也从一个侧面证明了唐代四川地区粮食亩产量处于相对稳定的史实。

总之，有唐一代，就全国农业发展区域来看，四川地区尤其是成都平原农业继续向前发展，发展水平居于全国前列。"安史之乱"使黄河流域及长江流域两大传统农业区正常的农业生产遭受严重破坏，不仅导致国家财赋收入直线下降，而且使得大量农民流离失所。为了增加政府财政收入和稳定社会秩序，唐政府在梓、益二州各置节度使，提高税收比例。针对这一政策，时任蜀、彭二州刺史的高适向朝廷上疏，一方面直陈全国战乱，就连国家核心统治区关中亦需要调运蜀地粮食救济饥荒的事实："比日关中米贵，而衣冠士庶，颇亦出城。山南、剑南，道路相望。村坊市肆，与蜀人杂居。其升合斗储，皆求于蜀人"[②]；另一方面，建议朝廷取消此项政策，理由是"蜀人又扰，则贻朝廷忧。"[③] 尽管唐廷最终没有采纳他的提议，但也说明了唐代中期全国战乱，农业生产遭受严重破坏时，四川地区粮食对救助饥民、缓解饥荒、稳定国家政权等方面起到了不可替代的作用。

---

① （宋）王应麟．玉海［M］．台北：文华书局，1977：3478.

② （后晋）刘昫等．旧唐书［M］．北京：中华书局，1975：3330.

③ （宋）欧阳修，宋祁．新唐书［M］．北京：中华书局，1975：4680.

# 第四节　蔬菜、油料作物的种植及全面发展

如果说粮食是满足人类生存最基本的食物保障，那么，蔬菜、油料则是维持人类生存必不可少的辅助食料。本小节拟从粮、菜、油的人类基本的饮食结构角度，全面考察唐代四川地区蔬菜和油料（食用）作物发展概貌。

## 一、蔬菜作物

《颜氏家训》卷1《治家》开篇即云：

> 生民之本，要当稼穑而食，桑麻以衣。蔬菜之畜，园场之所产；鸡豚之善，埘圈之所生。爰及栋宇器械，樵苏脂烛，莫非种植之物也。至能守其业者，闭门而为生之具足矣。[①]

该则材料中所言“稼穑而食，桑麻以衣，蔬菜之畜，鸡豚之善”折射出的“个体家庭各种生活所需，皆有家庭所出”个体家庭经营理念，在我国传统社会历史发展的长河中，经过劳动生产和生活实践的长期浸润，逐渐被个体家庭所接纳和遵从，而后又被历代王朝上升为一种指导个体家庭进行农业生产和经营日常生活的既定原则。受此观念的影响，蔬菜成为农家除了粮食作物以外，必须种植的农作物，这在一定程度上刺激了全国各个地方蔬菜的种植和发展。在唐代人们的日常饮食结构中，谷物和蔬菜是两大主体，时人甚至用“蔬食”来概括普通人家的日常饮食。如白居易在《答崔侍郎钱舍人书问因继以诗》一文中说：“旦暮两蔬食，日中一闲眠。便是了一日，如此已三年。”[②] 陆龟蒙在《蔬菜》一诗中说：“香稻熟来秋菜嫩。”[③] 两位诗人诗中所描绘的饮食场景便是唐人饮食生活的真实写照。

---

① （南北朝）颜之推．颜氏家训［M］．北京：中国文史出版社，2003：34.

② （唐）白居易．白居易集（第1册）［M］．北京：中华书局，1979：138.

③ （清）彭定求等编．全唐诗［M］．北京：中华书局，1999：7222.

## （一）蔬菜种类

四川地区气候温润，土地肥美，拥有平原、丘陵、山地和高原等多种地形，适宜各种农作物的生长，向来就有“蔬食果实之饶”的说法。蔬菜品种丰富，晋人左思的《蜀都赋》有概括性的描述：“其圃则有蒟蒻茱萸，瓜畴芋区，甘蔗辛辣，阳蓝阴敷。日往菲薇，月来扶疏，任土所丽，众献而储。”[①]南北朝时，四川地区种植的蔬菜品种繁多，仅见于《齐民要术》记载的就有芜菁、菘菜、芦菔、韭菜、蜀芥、芸薹、荠子、紫苏、姜芥、薰菜、竹笋和胡荽等。

进入唐代，四川地区的蔬菜在原有的基础上，不仅种植区域更为广泛，品种增多，而且品质更加优良，两条史料可证：其一，仅《新唐书》卷42《地理志》所列，被列为朝廷贡品的就有绵州的白藕，嘉州的紫葛，陵州的细葛，合州与荣州的葛，眉州、龙州与剑州的葛粉（葛的加工品），泸州的酱，涪州的蒟酱[②]，黎州与当州的蜀椒以及溱州的茄子等品种；其二，文宗太和四年（830年），西川宣抚使崔戎在《请勒停杂税奏》中说：“西川税科旧有青苗，如茄子、姜、芋之类，每亩或七八百文，征敛不时，烦扰颇甚。”[③]从“旧有”二字看，至迟自唐中期，唐政府就对成都平原的蔬菜课以重税，这也从侧面印证了唐代四川地区蔬菜种植的普遍性。为进一步深入管窥唐代四川地区农业发展的全貌，检诸史籍及时人诗文描述，简要胪列如下：

蜀椒，既是蔬菜，又可充当调味品。《齐民要术》记载了蜀椒的产地和传播情况，该书卷4《种椒》篇引春秋时范蠡《范子计然》云：“蜀椒出武都，秦椒出天水。”贾思勰在其下作注曰：“今青州有蜀椒种，本商人居椒为业，见椒中黑实，乃遂生意种之。凡种数千枚，止有一根生。数岁之后，便结子，实芬芳，香、形、色与蜀椒不殊，气势微弱耳。遂分布移栽，略遍州境也。”缪启愉又在贾文考据之下，引《艺文类聚》《太平御览》以及《证类

---

① （南朝）萧统编；于平等注释．昭明文选［M］．北京：华夏出版社，2000：110.

② 注：据任乃强先生的考证，蒟酱是用胡椒科藤蔓植物扶留或荜茇的叶和花实制成的调味品。（参见任乃强《蜀蒟酱、蜀布、邛竹杖考辨》，四川省社会科学院研究所主编著：《四川历史研究文集》，成都：四川省社会科学院出版社，1987年，第4页。）

③ （宋）王钦若等筹编．册府元龟［M］．北京：中华书局，1960：5841.

本草》等诸文献关于"秦椒"条目，证实了"蜀椒、秦椒"存在的真实性。缪文考据曰："蜀椒、秦椒，或说都是花椒，因产地不同而分名。本草书以秦椒为花椒，而蜀椒又名川椒、巴椒。"[①] 结合上述一段史料、两段考据行文来看，至迟在南北朝时期，蜀椒的种植在四川地区已经相当普遍，并且成为当时四川地区的特产之一。四川地区的花椒作为调味品不仅闻名全国，而且在作为商品传播的过程中，因品质极佳而被引种到全国各个区域，青州（今山东潍坊青州市，亦是贾思勰故乡）应是其中的一个代表性区域。文献关于唐代蜀椒的种植状况记载很少，杜甫《遣闷奉呈严公二十韵》言成都"竹皮寒旧翠，椒实雨新红"[②]。又据《新唐书》将黎州与当州所产的蜀椒列为朝廷贡品来看，其种植范围不仅已经从成都平原延伸至周边区域，而且品质已经达到上贡的优良品质。

蜀姜，用以熬汤、煎茶与烹饪，早在先秦时即闻名于全国。《齐民要术》卷 10《菜茹》篇引《吕氏春秋》曰："和之美者，蜀郡杨朴之姜。"[③] 说明当时蜀姜已经作为商品贩运到关中。王褒《僮约》中要求奴仆必须掌握的一项劳动技能即是"种姜"[④]。左思说"园圃辛姜"[⑤]，说明汉代成都平原的种姜已呈现出园圃化的趋势。蜀姜在东汉末年甚至成为上流社会膳食烹饪的必备品。史载，曹操举行宴会，以无蜀姜调制松江鲈鱼为憾，着即遣人入蜀购买[⑥]；《太平御览》卷 862《饮食部·脍》引葛洪《神仙传》则言孙权与仙人介象论及以"蜀姜作齑"脍制鲈鱼味道最美。[⑦]《华阳国志》载犍为僰道县产姜[⑧]，宋人

---

① （北朝）贾思勰著；缪启愉，缪桂龙译注．齐民要术译注［M］．上海：上海古籍出版社，2009：266.

② （清）彭定求等编．全唐诗［M］．北京：中华书局，1999：2484.

③ （北朝）贾思勰著；缪启愉，缪桂龙译注．齐民要术译注［M］．上海：上海古籍出版社，2009：666.

④ （唐）欧阳询编．艺文类聚［M］．北京：中华书局，1965：635.

⑤ 尹赛夫等编．中国历史赋选［M］．太原：山西人民出版社，1989：218.

⑥ （南朝）范晔撰；（唐）李贤等注．后汉书［M］．北京：中华书局，1997：2747.

⑦ （宋）李昉等．太平御览［M］．北京：中华书局，1960：3829.

⑧ （晋）常璩．华阳国志［M］．北京：中华书局，1985：40.

苏颂《图经本草》引南朝陶弘景《名医别录》亦言“姜生犍为山谷”[①]，说明两晋南北朝时期，姜已成为四川盆地西部、南部丘陵山区的遍植之物。入唐之后，上引文宗时西川宣抚使崔戎奏请停收成都平原的青苗税，即包含姜在内。苏颂《图经本草》引刘禹锡《传信方》说“合州干姜至好”，又以涪州生姜为图示例。[②] 乐史《太平寰宇记》卷84《剑南道》记剑州产姜。[③]

竹笋，竹类的嫩芽或嫩茎，同样是唐代四川地区百姓生活中不可缺少的蔬菜。《齐民要术》卷3引《诗义疏》曰：“笋皆四月生。唯巴竹笋，八月生，尽九月，成都有之。”[④] 唐代，竹笋不仅成为四川地区普通人家的家常蔬菜，还成为出售的农产品。杜甫《北邻》诗云“明府岂辞满，藏身方告劳。青钱买野竹，白帻岸江皋”；《三绝句》诗云：“无数春笋满林生，柴门密掩断人行”；《送王十五判官扶侍还黔中》说：“青青竹笋迎船出，日日江鱼入馔来。”[⑤] 卢纶《送张郎中还蜀歌》诗云：“邛竹笋长椒瘴起，荔枝花发杜鹃鸣”[⑥]，可知邛州食用竹笋的普遍性。

莼菜，俗称蕨芽、龙须菜，是唐代四川地区又一广泛种植的蔬菜。杜甫《客堂》诗云“石暄蕨菜紫，渚秀芦笋绿”，《赠王二十四侍御契四十韵》诗云“网聚粘圆鲫，丝繁煮细莼”[⑦]；晚唐温庭筠《锦城曲》诗云“蜀山攒黛留晴雪，簝笋蕨芽萦九折”[⑧] 等诗句，可证成都平原广植莼菜。此外，杜甫说在夔州“羹煮秋莼滑”、汉州“催莼煮白鱼”[⑨]，元稹说通州“杂莼多剖鳞，和黍

---

① （宋）苏颂撰；胡乃长等辑注．图经本草（辑复本）[M]．福州：福建科学技术出版社，1988：147.

② （宋）苏颂撰；胡乃长等辑注．图经本草（辑复本）[M]．福州：福建科学技术出版社，1988：148.

③ （宋）乐史．太平寰宇记[M]．北京：中华书局，2007：1673.

④ （北朝）贾思勰著；缪启愉，缪桂龙译注．齐民要术译注[M]．上海：上海古籍出版社，2009：311.

⑤ （清）彭定求等编．全唐诗[M]．北京：中华书局，1999：2434、2452、2464.

⑥ （清）彭定求等编．全唐诗[M]．北京：中华书局，1999：3149.

⑦ （清）彭定求等编．全唐诗[M]．北京：中华书局，1999：2332、2481.

⑧ （宋）袁说友等编撰；赵晓兰整理．成都文类[M]．北京：中华书局，2011：36.

⑨ （清）彭定求等编．全唐诗[M]．北京：中华书局，1999：2545、9972.

半蒸菰”[①]，可证夔州、汉州与通州皆有莼菜、通州有茨菰的种植。

此外，唐代四川地区常见的蔬菜品种还有莴苣、马齿苋、秋葵、苦菜、芜菁、芹菜、薤菜、苍耳与蒜等今日居民之日常食用的蔬菜。杜甫《种莴苣》说“苣兮蔬之常，随事艺其子。破块数席间，荷锄功易止。两旬不甲坼，空惜埋泥滓”。另一首《园官送菜》说“苦苣刺如针，马齿叶亦繁”[②]。清人仇兆鳌注引前明朱鹤龄语：“此（诗）当在大历元年、二年（766年—767年）之交夔州作。”[③]按此考据，可知夔州当有莴苣、马齿苋的种植。秋葵，杜甫《茅堂检校收稻二首》说夔州“稻米炊能白，秋葵煮复新”[④]，《太平寰宇记》卷72《剑南道》说益州“菜有龙葵”。[⑤]两相对照，可知成都平原秋葵种植的普遍性。蜀葵，岑参《蜀葵花歌》云：“君不见，蜀葵花。”[⑥]陈标《蜀葵》云：“眼前无奈蜀葵何，浅紫深红数百窠。”[⑦]徐夤《蜀葵》云：“锦水饶花艳，岷山带叶青。”[⑧]可证蜀葵的种植。苦菜，上引陶弘景《名医别录》说“苦菜生益州川谷、山陵、道旁”。[⑨]此条材料虽然不能证实苦菜的种植，但唐代蜀人已将苦菜作为野菜食用，当无异议。芜菁与芹菜，杜甫如《徐步》诗云：“整履步青芜，荒庭日欲晡。芹泥随燕觜，花蕊上蜂须”，《崔氏东山草堂》诗云：“盘剥白鸦谷口栗，饭煮青泥坊底芹。”《赤甲》诗云：“美芹由来知野人。”薤菜，杜甫《秋日阮隐居致薤三十束》诗云：“隐者柴门内，畦蔬绕舍秋。盈筐承露薤，不待致书求。束比青刍色，圆齐玉箸头。”苍耳，

---

① （清）彭定求等编 . 全唐诗［M］. 北京：中华书局，1999：4530.

② （清）彭定求等编 . 全唐诗［M］. 北京：中华书局，1999：2348、2343.

③ （唐）杜甫著；（清）仇兆鳌注 . 杜诗详注［M］. 北京：中华书局，1979：1636.

④ （清）彭定求等编 . 全唐诗［M］. 北京：中华书局，1999：2502.

⑤ （宋）乐史撰 . 太平寰宇记［M］. 北京：中华书局，2007：1458.

⑥ （清）彭定求等编 . 全唐诗［M］. 北京：中华书局，1999：2063.

⑦ （清）彭定求等编 . 全唐诗［M］. 北京：中华书局，1999：5771.

⑧ （清）彭定求等编 . 全唐诗［M］. 北京：中华书局，1999：8143.708.

⑨ （宋）苏颂撰；胡乃长等辑注 . 图经本草（辑复本）［M］. 福州：福建科学技术出版社，1988：147.

又名卷耳、地葵、进贤菜，杜甫说夔州“卷耳况疗风，童儿且时摘”[①]。蒜，唐人杜光庭《道教灵验记》说：“即日，晨鸡初叫，忽随担蒜村人趁市。”[②]另据《新唐书》记载，姚州亦产韭和蒜。[③]这些材料可证唐代蜀地芜菁、芹菜、薤菜、苍耳、蒜等蔬菜种植的普遍性。

综上，钩稽史籍及时人诗文描述，唐代四川常见的蔬菜品种主要有蜀椒、蜀姜、竹笋、莼菜、茨菰、莴苣、秋葵、苦菜、马齿苋、芜菁、芹菜、韭菜、苍耳、蒜、瓜、莲藕、薯、茄子、葛、菱芡和豆苗等20余种，广泛种植于剑南西道的益、当、蜀、眉、黎、汉、嶲、姚等9州，剑南东川的绵、剑、龙、合4州，山南道的夔、涪、通3州，以及黔中道的溱州共17州。可见，尽管上述分析未能覆盖唐代四川的全部统辖范围，但能大体上反映出成都平原是唐代四川地区的蔬菜主产区，盆地东部的长江沿岸也是一个重要的蔬菜产区。[④]

### （二）种植方式

唐代四川地区蔬菜的种植不仅种类多样、区域广泛、品质优良，而且就种植方式而言，突破了原有的房前屋后、林间道旁以及沟壑两边的基本模式，真正形成了专门种植蔬菜的“菜园”模式，并且在满足个体家庭生活需要的同时，亦呈现出商品化的趋向。唐人的蜀中诗文记述提供了这方面的证据，如杜甫《酬高使君相赠》诗云：“故人供禄米，邻舍与园蔬”；《园官送菜》诗云：“清晨蒙菜把，常荷地主恩。守者愆实数，略有其名存。苦苣刺如针，马齿叶亦繁。青青嘉蔬色，埋没在中园。又如马齿盛，气拥葵荏昏”；《七月三日亭午已后较热退晚加小凉稳睡…呈元二十一曹长》诗云：“园蔬抱金玉，无以供采掇”；《暇日小园散病，将种秋菜，督勒耕牛，兼书

---

① （清）彭定求等编．全唐诗［M］．北京：中华书局，1999：2403、2441、2498、2446、2344.

② （前蜀）杜光庭．道教灵验记［M］．四库全书存目丛书子部285册，济南：齐鲁书社，1995：257.

③ （宋）欧阳修，宋祁．新唐书［M］．北京：中华书局，1975：6321.

④ 李敬洵．唐代四川经济［M］．成都：四川省社会科学院出版社，1988：38.

触目》诗云："秋耕属地湿，山雨近甚匀。冬菁饭之半，牛力晚来新。深耕种数亩，未甚后四邻。嘉蔬既不一，名数颇具陈。……飞来两白鹤，暮啄泥中芹"；《寄李十四员外布十二韵》诗云："闷能过小径，自为摘嘉蔬"；《宾至》诗云："自锄稀菜甲，小摘为情亲"；《园》诗云："畦蔬绕茅屋，自足媚盘餐。"[①] 唐中后期诗人李涉《却归巴陵途中走笔寄唐知言》亦有类似的表述："园蔬任遣奴人摘。"[②] 又据《太平广记》卷 410《龚播》记载，盆地东部的长江沿岸不少人专门"以鬻果蔬自业"[③]。将这些材料合而观之，就会发现，唐代四川地区的一般仕宦人家基本上都有专门种植时令蔬菜的菜园。除此之外，在盆地东部长江沿岸地带甚至出现了以专门种植蔬菜进行商品交换的农户，说明了唐代四川地区蔬菜种植不仅仅是为了满足个体家庭的日常生活需要，而且还可以作为交换的商品。这一现象在很大程度上反映了唐代四川地区蔬菜种植的专门化发展模式。

## 二、油料作物

本文所言油料作物是指在唐代能够满足人们生活食用油需要的农作物，在唐代四川地区能满足这一需要的基本上是芝麻和油菜。[④]

### （一）芝麻

芝麻，初曰胡麻，亦称脂麻或油麻，学界一般认为是张骞出使西域之后传入内地，而成都平原至迟在西晋时期开始种植。[⑤] 成书于东汉年间的《四

---

① （清）彭定求等编．全唐诗［M］．北京：中华书局，1999：2338、2348、2432、2499.

② （清）彭定求等编．全唐诗［M］．北京：中华书局，1999：9983.

③ （宋）李昉等编．太平广记［M］．北京：中华书局，1961：3113.

④ 注：唐代四川地区尽管已经广泛种植大豆，但学界一般认为，大豆榨油技术北宋时方为北方人民所掌握，而后推广至江南，本书即采此说，没有将大豆列入考察范围。（参见唐启宇：《中国作物栽培史稿》，北京：农业出版社，1986 年，第 115 页。）

⑤ 郭声波．四川历史农业地理［M］．成都：四川人民出版社，1993：186.

民月令·二月》载:“会冻毕泽,可菑美田、缓土及河渚小处,可种胡麻。”[①] 由此看来,这种观点应该是成立的,《晋书》卷82《王长文传》载:“王长文,广汉郪人少以才学知名,而荡不羁,州府辟命皆不就……后于成都市中蹲踞啮胡饼。”[②]“胡饼”,唐人徐坚《初学记》卷26《器物部·饼》引东汉刘熙《释名》曰:“饼,并也,搜麦面使合并也。胡饼,言以胡麻著之也。”[③] 按徐氏所注,“胡饼”应是做成面团发酵、加工、烤熟之后在其表面撒上芝麻,或者是用芝麻油煎制而成。广汉王长文在晋武帝太康年间(280年—289年)食用这种“胡饼”,至少说明西晋时成都平原已经普遍种植芝麻的事实。爰及唐代,这种“胡饼”在成都平原虽未见文献记载,但盆地东部丘陵山区的城镇一般将其视作地方特产。如白居易《忠州寄胡饼与杨万里》说“胡麻饼样学京师,面脆油香新出炉”[④],在诗人笔下,“胡饼”成为馈赠亲友的上乘佳品,可见当时芝麻油已成为人们日常食用油之一。后蜀曾官至普州军事判官的何光远留有专录唐五代蜀事的《鉴诫录》,该书卷10《攻杂咏》引陈裕游蜀期间所做《过旧居》:“昔日颜回宅,今为裹饭家。不闻吟秀句,只见餔油麻。豉汁锅中沸,粕糕案上葩。”[⑤] 在其记载中,已出现专门经营芝麻油的商铺,该条记载亦可在其他文献中得到印证。唐末陵州人孙光宪《北梦琐言》卷1有“蜀简州刺史安重霸黩货无厌,部民有油客子者”[⑥] 之句。“油客子”即指以贩卖芝麻油为生的小贩。普通百姓之家用芝麻油做饭,大街小巷不乏沿街叫卖芝麻油的小贩,应当说明了唐代四川盆地及丘陵地带普遍种植芝麻的史实。

### (二)油菜

油菜,又名胡菜或芸薹。唐启宇先生引东汉末服虔《通俗文》说,因二世纪前从胡地传入,故又名胡菜。又引宋人苏颂的《图经本草》说,因其最

---

① (汉)崔寔撰;石声汉校注.四民月令校注[M].北京:中华书局,1965:20.
② (唐)房玄龄等.晋书[M].北京:中华书局,1997:1426.
③ (唐)徐坚.初学记[M].北京:中华书局,1962:642.
④ (清)彭定求等编.全唐诗[M].北京:中华书局,1999:4918.
⑤ (后蜀)何光远.鉴诫录[M].北京:中华书局,1985:75.
⑥ (宋)孙光宪.北梦琐言[M].北京:中华书局,1960:3.

初栽培在塞外，故又名芸薹。[①]四川地区传统油菜为芥菜型，有芥辣味，俗称大油菜、高油菜等，是芸薹向芥菜进化过程中被保留下来的一个比较原始的类型。[②]《齐民要术》卷3引东汉崔寔《四民月令》将芸薹与蜀芥并称："蜀芥、芸薹取叶者，皆七月半种。"[③]《本草纲目》卷26引刘向《别录》称："蜀芥，其种来自胡戎而盛于蜀，故名。"[④]按此观点，芸薹和蜀芥虽不完全等同，但同属由胡地传入的油菜的一种。最初作为蔬菜，其后随着种植面积的扩大，在北宋时期收籽取油，以比于芝麻。其油可供食用及作燃料，取油后的废渣又可作猪饲料和肥料。《图经本草》说：

> 油菜，秦人名菜麻，言子可出油，如脂麻也……春采薹可以为蔬……结荚收子亦如芥子，但灰赤色，出油胜诸子。油入蔬清香，造烛甚明，点灯光亮，饼饲猪甚肥，上田壅苗堪茂。[⑤]

尽管四川地区种植油菜的历史可以追溯至汉代，并且在唐代已经广泛种植，但目前尚未在文献中发现唐代普遍食用菜籽油的确切记载。学界一般认为这与油菜的出油率不高以及榨油、炼油技术相对低下有关。由于油菜的出油率不及芝麻，食用油基本以芝麻油为主。[⑥]但是，芝麻的产量较低，在传统社会个体家庭追求农作物生产效益最大化的生产理念下，这一观点如若成立，必须找到唐代四川地区大规模种植芝麻用以满足日常生活所必需的食用油需求的证据。上述关于唐代四川地区普遍种植芝麻以及将芝麻油作为日常生活需要的论证，在很大程度上，可以作为这一观点的一个旁证。

---

① 唐启宇. 中国作物栽培史稿［M］. 北京：农业出版社，1986：330.

② 郭声波. 四川历史农业地理［M］. 成都：四川人民出版社，1993：188.

③（北朝）贾思勰著；缪启愉，缪桂龙译注. 齐民要术译注［M］. 上海：上海古籍出版社，2009：174.

④（明）李时珍. 本草纲目［M］. 太原：山西科技大学出版社，2014：726.

⑤（宋）苏颂撰；胡乃长等辑注. 图经本草（辑复本）［M］. 福州：福建科学技术出版社，1988：147.

⑥ 郭声波. 四川历史农业地理［M］. 成都：四川人民出版社，1993：188.

# 第五节　经济作物的种植与全面发展

本小节根据唐代四川地区个体农民家庭的农业生产与生活结构，将经济作物分为桑麻、茶树与甘蔗三类予以考察。

## 一、桑麻

桑麻是唐代四川地区分布最广的经济作物，唐人笔下“桑麻覆细田”[①]“桑麻渐繁”[②]等诗句，生动地描述了唐代四川地区桑麻种植的概况。另据《新唐书·地理志》记载，唐代四川所统辖的62个（府）州中，在霸州、乾州缺载的情况下，以桑麻的加工成品，即丝、绢、罗、锦、绫和麻布、纻布等为贡品的就达58个[③]，几乎占据当时四川辖区的全部。

### （一）桑

蚕丝生产亦是以种植业（桑树栽培）为基础，是植物性生产与动物性生产相结合、农业生产与手工业生产相结合的特殊的生产项目。[④]四川是我国最早植桑养蚕的地区之一。古文献一般将四川地区养蚕的历史追溯到古蜀时期的蚕丛氏，如《农政全书》卷31“蚕桑”条载：“蚕丛都蜀，衣青衣，教民蚕桑，则蜀可蚕。”[⑤]元代王祯引《淮南王蚕经》云：“黄帝元妃西陵氏始蚕，至汉，祀菀窳夫人，寓氏公主。蜀有蚕女马头娘。”[⑥]民间诸如此类的传说也不胜枚举，尽管缺乏考古资料的印证，但不能否认里面所包含

① （清）彭定求等编．全唐诗［M］．北京：中华书局，1999：9968.
② （清）董浩等编．全唐文［M］．北京：中华书局，1983：8458.
③ （宋）欧阳修，宋祁．新唐书［M］．北京：中华书局，1975：1080—1090.
④ 李根蟠．中国农业史［M］．台北：台北文津出版社，1997：55.
⑤ （明）徐光启撰；石生汉点校：农政全书［M］．上海：上海古籍出版社，1979：831.
⑥ （元）王祯撰；王毓瑚校注．农书［M］．北京：农业出版社，1981：372—373.

的史实素地。目前学界对此说颇有分歧，并各自举例释说。童恩正先生经过考证指出："传说中的蚕丛不一定就是养蚕的倡导者，但是蜀确实是我国养蚕最早的地区之一。"[①] 考古资料业已证明，杜宇王朝已掌握缫丝技术，开明王朝已具备深厚的纺织基础。[②] 至秦汉时期，四川地区已发展成为全国著名的丝织中心之一，这已得到文献记载和考古资料的双重证明，本文不再赘述。

唐代是四川地区丝织历史上的继东汉之后的第二个高峰期，从丝织品的生产原料、桑树的种植和家蚕的养殖来看，规模皆有所增加。据《太平寰宇记》记载，唐代四川地区除个别州县由于自然环境的原因"不事蚕桑，刀耕火种"[③] 之外，几乎全域种植，与河东区、吴越区并成为全国三大产区之一。[④] 唐均田令规定："永业之田，树以榆、枣、桑及所宜之木，皆有数。"[⑤] 规定永业田内根据各地的自然地理条件必须种植一定数量的榆树、枣树和桑树。为保障该项政令的贯彻与实施，又规定由乡村里正监督诸农户依法种植："诸里正，依令：'授人田，课以桑'……（若）应课植桑、枣而不植……合笞四十。"[⑥] 法律规定无疑进一步扩大了原有的种植范围和规模。所以，杜甫言成都"桑麻深雨露"[⑦]；贾岛说成都平原以北至嘉陵江的交通路线是"蚕月缫丝路"[⑧]，又说巂州"夏浅巂州蚕"[⑨]；薛曜说绵州"桑麻覆细田"[⑩]；陈谿说

---

① 童恩正．古代的巴蜀［M］．重庆：重庆出版社，1998：110.

② 文物编辑委员会．文物考古工作三十年：1949—1979［M］．北京：文物出版社，1979：349.

③（宋）乐史．太平寰宇记［M］．北京：中华书局，1999：2703.

④ 汪篯．隋唐史论稿［M］．北京：中国社会科学出版社，1981：297—298.

⑤（宋）欧阳修，宋祁．新唐书［M］．北京：中华书局，1975：1342.

⑥（唐）长孙无忌等．唐律疏议［M］．北京：中华书局，1985：249.

⑦（清）彭定求等编．全唐诗［M］．北京：中华书局，1999：2455.

⑧ 四川省南充市顺庆区志编撰委员会．顺庆艺文撷英［M］．成都：成都力扬文化传播有限公司线装本，2012：18.

⑨（清）彭定求等编．全唐诗［M］．北京：中华书局，1999：6645.

⑩（清）彭定求等编．全唐诗［M］．北京：中华书局，1999：9968.

彭州“桑麻渐繁”[①]，等等。唐代四川地区广植桑树的另外一个重要标志是出现了专门指导百姓养蚕的“技术人员”以及蚕市的形成。《全唐文》卷923引《玄珠录》载，武后时至真观道士、成都人王太霄“好为人相蚕种，遥知丰损”[②]，熟知养蚕之道，并指导蚕农养蚕。于是，每年的三月三日，“倾城士庶，四邑居民，咸诣仙观，祈乞田蚕”，并在此基础上，形成了以买卖桑树幼苗、桑树种植农具、蚕种、养蚕工具、蚕茧以及丝织品为核心商品的集市。[③]这种状况一直延续到五代与北宋，前蜀王建登楼观望蚕市，看到百姓购买桑树苗及农桑工具的繁荣景象，竟然将其视为扩大税收的另一途径：“桑载甚多，倘税之必获厚利。”[④]北宋庆历年间（1041年—1048年），出任成都太守的田况记述了当时成都“其民聚百货，贸鬻贵及时。乘此耕桑前，以助农绩资”[⑤]的蚕桑生活的实际状况。

唐代四川地区的丝织产量，文献虽无确切记载，但时人的诗文描述和相关文献记载仍然可为我们提供了这方面的思考。唐末眉州僧人可朋祈求“愿我天翁，降之以雨。令桑麻熟，仓箱富。不饥不寒，上下一般”[⑥]，一般农户只要“桑麻熟”，就可以达到“仓箱富，不饥不寒，上下一般”。据此可知，在经济利益诉求下，普通农户应当会尽最大可能地扩展桑麻的种植，其产量应当不少。玄宗在前往蜀中避乱的路途中，一次性就收到成都贡奉的春彩（高级丝品）十万余匹，可见唐代四川地区的丝织产量之大。

### （二）麻

现有考古资料已证实，麻类是我国最早利用其纤维制作衣物的农作物，主要包括苎麻、亚麻、大麻、黄麻、红麻和苘麻等种类。有学者通过对其生长习性和历史贡献的考证，认为唐代四川地区的麻类作物主要包括大麻和苎

① （清）董浩等编．全唐文［M］．北京：中华书局，1983：8458.

② （清）董浩等编．全唐文［M］．北京：中华书局，1983：9624.

③ （宋）黄休复．茅亭客话［M］．文渊阁四库全书电子版。

④ 佚名．五国故事［M］．北京：中华书局，1991：7.

⑤ （宋）袁说友等编撰；赵晓兰整理．成都文类［M］．北京：中华书局，2011：178.

⑥ （清）彭定求等编．全唐诗［M］．北京：中华书局，1999：9611.

麻两类。[1]

大麻，一年生草本植物，《齐民要术》称其“叶狭而长，一枝七叶或九叶，五六月开细黄花，随结实，大如胡籽子”[2]，雌雄异株，《尔雅》分别称为“苴麻”和“枲麻”。[3]大麻茎皮原料称为“蜀麻”，制成布料一般称为麻布，质量上乘的细麻布又称为“黄润细布”。早在秦汉时期，它就作为著名的商品远销国外，张骞出使西域时在大夏（今阿富汗）见有身毒（今印度）商人贩去的‘蜀布’，即是以牡麻纤维织成的轻细柔软的“黄润细布”，因其可卷于竹筒中，故又称“筒中布”[4]。汉末公孙述说蜀地“女工之业，覆衣天下”[5]，当时百姓着衣通常所用材料即是麻布，可见当时大麻种植的广泛性。

苎麻，多年生草本植物，雌雄同株，“苗高六七尺，叶如楮叶，或青或紫，背白有短毛。花轻如白杨而长，夏秋间着细穗，一朵数十穗，白色，子熟茶褐色。根黄白而轻虚，宿根在土，春来自生”[6]，分为青、白两种。青苎麻质地粗硬，色泽不均，适合制作绳索、粗布和麻袋；白苎麻则质地柔软，色泽莹洁，适于制作质量考究的细布，一般称为“苎布”。苎麻喜温润，不宜干燥，四川地区温和多雨的气候十分适合苎麻的生长，较之北方，分布更为广泛。

进入唐代，大麻和苎麻的种植呈现出新的特点：第一，种植范围更为广泛，几乎遍布整个四川盆地。据《新唐书》卷42《地理志》记载，川西高原的茂州、翼州所产的麻布以及维州、戎州、姚州、当州、松州等州所产的苎布因质量上乘而被列入土贡之物[7]；第二，产量大幅度增加，杜甫说夔州码

---

① 李敬洵．唐代四川经济［M］．成都：四川省社会科学院出版社，1988：127；郭声波．四川历史农业地理［M］．成都：四川人民出版社，1993：217—227；吴孔明．唐代西南麻类作物及其分布特点研究［J］．中国麻业，2004（4）：198—202.

② （明）徐光启撰；石生汉点校：农政全书［M］．上海：上海古籍出版社，1979：991.

③ （北朝）贾思勰著；缪启愉，缪桂龙译注．齐民要术译注［M］．上海：上海古籍出版社，2009：98.

④ （晋）常璩著；刘琳校注．华阳国志校注［M］．成都：成都时代出版社，2007：124.

⑤ （南朝）范晔撰；（唐）李贤等注．后汉书［M］．北京：中华书局，1997：535.

⑥ （清）张宗法．三农纪［M］．续修四库全书第975册。

⑦ （宋）欧阳修，宋祁．新唐书［M］．北京：中华书局，1975：1079—1092.

头“蜀麻吴盐自古通，万斛之舟行若风”[①]，满载着蜀麻的船只从这里天天顺江而下，输送到全国各地，不仅说明了蜀麻是当时蜀地对外交易的主要农产品，而且也说明其产量之大的史实；第三，种植区域极不平衡，平原与丘陵地带种植相对密集，如处于平原地带的益州“麻十县皆出”[②]；彭州“土地宜麻”，百姓“多沤藏”[③]；绵州“桑麻覆细田”[④]。而川东长江沿线及北部缘周山区，种植较为稀疏，如泸州“地无桑麻，每岁畬田刀耕火种”[⑤]。

产生这种变化的原因主要是受到麻类作物原材料利用价值观念的改变和利用技术革新的影响。如前文所述，质地轻细柔软的麻纤维一般用来制作衣料，因其质量不同也被赋予了不同的称呼和用途。如益州的高杼布、汉州的弥牟布（细布）、眉州的僚麻布、开州的白纻布等，在当时皆是名扬全国的麻布。这些麻布畅销的一个重要原因即是缘于唐代服饰观念的变化。我们知道，唐代礼制仍然是以布料的质量来确定章服等级的。高祖武德六年（621年）规定：“六品以上服丝布……流外官、庶人、部曲、奴婢，则服䌷、绢、絁、布。”太宗贞观年间（627年—649年）放宽到“九品服丝布”。在此礼制背景下，士人多“以棠苎襕衫为上服”。而麻布，一般是获罪官员及庶人、部曲、奴婢等社会下层民众的衣料。中唐以后，这种礼制观念有所变化，在官僚阶层常常会出现“四方车服僭奢”[⑥]的现象，甚至一般官吏和普通庶民亦可采用丝布制作服装。故唐人李肇说：“丝布为衣……天下无贵贱通用之。”受此影响，质地粗硬的麻纤维则逐渐退出服饰原料的行列而改作他用。由于其结实耐用，一般用于制作麻袋之类的装物袋，故而，又有“麻布为囊”之说。[⑦]这种从礼制转变到质地利用观念的变化无疑扩大了麻类原料的总需求量。

---

① （清）彭定求等编 . 全唐诗［M］. 北京：中华书局，1999：2507.
② （宋）乐史 . 太平寰宇记［M］. 北京：中华书局：1999：1457.
③ （清）吴任臣 . 十国春秋［M］. 北京：中华书局，1983：619.
④ （清）彭定求等编 . 全唐诗［M］. 北京：中华书局，1999：9968.
⑤ （宋）乐史 . 太平寰宇记［M］. 北京：中华书局，1999：1738.
⑥ （宋）欧阳修，宋祁 . 新唐书［M］. 北京：中华书局，1975：531.
⑦ （唐）李肇 . 唐国史补［M］. 上海：上海古籍出版社，1979：60.

除此以外，唐代造纸技术发展迅速，使得麻纤维成为造纸的主要原料。四川地区所产的“益州麻纸”因质量上乘而大量供应长安、洛阳二京日常所需。《大唐六典》卷9《集贤殿书院》载：玄宗开元五年（717年），集贤殿书院编写“四库之书”“皆以益州麻纸”①书写。如此浩大的需求量，使得“太府月给蜀郡麻纸五千番”（注：番为量词，指大全张）。②按此供应量，益州每年仅供给官府使用的麻纸就不下六万番，加上地方政府官用纸张，益州每年所产麻纸至少当在十二万番以上。无怪乎，益州麻纸被官府喻为“邦国宝货”。③总之，这种利用观念的改变和利用技术的革新进一步刺激了麻类作物原有的种植规模，使得唐代四川地区麻类作物的种植面积不断得以扩展。

## 二、茶树的栽培与种植

除了桑麻，唐代四川地区另一类广为种植、也是唐政府在四川地区最为倚重的经济作物是茶树。这一时期，四川地区茶叶生产进入一个前所未有的发展高度，主要标志就是茶树种植区域的扩展、茶树的人工栽培与园圃化的生产方式以及茶叶品种的增加等方面。

### （一）茶树种植区域的扩展

从现代植物生理学角度分析，茶树的生长环境要求气候温暖、土壤疏松且排水畅通。四川盆地内部及缘边广袤的丘陵与山区地带，气候温热潮湿，土壤类型大多为排水保肥能力较强的紫色土，极为适宜茶树的生长。揆诸史籍，唐代四川地区种植茶树的州共有21个，即剑南西川的益、彭、汉、蜀、嘉、邛、雅、眉、简、茂10州，剑南东川的绵、渝、泸3州，山南西道的利、巴、开、渠4州，山南东道的夔、涪、忠3州以及黔中道的黔州，约占总州数的36.2%。陆羽《茶经》卷下《八之出》记载了当时主要产茶的42个

---

① （唐）李隆基撰；（唐）李林甫注．大唐六典［M］．北京：中华书局，1992：279.

② （宋）欧阳修，宋祁．新唐书［M］．北京：中华书局，1975：1423.

③ （唐）李隆基撰；（唐）李林甫注．大唐六典［M］．北京：中华书局，1992：538.

州，其中采录四川彭、绵、眉、邛、雅、蜀、泸、汉 8 州，占全国产地的六分之一。为了详细说明这一问题，兹摘录原文如下：

> 剑南，以彭州上，（生九龙县、马鞍山至德寺、堋口，与襄州同。）绵州、蜀州次，（绵州龙安县生松岭关，与荆州同，其西昌、昌明、神泉县、西山者，并佳；有过松岭者，不堪采。蜀州青城县生丈人山，与绵州同。青城县有散茶、木茶。）邛州次，雅州、泸州下，（雅州百丈山、名山，泸州泸川者，与金州同也。）眉州、汉州又下。（眉州丹棱县生铁山者。汉州绵竹县生竹山者，与润州同。）①

较之汉晋之世产茶区从晋人常璩的《华阳国志》所载的涪陵郡、广汉什邡、犍为武阳与南安以及汉嘉县四处产茶区增加到七处，形成了以平原地带排水性能较好的高地以及丘陵山区为核心的种植局面。盆地西部丘陵山区成为茶叶主产区，其中又以雅州为主。《元和郡县图志》卷 32《剑南道·雅州》载“今每岁贡茶，为蜀之最”②。《元和郡县图志》成书于唐宪宗元和年间（806 年—820 年），文中所言“今每岁贡茶”，至迟是指元和十五年（820 年）。可见，至迟在元和十五年之前，雅州每年向朝廷输送的贡茶，在州级行政单位中，不仅数量是全国最多的，而且茶叶品质也属上乘。《太平寰宇记》卷 77《剑南道·雅州》引《茶谱》云：“（蒙）山有五岭，有茶园，中岭曰上清峰，所谓蒙岭茶也，为天下之称。”③ 随着平原和浅丘人均耕地面积的减少，更多的农民向深丘和山区进军。这些地区虽然不宜粮食作物特别是水稻作物的生长，但更宜于茶树的生长，这就使得很多农民以种茶为生。④ 李敬洵先生将唐代四川地区茶树的种植区域归结为盆地西部、川江沿线和川北

① （唐）陆羽撰；沈冬梅校注 . 茶经［M］. 北京：中国农业出版社，2006：81.

② （唐）李吉甫撰；贺次君点校 . 元和郡县图志［M］. 北京：中华书局，1983：804.

③ （宋）乐史 . 太平寰宇记［M］. 北京：中华书局，1999：1553.

④ 贾大泉 . 宋代四川的农村商品生产［J］. 西南师范大学学报（人文社会科学版），1985（1）：74—79.

山区三大块。① 贾大泉先生则根据茶叶的产地划分为“川西成都平原四周的丘陵和山区，其次是川南、川东的长江流域一带”。② 两位先生虽表述有所差异，但其意略同，都说明了唐代四川地区茶树种植区域的扩展的史实。

## （二）茶树的人工栽培

从现有的文献记载来看，《华阳国志》卷1《巴志》载巴人建国之后，即把“香茗”作为园艺作物，并以茶叶入贡中原王朝。这是关于我国人工栽培茶树的最早记载，贾大泉先生据此推测四川地区茶树的人工栽培始于西周时期。③ 西汉，人工栽培茶树的记载进一步明确化，两条史料可证：宋人王象之《舆地纪胜》卷147《雅州·仙释》称：“西汉时，有僧从岭表来，以茶实植蒙山。”④ 嘉庆版《四川通志》卷40《舆地志·寺观》进一步补充为：“西汉僧理真，俗称吴氏，修活民之行，种茶蒙山。”⑤ 唐人欧阳询《艺文类聚》卷35《奴婢》引东汉王褒《僮约》载记“武阳卖茶”⑥ 的商业活动，尽管不能说明武阳所卖的茶叶是否来自人工栽培的茶树，但至少可以证明至迟在东汉茶树已经“进入”普通百姓的生活之中了。成书于汉魏时期的《神农本草经》说：“茶树生益州山谷、山陵道旁。”西晋末年，任瞻自华北渡江而南，宰相王导等至石头亲迎，瞻坐席便饮，且问旁人，“此为茶为茗”？⑦ 贾思勰撰《齐民要术》把“茶”放在“非中国物产”一卷内叙述，而未作专卷介绍，亦能说明西晋末年至南北朝时，北方地区茶树的栽培尚未普及。宋人胡仔《苕溪渔隐丛话》前集卷46引宋人蔡宽夫语，说：“唐以前茶，惟贵蜀中所产。”⑧ 清人顾炎武通过对“茶”字的起源与演变的

---

① 李敬洵．唐代四川经济［M］．成都：四川省社会科学院出版社，1988：173—178.

② 贾大泉．四川茶叶史［M］．成都：巴蜀书社，1989：14.

③ 贾大泉．宋代四川地区的茶业和茶政［J］．历史研究，1980（4）：109—125.

④ （宋）王象之．舆地纪胜［M］．北京：中华书局，1992：4385.

⑤ （清）常明，杨芳灿等．四川通志［M］．台北：京华书局，1967：1604.

⑥ （唐）欧阳询编．艺文类聚［M］．北京：中华书局，1965年。

⑦ （南朝）刘义庆．世说新语［M］．杭州：浙江古籍出版社，1998：403.

⑧ （宋）胡仔．苕溪渔隐丛话［M］．北京：人民文学出版社，1962：312.

考证，认为北方“自秦人取蜀而后，始有茗饮之事”。[①] 尽管目前学界对茶树的起源与栽培问题仍有争议，但对陈祖架先生的“我国饮茶和把茶叶的生产发展成为一个事业，不是从北方而是从四川地区开始的”[②] 这一观点还是保持了高度的认同。

爰及唐代，随着茶树种植区域的扩展和茶叶需求量的增加，汉晋以来逐渐形成的园圃化种植模式在盆地西部产区地带得到普及。如雅州出现了“蒙顶前后之人，竞栽茶以视厚利”[③]，即通过专门种植茶树、加工茶叶和销售茶叶而谋取厚利的生产状况。雅州一度成为唐代四川地区的产茶中心，以至时人认为“凡蜀茶尽出此”。[④] 另外，岑参说嘉州“园畦半种茶”[⑤]，一半的园地用来栽植茶树；薛能亦言此地“山径入茶苗”[⑥]，走入山地，即穿行在茶树之间。由此可见嘉州茶树的种植规模之大。樊宗师说绵州“辍田植科亩，游圃歌芳丛”[⑦]，即言绵州有的农户甚至将稻田改种茶树来满足政府的赋税征收。彭州则出现了种植规模更大的茶园，《太平广记》卷 37“阳平谪仙”条记载：“九陇（今四川彭州市境内）人张守珪，仙君山有茶园，每岁召采茶人力百余人，男女佣功者杂处园中。”[⑧] 每年采茶季节需要招募一百余人，可见其种植规模之大。有的地方甚至还出现了茶树的专门化种植，如《太平寰宇记》卷 120《江南西道》记载，涪州宾化县农户“不务蚕桑，以茶、蜡供输”[⑨]。宋人洪迈《容斋三笔》卷 14《蜀茶法》称：“蜀之茶园，不殖五谷，惟宜种茶。”[⑩] 尽管未言何处，但肯定指的是云雾弥漫、日照较少、适宜茶树生长的

---

① （清）顾炎武著；黄汝成集释；栾保群，吕宗力校点 . 日知录集释［M］. 上海：上海古籍出版社，2014：175.

② 陈祖架，朱振编 . 中国茶叶历史资料选辑［M］. 北京：农业出版社，1981：9.

③ （唐）杨晔 . 膳夫经手录［M］. 文渊阁四库全书电子版。

④ （宋）李昉等 . 太平御览［M］. 北京：中华书局，1960：3846.

⑤ （清）彭定求等编 . 全唐诗［M］. 北京：中华书局，1999：2085.

⑥ （清）彭定求等编 . 全唐诗［M］. 北京：中华书局，1999：6494.

⑦ （清）彭定求等编 . 全唐诗［M］. 北京：中华书局，1999：4152.

⑧ （宋）李昉等编 . 太平广记［M］. 北京：中华书局，1961：235.

⑨ （宋）乐史 . 太平寰宇记［M］. 北京：中华书局，2007：2392.

⑩ （宋）洪迈著，孔凡礼点校 . 容斋随笔［M］. 北京：中华书局，2005：596.

盆地山区和深丘地带。

另一个需要特别指出的问题是，唐代四川三大产茶区并非都是采取人工种植茶树的生产方式，长江沿线生产区则主要依靠采摘野生茶叶。如《全唐文》卷 772 李商隐《为京兆公乞留泸州刺史洗宗礼状》记载，泸州百姓“作业多仰于茗茶，务本不同于莠麦”①；同书卷 795 孙樵《书何易于》记载，生活在嘉陵江南岸的绵州巴西郡益昌（今广元市境内）农民，也是“多即山树茶，利私自如”②。时人认为野生茶树生产的茶叶要比人工栽培的质量更好一些。《茶经》卷上《一之源》说：“野者上，园者次。”③这种意识虽然会对该区域茶树的人工栽培与种植产生一定的阻碍作用，但在茶叶日渐成为政府赋税来源的社会和经济背景下，采用人工栽培和种植技术，扩大生产规模，提高茶叶生产品质，追求茶叶商品价值的最大化，是当时社会发展的一大趋势，这也从一个侧面反映了唐代四川地区茶叶种植面积渐趋扩大的同时，域内区域发展不均衡的事实。

### （三）茶叶品种

唐代四川地区茶树种植区域的扩展和茶叶需求量的增加，催生了茶叶的专门化生产，使得茶叶品种不断增加。作为茶叶主产区，四川盆地西部丘陵地带不仅是当时全国优质茶叶的生产中心，而且茶叶品种多样。如益州，有“苦茶”，《太平寰宇记》卷 72《剑南道 · 益州》载：苦茶“一名选，一名游冬，生益州山谷”④。雅州，有蒙顶石花，唐人李肇《唐国史补》卷下《叙诸茶品目》说：“风俗贵茶，茶之名品益众。剑南有蒙顶石花，或小方，或散牙（谷芽），号位第一。”⑤《太平寰宇记》卷 73《剑南道 · 彭州》引《茶谱》记载：彭州，蒲村、堋口、灌口、马鞍山、至德寺等地出产“仙崖、石花”，

---

① （清）董浩等编 . 全唐文［M］. 北京：中华书局，1983：8048.

② （清）董浩等编 . 全唐文［M］. 北京：中华书局，1983：8334.

③ （唐）陆羽撰；沈冬梅校注 . 茶经［M］. 北京：中国农业出版社，2006：1.

④ （宋）李昉等编 . 太平广记［M］. 北京：中华书局，1961：1463.

⑤ （唐）李肇 . 唐国史补［M］. 上海：上海古籍出版社，1979：60.

“其茶饼小而布嫩芽，如六出花者尤妙”①。眉州，洪雅、丹棱、昌阖等地亦有茶叶的种植。同书卷74《剑南道·眉州》引《茶经》记载，“其茶如蒙顶制饼茶法，其散者叶大而黄，味颇甘苦，亦片甲、蝉翼之次也”②。《茶经》卷下《八之出》记载，“丹棱县生铁生”③。上引《太平寰宇记》卷75《剑南道·邛州》引《茶经》记载，邛州“茶有火前、火后、嫩绿、黄芽号，又有火番饼，每饼重四十两”④。同书同卷《剑南道·蜀州》引《茶谱》记载，蜀州“青城县有散茶、末茶，尤好”，晋原、洞口、横源、味江等地所产雀舌、鸟嘴、麦颗等品种，“盖取其嫩芽所造，以其芽似之也”，而片甲是“早春黄茶芽叶相抱如片甲”，蝉翼则是“其叶嫩薄如蝉翼”，上述品种“皆散茶之最也”⑤。《茶经》卷下《八之出》记载，汉州“绵竹县生竹山”⑥。《太平寰宇记》卷83《剑南道·绵州》引《茶谱》记载，绵州“西昌、昌明、神泉等县”⑦，所产茶被称为“神泉、小团、昌明、兽目”⑧。明代彭大翼所撰《山堂肆考》引《茶谱》记载，龙安县“有骑火茶，最为上品”⑨。《唐国史补》记载，夔州“有香山”⑩。《太平寰宇记》卷136《山南西道·渝州》引《茶谱》记载，渝州“南平县狼猱山茶黄黑色，渝人重之”⑪。清代王灏所撰《广群芳谱》卷18引《茶谱》渠州“有薄片”⑫。仅文献所记，就有上述诸多品种，为了详细说明这一问题，特列表如下：

---

① （宋）乐史．太平寰宇记［M］．北京：中华书局，1999：1485.

② （宋）乐史．太平寰宇记［M］．北京：中华书局，1999：1501.

③ （唐）陆羽撰；沈冬梅校注．茶经［M］．北京：中国农业出版社，2006：81.

④ （宋）乐史．太平寰宇记［M］．北京：中华书局，1999：1523.

⑤ （宋）乐史．太平寰宇记［M］．北京：中华书局，1999：1528.

⑥ （唐）陆羽撰；沈冬梅校注．茶经［M］．北京：中国农业出版社，2006：81.

⑦ （宋）乐史．太平寰宇记［M］．北京：中华书局，1999：1667.

⑧ （唐）李肇．唐国史补［M］．上海：上海古籍出版社，1979：60.

⑨ （明）彭大翼．山堂肆考［M］．文渊阁四库全书电子版。

⑩ （唐）李肇．唐国史补［M］．上海：上海古籍出版社，1979：60.

⑪ （宋）乐史．太平寰宇记［M］．北京：中华书局，1999：2660.

⑫ （清）王灏．广群芳谱［M］．上海：上海书店出版社，1985：433.

表 2—6　唐代四川茶树种植及茶叶生产一览表

| 道名 | 州名 | 产地名 | 茶叶名 | 资料来源 |
| --- | --- | --- | --- | --- |
| 剑南西川 | 益州 | | 苦茶（选、游冬） | 《太平寰宇记》卷 72 |
| | 彭州 | 蒲村、堋口、灌口、马鞍山、至德寺 | 仙崖、石花 | 《太平寰宇记》卷 73 引《茶谱》;《茶经》卷下《八之出》 |
| | 雅州 | 蒙顶、名山、百丈 | 石花、石芽①、研膏茶 | 《茶经》卷下《八之出》;《事类赋》卷 17 引《茶谱》;《全唐诗》卷 464 杨嗣复《谢寄新茶》 |
| | 眉州 | 洪雅、丹棱 | 散茶、铁生 | 《太平寰宇记》卷 74 引《茶经》;《茶经》卷下《八之出》 |
| | 蜀州 | 青城、晋原、洞口、横源、味江 | 散茶（雀舌、鸟嘴②、麦颗、片甲、蝉翼）、末茶 | 《太平寰宇记》卷 75 引《茶谱》《茶经》;《全唐诗》卷 560 薛能《蜀州郑史君寄鸟嘴茶，因以赠答八韵》 |
| | 汉州 | 什邡、绵竹、杨村 | 杨村茶、竹山茶 | 《茶经》卷下《八之出》;《东宅纪事》卷 4 |
| | 嘉州 | 龙游、峨眉、中峰 | | 《东宅纪事》卷 4 |
| | 简州 | 简州 | | 《太平寰宇记》卷 76 |
| | 邛州 | 临邛、临溪、火井 | 火前、火后、嫩绿、黄芽、火番饼 | 《太平寰宇记》卷 75 引《茶经》 |
| | 茂州 | 汶川、宝唐山 | | 《事类赋》卷 17 引《茶谱》 |

① 注:《全唐诗》卷 464 杨嗣复《谢寄新茶》有“石上生芽二月中，蒙山顾渚莫争雄”之语。可见，雅州所产石芽在唐人看来已是茶中极品。(【清】彭定求等:《全唐诗》卷 464 杨嗣复《谢寄新茶》，北京：中华书局，1999 年，第 5278 页。)

② 注:《全唐诗》卷 560 薛能《蜀州郑史君寄鸟嘴茶，因以赠答八韵》一诗中说蜀州“鸟觜撷浑牙，精灵胜镆铘”。由此看来，将蜀州所产鸟嘴茶视为馈赠亲朋好友的礼品，说明了鸟嘴茶应是唐人极为认可的上等茶叶品种之一。(【清】彭定求等:《全唐诗》卷 560 薛能《蜀州郑史君寄鸟嘴茶，因以赠答八韵》，北京：中华书局，1999 年，第 6494 页。)

续表

| 道名 | 州名 | 产地名 | 茶叶名 | 资料来源 |
| --- | --- | --- | --- | --- |
| 剑南东川 | 绵州 | 西昌、昌明、神泉、龙安 | 兽目、小团、昌明、骑火 | 《唐国史补》卷下;《太平寰宇记》卷83、《山堂肆考》引《茶谱》 |
| | 渝州 | 南平 | 狼猱山茶 | 《太平寰宇记》卷136引《茶谱》 |
| | 泸州 | 泸州、泾南、江安、富义、绵水、合江 | | 《茶经》卷下《八之出》 |
| 山南西道 | 利州 | 益昌、罗村 | 山树茶 | 《东宅纪事》卷4 |
| | 渠州 | 渠江 | 薄片 | 《广群芳谱》卷18引《茶谱》 |
| | 开州 | 盛山 | | |
| 山南东道 | 夔州 | 云安、香山 | 香山 | 《唐国史补》卷下 |
| | 忠州 | 南宾、临江 | | 《蜀典·诸茶名》引《茶谱》 |
| | 涪州 | 宾化、涪陵 | | 《广群芳谱》卷18引《茶谱》 |
| 黔中道 | 黔州 | 都濡、高株 | | 《茶经》卷下《八之出》 |

## 三、甘蔗的栽培与种植

甘蔗，初名“柘”，《楚辞》卷9宋玉《招魂》篇有“柘浆”之句，东汉王逸注解称：“柘，诸蔗也”①，即指甘蔗，学界普遍认为这是我国对甘蔗最早的称谓。②可见我国早在战国时期就有甘蔗的种植。甘蔗，既可生吃，又是

① （汉）刘向辑；（汉）王逸注；（宋）洪兴祖补注；孙雪梅校点．楚辞［M］．上海：上海古籍出版社，2015：265—267.

② （汉）扬雄撰；张震泽校注．扬雄集校注·蜀都赋［M］．上海：上海古籍出版社，1993：24；李治寰．中国食糖史稿［M］．北京：农业出版社，1990：60.

制作蔗糖的原材料，《齐民要术》卷10《甘蔗》引《异物志》曰：

> 甘蔗，远近皆有。交趾所产甘蔗特醇好，本末无薄厚，其味至均。围数寸，长丈余，颇似竹。斩而食之，既甘；迮取汁为饴饧，名之曰“糖”。又煎而曝之，既凝，如冰，破如博棊，食之，入口消释，时人谓之“石蜜”者也。[①]

从现存传世文献记载来看，四川地区种植甘蔗的历史最早可追溯到西汉，扬雄《蜀都赋》赞誉蜀地的物产时就曾提到“诸柘”。晋人左思《蜀都赋》有“其圃则有蒟蒻茱萸，瓜畴芋区，甘蔗辛辣，阳蓝阴敷。任土所丽，众献而储”[②]之句，说明汉晋之世甘蔗已经是蜀人园圃种植的农作物了。入唐之后，因对蔗糖需求量的增加，甘蔗种植面积进一步扩大。仅《新唐书》所记，益州土贡蔗糖，绵州、资州土贡甘蔗，蜀州土贡砂糖，梓州土贡蔗糖与砂糖，表明“益、绵、资、蜀、梓等州不仅是唐代四川甘蔗种植的集中区域，而且其深加工的农产品已经达到土贡的优良品质”。[③]杜甫谈及成都的生活：“偶然存蔗芋，幸各对松筠”；又说“茗饮蔗浆携所有，瓷罂无谢玉为缸”[④]，说明益州甘蔗种植的普遍性。另外，大面积种植甘蔗的地区当属遂州，宋人王灼《糖霜谱》称，唐代“(遂州)伞山在小溪县涪东二十里，孤秀可喜，山前后为蔗田者十之四，糖霜户十之三”[⑤]。遂州40%左右的耕地被用来种植甘蔗，30%左右的农户专门生产蔗糖，说明了遂州甘蔗种植不仅规模较大，而且已经呈现出专门生产的发展态势。除此以外，夔州、嶲州两地甘蔗种植面积也颇具规模，杜甫《阻雨不得归瀼西甘林》云：“园甘长成

---

① (北朝)贾思勰著；缪启愉，缪桂龙译注.齐民要术译注［M］.上海：上海古籍出版社，2009：629.

② (南朝)萧统编；于平等注释.昭明文选［M］.北京：华夏出版社，2000：110.

③ 卢华语等.唐代西南经济研究［M］.北京：科学出版社，2010：44—45.

④ (清)彭定求等编.全唐诗［M］.北京：中华书局，1999：2433、2481.

⑤ (宋)王灼.糖霜谱·原委第三［M］.北京：中华书局，1985：3.

时，三寸如黄金。”① 甘蔗种植的园圃化，反映出夔州甘蔗种植的规模应当不小，否则就不会有“甘林”“园甘”之说。《云南行记》载：“唐韦齐休聘云南，会川都督刘宽使使致甘蔗，蔗节希似竹许，削去后有甜味。”② 唐代四川地区不仅甘蔗的种植规模大幅度增长，而且还掌握了种植甘蔗的基本特性，认为种植甘蔗最困土力，一般需要休耕至少三年以上才能恢复地力，王灼《糖霜谱》有详细的记载：

凡蔗最困地力，不可杂他种。而今年为蔗田者，明年改种五谷，以休地力。田有余者，至为改种三年。③

显然，这对于追求土地最高利益诉求的个体农民而言，尤其是对于已经采取稻麦复种制的平原地带以及采取作物轮作制的低矮丘陵地带是得不偿失的。所以，唐中期以后，四川地区甘蔗的种植一般集中在遂州的丘陵山区。这种生产状况一直持续到近现代。1927 年，德国人瓦格勒经过详细论证，在其《中国农书》一书给出了较为慎重的学术判断：“种植甘蔗，作为一年生的植物，在华中达到北纬 30 度，在四川达到北纬 31 度，都有很好的结果。”④

唐代四川地区甘蔗的品种较多，李敬洵先生经过考证认为，大致可以分为两类：一类是果蔗，即红蔗，又名昆仑蔗，只能生吃，不能造糖；另一类是糖蔗，包括杜蔗、西蔗和芳蔗三个品种。⑤ 世界上现存最早的食疗专著、成书于唐前期的《食疗本草》卷上载：

蔗有赤色者，名昆仑蔗，白色者名荻蔗、竹蔗，以蜀及岭南为

① （清）彭定求等编 . 全唐诗［M］. 北京：中华书局，1999：2345.
② 方国瑜主编 . 云南史料丛刊第 2 卷［M］. 昆明：云南大学出版社，1998：243.
③ （宋）王灼 . 糖霜谱・原委第三［M］. 北京：中华书局，1985：3.
④ （德）瓦格勒著；王建新译 . 中国农书［M］. 上海：商务印书馆，1936：432.
⑤ 李敬洵 . 唐代四川经济［M］. 成都：四川省社会科学院出版社，1988：195.

胜，并煎为砂糖。今江东甚多，而劣于蜀。①

上引《糖霜谱》言四川地区：

蔗有四色，曰杜蔗，曰西蔗，曰芳蔗，《本草》所谓荻蔗也，曰红蔗，《本草》所谓昆仑蔗也”。②

李治寰先生经过考证认为，杜蔗、芳蔗就是竹蔗和荻蔗的别称，是我国自己栽培驯化的原生种。西蔗，因最初引种于西方的天竺国而得名，在唐末五代时期由南诏经金沙江流域和大小凉山地区逐渐传入四川的。③综合这两条史料及学界研究成果，唐代四川地区甘蔗种植的品种主要有昆仑蔗（赤色蔗）、品质优于江东的荻蔗、竹蔗以及西蔗4个品种。

在此基础上，唐代四川地区不仅掌握了将甘蔗加工成蔗糖的先进技术，而且产品质量优异。益州、绵州、资州、蜀州和梓州等地加工的蔗糖和砂糖一度成为贡品。唐中后期，遂宁又开始采用另外一项能够制造“蔗霜”的技术，《太平寰宇记》卷87《遂州·土产》说：

---

① 注：明代李时珍撰写《本草纲目》叙述甘蔗特性时，专引唐人孟诜《食疗本草》所载予以说明（参见【明】李时珍：《本草纲目》卷33《果五·甘蔗》，北京：人民卫生出版社，1981年，第1889页）；又，关于该条史料，文献记载略有出入，五代韩保昇《蜀本草》卷17《果中》记为：“蔗有两种，赤色名昆仑蔗，白色名荻蔗，出蜀及岭南为胜，并煎为砂糖。今江东甚多，而劣于蜀”（参见【五代】韩保昇撰；尚志钧辑复：《蜀本草》，合肥：安徽科学技术出版社，2005年，第478页）；尚志钧辑校的《食疗本草考异本》记为：“蔗有赤色者，名昆仑蔗，白色者名荻蔗，竹蔗以蜀及岭南为胜，江东虽有，而劣于蜀。”自注：该条材料出自《开宝本草》（参见【唐】孟诜撰，张鼎增补，尚志钧辑校：《食疗本草考异本》，合肥：安徽科学技术出版社，2003年，第90页）；《开宝本草》辑复本注云：“蔗有两种：赤色名昆仑蔗，白色名荻蔗，出蜀及岭南为胜，并煎为砂糖。今江东甚多，而劣于蜀”（【宋】卢多逊等撰，尚志钧辑校：《开宝本草辑复本》，合肥：安徽科学技术出版社，1998年，第375页）。

② （宋）王灼.糖霜谱·原委第三［M］.北京：中华书局，1985：3.

③ 李治寰.中国食糖史稿［M］.北京：农业出版社，1990：69—73.

> 蔗霜。唐大历间，有僧跨一白驴至伞子山下。山民以植蔗凝糖为业。驴食蔗，民咎僧。僧曰：“汝知蔗之为糖，而不知糖之为霜，其利十倍”。因示以法，遂成蔗霜，色如琥珀，称奇品。①

“蔗霜”制糖技术是我国历史上甘蔗制糖生产的一次重大进步，唐代遂宁一带的蔗农因学会了此项技术而获得厚利，并由此促使了四川地区甘蔗种植面积的扩展。②但是，该项技术在唐代并没有得到更为广泛的推广，其主要的原因可能是“窨制蔗霜的技术不易掌握，蔗糖在浓缩过程中是否转化为结晶体也要靠机会”。③这不能不说是四川地区甘蔗制糖史上的一大缺憾。

## 第六节　林、牧、副、渔业的发展与变化

前文已论，《颜氏家训》所倡导的“满足个体家庭各种生活所需，皆有家庭所出”的个体家庭经营理念，在长期的社会演变进程中，已经“不自觉地”成为指导个体家庭进行农业生产和社会生活的既定原则。在这种以个体家庭为基本生产单位的农业生产体系中，并非唯独重视种植业，而是在满足个体家庭基本生活需求的前提下，涵盖果木的种植、家畜的饲养、水产的养殖以及由此而孕育出的增加家庭收入的手工业。从国家层面上讲，则是通过人口与土地结合的程度和方式寻求国家财政收入的最大化。从太史公《货殖列传》所列枣栗橘荻之树、马牛羊彘之蹄及桑漆之亩、鱼陂之石④，到班固的“还庐树桑，菜茹有畦，瓜瓠果蓏，殖于疆易；鸡、豚、狗、彘毋失其时，女修蚕织，则五十可以衣帛，七十可以食肉”⑤，勾画了一幅传统社会个

---

① （宋）乐史．太平寰宇记［M］．北京：中华书局，2007：1727.

② 彭世奖．中国作物栽培简史［M］．北京：中国农业出版社，2012：97.

③ 李敬洵．唐代四川经济［M］．成都：四川省社会科学院出版社，1988：198.

④ 郭声波．四川历史农业地理［M］．成都：四川人民出版社，1993：247.

⑤ （汉）班固撰；（唐）颜师古注．汉书［M］．北京：中华书局，1962：1120.

体家庭进行农业生产的理想蓝图，成为其后历代王朝发展农业生产的宏观指导思想。这种生产模式，按照现代农业认识观点，包含着林、牧、副、渔业的发展与变化。同时，从自然地理环境上分析，四川盆地底部平原绵亘，浅丘低山起伏，坝与河谷相间，大致平坝只占7%、丘陵约占52%、低山约占41%，构成了气候资源在该区域从水平到垂直分布上的丰富性、多样性、复杂性及季节分配上的特殊性，为农、林、牧、副、渔业的全面发展提供了良好的条件。因此，本小节拟从农民个体家庭的角度出发，考察唐代四川地区林、牧、副、渔业的生产状况以及对社会变迁的支撑力度。

## 一、林业

在我国传统社会，与个体家庭进行农业生产和日常生活紧密相连的林业涉及耕地、柴薪、果木及特殊用途的林木和药材的种植与采集。四川盆地丘陵与山地占据90%以上的面积，森林资源丰富。根据现有的研究成果，先秦时期，盆地与边缘山地属于常绿阔叶林区；盆地西南、西部及北部高山峡谷亚高山暗针叶林区以及川西高原灌丛草甸草原区[①]，森林覆盖率大约在60%～80%。[②]秦汉时期，四川地区人口的增殖、城市的修建、耕地的扩展以及日用柴薪，都需要采伐大批树木，导致了四川森林面积的第一次大规模削减。入唐以后，四川地区广为发展的制盐业与冶铁业等对木材需求量相对较大的手工业，是森林面积削减的主要原因。本小节立足于个体家庭角度，认为唐代四川地区林业的变迁主要表现在原始森林面积的减少、果木的种植以及药材的种植与采集等方面。

### （一）原始森林面积的减少

从个体家庭角度分析，唐代四川地区原始森林面积减少的原因大致可以分为两个方面：

---

① 杨玉波等．四川森林分区的初步研究［J］．西南师范大学学报（自然科学版），1981（1）：107—118.

② 凌大燮．我国森林资源的变迁［J］．中国农史，1983（3）：26—36.

第一，耕地与森林的“争夺”。按照我国传统社会农业发展的一般规律，农业区总是首先在平原、河谷等农业生产条件优越的地带展开，然后以此为中心向周边的丘陵、山地扩展。这种耕地扩展的过程实际上也是原始森林面积减少的过程。唐代四川地区农业发展的突出特征就是盆地东、北、南部畲田的蓬勃发展。畲田是指“刀耕火种”的农业生产方式，每年初春选择一块适当的土地，砍倒树木，运走有用的树干，其余的皆尽焚烧用以肥田，三年一休耕，然后再重新选择土地。这种与森林“争夺”耕地的生产方式对森林的破坏力度极大，唐代四川的耕地面积从隋朝大业五年（609 年）到天宝十四载（755 年）近 150 年间，增加了 4800 余万今市亩（详见本章第二节）。这其中除了通过河谷和丘陵地带的开发获取之外，基本上是依靠畲田的开发。换言之，如果将唐代四川地区所增加的耕地面积按照平原、丘陵、畲田三者均分的话，唐代四川地区耕地面积至少通过畲田的开发增长了三分之一，即 1600 万今市亩，按此估算，唐代四川地区森林面积至少损失了 1600 万今市亩。

第二，日用柴薪对森林的损耗。唐代四川地区农民个体家庭日用燃料几乎完全依靠生物能源，即水稻、小麦秸秆与木材等柴薪和木炭。成都指挥街唐代遗址地层孢粉分析表明，中晚唐地层主要以草本菊科和木本植物为主[①]，可证。虽然文献缺乏对个体家庭日常使用柴薪与木炭数量的确切记载，但我们可以按照现代科学理论予以大致的推算。经现代科学实验验证，蒸发 1 公斤水大约需要热值 2266KJ/KG，秸秆热值约为 14232KJ/KG，干材热值约为 9850KJ/KG。[②]唐代四川地区人口在籍的最高户数是天宝元年（742 年）的 117 万户，如果每家每天按消耗 3 公斤水的热值计算，那么一年至少需要 20 万吨的木材。同时，城市对木炭的需求量也较大，杜甫言夔州女“十犹八九负薪归，卖薪得钱应供给”[③]。代宗广德二年（764 年），“调巴、蜀、襄、汉

① 四川大学博物馆，中国古代铜鼓研究学会编．南方民族考古（第 2 辑）1989［M］．成都：四川科技出版社，1990：299—309.

② 张婷，王毅编著．新能源基础［M］．北京：中国石化出版社，2013：92—93.

③ （清）彭定求等编．全唐诗［M］．北京：中华书局，1999：2335.

麻枲竹筱为綯挽舟，以朽索腐材代薪，物无弃者”。[①] 清人王谟所撰《汉唐地理书钞》引东晋王隐《晋地道记》载记的“绵竹县有柴炭山”[②]，即是这种生活的真实写照。如果城市所需木炭也按 20 万吨计算，那么唐代四川地区每年至少需要消耗 40 万吨的木材，这个耗费量是相当大的。柴薪和木炭的来源主要有两种：一种是依靠个体家庭在“随田散居”的院落旁沟边、田埂以及道路两侧种植生长速度较快、且材质相对坚硬、燃烧值较高的桤木，如杜甫《凭何十一少府邕觅桤木载》一诗云：“饱闻桤木三年大，与致溪边十亩阴。”[③] 宋祁《益部方物略记》将个体家庭种植桤木用以柴薪之用说得最为准确：“蕨植易安，数岁辄林，民赖其用，实代其薪……民家莳之，不三年，材可倍常，人多薪之，疾种亟取，里人以为利。”[④] 另一种是依靠砍伐成都平原及周边森林获取。个体家庭通过种植桤木、慈竹以及稻草、秸秆等基本满足生活需要，但显然不能满足城镇居民生活所需。城镇居民所需柴薪基本上还是依靠砍伐成都平原及周边的森林，这也是唐代四川地区森林面积减少的又一原因所在。

### （二）果木的种植

四川地区气候温润，地形多样，适宜各种水果的生长。早在西汉末年就被时人誉为“果实所生，无谷而饱”。[⑤] 入唐以后，唐政府不仅继承了汉晋以来在四川地区设立“橘官”的政策（绵州、夔州等地均设有橘官）[⑥]，而且规定民户的永业田内必须根据当地的地理条件种植一定数量的果类作物[⑦]，甚至中唐以后，某些果类作物成为“课以重税”的对象。这无疑进一步刺激了四川地区原有的果类作物的种植规模的扩大和品种的增加。

---

① （宋）欧阳修，宋祁．新唐书［M］．北京：中华书局，1975：1364.
② （清）王谟．汉唐地理书钞［M］．北京：中华书局 1961 年影印本：157.
③ （清）彭定求等编．全唐诗［M］．北京：中华书局，1999：2448.
④ （宋）宋祁．益部方物略记［M］．北京：中华书局，1985：2.
⑤ （南朝）范晔撰；（唐）李贤等注．后汉书［M］．北京：中华书局，1997：535.
⑥ （宋）欧阳修，宋祁．新唐书［M］．北京：中华书局，1975：1089.
⑦ （宋）欧阳修，宋祁．新唐书［M］．北京：中华书局，1975：1342.

柑橘是唐代四川地区种植最为广泛的果类作物，不仅种植形成规模化，而且品种众多。晚唐张蠙说四川“人家多种橘，风土爱弹琴”。[①]仅《新唐书》所列，将此类果品列为贡品的就有剑南西川的益、眉、简、资、悉，剑南东川的梓、绵、普、戎、合、荣，山南西道的巴、开以及山南东道的夔、忠等15州[②]，约占总州数的24.2%。柑橘主产区从川东长江沿线向盆地北部丘陵山区扩展，形成了川东夔州与绵、梓、阆、果两大产区并列的局面。薛能说嘉州“岸沙崩橘树”[③]，说明了成都平原南部的嘉州亦有柑橘的种植。杜甫说瀼西橘园“柴门果树向千株，丹橘黄甘北地无”。[④]可见，夔州已形成了规模化种植。就品种而言，据《太平御览》记载，唐代四川地区柑橘类品种多达21种。成都所产“平蒂甘，大如升，色苍黄”，为保其品质，“每岁进甘子，皆以纸裹之”，后来“长吏嫌纸不敬，代之细醇”。可见成都平蒂甘的品质在同类产品中，属于上乘。另外，《太平御览》称眉州“胡柑”“滋味甜美”。[⑤]杜甫《甘园》一诗中，说梓州“千柑二顷园，青云羞叶密，白雪避花繁，结子随边使，开筒近至尊，后于桃李熟，终得献金门”。[⑥]在诗人看来，梓州所产柑橘品质优良，理应“献金门”。薛涛在《酬郭简州寄柑子》一诗中，赞誉简州所产柑橘“霜规不让黄金色，圆质仍含御史香”。[⑦]唐人徐坚《初学记》卷28《果木部·橘》记载，夔州所产的“朱橘”“白华如霰雪，朱实似悬金，

① （清）彭定求等编．全唐诗［M］．北京：中华书局，1999：8085.

② （宋）欧阳修，宋祁．新唐书［M］．北京：中华书局，1975：1080—1091.

③ （清）彭定求等编．全唐诗［M］．北京：中华书局，1999：6494.

④ （清）彭定求等编．全唐诗［M］．北京：中华书局，1999：2501.

⑤ （宋）李昉等．太平御览［M］．北京：中华书局，1960：4284.

⑥ 注：杜甫《甘园》一诗的创作地点，现存传世文献基本存在三种说法：一种是梓州说（清人仇兆鳌考据曰：“黄鹤编在广德元年春作，盖梓州旧有甘园，非瀼西甘园也。”［【唐】杜甫著；【清】仇兆鳌注：《杜诗详注》卷12，北京：中华书局，1985年，第994页；另一种是夔州说（明人王嗣奭考据曰：“旧刻云大历元年自赤甲迁瀼西作者，是。”参见【明】王嗣奭：《杜臆》卷5，上海：上海古籍出版社，1983年，第166页）；第三种是湖北宜都说（康熙版《宜都县志》第12卷］。其中，梓州说最为普遍，故本书采用梓州说。

⑦ （清）彭定求等编．全唐诗［M］．北京：中华书局，1999：9037.

布影临丹地，飞香度玉岑”。[①] 宋祁说唐代果、渠、嘉等州所产的柑橘“碧叶素葩厥包之珍，丹裹既披，香液饴津”。[②] 这些唐人所记及宋人根据唐人的记载予以追述的诗句，反映了唐代四川地区柑橘种植的普遍、品种的繁多及其品质的优良等基本史实。

荔枝原产海南，自周秦时期由云南高原传入巴蜀之长江河谷种植[③]，故而宋人苏颂说荔枝“初惟出岭南，后出蜀中”。[④] 汉代宜宾一带农户“多以荔枝为业，园植万株，树收一百五十斛”。[⑤] 入唐以后，据竺可桢先生的研究，此时时值全国气候温暖期。[⑥] 因此，荔枝的主产区也从传统产地戎、泸、渝等州向周边扩展，东北至涪州和巴陕地区，西北至嘉、益、蜀等州一带。杜甫在《宴戎州杨使君东楼》一诗中，说戎州“轻红擘荔枝”，又通过《解闷十二首》一诗，回忆曾经在泸、戎两地“摘荔枝”[⑦]。成书于唐代中期的《元和郡县图志》卷31《剑南道》亦言戎州平盖山“多荔枝”[⑧]。郑谷说“荔枝春熟向渝泸”[⑨]，卢纶说“褒谷通岷岭……野饭荔枝阴。”[⑩] 郑、卢所言，说明四川盆地北部川陕地区广植荔枝的事实。白居易说“荔枝生巴峡间”[⑪]，张籍说成都“新雨山头荔枝熟[⑫]，晚唐徐夤说成都“南园珍果荔枝先”[⑬]，苏颂《图经本

---

① （唐）徐坚．初学记［M］．北京：中华书局，1962：680.

② 曾枣庄，刘琳主编．全宋文（第2册）［M］．上海：上海辞书出版社；合肥：安徽教育出版社，2006：86.

③ （晋）常璩著；任乃强校注．华阳国志校补图注［M］．上海：上海古籍出版社，1987：178.

④ （宋）苏颂撰；胡乃长等辑注．图经本草（辑复本）［M］．福州：福建科学技术出版社，1988：490.

⑤ （宋）乐史．太平寰宇记［M］．北京：中华书局，2007：1591.

⑥ 竺可桢．竺可桢文集［M］．北京：科学出版社，1979：475.

⑦ （清）彭定求等编．全唐诗［M］．北京：中华书局，1999：2488、2518.

⑧ （唐）李吉甫撰；贺次君点校．元和郡县图志［M］．北京：中华书局，1983：791.

⑨ （清）彭定求等编．全唐诗［M］．北京：中华书局，1999：741.

⑩ （清）彭定求等编．全唐诗［M］．北京：中华书局，1999：3126.

⑪ （清）彭定求等编．全唐诗［M］．北京：中华书局，1999：4925.

⑫ （清）彭定求等编．全唐诗［M］．北京：中华书局，1999：4290.

⑬ （清）彭定求等编．全唐诗［M］．北京：中华书局，1999：8152.

草》记载蜀、嘉、渝、涪等州均有荔枝的种植[①]。这种种植区域的扩展，使荔枝逐渐成为盆地内民户日常种植的果类作物。唐宪宗元和十三年（818 年），担任忠州刺史的白居易言及在忠州“自向庭中种荔枝”“荔枝新熟鸡冠色”[②]，即是这种情况的写照。在文人士子抒发离愁别绪的情怀中，荔枝甚至一度成为四川地区的“形象代言”。如韩翃《送故人归蜀》诗云：“客衣筒布润，山舍荔枝繁”[③]，将荔枝与名扬天下的“蜀布”并列；卢纶《送张郎中还蜀歌》诗云：“邛竹笋长椒瘴起，荔枝花发杜鹃鸣”[④]，将荔枝与“杜宇啼血”的悲情连在一起；李端《送何兆下第还蜀》诗云：“过雨荔枝香……文翁有草堂”[⑤]，在诗人笔下，荔枝又成为成都的“文化符号”。就荔枝的品种而言，宋人王象之品评说：“蜀中荔枝，泸、叙之品为上，涪州次之，合州又次之。涪州徒以妃子得名，其实不如泸、叙”[⑥]；苏颂则说：“蜀中第一，蜀川次之，岭南为下。”[⑦]白居易在担任忠州刺史期间，曾经将忠州所产荔枝作为礼物馈赠亲友[⑧]，这也间接说明了蜀地所产荔枝品质的优良。

除了柑橘和荔枝，唐代四川地区民户广泛种植的果类作物还有梅、梨、枣、樱桃、桃、杏、枇杷、栗子和木瓜等寻常水果。成都所产梅煎因品质优良而被列为贡品。[⑨]杜甫曾于草堂周围植梅与李，在《诣徐卿觅果栽》一诗中，说“草堂少花今欲栽，不问绿李与黄梅”[⑩]；郑谷游蜀时曾看到三月的阆

① （宋）苏颂撰；胡乃长等辑注 . 图经本草（辑复本）［M］. 福州：福建科学技术出版社，1988：489.

② （清）彭定求等编 . 全唐诗［M］. 北京：中华书局，1999：4920.

③ （清）彭定求等编 . 全唐诗［M］. 北京：中华书局，1999：2737.

④ （清）彭定求等编 . 全唐诗［M］. 北京：中华书局，1999：3149.

⑤ （清）彭定求等编 . 全唐诗［M］. 北京：中华书局，1999：3259.

⑥ （宋）王象之 . 舆地纪胜［M］. 北京：中华书局，1992：3578.

⑦ （宋）苏颂撰；胡乃长等辑注 . 图经本草（辑复本）［M］. 福州：福建科学技术出版社，1988：489.

⑧ （清）彭定求等编 . 全唐诗［M］. 北京：中华书局，1999：4919.

⑨ （宋）欧阳修，宋祁 . 新唐书［M］. 北京：中华书局，1975.

⑩ （清）彭定求等编 . 全唐诗［M］. 北京：中华书局，1999：2449.

州呈现出“梅黄麦绿无归处”[①]的景象。早在南北朝时就名扬天下的广都梨种植面积进一步得到扩展，南宋祝穆《方舆胜览》卷52《成都府路·嘉州》记载，嘉州梨花山“有梨花百余树”[②]，岑参说绵州“羞见梨花飞”[③]，杜甫说成都“庭前八月梨枣熟”“行蚁上枯梨”，又说夔州“色好梨胜颊，穰多栗过拳”[④]等便是明证。杜甫说在成都闻到“枇杷树树香”[⑤]，白居易说忠州“况对东溪野枇杷”[⑥]，据此可知唐代四川地区已广泛种植枇杷。杜甫又言“西蜀樱桃也自红”[⑦]，花蕊夫人亦有“二月樱桃乍熟时”[⑧]的诗句，可证唐代四川地区种植樱桃的事实。此外，苏颂曾对唐代蜀州所产木瓜专作图解[⑨]，证明了唐代四川地区遍植木瓜的事实。

就果类作物的种植方式而言，一般农户会选择房前屋后或庭院内种植。如杜甫说“入村樵径引，尝果栗皱开”“手种桃李非无主，野老墙低还似家”“荒庭垂橘柚”[⑩]；白居易说忠州“种杏栽桃拟待花”[⑪]等。另有家境殷实的民户或官宦家庭则采用果园规模种植的方式，如杜甫拜访邛州崔录事，“闻在果园坊”；拜访徐卿，也是“果园坊里为求来”；自己家中亦有一处“幽园”，“楂梨且缀碧，梅杏半传黄”[⑫]。由此看来，唐代四川地区果类作物的种植，就用途、种植规模和果类品种而言，一般农户基本上是着眼于满足家

---

① （清）彭定求等编．全唐诗［M］．北京：中华书局，1999：7741.

② （宋）祝穆；（宋）祝洙增订；施和金点校．方舆胜览［M］．北京：中华书局，2003：936.

③ （清）彭定求等编．全唐诗［M］．北京：中华书局，1999：2080.

④ （清）彭定求等编．全唐诗［M］．北京：中华书局，1999：2308、2441、2514.

⑤ （清）彭定求等编．全唐诗［M］．北京：中华书局，1999：2433.

⑥ （清）彭定求等编．全唐诗［M］．北京：中华书局，1999：4904.

⑦ （清）彭定求等编．全唐诗［M］．北京：中华书局，1999：2447.

⑧ （清）彭定求等编．全唐诗［M］．北京：中华书局，1999：8971.

⑨ （宋）苏颂撰；胡乃长等辑注．图经本草（辑复本）［M］．福州：福建科学技术出版社，1988：486.

⑩ （清）彭定求等编．全唐诗［M］．北京：中华书局，1999：2444、2451、2489.

⑪ （清）彭定求等编．全唐诗［M］．北京：中华书局，1999：4917.

⑫ （清）彭定求等编．全唐诗［M］．北京：中华书局，1999：2482、2449、2499.

庭日常生活的需要，种植规模不会太大，但种类相对较多；家境相对殷实的民户或官宦家庭，由于种植规模已经形成专门的种植园区，果类作物的产量亦相对较大，除了满足家庭日常生活需求之外，还用于亲朋好友之间的礼物馈赠和农副产品的市场交易，甚至是朝廷征收赋税的来源之一。上引文献资料记载唐政府在四川地区专设橘官以及时人诗文的诸多记述，充分反映了这一事实。

### （三）药材的种植与采集

以盆地为主的四川地区，气候温润，地形多样，为各种植物药材的生长提供了无可比拟的得天独厚的条件。植物药材种类繁多，晋人左思将蜀郡称为“百药灌丛”之地。李敬洵先生通过对唐《新修本草》所记载药物的统计，认为唐代四川地区的药材品类位居全国之冠。①据《新唐书》卷42《地理志》的记载，唐代四川地区被列为贡品的植物药材有木兰皮、紫葛、石菖蒲、落雁木、羌活、当归、川芎、大黄、天门冬、橘皮、葛粉、巴戟天、重台、牡丹皮、木药子、药实、白药子、乌头、附子、续髓、苦药、芎劳、车前子和木实等，分别产于益、彭、汉、蜀、嘉、雅、茂、翼、维、松、当、悉、静、柘、恭、真、梓、遂、剑、合、龙、普、渝、陵、万、利、扶、集、通、渠、开、巂、阆、夔、泸、资、荣等州，几乎遍及四川地区全境。②药材的种植和采集是唐代四川地区个体家庭的一项重要生产活动，龙州甚至是“土产唯宜药，王租只贡金”③。现有资料尚未发现唐代四川地区大规模种植药材的记载，上述药材在很大程度上还是依靠野生采集，这从药材贡品集中在茂州、维州等川西高原和利州、龙州等盆地缘边山区可得到印证。

## 二、牧业

从宏观上讲，唐代四川地区农业的高度发展是盆地内部的农耕与川西南

① 李敬洵．唐代四川经济［M］．成都：四川省社会科学院出版社，1988：226.

② （宋）欧阳修，宋祁．新唐书［M］．北京：中华书局，1975：1079—1094.

③ （清）彭定求等编．全唐诗［M］．北京：中华书局，1999：6965.

山区及川西高原半耕半牧或高海拔区域游牧三种生产方式相互交融的结果。如《蜀鉴》卷4《李寿纵僚于蜀》记载，西晋末年李寿从牂牁一带引入的“十万余家”僚人，散居在整个盆地及其周缘地带的山区中，以半耕半牧的生产、生活方式为主。[①]《旧唐书》卷198《党项羌传》记载，川西高原的氐羌部落“畜牦牛、马、驴、牛，以供其食。不知稼穑，土无五谷”。[②]《新唐书》卷222《南蛮传》记载，四川盆地西南地区的山区和河谷之间，诸番与群“蛮”“多牛羊，无布帛，随水草畜牧”。[③]本节所言牧业是基于个体家庭的视角，考察唐代四川地区盆地内部马、驴、牛等大中型牲畜的蓄养状况。

### （一）马

目前学界普遍认为，四川盆地的养马史不晚于商代[④]。川马又称“蜀马”，其特点是体格较小而结实，腿粗短，性情温顺，机巧灵活，适用于在交通不便的丘陵与山地乘驮与负重。这与四川盆地特有的自然地理环境和交通方式极为契合。汉代，四川地区个体家庭养马已经较为普遍。东汉桓宽的观点：“一马伏枥，当中家六口之食”[⑤]，应代表了当时人们的普遍看法。王褒《僮约》说购买奴仆的要求之一就是能够养马。[⑥]近年来乐山考古发现的汉代牧马图石刻[⑦]以及成都、郫都区、重庆、涪陵等地先后发现的汉代木马、陶马或铜马模型[⑧]，均可证当时四川地区养马的普遍性。进入唐代，不同区域个体家庭的养马用途也有所不同。平原地带一般用于耕作[⑨]，其次才是交通运输；

---

① （宋）郭允蹈．蜀鉴［M］．上海：商务印书馆，1937：52.

② （后晋）刘昫等．旧唐书［M］．北京：中华书局，1975：5290.

③ （宋）欧阳修，宋祁．新唐书［M］．北京：中华书局，1975：6315.

④ 郭声波．四川历史农业地理［M］．成都：四川人民出版社，1993：312.

⑤ （汉）桓宽．盐铁论［M］．上海：上海人民出版社，1974：66.

⑥ （唐）欧阳询．艺文类聚［M］．北京：中华书局，1965：635.

⑦ 唐长寿．四川乐山麻浩一号崖墓［J］．考古，1990（2）：111—115.

⑧ 郭声波．四川历史农业地理［M］．成都：四川人民出版社，1993：312.

⑨ 注：目前有学者考证认为，四川地区至迟在宋代普遍采用牛耕，唐代一般使用马耕，本书姑从此说。参见巴家云：《汉代四川农业方面几个问题的探讨》，《四川文物》1988年第6期。

丘陵与山区因交通险要，基本依靠蜀马乘驮与运输。唐人李匡文在其考据笔记《资暇集》中说："成都府出小驷，以其便于难路，号为蜀马"①，便是指蜀马在交通不便的丘陵与山区的运输能力。蜀马耐力强、性情温顺的这一特点也使之成为朝廷贡品，《新唐书》卷42《地理志》记载，剑南道的汉州、嶲州上贡蜀马②，可见此两州不仅普遍养马，而且马的品质优良。

显然，体形矮小的蜀马并不适合用作战马，输入中原的蜀马尽管品质优良，但也仅限于普通士人骑乘之用。按唐礼制，中唐以后，"未有官者，乘蜀马、铁镫"。③ 所以，盆地内部的养马较之汉代有所衰退。但是，由于四川地区处于"西抗吐蕃，南抚蛮獠"④，担负着护唐廷西南边境安全门户的重任。出于对战马的需要，唐政府不得不通过茶马贸易换取体形高大、作战能力强的高原战马。唐政府虽然拒绝与吐蕃的互市，但却继续保持了与岷江上游诸羌之间的互市。杜甫《西山三首》诗"蚕崖铁马瘦，灌口米船稀"⑤，就是这种贸易淡季的写照。昭宗时，王建在"文、黎、维、茂等州多市蕃马"，十年之间，"得官马八千匹，私马四千"⑥。尽管唐与吐蕃、诸羌的马匹交易量不大，但实际上吐蕃与诸羌之间却存在较大的交易量。所以，这种局面在客观上刺激了川西高原与川西北地区的养马业的兴盛，为茶马贸易的开展奠定了必要的基础。

### （二）驴、牛的蓄养

川驴属于小型驴种，主要产于川西高原。《通典》卷190《西戎二》记载，川西高原及岷江上游的党项羌"不知耕稼，土无五谷，以牦牛、马、驴、羊、豕为食"⑦；《旧唐书》卷117《郭英乂传》记载，肃宗时，剑南节度使郭

① （唐）李匡文．资暇集［M］．北京：中华书局，1985：15.

② （宋）欧阳修，宋祁．新唐书［M］．北京：中华书局，1975：1084—1091.

③ （宋）欧阳修，宋祁．新唐书［M］．北京：中华书局，1975：512.

④ （唐）杜佑．通典［M］．北京：中华书局，1984：4478.

⑤ （清）彭定求等编．全唐诗［M］．北京：中华书局，1999：2469.

⑥ （清）吴任臣．十国春秋［M］．北京：中华书局，1983：497.

⑦ （唐）杜佑．通典［M］．北京：中华书局，1984：5169.

英乂“聚女人骑驴击球，以为笑乐”。[①] 这两条史料可以作为唐代四川地区养殖驴子的例证。由此可见，唐代四川地区所产驴子，一般在交通不便的山区和丘陵地带，被用作短途运输，部分被上层统治集团用来休闲娱乐，所产数量应当不会太多。

四川地区养牛的历史，据考古资料，最早可以上溯至大溪文化时期[②]，当时主要有黄牛和水牛两个品种。秦汉时期，盆地内部家庭养牛已成为常态化的生产方式，丰富的考古资料可资为证。但对于其用途，目前尚未发现这一时期水牛用于土地耕作的文献记载和出土文物。有学者推测，水牛主要用于祭祀和食肉[③]，水牛的耕作技术是唐中期随着南诏的三次移民传入四川地区的。[④] 至于黄牛，蜀汉时诸葛亮平定南中，从云南大量引入用于土地耕作。[⑤]《宋书》卷45《刘道济传》记载，刘宋时官府一度禁止民间杀牛[⑥]，这可能是出于保护农田役用黄牛的目的。《新唐书》卷222《南蛮传》记载，入唐之后，川西南的“诸蛮”“土多牛马……男女皆衣牛羊皮”[⑦]，养牛之盛，可见一斑。但文献关于盆地内部的养牛记载甚少，有条史料可作为盆地内部养牛的旁证。同书卷221《东女传》载，德宗贞元九年（793年），党项西山八国“各率其部落，诣剑南西川内附”，当时西川节度使韦皋“给以种粮耕牛”。[⑧] 韦皋能给内附的西山八国调拨耕牛，想来唐代四川地区不仅普遍使用牛耕，而且养牛的数量应该不少。同时，目前尚未发现官府养牛的文献记载，由此可以断定，这大批数量的耕牛基本来自农民个体家庭的蓄养。

---

① （后晋）刘昫等．旧唐书［M］．北京：中华书局，1975：3997.

② 林向．大溪文化与巫山大溪遗址［A］；中国考古学会第二次年会论文集1980［C］．北京：文物出版社，1982：124—132.

③ 巴家云．汉代四川农业方面几个问题的探讨［J］．四川文物，1988（6）：13—18.

④ 郭声波．四川历史农业地理［M］．成都：四川人民出版社，1993：301—307.

⑤ 李昆生．云南牛耕的起源［J］．考古，1980（2）：266—271；郭声波．四川历史农业地理［M］．成都：四川人民出版社，1993：306.

⑥ （南朝）沈约．宋书［M］．北京：中华书局，1974：1380.

⑦ （宋）欧阳修，宋祁．新唐书［M］．北京：中华书局，1975：6315.

⑧ （宋）欧阳修，宋祁．新唐书［M］．北京：中华书局，1975：6219.

## 三、副业

本小节所言副业主要是指传统社会个体家庭庭院饲养猪、羊、鸡等畜禽。南宋眉州人杨仲良赞誉唐代“蜀土富饶，丝帛所产，民织作冰纨绮绣等物，号为冠天下”[①]，应是唐代四川地区的家庭从事桑麻纺织的真实写照，由于前文已论，不再赘述。本节重点考察唐代四川地区个体家庭庭院畜禽的饲养状况。

唐代四川地区个体家庭庭院畜禽的饲养主要包括猪、羊、鸡、鸭、鹅等，现按序粗略分析如下：

养猪业是我国传统社会最为常见的家庭副业，养猪不仅为了肉食，而且与农业生产的发展有着相互依存和促进的关系。有学者指出，将猪圈和厕所建在一起，圈中的猪粪尿、人粪尿、饲料残屑和垫圈物充分混合，沤成腐熟的肥料，能够提高在农田中的施用效果[②]，即《氾胜之书》所言“溷中熟粪”。新津汉墓出土的带有猪圈的陶房[③]，证明四川地区家猪的圈养在汉代已成为普遍方式。实际上，四川地区的个体家庭极其看重家庭养猪与开展农业生产的关系。《南史》卷55《罗研传》记载，南朝梁武帝大通五年（533年）罗研总结齐苟儿叛乱时说：“若令家畜五母之鸡、一母之豕，将不能使一夫为盗。”[④]意思是说，假如以法令的形式规定每一户都饲养五只母鸡、一头母猪，就能够基本满足个体家庭的基本生活需求，而不会产生盗窃行为。爰及唐代，随着耕地面积的扩展以及精耕细作农耕技术的日渐成熟，家庭养猪业更为普及。虽然没有直接史料可证，但20世纪50年代四川金堂县出土的北宋陶猪圈[⑤]，可予以推证。按照社会发展的一般规律，在汉代、宋代普遍存在家庭养猪的情况，在唐代没有不存在的理由。

---

① （宋）杨仲良．续资治通鉴长编纪事本末［M］．北京：北京图书馆出版社，2003：268.

② 龚良．“圂”考释—兼论汉代的积肥与施肥［J］．中国农史，1995（1）：90—95.

③ 刘志远．考古材料所见汉代的四川农业［J］．文物，1979（12）：61—70.

④ （唐）李延寿．南史［M］．北京：中华书局，1975：1369.

⑤ 陆德良．四川金堂县的宋代石室墓［J］．考古通讯，1957（6）：46—48.

四川地区养羊的历史最早可上溯至大溪文化时期[①]，广汉三星堆出土的陶绵羊及羊饰物、王褒的《僮约》提到的成都羊市[②]以及德阳出土汉代画像砖双羊图[③]，形成了古蜀至秦汉时期四川地区家庭养羊的证据链。唐代，除了盆地西南山区和河谷地带“群蛮”“土多牛羊，随水草畜牧”[④]之外，盆地内部家庭畜养亦相当普遍。唐宣宗时，昌、泸二州刺史贪沓，以羊强行交易僚人米麦，“直不及半”。[⑤]如此贪沓的刺史，其“交易”所用之羊，必定来自农户散养，这也证明了当时农户家庭养羊的普遍性。

鸡、鸭、鹅是唐代四川地区农户家庭饲养最为常见的家禽。上引罗研所说蜀中每家饲养“五母之鸡”（当指 5 雌 1 雄）成为个体家庭一般饲养数量的下限。杜甫在《缚鸡行》一诗中提及成都“小奴缚鸡向市卖”[⑥]，应是唐代成都平原农民个体家庭养鸡的真实写照。从王褒《僮约》载及“牵犬贩鹅”看，汉代四川地区家庭养鹅已经比较普遍。杜甫在《得房公池鹅》一诗中，叙说在汉州“房相西亭鹅一群，眠沙泛浦白于云”[⑦]，可证唐代汉州普遍养鹅的事实。鸭，古名鹜，成都、双流等地出土的汉代水田模型及陶鸭证明，汉代四川水田农区已经利用陂池塘堰以及稻田养鸭。南北朝时，蜀鸭就以产蛋率高而闻名于中土，《太平御览》卷 919《羽族部》引晋人郭义恭《广志》云：“鹜生百卵，一日再生；有露华鹜，以秋冬生卵，并出蜀。”[⑧]成都平原密如蛛网的河渠水系以及小块稻田生产方式为稻田养鱼、养鸭提供了先天性的优越条件。在这种生态农业生产模式下，水稻为鱼类、水鸭的生长提供庇荫和有机食物，鱼和鸭则耕田除草，松土增肥，提供氧气，吞食害虫，从而提高了水稻产量和品质。换言之，稻田养鸭、养鱼、除虫草、保丰收这一良

---

① 林向．大溪文化与巫山大溪遗址［A］；中国考古学会第二次年会论文集 1980［C］．北京：文物出版社，1982：124—132．

②（唐）欧阳询编．艺文类聚［M］．北京：中华书局，1965：635．

③ 高文．四川汉代画像砖［M］．上海：上海人民美术出版社，1987：196．

④（宋）欧阳修，宋祁．新唐书［M］．北京：中华书局，1975：6135．

⑤（宋）欧阳修，宋祁．新唐书［M］．北京：中华书局，1975：6238．

⑥（清）彭定求等编．全唐诗［M］．北京：中华书局，1999：2335．

⑦（清）彭定求等编．全唐诗［M］．北京：中华书局，1999：2479．

⑧（宋）李昉等．太平御览［M］．北京：中华书局，1960：4079．

性稻作生产经验的积累以及蜀鸭的高产蛋率，使得唐代蜀人没有理由放弃家庭养鸭。事实上，唐代四川地区，尤其是生活在水田农区的农户养鸭更为普遍，数量也保持着以“一群”划分的散养模式。如寓居成都的杜甫即在稻田里养着“一群”花鸭：“花鸭无泥滓，阶前每缓行。羽毛知独立，黑白太分明。稻粱沾汝在，作意莫先鸣”“鹅鸭宜长数，柴荆莫浪开”。[①]

## 四、渔业

四川地区河流纵横，水田交错，为个体家庭开展渔业活动创造了良好的条件。唐代四川地区个体家庭渔业生产涉及天然捕鱼和水产养殖两个方面。

网罗和垂钓是秦汉时期四川地区最为常见的天然捕鱼方式，王褒《僮约》中要求奴仆必须掌握的一项劳动技能即是“结网捕鱼、入水捕龟，后园纵鱼”[②]；《全蜀艺文志》卷6《诗》引西晋张载《登成都白菟楼》提及西晋蜀人“临江钓春鱼”。[③]爰及唐代，此风犹然，时人诗文多有描述渔舟作业的情景。如杜甫《江涨》一诗说成都“渔人萦小楫，容易拔船头”“鱼鳖为人得，蛟龙不自谋。轻帆好去便，吾道付沧洲”；《观打鱼歌》一诗说“绵州江水之东津，渔人漾舟沈大网”，《又观打鱼》说“设网提纲万鱼急”[④]；上引《全蜀艺文志》卷9《记庚》引宋人吕大防《合江亭记》言唐代成都二水有“捕鱼菱角芡之饶”[⑤]。杜甫《戏作俳谐体遣闷二首》说自己在夔州亦看到了“家家养乌鬼，顿顿食黄鱼”[⑥]的景象。“乌鬼”，即指“鸬鹚”，反映了夔州一带居住在江边的民户利用鸬鹚捕鱼的事实。甚至这一时期在成都还出现了专门制

① （清）彭定求等编．全唐诗［M］．北京：中华书局，1999：2454、2470.

② 陈绍文主编．中国古代经济文选（第三册）［M］．上海：上海人民出版社，1982：69.

③ （明）杨慎编；刘琳，王晓波点校．全蜀艺文志［M］．北京：线装书局，2003：127.

④ （清）彭定求等编．全唐诗［M］．北京：中华书局，1999：2443、2314.

⑤ （明）杨慎编；刘琳，王晓波点校．全蜀艺文志［M］．北京：线装书局，2003：1216.

⑥ （清）彭定求等编．全唐诗［M］．北京：中华书局，1999：2540.

作和销售鱼钩的商户，如《太平广记》卷 133《报应》引《儆戒录》云："蜀金雁桥，有韩立善者，作钓钩，积有年矣。"[①]

以都江堰水为核心的系列水利工程的修建改善了成都平原的农田用水条件，也为养鱼业的发展提供了便利。目前有充足的资料证实该区域的养鱼业与稻作农业的生产布局是一致的。《华阳国志》卷 3《蜀志》言张仪建设成都城时，"筑城取土，去城十里，因以养鱼"[②]，郭声波先生认为这是四川地区关于养鱼活动的最早文献记载。[③] 同书又言：江阳郡汉安县"鱼池有百数，家家有焉"。[④] 成都平原及合江、彭山等地出土的陶水田及陂池模型均有游动的鲫鱼、鲢鱼[⑤]，证明唐代四川地区陂塘养殖的综合化特征。[⑥]1979 年宜宾出土的陶水田模型，水田、水塘、鱼塘、渠道布局巧妙，防水、排水设施齐全，秦保生先生解释鱼塘的功能在于提高水稻产量和人工养鱼业的专门化。[⑦]《太平御览》卷 936 引《魏武四时食制》说："郫县子鱼，黄鳞赤尾，出稻田，可以为酱。"[⑧] 稻田水浅，不能养殖大鱼，曹操所言"子鱼"，即指稻田所养的小鱼。同书卷 940《鳞介部》又言："蒲鱼，其鳞如粥，出郫县。"这是目前文献所载世界上最早的关于稻田养鱼的记载，说明早在 1700 多年以前，成都平原居民已经开展稻田养鱼的生产方式，而且稻田内所养鱼类至少包括鲤鱼和蒲鱼两种常见鱼类。进入唐代，稻田养鱼的生产模式随着稻作农产区的扩展而得以推广，后唐冯挚《云仙杂记》卷 1《笼桶衫油柿巾》引《浣花旅地志》说杜甫在成都的日常生活中，随意就能买到"细子鱼一串"[⑨]。"细子鱼"当为稻田所养的小鱼，这也证实了唐代成都平原稻田养鱼的普遍性。

---

① （宋）李昉等编．太平广记［M］．北京：中华书局，1961：951.

② （晋）常璩．华阳国志［M］．北京：中华书局，1985：30.

③ 郭声波．四川历史农业地理［M］．成都：四川人民出版社，1993：348.

④ （晋）常璩．华阳国志［M］．北京：中华书局，1985：41.

⑤ 罗二虎．汉代模型明器中的水田类型［J］．考古，2003（4）：74—80.

⑥ 刘文杰，余德章．四川汉代陂塘水田模型考述［J］．农业考古，1983（1）：132—135.

⑦ 秦保生．汉代农田水利的布局及人工养鱼业［J］．农业考古，1984（1）：101—102.

⑧ （宋）李昉等．太平御览［M］．北京：中华书局，1960：4159.

⑨ （后唐）冯挚．云仙杂记［M］．北京：中华书局，1985：4.

## 本章小结

综上所述，随着水利工程设施的大规模修建，唐代四川地区农业物质生产资源得到空前的优化，农、林、牧、副、渔业得到全面发展，可以说，农业发展达到了继秦汉以来又一个前所未有的历史高度。概而言之，稻田自流灌溉区，从成都平原向北扩大到涪江冲积平原、向南扩大到岷江冲积平原，不仅水稻品种大幅度增加，而且亩产量达到汉代的两倍之多。麦类、粟黍类、芋类以及豆类等旱地作物在丘陵和山地地形区得到普遍种植。蔬菜种类和产量大幅度增加。桑麻类农产品及茶叶的生产一度占据全国前列。在基本满足不断增长的人口对衣食等生活资料基本需求的同时，还在维护国家政权稳定方面起到了巨大作用，从而提升了四川地区在全国的经济和政治地位。但另一方面，我们亦应看到，域内地区间的发展不均衡现象依然存在。这种不平衡现象表现在平原与丘陵山区的差别以及盆地内部汉族与盆地西南、西北少数民族之间的差异。成都平原的农业发展水平整体高于盆地中部与周边丘陵山区和盆地东南平行岭间河谷区。如《舆地纪胜》卷 154《潼川府·风俗形胜》、卷 158《普州·风俗形胜》、卷 150《隆州·风俗形胜》、卷 157《资州·风俗形胜》、卷 153《泸州·风俗形胜》引李商隐《请留泸州刺史状》分别说：梓州“自唐为东川节度，各有十邑，与西川等，而壤地瘠薄，民物之产，曾不及西川一大县”；普州“介万山间，无土地肥饶之产……地最瘠，其人服田土，最贫”；隆州僻处山中，“地瘠民贫”；资州“无土以耕，在蜀为穷僻之邑”；泸州农民长期“作业多仰于苦荼，务本不闻于秀麦”①。据《十国春秋》的记载，前蜀时甚至根据当时各州的农业发展状况而将其分为四等，并形象地把它们形容为“嘉、眉、邛、蜀为骨肉，导江、青城为亲情，果、阆二州可自留，巴、蓬、集、壁弃之不惜”②。造成这种现象的原因，一方面是受限于辖区内平原与丘陵、山地的农业资源生产条件；另一方面与远离其他农业区和长安、洛阳当时这两大政治中心也有重要的关联。

---

①（宋）王象之.舆地纪胜［M］.北京：中华书局，1992：4640、4776、4467、4733、4579.

②（清）吴任臣.十国春秋［M］.北京：中华书局，1983：539.

# 第三章
# 农业劳动力资源的演变

从本质上讲，我国传统社会的农业总是在一定的土地上有特定的人群予以耕作，从而为社会发展提供必要的以衣食为核心的生活资料的生产劳动。由此，如果说农业物质资源是我国传统社会发展农业生产的第一要素，那么，劳动力资源则是我国传统社会发展农业生产最为活跃的因素。同时，唐代四川地区也是民族交融的重要时期，域内的少数民族同样为农业发展提供了农业劳动力资源。正是基于这样的考虑，本章在充分占有学界既有研究成果的基础上，对唐代四川地区人口的地理分布、民族构成、劳动力身份构成、劳动力数量以及劳动力自身素养提高的方式和途径予以阐述，并以此观察劳动力资源对农业发展的支撑力度，并非单纯地讨论人口与农业发展的关系。

## 第一节　我国传统社会农业劳动力资源概述

### 一、人口与农业发展的关系

马克思和恩格斯在《德意志意识形态》一文中明确地阐明了社会生产力以及社会发展需求的增长都仰赖人口的增长，并且“这种生产第一次是随着人口的增长而开始的”[①]，并由此将劳动者列为唯物史论中最为活跃的因素。苏联学者恰亚诺夫（Chayano）的小农家庭生产模式理论的核心即是，通过对农民家庭生产劳动的主观评价，强调家庭规模与家庭结构对农民经济行为的影响。在此经济系统中，土地、劳动力和生产方式根据家庭发展的自然过程而结合在一起，家庭提供的劳动力是唯一可能的收入来源。尽管学界对这一理论是否适合我国传统社会“小农经济”运行的实际状况尚存在争议，但至少会对我们考察我国传统社会农业发展与社会变迁的问题能够产生有益的启示。[②]从我国传统社会的国家层面解析，“民以食为天，国以农立国”，人口数量的变化对土地、赋税、财政、徭役、力役及军事等制度的制定和政策的调整起着决定性的作用。故而，自西汉平帝元始二年（2年）起，历代王朝极其重视对人口的掌控，都把人口的统计作为国家治理的首要问题来处理。在我国传统社会的发展进程中，人口的增长与农业的发展几乎是呈现平行并进的特点，即人口增长的时期同时也是农业发展的时期。这不是偶然现象，而是两者之间紧密关系的明确反应。因此，人口自身的发展以及由此而引发的人口与农业的发展关系自然就成了学界致力于研究的重要课题。目前学界根据我国传统社会农业发展的自身特点，普遍认为劳动力资源在我国传统社会农业生产过程中具有主导性的作用[③]，并在论证隋唐时期我国农业发展相关问题时，将这一观点推拓至“隋唐时期长江下游农业的发展得益于该区域人口增长为农业发展提供了充足的劳动力”[④]“唐代中后期江淮流域农业经济的繁荣富庶与人口的稳定和大批移民的迁入存在密切关系”[⑤]等具体性的陈述表达。诚然，人口与农业发展之间的关系是复杂的，

① （德）马克思，恩格斯．马克思恩格斯全集（第1卷）[M]．北京：人民出版社，1972：25.

② 黄宗智主编．中国乡村研究第（十一辑）[M]．福州：福建教育出版社，2014：166.

③ 车明诚等．农业经济学——理论与政策[M]．哈尔滨：黑龙江人民出版社，1993：300.

④ 史念海．隋唐时期长江下游农业的发展[J]．人文杂志，1960（1）：34—40.

⑤ 曹尔琴．唐代经济重心的转移[A]；历史地理第2辑[M]．上海：上海人民出版社，1982：147—155.

并含有若干未知因素，但是它们之间最基本的关系是明确的。[①] 对此，傅筑夫先生作出了理论上的高度概括：一方面，人口促进了农业的发展；另一方面，农业的发展增加了对人口的容纳力和对劳动力的需求，反过来又促进了人口数量的增长。[②]

从宏观上讲，在我国传统社会农业经济背景下，历代王朝增加农业（狭义的农业，仅指种植业）总产量的最直接的途径不外乎以下几条：其一，在农业生产技术相对稳定的前提下，尽可能地扩展可垦耕地面积；其二，全面实行和推广以农业生产工具与耕作技术为核心的先进生产技术，提高单位面积产量；其三，兴修农田水利设施，提高防洪与灌溉能力，为农业丰收提供可靠保障；其四，增加单位面积的劳动力投入量；其五，制定并推行有利于农业发展的制度或措施等。我国传统社会的发展历史业已证明，这几条途径并非单线进行，而是在相互交融的过程中并行发展。在生产技术相对缓慢的情况下，如果说扩展耕地面积与兴修水利成为历朝历代在特定生产技术下，追求农业生产总量最常态化的诉求。那么，如何将更多的劳动力投入农业生产则是他们首要考虑的问题。这一国家治理理念尤其是在离乱之后王朝登基伊始或者王朝出现财政危机、面临稳固政权的局势时，表现得更为突出。制定或调整各种土地政策和人口政策的核心目的就是要保证一定数量的人口和耕地以及尽量使二者结合的程度和方式更符合当时农业发展的需求。如此看来，人口就成为我国传统社会促进农业生产乃至社会变迁的最为重要的一环。这是因为，在粗放经营和生产技术发展相对缓慢的前提下，各种发展农业生产措施的顺利实施，必须以一定数量的劳动力投入为前提和基本保证。因此，作为生产劳动过程中最为活跃的因素，区域内人口数量的多少与分布，体现了劳动力对农业发展的支撑力度，往往能够反映某一特定历史发展阶段的区域农业发展的总体状况。

另一个需要注意的问题是，人口数量与劳动力资源的关系，基本体现在两个方面：其一，人口数量仅是劳动力资源的前提条件，并不等同于农业

---

① 费省．唐代人口地理［M］．西安：西北大学出版社，1996：107.

② 傅筑夫．中国古代经济史概论［M］．北京：中国科学出版社，1981：45.

具体生产过程中的实际劳动力投入量。我国传统社会等级森严，各层官吏及其附属人口以及兵、商、僧（尼）、民等各社会阶层的数量与人口比例等始终处于动态的发展变化之中，而且史料缺载。这就对我们了解各个社会等级人口数量的构成状况造成了极大的困难；其二，即便是在实际投入的劳动力资源中，个体劳动者之间必然存在着劳动技术和劳动经验等素养的差异。因此，实际劳动过程中劳动力之间的个体劳动差异依然是我们讨论这一问题不能忽视的变量。在这方面，英国学者 M. 厄普顿关于劳动力资源的观点值得借鉴，他认为“农业总劳动量既决定于实际劳动人数，又决定于每个劳动者所作出的努力”。[①] 也就是说，考察我国传统社会劳动力资源与农业发展的关系，既不能忽视某一特定历史发展阶段中劳动力数量在人口总量中所占的比例，也不能忽视劳动力素养在具体劳动过程中所呈现出的个体劳动差异问题。

## 二、我国传统社会农业劳动力资源概念的界定

目前学界对于我国传统社会劳动力的界定并没有确切的内涵指定和细致划分。一般而言，基本存在两种观点：一种是将人口数量视作劳动力数量；另一种是将人口分为农业劳动力和非农业劳动力。结合我国传统社会的发展实际，仔细斟酌，就会发现，这两种观点在某种程度上都是脆弱的。首先，我国传统社会等级森严，在社会生产和社会生活实践进程中，人们社会分工明确，各司其职，人口数量并不完全等同于劳动力资源。如《管子》卷23《揆度》篇说：“农有常业，女有常事；一农不耕，民有为之饥者；一女不织，民有为之寒者。”[②] 管仲在强调发展农业重要性的同时，也向我们传递出“农”与“民”有着不同的确指，即“农”是指具体从事农业生产的个体家庭的小农；“民”则是指整个社会各阶层的民众。其后，经吕不韦、贾

① （英）M. 厄普顿著；姚君泽等译 . 农业生产经济学和资源利用［M］. 北京：农业出版社，1987：1—2.

② （春秋）管仲著；（唐）房玄龄注；（明）刘绩补注；刘晓艺校点 . 管子［M］. 上海：上海古籍出版社，2015：448—449.

谊、班固、范晔等政治家和史学家以自己生活时代的特有眼光继续肯定了这一常识。“一夫不耕，天下受之饥；一女不织，天下受之寒”[①]，成为历代王朝统治集团践行唐虞之道的政治理想和治国指导思想，他们将抽象的王道、帝道落实为具体的农业发展方略，并由此推拓至社会生产和社会生活的方方面面。其次，对于以个体家庭为基本生产单位和消费单位（尽管商品化程度不高）的我国传统社会的农业经济运行体系而言，家庭中的各个成员之间必然存在某种互补性或者说是协作性较强的分工（如“男耕女织”、成年男性和女性为主要劳动力、未成年子女放牛拾薪、老年父母帮衬抚育幼儿等），而且这种分工又必然以农业生产经验相对丰富、善于治家的年老父亲或者身体强壮、善于经营的青年儿子为关键性的核心主导要素。只有通过这种自发的或者说在长期的农业劳动时间过程中不自觉地形成的个体家庭内部成员之间的通力协作，才能维持一个个体家庭的正常运转。因此，讨论我国传统社会区域劳动力资源对于区域农业发展的支撑力度问题，首先必须对我国传统社会农业劳动力的内涵予以细致的诠释。

关于人力资源的内涵，《中国经济大辞库・农业卷》给出的解释为：人力资源即劳动资源，它是活劳动的源泉，是农业生产以及国民经济增长的决定因素。劳动不应简单地按人数和劳动时间来计算，更需要考虑劳动者的技能和智力素养。[②]根据我国传统社会农业生产的特点以及国家农业经济运行的总体状况，并结合学界现有的研究成果，本书认为，我国传统社会的农业劳动力资源是指历代封建政府在籍人口中能够直接从事农、林、牧、副、渔业的各种生产劳动、满足自身和社会发展需求、并且担负国家各种赋税庸役任务的丁男、丁女以及隐匿在地方豪族、寺庙、山林中能够直接从事农、林、牧、副、渔业的各种生产劳动、满足自身和社会发展需求、但并不完全担负国家各种赋税庸役任务的丁男和丁女及其劳动技能。

---

① （南朝）范晔撰；（唐）李贤等注．后汉书［M］．北京：中华书局，1997：1639.

② 张振国主编．中国经济大辞库・农业卷［M］．北京：中国经济出版社，1993：267.

## 第二节　唐代四川地区人口的地理分布、民族构成与流动

马克思主义认为，“每一种特殊的、历史的生产方式都有其特殊的、历史的起作用的人口规律”[①]。葛剑雄先生在分析西汉人口地理特征时，亦指出：我国传统社会人口及其分布是自然环境、社会生产力与人类自身能动作用的复杂产物。[②]因此，讨论唐代四川地区人口的地理分布、民族构成与域内空间的流动对于解释唐代四川地区劳动力资源与农业发展的关系具有重要作用。

### 一、唐代四川地区人口的地理分布

就目前掌握的资料来看，西汉平帝元始二年（2 年），我国第一次有了关于全国人口统计的具体数字，此后我国历代官方人口统计连续而翔实。[③]从隋末战乱中夺取政权的李唐王朝更为重视对人口的掌控与管理，自高祖武德六年（623 年）以后，制定了一套相当严密的户籍管理制度，规定每三年造籍一次，对全国人口进行统计，这为我们研究唐代四川地区的人口分布与变化提供了重要依据。但是，需要注意的是：“由于我国古代国家机器固有的内在矛盾，尤其是自唐初以来国家的赋役制度、经济财政政策和军事制度等因素促使社会矛盾激化，导致这一制度日益变质。”[④]这就提醒我们在使用唐代官方统计的人口相关资料时，要注意甄别细微。幸好，前人及学界时贤对这一问题的研究和考证用力最勤，这都为我们比较准确地了解唐代四川地区人口概况、进而掌握唐代四川地区人口演变的基本趋势提供了相对可靠的宝

---

① （德）马克思，恩格斯．马克思恩格斯全集（第 23 卷）[M]．北京：人民出版社，1972：692.

② 葛剑雄．西汉人口地理[M]．北京：人民出版社，1986：3.

③ 齐涛．中国古代经济史[M]．济南：山东大学出版社，2011：43.

④ 冻国栋．中国人口史·隋唐五代时期[M]．上海：复旦大学出版社，2002：1.

贵资料。[①]

前已论及，四川地区特殊的自然地理环境形成了比较适合单独划分行政单位的地区，今天意义上的四川行政区划范围虽经历代略有变化，但总体趋于稳定，在研究中采用历代政府户口统计数字，可比度较高。[②]因此，为了观察唐代四川地区人口基本指标户数、口数以及每户平均口数在历史发展中的权重变化，本书以《汉书》《后汉书》《三国志》等历代正史所录《地理志》《郡国志》及相关的地理志方面的文献[③]为核心，在借鉴梁方

① 注：唐代四川人口的文献资料主要集中在《大唐六典》、《旧唐书》卷41、《地理志四》、《新唐书》卷42、《地理六》、《通典》、《元和郡县图志》、《资治通鉴》、《唐会要》、《册府元龟》以及《文献通考》等传世文献中；目前学界研究成果颇为丰硕，为本小节的撰写提供了诸多方便。代表性的有梁方仲编著：《中国历代户口、田地、田赋统计》（中华书局，2008年）；黄盛璋《唐代户口的分布与变迁》（《历史研究》1980年第6期）；李世平：《四川人口史》（四川大学出版社，1987年）；谢元鲁：《唐五代移民入蜀考》（《中国社会经济史研究》1987年第4期）；李敬洵：《唐代四川经济》（四川省社会科学院出版社，1988年）；赵文林等：《中国人口史》（人民出版社，1988年）；翁俊雄：《唐初政区和人口》（北京师范学院出版社，1990年）；郭声波：《四川历史农业地理》（四川人民出版社，1993年）；冻国栋：《唐代人口问题研究》（武汉大学出版社，1993年）；费省：《唐代人口地理》（西北大学出版社，1996年）；卢华语等：《唐代西南经济研究》（科学出版社，2010年）等。

② 李世平．四川人口史［M］．成都：四川大学出版社，1987：1.

③ 注：本小节所言历代正史所录《地理志》《郡国志》及相关的地理志方面的文献具体是指：（汉）班固撰；（唐）颜师古注：《汉书》卷28《地理志》，北京：中华书局，1962年，第1598—1645页；（南朝）范晔撰；（唐）李贤注：《后汉书》卷23《郡国志》，北京：中华书局，1965年，第3506—3516；（晋）陈寿撰；（宋）裴松之注：《三国志》卷33《蜀后主传》，北京：中华书局，1959年，第901页；（南朝）沈约：《宋书》卷38《州郡志》，北京：中华书局，1974年，第1169—1182页；（唐）魏征等：《隋书》卷29《地理志》，北京：中华书局，1973年，第826—830页；（后晋）刘昫等：《旧唐书》卷41《地理志》，北京：中华书局，1975年，第1663—1783页；（宋）欧阳修，宋祁等：《新唐书》，北京：中华书局,1975：第975—1158页；（元）脱脱等：《宋史》卷89《地理五》，北京：中华书局，1977年，第2207—2226页。

仲[①]、李世平[②]、李敬洵[③]、郭声波[④]、赵文林[⑤]、冻国栋[⑥]、费省[⑦]、翁俊雄[⑧]和卢华语[⑨]等诸位时贤的研究成果的基础上，并参考当今四川所辖范围予以适当补充或删减，制作西汉平帝元始二年（2年）至北宋太祖乾德三年（965年）四川地区人口户数权重表（表3—1）、四川地区人口口数权重表（表3—2）如下：

表3—1　西汉元始二年（2年）—北宋乾德三年（965年）四川地区人口户数权重表

| 年代 | 全国户数（户） | 四川户数（户） | 户数所占比例 | 资料来源 |
|---|---|---|---|---|
| 西汉元始二年（2年） | 12,356,470 | 1,024,159 | 8.29% | 《汉书·地理志》 |
| 东汉永和五年（140年） | 9,698,630 | 1,175,457 | 12.12% | 《后汉书·郡国志》 |
| 魏景元四年（263年） | 1,473,423[⑩] | 280,000 | 19.00% | 《三国志》 |
| 南朝宋大明八年（464年） | 906,870 | 56,453 | 6.23% | 《宋书·州郡志》 |
| 隋大业五年（609年） | 8,907,546 | 492,781 | 5.53% | 《隋书·地理志》 |
| 唐开元二十八年（740） | 8,412,871 | 896,330 | 10.65% | 《旧唐书·地理志》 |

① 梁方仲．中国历代户口、田地、田赋统计［M］．北京：中华书局，2008：6—160.

② 李世平．四川人口史［M］．成都：四川大学出版社，1987：1—102.

③ 李敬洵．唐代四川经济［M］．成都：四川省社会科学院出版社，1988：9—21.

④ 郭声波．四川历史农业地理［M］．成都：四川人民出版社，1993：21—72.

⑤ 赵文林，谢淑君．中国人口史［M］．北京：人民出版社，1988：202—207.

⑥ 冻国栋．唐代人口问题研究［M］．武汉：武汉大学出版社，1993：90—221.

⑦ 费省．唐代人口地理［M］．西安：西北大学出版社，1996：26—121.

⑧ 翁俊雄．唐初政区和人口［M］．北京：北京师范学院出版社，1990：52—282；唐代人口与区域经济［M］．台北：新文丰出版有限股份公司，1995：411—438.

⑨ 卢华语等．唐代西南经济研究［M］．北京：科学出版社，2010：68—92.

⑩ 注：根据《三国志》卷33《蜀后主传》所载，取三国户数总和。

表 3—2　西汉元始二年（2 年）—北宋乾德三年（965 年）四川地区人口口数权重

| 年代 | 全国口数（口） | 四川口数（口） | 口数所占比例 | 资料来源 |
|---|---|---|---|---|
| 西汉元始二年（2 年） | 57,671,401 | 4,784,214 | 8.30% | 《汉书・地理志》 |
| 东汉永和五年（140 年） | 49,150,220 | 4,699,277 | 9.50% | 《后汉书・郡国志》 |
| 魏景元四年（263 年） | 7,814,881 | 1,082,000 | 13.84% | 《三国志》 |
| 南宋大明八年（464 年） | 4,685,501 | 297,598① | 6.35% | 《宋书・州郡志》 |
| 隋大业五年（609 年） | 46,019,956 | 2,547,678② | 5.54% | 《隋书・地理志》 |
| 唐开元二十八年（740 年） | 48,143,609 | 4,546,311 | 9.44% | 《旧唐书・地理志》 |

以上两表显示，自西汉平帝元始二年（2 年）至唐开元二十八年（740 年）七百多年的时间里，四川地区人口波动较大。两汉时期达到第一个高峰，东汉永和五年（140 年），户数 1,175,457 户，约占全国总户数的 12.12%；口数 4,784,214 口，约占全国人口总量的 8.30%。三国与南北朝时期，人口锐减，南朝宋大明八年（464 年），四川地区户数只有 56,453 户，不及东汉永和五年的 5%，口数也仅有 297,598 口，仅是东汉永和五年的 6.2%。隋炀帝大业五年（609 年），人口明显上升，四川地区户数 492,781 户，口数 2,547,678 口，但也只有东汉永和五年的一半左右。唐玄宗开元二十八年（740 年），户数 896,330，口数 4,546,311 口，虽是“魏晋以来，斯为盛矣”，却仍然“未盈两汉之数”。③ 这两次人口的高峰值也与农业发展的高峰相吻合，从宏观上显示了劳动力资源对农业发展的支撑力度。

---

① 注：李世平先生根据《宋书・州郡志》推算，是年四川人口（口数）当为 1,145,360 口。（参见李世平：《四川人口史》，成都：四川大学出版社，1987 年，第 5 页。）

② 注：《隋书・地理志》只载四川户数为 492,781，而缺载人口总数，据梁方仲先生的研究，隋大业五年（609 年）全国每户平均口数为 5.17。据此推算，是年四川人口总数为 2,547,868 人。（参见梁方仲：《中国历代户口、田地、田赋统计》甲表 1《中国历代户口、田地的总数，每户平均口数和每户每口平均田亩数》，北京：中华书局，2008 年，第 10 页。）

③（宋）欧阳修，宋祁 . 新唐书［M］. 北京：中华书局，1975：1383.

另一个问题就牵涉到唐代四川地区人口的域内分布情况，为了观察这一点，本书选取唐前期三个时间节点作为讨论的样本：贞观初年（627 年）、太宗贞观十三年（639 年）与玄宗天宝十四载（755 年），而未将唐后期列入考查范围。作出这种学术选择的基本考虑是：贞观初年，隋末战乱及唐初平定战争基本结束，全国社会处于稳定，有利于农业生产的全面恢复；贞观十三年，全国有了较为完整、精确的在籍人口数字；天宝十四载，唐代由盛转衰，人员流动成为常态，唐政府的造籍制度基本陷于瘫痪状态，史称“天下残瘁，荡为浮人，乡居地著者，百不四五”[①]。宪宗元和十五年（820 年）造籍，而剑南东、西两川却没有按照规定造籍，最终“不申户帐”[②]，所以本书未将“安史之乱”后的户口统计纳为观察点。

唐初人口，《通典》卷 7《食货典》采记高宗显庆二年（657 年）中书令杜正伦所奏数目：“大业初有八百余万户，末年离乱，至武德有二百余万户。”[③]《新唐书》卷 51《食货志》则记为：“贞观初，户不及三百万。”[④]可见，长达十五年的隋末战乱及唐初平定战争使人口锐减，同时再考虑到战争期间户口的逃散问题，全国在籍人口二三百万当是符合史实的。贞观十三年（639 年），《旧唐书》卷 38《地理志》称全国在籍户数 3,120,151 户，口数 13,252,894 口，平均每户 4.25 口[⑤]；开元二十八载（740 年），《资治通鉴》卷 214《唐纪三十》“开元二十八年”条记全国在籍户数 84,12,871 户，口数 48,143,609 口，平均每户 5.72 口；[⑥]天宝十四载（755 年），《通典》卷 7《食货典》记全国在籍户数 8,914,709 户，口数 52,919,309 口，平均每户 5.94 口。[⑦]可见，文献所记的这三个节点，反映出唐代四川地区域内人口分布存在极不平衡的状况。为了观察这一问题的历史变化，按照上述文献及时贤研

① （后晋）刘昫等 . 旧唐书［M］. 北京：中华书局，1975：3422.
② （后晋）刘昫等 . 旧唐书［M］. 北京：中华书局，1975：475.
③ （唐）杜佑 . 通典［M］. 北京：中华书局，1988：142.
④ （宋）欧阳修，宋祁 . 新唐书［M］. 北京：中华书局，1975：1344.
⑤ （后晋）刘昫等 . 旧唐书［M］. 北京：中华书局，1975：1383.
⑥ （宋）司马光等著；（元）胡三省注 . 资治通鉴［M］. 北京：中华书局，1997：6842.
⑦ （唐）杜佑 . 通典［M］. 北京：中华书局，1988：142.

究成果的参考方法，制定了唐代四川各州贞观十三年、天宝元年户数、口数与每户平均口数表如下：

表3—3　唐代四川各州贞观十三年、天宝元年户数、口数与每户平均口数表①

| 道名 | 州（府）名 | 贞观十三年（639年） | | | 天宝元年（742年） | | |
|---|---|---|---|---|---|---|---|
| | | 户数 | 口数 | 每户平均口数 | 户数 | 口数 | 每户平均口数 |
| 剑南西川 | 成都 | 117889 | 740312 | 6.28 | 160950 | 928199 | 5.77 |
| | 彭州 | 垂拱二年（686年）析益州置 | | — | 55922 | 357387 | 6.39 |
| | 蜀州 | | | — | 56577 | 390694 | 6.90 |
| | 汉州 | | | — | 69005 | 308203 | 4.47 |
| | 眉州 | 36009 | 169755 | 4.71 | 43529 | 175256 | 4.03 |
| | 嘉州 | 25085 | 75391 | 3.01 | 34289 | 99591 | 2.90 |
| | 邛州 | 15886 | 72859 | 4.59 | 42107 | 190327 | 4.52 |
| | 简州 | 13805 | 75133 | 5.44 | 23066 | 143109 | 6.20 |
| | 资州 | 29347 | 152139 | 5.18 | 29635 | 104775 | 3.54 |
| | 巂州 | 23054 | 53618 | 2.33 | 40721 | 175280 | 4.30 |
| | 雅州 | 10362 | 41723 | 4.03 | 10892 | 54019 | 4.96 |
| | 黎州 | 大足元年（701年）置 | | — | 1731 | 7670 | 4.40 |
| | 茂州 | 3386 | 53761 | 15.88 | 2510 | 13242 | 5.28 |
| | 翼州 | 1062 | 3898 | 2.43 | 711 | 3618 | 5.09 |
| | 维州 | 2142 | 缺载 | — | 2179 | 3198 | 1.47 |
| | 戎州 | 31670 | 61026 | 1.93 | 4359 | 16375 | 3.76 |
| | 松州 | 612 | 6305 | 10.30 | 1076 | 5742 | 5.34 |

① 注：本表主要参考卢华语《唐代西南经济研究》有关唐代西南地区人口问题论证的基础上制作而成（卢华语等：《唐代西南经济研究》，北京：科学出版社，2010年，第17—19页）。

续表

| 道名 | 州（府）名 | 贞观十三年（639 年） | | | 天宝元年（742 年） | | |
|---|---|---|---|---|---|---|---|
| | | 户数 | 口数 | 每户平均口数 | 户数 | 口数 | 每户平均口数 |
| 剑南西川 | 姚州 | 缺载 | 缺载 | — | 3700 | 缺载 | |
| | 当州 | 贞观二十一年（647 年）置 | | — | 2146 | 6713 | 3.13 |
| | 悉州 | 显庆元年（656 年）置 | | — | 816 | 3914 | 4.80 |
| | 静州 | | | — | 1577 | 6669 | 4.23 |
| | 柘州 | 永徽后（650 年—655 年）置 | | — | 495 | 2120 | 4.28 |
| | 恭州 | 开元二十四年（736 年）置 | | — | 1189 | 6223 | 5.23 |
| | 保州 | 开元二十八年（740 年）置 | | — | 1245 | 4536 | 3.64 |
| | 真州 | 天宝五载（746 年）置 | | — | 676 | 3147 | 4.66 |
| | 霸州 | 天宝元年（742 年）置 | | — | 571 | 1861 | 3.26 |
| | 乾州 | 大历三年（768 年）置 | | — | 缺载 | 缺载 | — |
| | 合计 | 310252 | 1506960 | 4.86 | 591384 | 3011868 | 5.09 |
| 剑南东川 | 梓州 | 45926 | 248394 | 5.41 | 61824 | 246652 | 3.99 |
| | 遂州 | 12799 | 66469 | 5.05 | 35623 | 107716 | 3.02 |
| | 绵州 | 43904 | 195563 | 4.45 | 65066 | 263352 | 4.05 |
| | 剑州 | 36714 | 190096 | 5.18 | 23510 | 100450 | 4.27 |
| | 合州 | 14934 | 50210 | 3.36 | 66814 | 107220 | 1.16 |
| | 龙州 | 1074 | 6149 | 6.05 | 2922 | 4228 | 1.41 |
| | 普州 | 25840 | 67320 | 2.61 | 25693 | 74692 | 2.91 |
| | 渝州 | 12710 | 50713 | 3.99 | 6995 | 27685 | 3.96 |
| | 陵州 | 17441 | 80110 | 4.59 | 34728 | 100128 | 2.88 |
| | 荣州 | 12262 | 55614 | 4.62 | 5639 | 18024 | 3.20 |
| | 昌州 | 乾元二年（759 年）置 | | — | 缺载 | 缺载 | — |
| | 泸州 | 19116 | 66828 | 3.50 | 16594 | 65711 | 3.96 |
| | 合计 | 242723 | 1077426 | 4.44 | 345768 | 1115858 | 3.23 |

续表

| 道名 | 州(府)名 | 贞观十三年（639 年） | | | 天宝元年（742 年） | | |
|---|---|---|---|---|---|---|---|
| | | 户数 | 口数 | 每户平均口数 | 户数 | 口数 | 每户平均口数 |
| 山南西道 | 利州 | 9268 | 31093 | 3.23 | 13910 | 44600 | 3.21 |
| | 扶州 | 1928 | 8556 | 4.44 | 2418 | 14825 | 5.91 |
| | 集州 | 1126 | 4017 | 3.57 | 4353 | 25726 | 9.91 |
| | 壁州 | 1490 | 7446 | 4.99 | 13368 | 54757 | 4.10 |
| | 巴州 | 10933 | 47890 | 4.38 | 30210 | 91057 | 3.01 |
| | 蓬州 | 9268 | 35566 | 3.84 | 15576 | 53353 | 3.43 |
| | 通州 | 7898 | 38123 | 4.83 | 40473 | 110804 | 2.72 |
| | 开州 | 2122 | 15504 | 7.31 | 5660 | 30421 | 5.37 |
| | 阆州 | 38949 | 273543 | 7.02 | 29588 | 132192 | 4.47 |
| | 果州 | 13510 | 75811 | 5.61 | 33604 | 89225 | 2.66 |
| | 渠州 | 9726 | 21552 | 2.22 | 9957 | 26524 | 2.66 |
| | 合计 | 106218 | 559104 | 5.26 | 199337 | 672944 | 3.38 |
| 山南东道 | 夔州 | 7830 | 39550 | 5.05 | 15620 | 75000 | 4.80 |
| | 忠州 | 8319 | 49478 | 5.95 | 6722 | 43026 | 6.40 |
| | 涪州 | 缺载 | 缺载 | — | 9400 | 44722 | 4.76 |
| | 万州 | 5396 | 38867 | 7.20 | 5179 | 25746 | 4.97 |
| | 合计 | 21545 | 127895 | 5.94 | 36971 | 188494 | 5.10 |
| 黔中道 | 黔州 | 5913 | 27433 | 4.64 | 4270 | 24204 | 5.67 |
| | 南州 | 3583 | 10366 | 2.89 | 443 | 2043 | 4.61 |
| | 溱州 | 贞观十六年（642 年）置 | | — | 879 | 5045 | 5.73 |
| | 合计 | 9496 | 37799 | 3.98 | 5592 | 31292 | 5.60 |
| 总计 | | 690234 | 3399283 | 4.92 | 1179052 | 5020456 | 4.26 |

表3—3显示，唐代四川地区人口的地理分布呈现出几个显著的特点：

第一，人口总体增长迅速，但有的区域增长缓慢，甚至出现负增长的情况。贞观十三年（639年）四川地区户数为690,234户、口数为3,399,283口，天宝元年（742年）户数1,179,052户、口数为5,020,456口，增长率分别为70.8%、47.7%。天宝元年也是有唐一代四川地区在籍的最高户数和口数。从各州（府）的情况来看，户口减少的有茂州、翼州、戎州等十四州，仅占总州（府）数的34.1%[①]，降幅最大的是南州，达88%。其余的州除了维州、姚州、涪州户数缺载外，均呈现增长趋势。其中，增幅在100%以上的有成都府（益州）、邛州、遂州、合州、龙州、集州、壁州、巴州、通州、开州、果州十一州，而壁州、通州更是超过了400%的增长率。又据《元和郡县图志》卷1《关内道》所记，至开元二十八年（740年），全国二百一十九个府州中，十万户以上的有六个。其中，成都府137,246户，仅次于京兆府362,900户，居全国第二位。[②]反映到口数上，有六个州增幅超过100%，分别是：成都府（益州）、邛州、嶲州、合州、壁州、通州、集州。增幅在50%～100%的有简州、遂州、扶州、巴州、开州、夔州、雅州七州，但亦有资州、茂州、翼州、戎州、松州、剑州、龙州、渝州、荣州、泸州、忠州、万州、黔州、南州十四州出现人口下降趋势，其中，南州、茂州、戎州、荣州四州更是降幅超过了50%。

第二，人口分布不均衡，呈现出平原集中、丘陵山地分散、高原稀疏的分布特点。贞观十三年，户数两万以上的州（府）共十个，集中分布在成都平原、涪江冲积平原、岷江冲积平原以及川东河谷地带，而川西高原的茂州、翼州、松州以及盆地缘边山区的龙州、扶州、集州、壁州、黔州与南州甚至不足5千户，松州只有612户，是当时所有州（府）中户数最少的。这种情况至天宝年间，虽总体上有所增加，但丘陵与高原依然数量最少。这种人口分布区域之间极不平衡的现象，给时人带来了强烈的情感冲击，如流寓

① 注：唐代四川地区至天宝元年正州总数为56州，因彭州、蜀州、汉州等11州在贞观十三年之后所置，故在计算各州户口变化时，以贞观十三年已有的41州为基数。

② （唐）李吉甫撰；贺次君点校.元和郡县图志［M］.北京：中华书局，1983：1.

夔门的杜甫“孤舟登瀼西，回首望两崖”，不禁发出了“山荒人民少，地僻日夕佳”[1]的惆怅之感。

综合上述分析可知，唐代四川地区人口总体上呈现高速增长的趋势，但区域内地理分布极不均衡，总体上形成了以盆地西部河流冲积平原为核心、向盆地中部与东部以及缘边的丘陵、山地和川西高原逐渐递减的分布特征。这与农业从平原走向丘陵与山地的发展趋势基本一致。

## 二、唐代四川地区人口的民族构成[2]

四川地区自古以来就是一个多民族聚居的区域，讨论唐代四川地区人口的地理分布问题自然不能忽视当时民族的构成与地域分布问题。唐代四川地区的少数民族种类甚多，见诸文献记载的有蛮、僚、氐、羌、夷、儴、铤、賨等，其中分布广泛、人口数量相对较多的主要是僚、羌和蛮三个民族，是唐代四川地区少数民族的主体。

僚人，古文献称之为“獠人”，原集中分布在牂牁、兴古（今云南省砚山县）等郡，即今云贵高原南部山区。东晋成帝时李寿割据成都，为阻止晋军攻占牂牁，决定“从牂牁引僚入蜀境”。饱受昆明地区诸族侵略和西晋末年战火摧残的僚人在李寿的招引下，大规模地北迁，陆续进入四川盆地。《蜀鉴》卷4载《李寿纵僚于蜀》记：“蜀本无僚，至是始出巴西、渠川、广汉、阳安、资中、犍为、梓潼，布在山谷，十余万家。”[3]《太平寰宇记》卷139《山南西道·巴州》引唐人贾耽《四夷县道记》：“至李特孙寿时，有郡（群）僚十余万从南越入蜀汉间，散居山谷。”[4]

---

① （清）彭定求等编．全唐诗［M］．北京：中华书局，1999：2337.

② 注：本小节主要参考李敬洵《唐代四川经济》与贾大泉《四川通史·两晋南北朝隋唐卷》两位先生的研究成果（李敬洵：《唐代四川经济》，成都：四川省社会科学院出版社，1988年，第22—27页；贾大泉：《四川通史·两晋南北朝隋唐卷》，成都：四川人民出版社，2010年，第196—228页）。

③ （宋）郭允蹈．蜀鉴［M］．上海：商务印书馆，1937：52.

④ （宋）乐史．太平寰宇记［M］．北京：中华书局，2007：2703.

爰及唐代，几乎整个盆地及其周缘的山区皆有僚人的踪迹[①]，其中位于岷江和沱江中下游的邛、雅、黎、眉、嘉、陵、荣、戎、泸、简、资等州以及渠江上游的集、壁、巴、蓬、渠、通等州，分布最为集中。高宗、武周以后，因赋役沉重，诸州三万余汉族居民逃往渠江流域的渠、果、合、遂等州[②]，从而使该区域僚人迅速与汉族融合。汉族先进的农业生产技术得以融入僚人的农业生产体系。尽管僚人“散居山谷”[③]，以半耕半牧的农业生产方式为主，但农业整体发展水平有所提高。如眉州“僚麻布”、涪州“连头僚布”被列为土贡之物。从劳动力角度分析，僚人是统治阶层奴婢的重要来源，如《北史》卷95《僚传》称：“至有卖其昆季妻孥尽者，乃自卖以供祭焉。”[④]

广袤的川西高原，自古就是各种氐羌部落的活动场所。唐初，其中的党项羌逐渐强大起来，其活动范围“东至松州，西接叶护，南杂春桑、迷桑等羌，北连吐谷浑，处山谷间，亘三千里”。[⑤]高祖武德年间，党项两次入侵松州，均被唐军击败。太宗时期，党项诸部相继内附，请同编户。如贞观五年（631年），“太仆寺丞李世南开党项之地，置十六州、四十七县”。[⑥]德宗贞元九年（793年），党项西山八国“各率其部落，诣剑南西川内附”，当时西川节度使韦皋“处其众于维、霸等州，赐牛、粮，治生业，差赐官禄”。这一措施极有成效，“于是松州羌二万口相踵入附”。[⑦]扶、松、茂等州虽然是唐朝设置的正州，但是当地的居民仍然是以羌人为主的少数民族。由于党项羌所处的维、霸等州“气候多风寒，五月草始生，八月霜雪降”，不适宜农作物的生长，所以党项羌基本从事畜牧业，“畜牦牛、马、驴、牛，以供其食。不知稼穑，土无五谷”[⑧]，其所生产的牦牛尾、牛酥等被列为土贡之物。

---

① 刘琳．僚人入蜀考［J］．中国史研究，1980（2）：119—134.
② （清）董浩等编．全唐文［M］．北京：中华书局，1983：2700.
③ （北齐）魏收．魏书［M］．北京：中华书局，1974：2248.
④ （唐）李延寿．北史［M］．北京：中华书局，1974：3154.
⑤ （后晋）刘昫等．旧唐书［M］．北京：中华书局，1975：5290.
⑥ （宋）司马光等著；（元）胡三省注．资治通鉴［M］．北京：中华书局，1997：6090.
⑦ （宋）欧阳修，宋祁．新唐书［M］．北京：中华书局，1975：6219.
⑧ （后晋）刘昫等．旧唐书［M］．北京：中华书局，1975：5290.

盆地西南山区和河谷之间，群“蛮”错居，唐人按其地理位置，将生活于雅砻江中下游地区的部落称为西蛮，将生活于雅砻江中下游以东的部落称为东蛮。高宗咸亨三年（672年），东蛮诸部“率户二万内附，析其地为殷州、揔州、敦州，以安辑之。殷州居戎州西北，揔州居西南，敦州居南，远不过五百余里，近三百里”，东蛮以北的黎、雅二州境内，同样也是“诸蛮错居”。“黎、雅二州之东，又有凌蛮，西有三王羌”。这些归附唐朝的“群蛮”基本从事畜牧业生产活动，如勿邓部落“土多牛羊，无布帛”。①

## 三、唐代四川地区人口的空间流动

唐代四川地区人口的流动呈现出移民入蜀和区域内部的流动两个显著的特点。移民入蜀和人口区域内部的流动彻底改变了人口的社会结构。关于唐代移民入蜀问题，谢元鲁先生曾做过详细考证。就移民时间而言，谢元鲁先生认为大致有三个高峰期，分别是隋末唐初、“安史之乱”以后的中唐时期以及唐末五代时期。②移民入蜀的主要原因在于避乱，这一点学界已有丰硕研究成果。本小节拟从移民入蜀和人口区域内部的流动两方面来探求唐代四川地区人口的流动对农业发展的关系。

### （一）移民入蜀

统观有唐一代移民入蜀，主要有为避战乱的民间自发移民、为稳定政权的官方移民以及因仕入蜀三种形式。

第一，移民自发入蜀。移民自发入蜀主要集中在中原发生战乱之后，为避兵火而入蜀。此类移民构成涵盖为地方望族、僧侣、手工业者以及普通百姓等诸多阶层，主体则为氏族和百姓，从时间上与隋末唐初、“安史之乱”以及唐末战乱相吻合。长达十四年的隋末战乱、唐初平定战争、“安史之乱”及唐末战争使中原地带饱受战火涂炭，而相形之下，“剑南独无寇盗，属者

---

① （宋）欧阳修，宋祁．新唐书［M］．北京：中华书局，1975：6315.

② 谢元鲁．唐五代移民入蜀考［J］．中国社会经济史研究，1987（4）：79—85.

辽东之役，剑南复不预及，其百姓富庶”。[①] 因此，唐前期四川地区自然就成为中原地带，尤其是关陇地区饱受战火之苦人们外迁的首选之地。唐政府建立伊始，在稳定社会局势的诸多措施中，最为重要的当属尽快推行“均田制”和“租庸调制”，但其前提是必须厘清各地州县的具体人数。针对为避战乱而自发流入四川地区的移民，唐政府不得不承认其在籍户口，高祖《遣使安抚益州诏》可资为证：“西蜀僻远，控接巴夷，厥土沃饶，山川遐旷。往昔隋末丧乱，盗寇交侵，流寓之民，遂相杂挠，游于堕业，其类实繁。”[②] 尽管诏书中没有提及“流寓之民”来自何处，但从“隋末丧乱，盗寇交侵”而避乱西蜀来看，当来自北方无疑。“遂相杂挠，游于堕业，其类实繁”则表明涵盖社会各个阶层。在僧侣眼中，“时天下饥乱，唯蜀中丰静，故四方僧投之者众”。玄奘法师即在隋末唐初“进向成都”[③]；道因法师亦因此时“中原荡覆，具祸以烬”而“避地三蜀，居于成都多宝之寺”。[④] 这一时期的文人入蜀更是不胜枚举。需要特别指出的是，此类移民往往不见于史书记载，找不到直接的文献依据。葛剑雄先生在提及这一点时指出，自发移民不见于史书记载的主要原因是因为历代封建政府为了控制赋税和徭役，大多是禁止自发移民的，只有在遭遇自然灾害和战争，无力赈灾时，才会给予鼓励迁徙。[⑤]

第二，官方移民入蜀。武德二年（619 年），河南、河北等地的百姓为避战乱不断流入京师，使得京师粮食供应不堪重负。为解燃眉之急，唐廷一方面急调“剑南之米，以实京师”[⑥]；另一方面下令移民四川地区，《全唐文》卷 1 高祖颁《定户口令》载：“京师藏廪，军国资用，罄以恤民，便缺支拟。今岷嶓款服，蜀汉沃饶，闾里富于猗陶……外内户见在京者，宜本土置令以

---

① （宋）司马光等著；（元）胡三省注．资治通鉴［M］．北京：中华书局，1997：1591.

② （清）董浩等编．全唐文［M］．北京：中华书局，1983：3035.

③ （唐）慧立，彦悰著；孙毓棠，谢方点校．大慈恩寺三藏法师传［M］．北京：中华书局，2000：7.

④ （清）董浩等编．全唐文［M］．北京：中华书局，1983：27.

⑤ 葛剑雄．统一与分裂：中国历史的启示［M］．北京：商务印书馆，2013：107—108.

⑥ （宋）王钦若等筹编．册府元龟［M］．北京：中华书局，1960：5966.

下，下官部领，就食剑南诸郡……秋收丰实，再听进止。”[①]这是目前文献所载唐代最早的官方移民政令。另一种移民方式是通过发布优惠政策吸引流民，《文苑英华》卷940《太仆卿上柱国华容县男王府君墓志》说，王希隽在则天末年、中宗时先后担任遂州、绵州刺史期间，感于两地“俗苦刓弊，人尽流庸”的现象，而采取“抚民如子”的开明治理方法，使百姓“彼得攸暨，归之如市”。[②]

除了正史类记载以外，文人士子所录时人之墓志铭及行状与氏族谱同样可为我们提供唐代移民入蜀的材料。北宋眉州人吕陶的《净得集》以及成书于南宋庆元年间（1195年—1200年）的《成都氏族谱》[③]，追溯了宋代四川地区一些地方著姓先祖在唐代因入仕、避免以及遨游等种种原因迁入四川地区的史实。兹据两书所记，分别胪列如下表：

**表3—4 《净德集》所见唐代移民入蜀一览表**

| 家族名称 | 迁出地点 | 入蜀地点 | 入蜀时间 | 入蜀原因 | 资料出处 |
|---|---|---|---|---|---|
| 邛州常氏 | 长安 | 始居江原，后徙居成都 | 唐代（具体不详） | 因仕 | 卷22《朝请大夫知琼州常君墓志铭》 |
| 眉州石氏 | 长安 | 眉州 | 大历中（766年—779年） | 避乱 | 卷22《中大夫致仕石公墓志铭》 |
| 金堂杨氏 | 长安 | 金堂 | 宣宗时（846年—859年） | 因仕 | 卷22《朝奉大夫知洋州杨府君墓志铭》 |
| 眉州家氏 | 河东道 | 眉州 | 德宗时（779年—805年） | 遨游，喜欢眉山风土人情 | 卷23《朝请郎新知嘉州家府君墓志铭》 |

① （清）董浩等编．全唐文［M］．北京：中华书局，1983：18.

② （宋）李昉等．文苑英华［M］．北京：中华书局，1966：4792.

③ 注：《成都氏族谱》载于明代新都（今成都新都区）人杨慎编著的《全蜀艺文志》卷53—55，题名元代费著撰，但目前学界有学者认为此谱应是南宋庆元时，由四川制置使兼知成都府袁说友主持下编撰而成的（参见日本学者森田宪司：《〈成都氏族谱〉小考》，载《东洋史研究》1978年第38卷第3号；谢元鲁：《唐五代移民入蜀考》，《中国社会经济史研究》1987年地4期），本书即采此说。

续表

| 家族名称 | 迁出地点 | 入蜀地点 | 入蜀时间 | 入蜀原因 | 资料出处 |
| --- | --- | --- | --- | --- | --- |
| 华阳王氏 | 太原 | 华阳 | 僖宗时（873年—888年） | 避乱 | 卷23《承事王府君墓志铭》 |
| 眉州杜氏 | 长安 | 始居成都，后徙居眉山 | 肃宗乾元二年（759年） | 避乱 | 卷24《朝请郎潼川府路提点刑狱杜公墓志铭》 |
| 临邛常氏 | 长安 | 临邛 | 唐中期（具体时间不详） | 因仕 | 卷24《尚书屯田郎中致仕常公墓志铭》 |
| 郫县李氏 | 京兆万年 | 始居温江，后徙居郫县 | 广明中（880年—881年） | 避乱 | 卷25《秭归县令李君墓志铭》 |
| 晋原李氏 | 京兆 | 晋原 | 广明中（880年—881年） | 避乱、因仕 | 卷25《李太傅墓志铭》 |
| 青城何氏 | 闽 | 青城 | 后唐时期（923年—936年） | 因仕 | 卷25《光禄寺丞致仕何君墓志铭》 |
| 临邛张氏 | 南阳 | 临邛 | 唐中期（具体时间不详） | 避乱 | 卷26《故光禄寺丞致仕张君墓志铭》 |
| 临邛宋氏 | 京兆 | 临邛 | 广明中（880年—881年） | 避乱、因仕 | 卷26《著作佐郎致仕宋府君墓志铭》 |
| 彭山冯氏 | 长乐郡 | 彭山 | 后蜀时期（934年—965年） | 因仕 | 卷26《长乐冯先生墓志铭》 |
| 华阳吴氏 | 京兆栎阳 | 华阳 | 唐中期（具体时间不详） | 因仕 | 卷26《吴府君墓志铭》 |
| 邛州李氏 | 长安 | 邛州 | 广明中（880年—881年） | 避乱 | 卷27《李夫人墓志铭》 |
| 荣德张氏 | 长安 | 荣德 | 玄宗幸蜀（756年—757年） | 避乱 | 卷28《赠大理评事张府君墓表》 |
| 眉州章氏 | 闽 | 始居眉州，后徙居成都双流 | 广明中（880年—881年） | 避乱、因仕 | 卷28《冲退处士章督行状》 |

由表3—4可知，从目前稽出的材料中，在吕陶为31位人士所写的墓志铭中，明确记载其家族是由外地迁入四川地区的有16位，约占所录人士

总数的51.6%。其中，唐中期迁入四川地区的有6家，约占所录人士总数的19.4%；唐末期有7家，约占所录人士总数的22.3%；五代有2家，约占所录人士总数的6.5%，1家具体年代不详，移民时间段符合谢师所考。如吕陶在为眉州士人石洵直作墓志铭时，称石洵直先祖在唐代宗大历年间（766年—779年），从羽林大将军致仕之后，担心时局紊乱，认为“天下将有变，惟蜀中稍安，乃携孥而西”，举家迁入眉州，是典型的官宦人家入蜀案例；邛州常氏（常珙）家族是从长安迁入，具体时间不详；曾任北宋朝奉大夫的金堂杨宗惠祖先是在唐宣宗时期（846年—859年）迁入金堂县；眉州家定国的祖先是在唐德宗时（779年—805年）迁入眉州；华阳王仲符的先祖是在唐僖宗时（873年—888年）迁入华阳；潼川府路提点刑狱杜敏求为杜甫后人；常浦的先祖是在唐中期（具体时间不详）迁入临邛；郫县李慎思的先祖是僖宗广明（880年—881年）西狩时从京兆万年（今西安长安区）迁入温江，后又徙居郫县；晋原（今四川崇州）李彤的先祖是僖宗幸蜀时（880年—881年）从京兆（今陕西西安）迁入晋原；青城（今四川都江堰）人何敏的先祖是后唐时从福建迁入；临邛张元老“之先居南阳，值唐季乱，避地入蜀”；临邛宋慎交“之先居京兆，唐僖宗时为屯田郎中，随乘舆入蜀”；彭山冯氏（冯损之）家族是后蜀时期从长乐郡（今福建福州）迁入四川地区；华阳吴氏（吴拱之）家族是唐中期由京兆栎阳（今西安阎良区）迁入四川地区；邛州李夫人的先祖本为唐宗室，因“僖宗西幸，遂居邛州”；荣德县（今四川荣县）人张惟德的先祖是“天宝中从明皇西幸而为南荣巨姓”；眉州章訾之先“本闽人，唐广明中（880年—881年）从僖宗西幸”而入蜀。[①]

① 注：资料来源：（宋）吕陶：《净德集》卷22《中大夫致仕石公墓志铭》《朝请大夫知邛州常君墓志铭》《朝奉大夫知洋州杨府君墓志铭》、卷23《朝请郎新知嘉州家府君墓志铭》《承事王府君墓志铭》、卷24《朝请郎潼川府路提点刑狱杜公墓志铭》《尚书屯田郎中致仕常公墓志铭》、卷25《秭归县令李君墓志铭》《李太傅墓志铭》《光禄寺丞致仕何君墓志铭》、卷26《故光禄寺丞致仕张君墓志铭》《著作佐郎致仕宋府君墓志铭》《长乐冯先生墓志铭》《吴府君墓志铭》、卷27《李夫人墓志铭》、卷28《赠大理评事张府君墓表》《冲退处士章訾行状》，北京：中华书局，1985年，第245、243、249、254、257、265、268、274—275、276、278、282、283、288、293、299、300页。

表 3—5 《成都氏族谱》所见唐代移民入蜀一览表

| 家族名称 | 迁出地点 | 入蜀地点 | 入蜀时间 | 入蜀原因 | 出处 |
|---|---|---|---|---|---|
| 成都吴氏 | 不详 | 成都 | 不详 | 因仕 | 卷 53《氏族谱 · 吴氏》 |
| 成都范氏 | 河北范阳 | 成都 | 广明间（880 年—881 年） | 避乱 | 卷 53《氏族谱 · 范氏》 |
| 广都郭氏 | 长安 | 广都 | 僖宗幸蜀（880 年—881 年） | 避乱、因仕 | 卷 53《氏族谱 · 郭氏》 |
| 丹棱李氏 | 长安 | 丹棱 | 武后时（685 年—704 年） | 政治避难 | 卷 53《氏族谱 · 李氏》 |
| 成都张氏 | 韶州曲江 | 成都 | 僖宗幸蜀（880 年—881 年） | 避乱、因仕 | 卷 53《氏族谱 · 张氏》 |
| 成都宋氏 | 长安 | 成都 | 僖宗西幸（880 年—881 年） | 避乱、因仕 | 卷 53《氏族谱 · 宋氏》 |
| 新繁勾氏 | 不详 | 成都 | 僖宗入蜀（880 年—881 年） | 避乱、因仕 | 卷 53《氏族谱 · 勾氏》 |
| 蜀州常氏 | 京兆 | 蜀州 | 僖宗幸蜀（880 年—881 年） | 避乱、因仕 | 卷 53《氏族谱 · 常氏》 |
| 新都房氏 | 京兆 | 新都 | 唐末 ① | 避乱 | 卷 53《氏族谱 · 房氏》 |
| 成都杜氏 | 京兆 | 成都 | 肃宗乾元二年（759 年） | 避乱 | 卷 54《氏族谱 · 杜氏》 |
| 成都刘氏 | 长安 | 成都 | 僖宗幸蜀（880 年—881 年） | 避乱 | 卷 54《氏族谱 · 刘氏》 |
| 成都宇文氏 | 河南 | 渠县 | 元和二年 ②（807 年） | 因仕 | 卷 54《氏族谱 · 宇文氏》 |
| 成都杨氏 | 潼川 | 郫县 | 武后垂拱元年（685 年） | 因仕 | 卷 54《氏族谱 · 杨氏》 |
| 成都郭氏 | 长安 | 成都 | “安史之乱”之后 | 不详 | 卷 54《氏族谱 · 郭氏》 |
| 成都施氏 | 不详 | 岷山下 | 僖宗入蜀（880 年—881 年） | 避乱 | 卷 54《氏族谱 · 施氏》 |
| 郫县何氏 | 不详 | 郫县 | 僖宗幸蜀（880 年—881 年） | 避乱、因仕 | 卷 55《氏族谱 · 何氏》 |

① 注：新都房氏具体入蜀时间不详，但从所录信息：以唐房玄龄八世孙房重卫入蜀始祖、且房重之子房谓为“蜀太常少卿”来看，房重入蜀当在唐末，其入蜀原因应该出于避乱。

② 注：宇文氏，河南望族，以宇文籍为入蜀始祖。检《旧唐书》卷 160《宇文籍传》，宇文籍于元和二年（807 年）随武元衡入蜀，本书按此载记作为宇文氏入蜀时间（【后晋】刘昫等：《旧唐书》卷 160《宇文籍传》，北京：中华书局，1975 年，第 429 页）。

续表

| 家族名称 | 迁出地点 | 入蜀地点 | 入蜀时间 | 入蜀原因 | 出处 |
| --- | --- | --- | --- | --- | --- |
| 郫县王氏 | 不详 | 郫县 | 僖宗入蜀（880年—881年） | 避乱、因仕 | 卷55《氏族谱·王氏》 |
| 庆馀邵氏 | 丹阳 | 庆馀 | 宋初 | 不详 | 卷55《氏族谱·邵氏》 |
| 郫县申氏 | 北京 | 青城 | 蜀后主广政时（938年—965年） | 因仕 | 卷55《氏族谱·申氏》 |
| 郫县王氏 | 太原 | 郫县 | 唐末（具体时间不详） | 避乱 | 卷55《氏族谱·王氏》 |
| 郫县杨氏 | 不详 | 郫县 | 唐末（具体时间不详）① | 避乱 | 卷55《氏族谱·杨氏》 |
| 郫县文氏 | 潼川永泰 | 郫县 | 五代（具体时间不详） | 避乱 | 卷55《氏族谱·文氏》 |
| 新繁彭氏 | 不详 | 普州 | 僖宗入蜀（880年—881年） | 避乱、因仕 | 卷55《氏族谱·新繁彭氏》 |
| 新繁周氏 | 汝南 | 新繁 | 不详 | 不详 | 卷55《氏族谱·周氏》 |
| 双流宋氏 | 京兆 | 彭山 | 隋末唐初（具体时间不详） | 官员获罪流放 | 卷55《氏族谱·宋氏》 |
| 双流李氏 | 陇西 | 雅州 | 五代（具体时间不详） | 避乱 | 卷55《氏族谱·李氏》 |
| 成都张氏 | 大同 | 成都 | 五代（具体时间不详） | 避乱 | 卷55《氏族谱·张氏》 |
| 金堂蹇氏 | 不详 | 金堂 | 僖宗入蜀（880年—881年） | 避乱、因仕 | 卷55《氏族谱·蹇氏》 |
| 新都沈氏 | 不详 | 新都 | 僖宗入蜀（880年—881年） | 避乱、因仕 | 卷55《氏族谱·沈氏》 |

表3—5显示，《全蜀艺文志》卷53～55所收《成都氏族谱》共载唐宋时期四川著名氏族大姓45家，其中明确记载其家族是在唐代由外地迁入的有29家，约占所录总数的64%。在入蜀氏族中，隋末唐初入蜀的有3家，约占入蜀氏族总数的10.3%；唐中期“安史之乱”后入蜀的有3家，约占入蜀氏族总数的10.3%；唐末五代入蜀的有20家，约占入蜀氏族总数的68.9%；北宋初入蜀的有1家，约占入蜀氏族总数的3.4%；唐代入蜀但具体

① 注：郫县杨氏尽管没有明确记载入蜀时间，但从所录“居郫县凡四世，至迈，官至（宋）左朝议大夫”等信息来看，杨氏入蜀时间当在唐末。

时间不详的有 2 家，约占入蜀氏族总数的 6.9%。

成都吴氏（吴师孟）家族“入蜀，以唐左武卫兵曹参军为始祖……伪蜀时最显”，尽管入蜀具体时间不详，但其祖先在唐代因仕入蜀当无异议；成都范氏先祖于广明间（880 年—881 年）从河北道范阳为避乱而入蜀；广都郭氏原系郭子仪后代，“从僖宗幸蜀而家广都”；丹棱李氏先祖原为太宗十四子，因“武氏擅政权而入蜀”；成都张氏先祖“随扈僖宗幸蜀”；成都宋氏先祖“随僖宗西幸，因家成都”；新繁勾氏先祖“以护卫僖宗为将军”入蜀；成都宇文氏在元和二年（807 年）入蜀；蜀州常氏先祖“扈卫僖宗驾入蜀”；新都房氏在唐末为避战乱而入蜀；成都杜氏为杜甫后人，杜甫因避乱在肃宗乾元二年（759 年）入蜀；成都北刘氏先祖刘再思“以御史从僖宗”入蜀；成都杨氏家族是在武后垂拱元年（685 年）其先祖杨炯“谪梓州司法参军”而“自潼川徙郫”，而后又从“郫徙成都”；成都施氏先祖是“从僖宗入蜀”；郫县何氏原系西汉何武之后，后徙居他地，“僖宗幸蜀，因归郫”；郫县王氏先祖“随僖宗入蜀，因留蜀”；庆馀邵氏宋初迁入“岷山之阳”；郫县申氏是在蜀后主广政年间（938 年—965 年）入蜀；郫县王氏“望太原，唐末避乱入蜀”；郫县杨氏唐末入蜀；郫县文氏五代时入蜀；新繁彭氏“以左拾遗随僖宗入蜀”；新繁周氏“望汝南，入蜀，家于繁”；双流宋氏“望京兆，隋谏官遂以直言得罪，流蜀隆山（彭山）”，尽管没有明确记载入蜀时间，但在隋末入蜀当属无疑；双流李氏“系出陇西，隐五季间，闻蜀多名山，遂挈二子及宗属自鼎、沣入蜀”；金堂蹇氏“从僖宗西巡”入蜀；新都沈氏“随僖宗入蜀，居新都之弥牟镇”。[①] 此外，尽管没有明确记载何时何地

① 注：资料来源：（明）杨慎编；刘琳，王小波点校：《全蜀艺文志》卷 53《氏族谱·吴氏》《氏族谱·范氏》《氏族谱·郭氏》《氏族谱·李氏》《氏族谱·张氏》《氏族谱·宋氏》《氏族谱·勾氏》《氏族谱·宇文氏》《氏族谱·常氏》《氏族谱·房氏》、卷 54《氏族谱·杜氏》《氏族谱·刘氏》《氏族谱·杨氏》《氏族谱·施氏》、卷 55《氏族谱·何氏》《氏族谱·王氏》《氏族谱·邵氏》《氏族谱·申氏》《氏族谱·王氏》《氏族谱·杨氏》《氏族谱·文氏》《氏族谱·新繁彭氏》《氏族谱·周氏》《氏族谱·宋氏》《氏族谱·李氏》《氏族谱·蹇氏》《氏族谱·张氏》《氏族谱·新都沈氏》，北京：线装书局，2003 年，第 1623、1624、1625、1626、1628、1629、1631、1636、1637、1638、1641、1642、1646、1647、1648、1649、1650、1651、1652、1655、1657、1658、1659 页。

入蜀，但由外地迁入的有1家，如郫县杨氏“居郫县凡四世”，由此可断定由外地迁入当属无疑。

第三，因仕入蜀。上引北宋眉州任吕陶《净德集》所录眉州杨氏（杨宗惠）家族即是因杨宗惠的祖先出任金堂县令而迁入四川地区；上引晋原李氏（李彤）家族亦是因李彤八世祖随僖宗幸蜀而调任晋原县令迁入四川地区；上引青城何氏（何敏）家族是因“仕后唐历太原留守、除西川副使”而迁入四川地区；上引临邛宋慎交“之先居京兆，唐僖宗时为屯田郎中，随乘舆入蜀，任彭、眉二州刺史”；上引彭山冯损之因其祖“仕孟氏，任眉州司户参军而家焉”；上引华阳吴拱之“其先京兆栎阳人，自唐中世宦于唐安，爱其土俗风物之美，遂占籍华阳”。上引《全蜀艺文志》所收《氏族谱》载记成都杨氏家族因其先祖杨炯在武后垂拱元年（685年）“谪梓州司法参军”而“自潼川徙郫”，而后又从“郫徙成都”；成都施氏先祖“从僖宗入蜀”，始居岷山下，后徙居成都；郫县申氏本“贯北京，蜀广政中曰幹臣，始来青城”。另外，《宋史》卷333《姚涣传》、卷400《宋德之传》记载，普州姚氏家族，其先“世居长安，隋开皇中，有景彻者，以讨平卢夷，军功为普州刺史，子孙率家普州”；蜀州宋氏家族“其先京兆人，隋谏大夫远谪彭山，子孙散居于蜀，遂为蜀州人”。[①]

## （二）域内人口的空间流动

唐代四川地区区域内部的百姓的自发流动多是因规避繁重的赋税而逃亡。自唐高宗以来，或因朝廷的政治流放地而造成官僚集团的腐败，从而导致人口流亡。有学者亦指出，巴蜀地区自高宗将宰相长孙无忌流放到黔州（治今重庆市彭水县）安置之后，便成为政治流放地，相当多的地方官职都是由受到贬斥的官员担任。这些官员中，不少是由于为政残暴，或因贪赃枉法而被贬到巴蜀地区做官。在当时整个官僚集团急剧腐败的情况下，这些有着各种劣迹的地方官员使得巴蜀地区的吏治极为败坏。[②]针对这种情况，武

① （元）脱脱等.宋史［M］.北京：中华书局，2011：10708、12155.

② 李敬洵主编.四川通史·魏晋南北朝隋唐卷［M］.成都：四川人民出版社，2010：56.

周神功元年（679 年），纳言姚铸因坐事而左迁益州大都督府长吏，赴任后即上疏朝廷，“蜀中官吏多贪暴，铸屡有发挞，奸无所容”，武则天亦做出了“蜀中氓俗殷杂，久缺良守，弊于浸渔，政以贿成，人无措足”[①]的判断。武周圣历元年（698 年），蜀人陈子昂在《上蜀川安危事》中指出：“蜀中诸州百姓所以逃亡者，实缘官吏贪暴，不奉国法，典吏游容，因此浸渔。剥夺既深，人不堪命，百姓失业，因即逃亡。凶险之徒，聚为劫贼。今国家若不清官人，虽杀获贼，终无益。”[②]武周时期，官僚的集体腐败，导致了四川地区社会动荡，以农业为核心的经济停滞，最终导致四川地区成为全国人口脱籍逃亡最为严重的地区。

唐代四川地区的逃户移民一般由平坝逃向丘陵山地，迁徙而不出川。武德四年（621 年），唐政府针对益州、夔州的逃户专门颁布赦免诏令，《唐大诏令集》卷 83《政事·思宥》“益州、夔州管内疏理囚徒制”条：

> 益州道行台及夔州总管府，众务臻集，统摄遐长。囚徒禁系，其数不少。……所有囚徒，悉行覆察，务使宽简。……但有负罪逃亡，弃业乡邑，无问轻重，悉令归首，明加劝导，务修垦植，庶使家给人足。[③]

该条史料提供的信息亦可在其他文献记载中得到印证。陈子昂《上蜀川安危事》：“今诸州逃户，有三万余。”[④]上引北宋眉州人吕陶《净德集》所录杜甫后人潼川府路提点刑狱杜敏求即是杜甫“下江陵，留二子守成都籍”，为避杨子琳之乱而“奔眉州”；临邛宋氏（宋慎交）家族因其七世祖“卒官，葬武阳，而家焉”，后“迁临邛蒲阳，遂为邛大姓”；上引《全蜀艺文志》所载眉州章詧之祖先在唐广明中从僖宗西幸而入蜀之后，“始居眉之鼓山，后徙居成都之双流”；双流宋氏始居隆山（彭山），后徙居双流；双流邓氏原居

① （后晋）刘昫等．旧唐书［M］．北京：中华书局，1975：2903—2904.
② （清）董浩等编．全唐文［M］．北京：中华书局，1983：2133.
③ （宋）宋敏求编；洪丕谟等点校．唐大诏令集［M］．上海：学林出版社，1992：432.
④ （清）董浩等编．全唐文［M］．北京：中华书局，1983：2133.

梓州中江，孟蜀时迁入双流；郫县詹氏由自邛州迁入；郫县犀浦张氏“昔望崇庆之永康，迁于郫之犀浦镇”；江源张氏“唐大中时（847年—858年），自犍为武阳徙江源”；[①] 成都宇文氏始居渠县，后徙居成都。

综上所述，唐代四川地区人口增长迅速，玄宗天宝元年（742年）四川地区在籍最高户数达117万户，但人口分布不均衡，呈现出平原集中、丘陵山地分散、高原稀疏的分布显著特点。以僚、羌、蛮为主的少数民族归附唐代之后散居于川西高原、川西南山区与河谷以及盆地东北部的丘陵与山地之间，农业生产整体水平较低，以畜牧业为主。移民入蜀和人口区域内部的流动彻底改变了人口的社会结构。贯穿整个唐代的移民入蜀，既充实了原有的劳动力数量，而且也带来了先进的生产技术和蜀人所不及的强壮和耐劳的品格。[②] 但是，人口的大量脱籍逃亡以及家族性的空间流动也对农业发展带来了一定的消极影响。

另外，应当指出，无论是自发移民、官方移民入蜀，还是蜀地内部因为逃避赋税等原因而造成的人口空间流动，一般情况下，绝大多数农民不愿意离开世代生活的故土，即便是在遭遇天灾人祸而被迫流亡或由官方强令迁入他乡的情况下，大多数人仍然还是要千方百计地返回故乡。这是因为传统小农经济生产模式下，人们对土地及其维持小农经济生活秩序的宗族观念无比依赖，形成了安土重迁的乡土情怀。但如果迁入地农业生产条件优越，且容易获得土地，移民不仅能维持生计，而且生活水平还会高于原迁地。那么，在这种情况下，移民自然就会心甘情愿地留下来定居，自然就会“且把他乡当故乡”。换言之，官方对移民的集中安置以及移民对迁入地具体居住区域的选择，在很大程度上反映了迁入地农业生产条件的优越性、经济地理位置的重要性以及该区域原住民的社会包容性等生产与生活特质。这也是我们分析唐代四川地区移民劳动力资源不能忽视的一个重要问题。

---

① （明）杨慎编；刘琳，王小波点校．全蜀艺文志［M］．北京：线装书局，2003：1648、1650、1654.

② 赵文润．唐代前期关中与蜀中经济的比较研究——兼谈两个“天府”的兴衰［A］．卢华语等编著．古代长江上游的经济开发［M］．重庆：西南师范大学出版社，1989：38—58.

## 第三节　唐代四川地区农业劳动力数量的推算与劳动力素养的提高

人口虽不是我国传统社会农业发展的决定性因素，但在生产力发展相对缓慢的前提下，劳动力数量的多寡和劳动力劳动技能质量的高低（或者说劳动力进行具体的农业生产活动时所体现出的劳动熟练程度的高低和劳动经验的丰富与否）对农业发展起到促进和延缓作用。总体上看，农业总产量是靠大量使用劳动力获得的。从这个意义上说，唐代四川地区农业的高度发展是与当时四川地区劳动力的数量和质量密不可分的。

### 一、唐代四川劳动力数量的推算

前已论及，人口数量不等同于实际投入农业生产的劳动力数量，厘清了我国传统社会劳动力资源内涵，唐代四川地区人口总量、地理分布、民族构成以及域内空间流动等基本问题之后，另一个需要着力讨论的问题即是唐代四川地区投入农业生产的劳动力数量问题。由于正史类史料只记户数和口数而不采记劳动力数量，这给我们了解农业发展与具体劳动力的投入量问题造成了极大的困难。目前学界对这一问题的探讨，通用的方法是采取假设来推知理论数量，即在确定户数的前提下，假设每户平均 2 个劳动力，而后推知理论上的劳动力总量。其主要依据就是“五口之家”是我国传统社会家庭常态人口结构。《周礼·小司徒》说得比较具体：“小司徒均土地，上地家七人，可任也者三人；中地家六人，可任也者二家五人（每家两个半人）；下地家五人，可任也者家二人。”东汉郑玄注：“可任，谓丁强任力役之事者”[①]，即我们今天所说的实际投入农业生产的劳动力。按此方法，如果选取贞观十三年（639 年）和天宝元年（742 年）为观察点，四川地区的户数分别为 690,234 户和 1,179,052 户，那么，四川地区投入农业生产的劳动力理

① 黄公渚选注．周礼［M］．北京：商务印书馆，1936：30—32.

论数量分别为：

贞观十三年：690,234（户）×2=1,380,468（口）

天宝元年：1,179,052（户）×2=2,358,104（口）

另外，李世平先生综合文献考证认为，蜀汉时期民、兵、吏的比例分别为 86.88%、9.43% 和 3.7%[①]。尽管这是三国鼎立时期蜀汉政权采取的一项非常态化的施政措施，但可以为我们考察唐代四川地区劳动力数量提供一个新的思考点。遗憾的是，李世平先生未能进一步确指民的内涵的阶层。黄现璠先生将唐代的阶级划分为贱民（包括工商杂类及官私奴隶）、娼妓、劳动和贵族四个阶层[②]，显然，贵族不应当归为“民”的范畴。结合两位先生的观点，取人口总量的 86.88%，“确定为”直接从事农业生产相关劳动的“民”的理论意义上的人口总量，再按三分之一折合，来推测劳动力数量。如果再次选取贞观十三年（639 年）和天宝元年（742 年）为观察点，四川地区的口数分别为 3,399,283 口和 5,020,456 口，那么，四川地区投入农业生产的劳动力理论数量分别为：

贞观十三年：3,399,283（口）×0.8688 ÷ 3 ≈ 984,432（口）

天宝元年：5,020,456（口）×0.8688 ÷ 3 ≈ 1,453,924（口）

显然，两种推算方法的差别较大，贞观十三年和天宝元年分别相差 39.6 万和 90.4 万。这就引发了诸多追问：究竟哪一理论数字更接近于唐代四川地区劳动力的实际投入量呢？或者进一步上升为唐代四川地区投入的劳动力数量是否适应了当时农业发展的需求？又如何判断这一资源配置是否合理？换言之，我们推算唐代四川地区劳动力实际数量的意义又是什么？这一系列的问题需要我们对当时的土地制度作出更为细致和理性的分析，才能得出合乎

① 李世平．四川人口史［M］．成都：四川大学出版社，1987：16.

② 黄现璠．唐代社会概略［M］．上海：商务印书馆，1926：1—96.

史实的判断。

由此看来，上述所有的问题都指向一个归结点，即唐代四川地区劳动力资源是否能够满足当时的农业生产的基本要求？这就需要考察当时土地制度或相应的政策、诏令下劳动力与耕地具体结合的数量、程度与方式以及由此而产生的农业生产效果。考察人口与耕地结合的程度和方式是否合理，或者说由此而产生的农业生产效果是否理想，其基本衡量依据就是看通过这种人口与土地结合的程度和方式所生产出来的农业产品是否能够满足当时社会总人口的最基本的生活需求以及稳固国家政权所需要提供的财政支持等。转化为具体的考察基点就是劳动力数量与耕地数量的结合，即一个完整意义上的劳动力可以耕种多少亩的耕地才能满足当时社会发展的需求。

众所周知，唐前期实施的土地制度是国有制和私有制并存的均田制，“它将国有土地和人户累世之业纳入一个统一体中”①，形成了“计口授田”下土地所有权的两重性特征。武德七年（624年），唐政府颁布均田制：“凡天下丁男，给田一顷，笃疾废疾给四十亩，寡妻妾三十亩，若为户者，加二十亩。所授之田，十分之二为世业，余以为口分。世业之田，身死则承户者授之；口分则收入官更以给人。”② 同时，又规定：“男女始生为黄，四岁为小，十六为中，二十为丁，六十为老。”③ 对这一制度是否在全国得以全面推行与实施，学界争议颇大，主流观点倾向于推行实施说。胡如雷先生对唐代均田制下，受田者的条件、数量以及永业口分等一系列问题进行了详细地考证，并提出了一些开拓性的观点。如胡先生认为，除丁男、中男受田一顷外，其余受田者只有在“当户”的情况下，才有永业田二十亩，“是完全合乎情理的”。④ 按照前文推算四川地区耕地数量的方法，贞观十三年（639年）和天宝元年（742年）四川地区耕地总量分别约为100,774,552.6唐亩和152,114,211唐亩。如果将此耕地总量与上述两种方法推算的劳动力数量相除，那么，就可以推算出每个劳动力所拥有的理论耕地数量。传统劳动力考察法

① 武建国．均田制研究［M］．昆明：云南人民出版社，1992：2.

② （宋）王溥．唐会要［M］．北京：中华书局，1955：1531.

③ （宋）司马光等著；（元）胡三省注．资治通鉴［M］．北京：中华书局，1997：5982.

④ 胡如雷．唐代均田制研究［J］．历史研究，1955（5）：91—117.

得出的劳动力人均所拥有的理论耕地数量分别为：

贞观十三年：100,774,552.6（唐亩）÷1,380,468（口）≈73（唐亩）
天宝元年：152,114,211（唐亩）÷2,358,104（口）≈63.8（唐亩）

李世平先生劳动力考察法得出的劳动力人均所拥有的理论耕地数量分别为：

贞观十三年：100,774,552.6（唐亩）÷984,432（口）≈102.4（唐亩）
天宝元年：152,114,211（唐亩）÷1,453,924（口）≈104.6（唐亩）

综合考察，贞观十三年（639年）和天宝元年（742年）劳动力人均拥有的耕地数量分别为102.4唐亩和104.6唐亩更符合武德田令“丁男受田一顷”（100唐亩）的规定。应当指出，唐代均田制的制定是唐政府基于当时农业生产水平下，每个劳动力所能承受的耕地数量所做出的考虑。从这个意义上讲，唐代四川地区的劳动力数量应该满足了当时耕地面积扩展的需求。据宋人张方平《乐全集》卷36《傅求神道碑》记载，唐末四川地区，人口的增长加剧了人口与土地的失调，形成了“西川地狭，生齿日繁，无尺寸旷土”的局面①，以至于宋人史尧弼在《莲峰集》卷4《均税策》中指出：“吴蜀有可耕之人，而无可耕之地。”② 张氏与史氏所言，亦可成为上述观点的旁证。

较之同一时期的江南和关中两大农业区，成都平原③提供的劳动力赋存量又是怎样呢？为了观察这一问题，继续以贞观十三年和天宝元年为观察点。贞观十三年（639年），全国户数为3,041,871户，成都平原益、邛、

---

① （宋）张方平．乐全集［M］．四库全书珍本初集．

② （宋）史尧弼．莲峰集［M］．四库全书珍本初集．

③ 注：学界对于江南农业区、关中农业区的界定一般采用狭义，即指各自区域的核心农业区，为了对比观察四川农业区与上述两个农业区的耕地面积概况，本书以四川农业区的核心区域，即成都平原为比较因子。所采数据以处于成都平原范畴之内的益、彭、蜀、汉、邛、绵、眉、嘉八州为参考。

绵、眉、嘉5州[①]户数约有238,773户，约占全国总户数的7.85%；江南农业区户数为128,998户，约占全国总户数的4.24%；关中农业区户数为398,066户，约占全国总户数的13.09%。全国口数为12,351,681口，成都平原5州为1,253,880口，约占全国人口总量的10.15%；江南农业区有277,730口，约占全国人口总量的2.25%；关中农业区有1,744,628口，约占全国人口总量的14.12%。天宝元年（742年），全国户数为8,973,634户，成都平原8州有527,445户，约占全国总户数的5.88%；江南农业区户数为572,955户，约占全国总户数的6.38%；关中农业区有819,195户，约占全国总户数的9.13%；全国口数为48,909,800口，成都平原口数为2,713,009口，约占全国人口总量的5.55%；江南农业区人口数为3,786,311口，约占全国人口总量的7.74%；关中农业区在籍人口数为4,654,766口，约占全国人口总量的9.52%。为了详细说明这一问题，特列唐代四川地区与江南、关中农业区户数（表3—6）、口数对照表（表3—7）如下：

表3—6　唐代成都平原与江南、关中地区户数对照表

| | 贞观十三年（639年） | | 天宝元年（742年） | | 资料来源 |
|---|---|---|---|---|---|
| | 户数 | 所占全国比例 | 户数 | 所占全国比例 | |
| 成都平原 | 238,773 | 7.85% | 527,445 | 5.88% | 《新唐书》卷42《地理六》；梁方仲《中国历代户口、田地、田赋统计》甲表24 |
| 江南 | 128,998 | 4.24% | 572,955 | 6.38% | 《新唐书》卷41《地理五》；梁方仲《中国历代户口、田地、田赋统计》甲表24 |
| 关中 | 398,066 | 13.09 | 819,195 | 9.13% | 《新唐书》卷37《地理一》；梁方仲《中国历代户口、田地、田赋统计》甲表24 |

① 注：彭、蜀、汉三州于高宗垂拱二年（686年）析益州置，故贞观十三年成都平原人口数据采用益、邛、绵、眉、嘉五州为参考。

表 3—7　成都平原与江南、关中地区口数对照表

| | 贞观十三年（639 年） | | 天宝元年（742 年） | | 资料来源 |
|---|---|---|---|---|---|
| | 口数 | 所占全国比例 | 口数 | 所占全国比例 | |
| 成都平原 | 1,253,889 | 10.15% | 2,713,009 | 5.55% | 《新唐书》卷 42《地理六》；梁方仲《中国历代户口、田地、田赋统计》甲表 24 |
| 江南 | 277,730 | 2.25% | 3,786,311 | 7.74% | 《新唐书》卷 41《地理五》；梁方仲《中国历代户口、田地、田赋统计》甲表 24 |
| 关中 | 1,744,628 | 14.12% | 4,654,766 | 9.52% | 《新唐书》卷 37《地理一》；梁方仲《中国历代户口、田地、田赋统计》甲表 24 |

以上两表显示，贞观十三年（639 年），成都平原在籍劳动力数量高于江南农业区而低于关中农业区，但天宝元年（742 年），成都平原在籍劳动力数量都低于其他两大农业区。这一状况有力地证明了在我国传统社会，劳动力资源虽是推动区域农业发展最为活跃的必要条件，但却不是决定性的条件。区域农业发展应是在历代王朝统一农业政策掌控下的域内物质生产资源、劳动力生产资源和农业生产技术资源相互联系、相互影响的直接结果。

## 二、农业教育与农业劳动力素养的提高

前文已提到，在实际投入的劳动力资源中，劳动力之间必然存在的个体劳动差异是我们讨论劳动力资源不能忽视的另一变量。学界开始关注人口素质的研究始于 20 世纪 50 年代，社会学家陈达、经济学家马寅初等学者十分关注人口素质问题的考察；80 年代，朱国宏、穆光宗等学者提出了人口素质应当包含身体素质、科学文化素质和思想道德素质三个方面；国外学者对人口素质的起步研究则以马尔萨斯和马克思为代表。[①] 国内外学者未能对中

① 彭希哲．人口与人口学［M］．上海：上海人民出版社，2009：2—27.

国传统社会的人口素质在具体生产劳动过程中体现出来的个体差异性予以关注。但是马克思主义提出了人类的生产活动包括物质资料的生产和人类自身的生产，二者之间存在对立统一的关系，既互相对立互相制约，又互为依赖关系的历史唯物主义和辩证唯物主义理论为我们观察我国传统社会的劳动力资源相关问题提供了新的思考点。

以农业生产技术为例，众所周知，农业生产技术对于农业发展的重要性是不言而喻的。一项新技术的发明、推广与应用，归根结底只有被农业劳动者或实践者所接纳与掌握并具体运用到实际的农业生产劳动之中，才能转化为现实的社会生产力，从而提高生产效率，积累社会物质财富，最终推动社会的变迁。马克思主义认为，实现这一过程最为活跃也是最为关键的因素，当属劳动者。因此，劳动者自身素养的高低（或者说劳动力进行具体的农业生产活动时所体现出的劳动熟练程度的高低）决定着某项新技术被理解、接纳和运用的程度以及由此而产生的实际劳动效益。以往学界在考察我国传统社会劳动力资源与农业发展的相互关系系列问题时，往往只注重劳动力数量与农业发展的相适性，而忽略劳动者在实际生产劳动过程中所必然存在的个体差异性。即劳动者自身劳动素养不同（或者说劳动力进行具体的农业生产活动时所体现出的劳动熟练程度的高低和劳动经验的丰富与否），必然会导致在同等的社会生产力发展水平下，具体农业生产劳动过程中所呈现出的劳动技能和由此而产生的生产效率的不同。这样，就容易把劳动力数量的增减与变为真正的现实的劳动力资源混为一谈，或者将人口数量的升降简单地视作农业发展的晴雨表。即在耕地数量限定的前提下，认为："农业经济的繁荣和劳动力数量是成正比的"①；在生产工具相对落后的前提下，认为"粮食产量的增加往往依靠单位面积劳动力数量的增加来实现"②。不可否认，这种观点高度概括了我国传统社会农业发展的总体特征，但缺乏对劳动者在具体劳动过程中所必然产生的差异性以及由此而带来的生产效率的差异性的追问和必要的分析。

① 张剑光，邹国慰．唐五代农业思想与经济研究［M］．上海：上海三联书店，2010：7.
② 卢华语等．唐代西南经济开发［M］．北京：科学出版社，2010：73.

在我国传统社会，劳动者素养（或者说劳动力进行具体的农业生产活动时所体现出的劳动熟练程度和劳动经验的丰富与否）基本上是以个体劳动者自身生产经验的积累和生产技能为主要表现形式的。而个体劳动者将在直接劳动生产实践中掌握的生产经验转化成实际的劳动技能过程又相对较为缓慢。在农业物质生产资源条件限定的情况下，整个社会农业生产总产量的高低基本取决于劳动者最直接的田间劳动技巧、劳动熟练程度、对耕地与农作物之间适宜程度和对农作物生长过程与生长习性的经验判断（如农民在长期的耕作过程中）、投入农业生产劳动的积极性以及由此而转化为田间地头具体的劳动能力。据宋人叶延珪《海录碎事》所记，唐代果州、合州、戎州等地的农民利用多年积累的耕作经验，在山地丘陵之间，通过观察天气变化因地制宜地指导农业生产。该书卷17《农田部·瞢田》云："果州、合州等处，无平田。农人于山陇起伏间，为防潴雨水，用植禾粳稏稻，谓之瞢田。俗鸣雷鸣田，盖言而后有水也。戎州亦有之。"①

这种劳动素养（或者说劳动力进行具体的农业生产活动时所体现出的劳动熟练程度和劳动经验的丰富与否）一般是通过"劳动教育"的方式而获取的。虽然我国传统社会农民接受专门的劳动教育的机会有限，甚至说几乎为零，而且也没有类似现当代具体、规范的教育场所、教育内容以及具有专业知识的教师群体和完备的教育体制，历代文献记载尚未发现类似的材料。但并不能就以此否认我国传统社会的劳动教育的真实存在。目前学界对我国传统社会农业教育的研究，尚显薄弱。如对我国传统社会农业教育内涵的界定，并没有形成统一的认识。查阅各种文献记载及学界的研究成果，笔者迄今只发现为数不多的研究成果。如张景书博士将农业教育归入教育范畴，提出了一个基本的界定，可作为我们考察这一问题的参考。张景书博士认为，我国传统社会的农业教育是伴随着农业的出现而出现的。农业出现后，人们根据不同地区的气候和土壤特点，栽培不同的作物，开始使用从土地开垦到作物收刈和加工的工具，并按照教育的本质和规律，通过有组织或无组织、系统的或零碎的、家庭的或社会的不同形式，传授不同种类的农业生产

① （宋）叶延珪．海录碎事［M］．上海：上海辞书出版社，1989：497.

经验技术以及社会生活等经验，进行不同形式的农业教育。[①]按此理解，从本质上讲，我国传统社会的农业教育属于农业生产劳动实践经验的传承。从教育方式上讲，又是一种属于个体家庭内部不自觉的“教育行为”。表现在千千万万的普通农民家庭那里，就是生产经验相对丰富、生产技能相对熟练的父子或兄弟之间一种自然而然的生产经验和生产技能的言传身教。一般情况下，这种劳动教育主要借助两条途径予以实现，即个体家庭和地方政府。个体家庭一般秉承“耕读传家”的生活理念而在家庭成员之间不自觉地形成了明确的生产分工。诚如成书于东汉《四民月令·正月》所言：“农事未起，命成童以上入大学，学五经，师法求备，勿读书传。研冻泽，命幼童入小学，学篇章。命女红趣织布。”石声汉注解曰：“‘成童以上’，谓年十五以上至二十；‘幼童’谓十岁以上至十四。”[②]农民个体家庭的这种持家理念，一直贯穿我国传统社会的发展始终。唐代自然亦不例外。如杜甫《赠王二十四侍御契四十韵》说夔州一带的农民，“女长裁褐稳，男大卷书匀……农月须知课，田家敢忘勤”[③]。“农月须知课，田家敢忘勤”，即是这种朴素劳动教育的真实反映。从这个意义上讲，个体农民家庭秉承“耕读传家”的生活理念，并在现实生活中“不自觉地”予以执行，这种生产和生活方式虽不能直接提升劳动者的劳动素养，但至少会对劳动者整体素养的提高有着积极的意义。此外，个体农民家庭提高劳动力素养的教育一般依靠家庭内部成员之间的言传身教，或者说是口传心授。具体而言，因为性别和农业生产劳动的分工不同而形成了父与子、长兄与幼弟之间的农田耕作经验和母亲与女儿、儿媳之间以及年长姐姐与年幼妹妹之间家务劳作与针线女红的生活、生产经验的两条分工明显的实践传承体系。但应当指出，这种劳动力素养的培养基本上是个体家庭在无意识的状态下，一种不自觉的、或者说是本能的行为。这是因为，作为社会最基本的生产单位，个体家庭除了承担繁重的丁役赋税之外，还要肩负徭役、夫役和兵源的重任。在这种情况下，为了维持家庭的正

---

① 张景书．中国古代农业教育研究［M］．西安：西北农林科技大学出版社，2006：8.

② （汉）崔寔撰；石声汉校注．四民月令校注［M］．北京：中华书局，1965：9.

③ （清）彭定求等编．全唐诗［M］．北京：中华书局，1999：2481.

常运转，农民对劳动力资源的使用几乎达到了“零成本”，甚至近乎苛刻的程度：普通农家一个七八岁的男孩就可以放牛、放羊，一个七八岁的女孩就可以做些缝缝补补的针线女红。除此之外，这种未成年的次级劳动力还要力所能及地帮助成年劳动力完成播种、除草、除虫、施肥和收获之类的一些田间必要性的劳作。正是通过这种口耳相传、手把手的劳动实践的“培养和训练”，劳动力的素养得以潜移默化地形成。可以说，这种学习行为已经内化为农民个体家庭的一种为了生存而必须进行的生活行为，从而造就了一代又一代新的、能够“得心应手”地应对各种田间劳作和经营家庭生活的劳动力，即能够维持“男耕女织”的基本生产与生活方式。上引《四民月令·正月》开篇即言“家人苦多务”，故在每年正月个体家庭祭祀天地祖先祈求五谷丰登之时，必须“俱致齐也”[①]。时至今日，我们依然会在偏远的乡村看到这种口耳相传和言传身教的“劳动教育”。所以，尽管缺乏翔实的资料依据，但又怎能否认我国传统社会的确存在的这一社会现象呢?

地方政府对劳动者素养的培育一般体现在两个方面，即重视稼穑、向百姓宣传农业的重要性，以此激发百姓进行农业生产的积极性；同时，向百姓引入和推广某项相对成熟的新的生产技术，以此提高劳动者的劳动技能。实际上，在百姓眼中，凡是重视农业生产而力保一方土地农业丰收的帝王或官员，历来都是他们歌功颂德的对象。此种记载手法成为文献记载处理的惯例，类似实例俯拾皆是。兹举几例为是：如贯穿在蜀地的“川主信仰”即是这种社会现象的真实反映。成书于清光绪年间的《井研县志》卷4《坛庙》载：“川主者，为蜀人所崇祀，他省不经见。”[②]清人张澍编辑的《蜀典》卷7《方言·川主》直言：“蜀人称其地官之尊者，曰‘川主’耳。”[③]清人彭磬泉辑《蜀故》则进一步指出：“或祀李冰或祀李冰之子二郎，又曰川主。”[④]另外，先秦时期的大禹、杜宇氏、开明氏以及蜀汉时期的刘备、隋朝嘉州太守

①（汉）崔寔撰；石声汉校注．四民月令校注［M］．北京：中华书局，1965：1.

②（清）叶桂年等修；（清）吴嘉谟，龚煦春纂．光绪井研县志［M］．成都：巴蜀书社，1992：93.

③（清）张澍编．蜀典［M］．嘉庆版影印本卷7：21.

④（清）彭磬泉辑．蜀故［M］．商务印书馆影印本。

赵昱等人皆因重视蜀地的农业生产而被蜀民尊为“川主”，为其建庙崇祀。[①]《华阳国志》卷3《蜀志》载：“（蜀郡）太守著德垂绩者，前汉莫闻。建武以来，有第五伦、廉范叔度特垂惠爱。百姓歌之曰：‘廉叔度，来何暮，来时我单衣，去时重无袴。’”[②]陈子昂在《临邛县令封君遗爱表》一文中称颂邛崃县令封某，深明“昔者圣人之务本也，在乎稼穑。有稼穑，然后可以养人”的道理，故教给农民“分地之利”[③]。《十国春秋》卷40《张琳传》载，唐末眉州刺史张琳“修通济堰，溉田一万五千顷，民被其惠。歌曰：‘前有章仇，后有张公，疏决水利杭稻丰。南阳杜诗不可同，何不用之代天工’”[④]。唐政府亦曾下令各地在每年春季收集农书，用以指导百姓农业生产。《旧唐书》卷13《德宗本纪下》载，德宗贞元五年（789年）诏令：“以二月一日为中和节……宰臣李泌请中和节日令百官进农书，司农献穜稑之种，王公戚里上春服，士庶以刀尺相问遗，村社作中和酒，祭勾芒以祈年谷，从之。”[⑤]又：《舆地纪胜》卷153引李商隐《请留泸州刺史状》载，泸州刺史洗宗礼在任职期间，注重种麦技术的推广，要求“给嘉种，喻以深耕”[⑥]，指导农民采用深耕技术，并重视良种的精选与培育。李商隐在上表朝廷续留洗宗礼的奏章中，将洗宗礼这一实施农业教育的行为作为主要政绩予以专列，这本身就说明了时人对地方官员这种农业教育行为的认可。另外，南宋邛州蒲江（今成都市蒲江县）人魏了翁在蜀地仕宦期间，曾撰写了《汉州劝农文》《权遂宁府劝农文》《潼川府劝农文》《潼川府佬农文》等系列官文上疏朝廷言明发展农业生产对于国家安定、百姓乐业的重要性，并向当地百姓传递出因地制宜发展农业生产的劝告信息。虽然魏了翁是在南宋期间仕宦蜀地，但地方官员发

① 干鸣丰．简论“川主”信仰及其历史影响［J］．西南民族学院学报（哲学社会科学版），2003（5）：20—25；李远国，田苗苗．论巴蜀地区的川主、二郎信仰［J］．中华文化论坛，2012（6）：5—75；林移刚．川主信仰与清代四川社会整合［J］．西南大学学报（社会科学版），2013（5）：151—161.

② （晋）常璩．华阳国志［M］．北京：中华书局，1985：35.

③ （唐）陈子昂．陈子昂集［M］．北京：中华书局，1960：95.

④ （清）吴任臣．十国春秋［M］．北京：中华书局，1983：597.

⑤ （后晋）刘昫等．旧唐书［M］．北京：中华书局，1975：363.

⑥ （宋）王象之．舆地纪胜［M］．北京：中华书局，1992：1095.

展农业生产是历代王朝考核其地方执政政绩的重要内容之一。从这个意义上讲，魏了翁仕宦蜀地期间所体现出的农业教育思想，亦可作为地方政府注重推行农业教育的例证之一。

当然，不可否认，地方官员这样做的目的，虽然在很大程度上是为了获取更多的赋税收入，但较之农民个体家庭父子、母女（或婆媳）之间不自觉的劳动教育，这种通过官方自上而下推行某项农业劳动生产技术的“劳动教育”，对个体农民家庭而言，无疑具有无可辩驳的“合法身份”，从而使某项农业劳动生产技术在具体劳动实践进程中得到尽最大可能地推行与推广。这也在一定程度上提高了劳动者在进行生产劳动过程中必备的劳动技能和劳动素养。

## 本章小结

综上所述，人口与土地相结合的方式和程度不仅关系着土地对人口的供养，而且影响着国家政权的稳定与发展。历代王朝一直将其视作政权运作的基础和关键所在，在取得统治政权之后即着手予以调整或制定以人口与土地相结合为核心的土地政策以及由此而产生的各种赋税措施。他们希冀通过这种人口与土地相结合的内容、方式或程度的调整，寻求在其看来的一种最佳方案，即在促进农业经济恢复与发展的过程中，抽取农业对稳固国家统治与社会稳定的利润最大化或者说是最大限度的有效支撑。唐代四川地区人口数量增长迅速，玄宗开元年间，官方统计的人口数量虽然没有超过西汉平帝元始二年在籍数量，但较之隋大业年间，无论户数还是口数都超出了近两倍。但同时也呈现出区域增长以及区域分布不均衡的特点。总体上说，人口增长的速率和分布从平原向盆地中部与东部以及缘周丘陵山地、川西高原东部依次递减。这也与唐代四川地区农业发展的域内不平衡的显著特征相吻合。唐代四川地区人口数量的历史实际是否如此准确，很难确证，但人口数量的增长为农业发展提供了相对充足的劳动力资源，并且农业教育和劳动力素养的提高，成为唐代四川地区农业发展的一个必不可少的内在条件却是事实。

# 第四章
# 农业生产技术资源的推进

生产力在本质上是指“生产的力量和能力”①，农业生产技术是促进我国传统社会农业发展的最基本要素之一，它是以具体的农业耕作技术、生产工具、农学知识和农田水利设施为主要存在形式的社会生产力。尽管我国传统社会人们通过改善农业生产技术来控制和利用自然的意识尚处于自发状态，其主动性与现代社会无法比拟，使得农业生产技术发展进程相对缓慢，但并不能以此否认某一历史发展阶段区域农业生产技术的演变。本书所要讨论的农业生产技术资源，是指以个体家庭为基本生产单位的小农经济背景下，农民进行农、林、牧、副、渔业各种生产劳动所必需的生产技术要素，包括农田水利、生产工具以及精耕细作体系下稻作与旱作两种具体的农田劳作技术等。本章在占有学界既有研究成果的基础上，试对唐代四川地区农田水利工程的建设与管理以及精耕细作体系下稻作与旱作两种具体的农田劳作技术予以详细考察，并以此观察唐代四川地区农业生产技术的推进情形和对农业发展的支撑力度。

---

①（德）马克思，恩格斯．马克思恩格斯全集（第1卷）[M]．北京：人民出版社，1972：596.

## 第一节　四川地区农业发展对水利设施的依赖

在我国传统社会农业发展的过程中，农田水利工程的建设与管理一直是个永恒的主题，它与农业发展相生相伴、相辅相成而不可分割。故而，讨论农业发展问题自然离不开水利工程的建设和管理，谈及水利设施对于我国传统农业发展的重要性，《管子·治国》说："所谓兴利者，利农事也；所谓除害者，禁害农事也"[①]；《荀子·王制》也说："修堤堰，通沟浍，行水潦，安水臧，以时决塞；岁虽凶败水旱，使民有所耘艾，司空之事也。"[②]可见，在二人的国家治理理念构建体系中，都明确地将兴修水利视作发展农业生产的第一要务。嘉庆版《四川通志》卷23《舆地·堤堰》亦称："白天时之不能皆雨泽而无旱也，而农田之堰务以兴，自农田之不能尽低洼而无高阜也，而水利之裨益乃大。青邑（指青神县）介于嘉眉，地力瘠薄，田之望水，犹农之望岁焉。"[③]时贤亦多有类似表达，如冀朝鼎先生陈述了这样的事实："如果没有作为农业的完整组成部分的水利系统的发展，农业生产就决然达不到它曾经有过的高水平，也不可能出现具有高度生产性的农业经济所带来的半封建中国的繁荣文化。"[④]张泽咸先生则强调了我国传统社会"农业的每一个进步都包括了农田水利发展的积极成果"。[⑤]

检诸文献，不难发现，四川地区农业发展对农田水利工程的建设更为依赖。从自然地理环境上看，四川农业核心区域成都平原是由岷江、沱江、涪江等几条大河冲积而成的冲积平原，整个平原地势是西北高、东南低。这种地理状况为成都平原带来了肥沃的冲积沉淀土壤，域内地势平坦，相对落差不足20米，平均坡度也仅在2‰～10‰之间，渠汊密布，有利于发展自

① （春秋）管仲著；（唐）房玄龄注；（明）刘绩补注；刘晓艺校点．管子［M］．上海：上海古籍出版社，2015：324.

② （战国）荀子著；安继民译注．荀子［M］．郑州：中州古籍出版社，2006：122.

③ （清）常明，杨芳灿等．四川通志［M］．台北：京华书局，1967：1122.

④ 冀朝鼎．中国历史上的基本经济区［M］．北京：商务印书馆，2014：17.

⑤ 张泽咸．汉晋唐时期农业［M］．北京：中国社会科学出版社，2003：12.

流灌溉，加上气候温和湿润、雨量适中等因素，是农业发展的理想之地。但是，这种地理环境又极易遭受洪水泛滥的危害。从万山丛中奔腾而出的岷江，在夏秋之际往往会对农业生产造成灭顶之灾。这一时期，大雨时至，江河漫溢，成都平原遍地流潦是很自然的事。“西蜀天漏”谚语的由来，即是缘于成都平原屡遭水患的事实。原本已佚、内容仅散见于他书征引的《蜀王本纪》以及《汉书》《水经注》《华阳国志》等诸书所载杜宇王朝后期，蜀地“玉山出水”“会有水灾”“蜀水不流”“堰江不流”“蜀沉于海”“蜀民垫溺”等现象应是成都平原时常遭受洪水之害的真实写照。治蜀先治水，成为历代政权御蜀的共识。故而蒙文通先生总结道：“成都平原，总须经过治水才能居住，也必须在农业发展时才能显得重要”①，这一观点是相当精确的。

清人顾祖禹《读史方舆纪要》卷67《四川二》言：“(成都府)大江萦流，民殷土沃。”②一语道出了四川地区大江环绕、治蜀必先治水，只有注重水利工程的修建才能推动社会发展的史实。实际上，历史时期四川地区农业发展每一次质的飞跃以及由此而带来的社会变迁，几乎都与区域内水利设施的建设与管理休戚相关。古蜀时期，鳖灵（一说鳖令）能够取代杜宇氏，开创开明王朝，首先是鳖灵“善治水”“决玉垒”的直接结果。这一行为为农业发展提供了保障，不仅将“杜宇教民务农”的发展水平推向一个新的高度，而且提升了四川地区在全国农业经济中的地位。秦汉时期，随着都江堰及其附属水利设施的日渐完善，“天府之国”从指代全国范围内先进农业发展区域的泛称而逐渐演变成为四川地区的专称③，这足以反映出这一时期四川农业区已经领先于全国其他农业区的史实。两晋南北朝时期，尽管没有大规模修建水利设施，但蜀汉首设堰官，将秦时“蜀郡首创都水官”④、以行政管理水利设施的手段进一步常态化，继续巩固了四川地区作为全国先进农业区的史实，同时也由此使四川地区成为割据政权的首选之地。唐代是继秦汉之后又一大规模修建水利设施的时期，四川地区成为朝廷最为倚重的农业经济区和

① 蒙文通．巴蜀史的问题［A］；巴蜀古史论述［M］．成都：四川人民出版社，1980：79.

② （清）顾祖禹撰；贺次君等点校．读史方舆纪要［M］．北京：中华书局，2005：3132.

③ 王双怀．“天府之国”的演变［J］．中国经济史研究，2009（1）：71—81.

④ 罗开玉．四川通史·秦汉三国卷［M］．成都：四川人民出版社，2010：398.

赋税支撑区，同时社会变迁意义也表现得最为强烈。

应当指出，“水利殖则养其国”。在农业经济时代，水利工程的建设与维护是发展农业生产必须考虑的重要因素，但却不一定都是关键因素。对于四川地区而言，农业生产基本以成都平原作为生产基地，水利工程的主要功能与其说是灌溉，毋宁说是防洪与保障，农业发展与社会变迁的广度和深度在很大程度上取决于水利工程的修建和维护上。放眼全国，没有其他任何一个区域在农业发展的初始阶段，农业发展与社会变迁对区域内水利工程的修建和维护表现出如此强烈的依赖性。可以说，自从都江堰修缮成功以来，历史时期四川地区的农业发展俱是围绕以都江堰为核心的水利工程而展开。表面上看来，同样是静穆的农业生活方式和由此而孕育出的农业文化以及动态的工商业生活方式，但四川地区特殊的地理格局使得农业发展最能体现社会复杂化程度和社会形态演进的水平。从根本上说，四川地区水利工程的修建和维护，不仅仅是一种经济手段，更是一种政治行为，它把自然资源、农业生产资源以及当时的劳动力资源统统物化为治水的角度，来显示王朝对社会发展的掌控能力，是推动社会变迁的外在表现形式。从这个意义上讲，历史时期四川地区社会发展对农田水利工程的依赖，是在特殊自然地理条件的制约下，农业发展和社会变迁双向优选的必然结果。①

## 第二节　唐代四川水利工程的建设与管理

由于我国传统社会的农业发展是与水利工程的建设相辅相成而不可分割的，故而，讨论农业发展问题自然离不开水利工程的建设和管理。进入唐代，两方面的因素使得四川地区成为继秦汉之后又一大规模修建农田水利设施的鼎盛时期。一则，尽管都江堰及其附属水利工程建设的日渐完善为川西

① 李钊．试论杜宇、开明王朝的嬗替与先秦时期蜀地农业发展的关系［J］．西南民族大学学报（人文社会科学版），2015（9）：216—222.

平原农业的顺利开展提供了可靠保障。但在社会生产力相对低下的我国传统社会，旱灾依然是威胁农业顺利发展的“头号杀手”。从现存文献记载来看，四川盆地尽管气候适宜农业发展，发生旱灾的概率也远远低于其他农业区，但时有发生的旱灾还是带来了极大的危害性。《旧唐书》卷5《高宗纪》载：“总章二年（669年）七月，剑南益、泸、嶲、茂、陵、邛、雅、绵、翼、维、始、简、资、荣、隆、果、梓、普、遂等一十九州旱，百姓乏绝，总三十六万七千六百九十户”[①]；杜甫在《柴门》一诗中，说夔州瀼西“东城干旱天，其气如焚柴”[②]；《十国春秋》卷37《前蜀·后主本纪》载：“乾德四年（922年）自五月不雨，至九月林木皆枯。”[③] 二则，人口的持续增长对粮食的需求持续增加，在小农经济的前提下，这就迫使农产区不断得以扩展。在此情况下，为保证农业发展的顺利进行，水利工程的建设与管理成为四川地方官员考虑和予以解决的首要问题。

## 一、唐代四川地区水利工程的建设与特点

有唐一代为了开发四川盆地的水资源，保证农业的稳定发展，在盆地内通过新建、扩建与维修等多种方式修建了多达42项用以灌溉农田、漕运、防洪以及改善城市用水条件等多种用途的水利工程。

### （一）唐代四川地区水利工程的建设

唐代四川地区水利工程的建设大致可以分为三种情况：一是扩建都江堰灌区，增加益州和彭州两个主要灌溉区域的溉田面积；二是在成都平原北部沱江冲积平原上兴建水渠，用以灌溉绵州和汉州境内的农田；三是在成都平原南面的岷江冲积平原上兴建堤堰，用以灌溉眉州境内的农田。[④] 如《新唐书》卷42《地理志》记载，开元年间，益州长史章仇兼琼主持开凿修建的通济

---

① （后晋）刘昫等．旧唐书［M］．北京：中华书局，1975：93.

② （清）彭定求等编．全唐诗［M］．北京：中华书局，1999：2337.

③ （清）吴任臣．十国春秋［M］．北京：中华书局，1983：538.

④ 王双怀．“天府之国”的演变［J］．中国经济史研究，2009（1）：71—81.

水利工程有“大堰一，小堰十，自新津邛口引渠南下，百二十里至州西南入江，溉田千六百顷”。[①]唐朝末年，眉州刺史张琳再次修建通济堰，灌溉田地一千五百余顷。[②]时人为了感谢章仇兼琼与张琳造福于一方百姓，传唱歌谣进行颂扬：“前有章仇后张公，疏决水利粳稻丰。南阳杜诗不可同，何不用之代天工。”[③]

对于唐代四川地区修建的农田水利工程的具体数量，学界统计颇有异议：潘孝伟认为，若与全国十道相比，剑南道新建水利工程的总数不下30处，名列第四位，仅次于江南、河北与河南三道。而这些水利工程又主要集中在成都、广汉与犍为三蜀地区。[④]郭声波先生考证为23项[⑤]，冀朝鼎先生认为是15项[⑥]，李剑农先生统计为16项[⑦]，阎守诚、宁可、卢华语等学者统计为34项[⑧]，武汉水利地理学院《中国水利史稿》编写组则统计为19项[⑨]等。在充分占有时人研究成果的基础上，综合《新唐书·地理志》《元和郡县图志》《全唐诗》《全唐文》《成都文类》《东斋记事》《四川通志》《十国春秋》《读史方舆纪要》等文献记载，本书辑出唐代四川地区扩建和新建的水利工程共计42项，为了详细说明这一问题，兹按其所在府州胪列如下：

剑南西川是唐代修建水利工程最为集中的区域，多达28项，占整个四

---

① （宋）欧阳修，宋祁.新唐书［M］.北京：中华书局，1975：1081.

② 谢元鲁.成都通史·两晋南北朝隋唐时期［M］.成都：四川人民出版社，2011：192.

③ （清）吴任臣.十国春秋［M］.北京：中华书局，1983：597.

④ 潘孝伟.唐代蜀中农业发展原因补议——谈水旱灾害的稀少［J］.中国农史，1990（2）：10—13.

⑤ 郭声波.四川农业历史地理［M］.成都：四川人民出版社，1993：46.

⑥ 冀朝鼎.中国历史上的基本经济区与水利事业的发展［M］.北京：中国社会科学出版社，1981：36.

⑦ 李剑农.中国古代经济史稿（第二卷）［M］.武汉：武汉大学出版社，2006：189.

⑧ 阎守诚.唐代的农田水利建设［J］.晋阳学刊，1986（2）：31—32；宁可.中国经济通史（隋唐五代卷）［M］.北京：经济日报出版社，2000：40；卢华语等.唐代西南经济研究［M］.北京：科学出版社，2010：56.

⑨ 中国水利史稿编写组.中国水利史稿（中册）［M］.北京：水利电力出版社，1987：92—94.

川地区的67%，其中益州10项、彭州4项、蜀州2项、汉州5项、眉州6项、资州1项，表明唐代四川地区水利工程的建设已经从成都平原延伸至平原南部的岷江冲积平原。

**成都府10项**：首先扩建原有的故渠，如扩建秦朝所开温江故渠，《新唐书》卷95《高俭传》载：

> 秦时李冰导温江水灌田，濒水者顷千金，民相侵冒。士廉附故渠厮引旁出，以广溉道，人以富饶。①

考《旧唐书》卷65《高俭传》，高俭出任益州大都督府长史是在贞观元年（627年），离开四川，“入为吏部尚书”是在贞观五年（631年）。据此，高俭扩建温江故渠当在627—631年之间。

唐玄完开元二十三年（735年），章仇兼琼扩建隋蜀王秀故渠，《新唐书》卷42《地理六》载：

> （成都府）温江，有新源水，开元二十三年，长史章仇兼琼因蜀王秀故渠开，通漕西山竹木。②

《元和郡县图志》卷31《剑南道·成都府》载：

> 汶江，一名流江，经县（成都）南七里，蜀守李冰穿二江成都中，皆可行舟，溉田万顷。③

尽管该条史料明确记载该项水利工程为秦代李冰所建，但据一般常识，如果一项水利工程得不到定期的修缮，很难在经历很长一段时间之后再次

① （宋）欧阳修，宋祁．新唐书［M］．北京：中华书局，1975：3840.
② （宋）欧阳修，宋祁．新唐书［M］．北京：中华书局，1975：1080.
③ （唐）李吉甫撰；贺次君点校．元和郡县图志［M］．北京：中华书局，1983：767.

发挥实际效用。李冰治蜀的时间，学界一般认为是在秦昭王三十年至始皇九年，即公元前277至公元前238年之间。[①]《元和郡县图志》成书于唐宪宗元和八年（813年），从李冰治蜀的下限算起，历经一千余年。这一现象最合理的解释就是，至少在元和八年（813年）之前，唐政府就已经对汶江进行了维修或扩建工程，否则唐人李吉甫很难记载“穿成都城中”的汶江“皆可行舟，溉田万顷”景象。因此，将此项水利工程视作唐代修建应无异议。

其次，出于扩大农田灌溉面积、提高城市防洪能力、优化漕运运输能力以及改善城市用水等多种需要的考虑，新建水利工程，上引《新唐书》卷42《地理六》：

成都县北十八里有万岁池，天宝中，长史章仇兼琼筑堤，积水溉田。南百步有官源渠，堤百余里，天宝二载，令独孤戒盈筑。[②]

《大明统一志》卷9《成都府·山川》：

解玉溪，在大慈寺南，源与锦江同，唐韦皋所开。[③]

《元和郡县图志》卷31《剑南道上》“成都府”条目：

楗尾堰，在县西南二十五里，李冰作之，以防江决。破竹为笼，圆径三尺，长十丈，以石实中，累而壅水。[④]

《读史方舆纪要》卷67《成都府》：

金水河，在府城（成都）内，《志》云唐白敏中所开。环络街

① 注：关于李冰治蜀时间，第一章第三节已作考论，此处不再赘述。

② （宋）欧阳修，宋祁．新唐书［M］．北京：中华书局，1975：1079.

③ （明）李贤撰；方志远点校．大明一统志［M］．成都：巴蜀书社，2017：2981.

④ （唐）李吉甫撰；贺次君点校．元和郡县图志［M］．北京：中华书局，1983：768.

市，谓之禁河，其后相继开濬。①

《成都文类》卷25席益《淘渠记》：

唐白敏中尹成都，始疏环街大渠。其余小渠，本起无所考，各随径术，枝分根连，同赴大渠，以流其恶。②

考《旧唐书》《新唐书》所录《白敏中传》，白敏中出任剑南西川节度使是在宣宗大中七年至大中十一年（853年—857年），《读史方舆纪要》所言“金水河”当为《成都文类》所载成都环街大、小渠的具象表达。由此判断，该项水利工程的兴建当在此期间。又：上引《成都文类》卷25吴师孟《导水记》：

蜀守李冰凿离堆，穿二江成都之中，皆可行舟。自高燕公骈乾符中筑罗城，堰縻枣，分江水为二道，环城而东。③

《读史方舆纪要》卷67《成都府》：

（成都府）又有长堤，唐高骈筑罗城，绕以长堤二十六里。或因江为堑，或凿池成濠，后废。④

**彭州4项**：《新唐书》卷42《地理六》：

导江县，有侍郎堰，其东百丈堰，引江水以溉彭、益田，龙朔中筑。又有小堰，长安初筑。九陇县，武后时，长史刘易从决唐昌

① （清）顾祖禹撰；贺次君等点校．读史方舆纪要［M］．北京：中华书局，2005：3131.

② （宋）袁说友等编撰；赵晓兰整理．成都文类［M］．北京：中华书局，2011：512.

③ （宋）袁说友等编撰；赵晓兰整理．成都文类［M］．北京：中华书局，2011：512.

④ （清）顾祖禹撰；贺次君等点校．读史方舆纪要［M］．北京：中华书局，2005：3131.

渔江，凿川派流，合堋口埌岐水，溉九陇、唐昌田。[①]

**蜀州2项**：上引同书同卷：

新津县西南二里有远济堰，分四筒穿渠，溉眉州通义、彭山之田，开元二十八年采访使章仇兼琼开。[②]

范缜《东斋记事》卷4：

蜀州江（岷江）有硬堰，汉州江（沱江）有软堰，皆唐章仇公兼琼所作也。……盖蜀州江来远，水势缓，故为硬堰。硬堰者，皆巨木大石；汉州江来近，水声湍悍，猛暴难制，故为软堰。软堰者，以粗茭细石，各有所宜也。[③]

章仇兼琼在蜀州岷江、汉州沱江流域，根据两江水势因地制宜地修建了"硬堰"和"软堰"。尽管现存文献没有明确记载具体地点，但它们分别在蜀州、汉州辖区内的岷江、沱江段当属无疑，故本书将章仇兼所修的"硬堰"和"软堰"列为两项水利工程予以考察。

**汉州5项**：《全唐文》卷215陈子昂《汉州雒县令张君吏人颂德碑》：

雒县有金雁、白鱼二水，是其朝云，泽麓无虞，沟畛填塞。公浚其涂洫，川浍始通，人得就耕。[④]

《读史方舆纪要》卷67《四川二》载：

① （宋）欧阳修，宋祁．新唐书［M］．北京：中华书局，1975：1080.
② （宋）欧阳修，宋祁．新唐书［M］．北京：中华书局，1975：1080—1081.
③ （宋）范缜．唐宋史料笔记丛刊·东斋记事［M］．北京：中华书局，1980：35.
④ （清）董浩等编．全唐文［M］．北京：中华书局，1983：2175.

房公湖在州（汉州）治南。唐房琯所凿，亦谓之西湖，凡数百亩，称为佳胜。宋熙宁间奏垦为田。①

考《旧唐书》《新唐书》所录《房琯传》，房琯担任汉州刺史时间为肃宗上元元年（760年）至代宗广德元年（763年），房公湖的开凿当在此期间，但“开凿房公湖”一事，两书均不见载；从“称为佳胜”条目看，房公湖的初建目的似乎出于游娱目的，北宋初“奏垦为田”，说明此项水利工程亦有蓄水溉田的功能。因此可以综合认定，房公湖具有游娱和蓄水溉田的功能。

《新唐书》卷42《地理六》：

贞元末，雒县刺史卢士珵立堤堰，溉田四百余顷。②

**眉州6项**：《读史方舆纪要》卷71《眉州》：

眉州东七里，有蟆颐堰，唐开元中，益州刺史章仇兼琼开。障蜀江水，溉眉山、青神田亩七万二千有奇。馨堰，彭山县西南二十里，拥江水为六堰门、六水门，灌郡下田。相传李冰故址也。西北四十里，有通济大堰一，小堰十。自新津邛江口引渠南下，百二十里至州西南入江，溉田千六百顷。开元中，益州长史章仇兼琼开。③

《新唐书》卷42《地理六》：

青神县，太和中，荣夷人张武等百余家请田于青神，凿山酾

---

①（清）顾祖禹撰；贺次君等点校．读史方舆纪要［M］．北京：中华书局，2005：3172.

②（宋）欧阳修，宋祁．新唐书［M］．北京：中华书局，1975：1081.

③（清）顾祖禹撰；贺次君等点校．读史方舆纪要［M］．北京：中华书局，2005：3148—3149.

渠，溉田二百余顷。[①]

嘉庆版《四川通志》卷23《舆地·堤堰》：

鸿化堰在县（青神县）北十五里，唐张武等所开。（自注曰：白天时之不能皆雨泽而无旱也，而农田之堰务以兴；自农田之不能尽低洼而无高阜也，而水利之裨益乃大。青邑介于嘉眉，地力瘠薄，田之望水，犹农之望岁焉。初，唐张武始于邑北兴修鸿化堰，沿江开沟，引河水灌溉，直长四十里。）[②]

张武，考《旧唐书》《新唐书》，均不见其传，其他文献亦不载，与上条史料合观，此张武应与太和中"凿山酾渠"的荣夷人张武同为一人。由此可以认定，青神鸿化堰当在唐代文宗太和年间（827年—835年）建成应无异议。

《十国春秋》卷40《张琳传》：

张琳……唐末官眉州刺史，修通济堰，溉田一万五千顷，民被其惠。[③]

**资州1项**：《新唐书》卷42《地理六》：

资州磐石县，北七十里有百枝池，周六十里。贞观六年，将军薛万彻决东使流。[④]

剑南东川共修建水利工程11项，占总数的26%，其中绵州（今四川省

① （宋）欧阳修，宋祁．新唐书［M］．北京：中华书局，1975：1082.

② （清）常明，杨芳灿等．四川通志［M］．台北：京华书局，1967：1122.

③ （清）吴任臣．十国春秋［M］．北京：中华书局，1983：597.

④ （宋）欧阳修，宋祁．新唐书［M］．北京：中华书局，1975：1082.

绵阳市）6 项、陵州（今四川省仁寿县）1 项、剑州（今四川省剑阁县）1 项、梓州（今四川省三台县）2 项、龙州（今四川平武）1 项。位于涪江冲积平原的绵州是唐政府在此区域建设水利工程的重点，有 6 项。上引同书同卷：

龙安县东南二十三里有云门堰，决茶川水溉田，贞观元年筑。神泉县北二十里，有折脚堰，引水溉田，贞观元年开。魏城县北五里有洛水堰，贞观六年引安西水入县，民甚利之。罗江县北五里有茫江堰，引射水溉田入城。永徽五年，令白大信置。北十四里有杨村堰，引折脚堰水溉田。贞元二十一年，令韦德筑。巴西县南六里有广济陂，引渠溉田百余顷。垂拱四年，长史樊思孝、令夏侯奭因故渠开。①

**陵州 1 项**：上引同书同卷：

籍县东五里有汉阳堰，武德初引汉水溉田二百顷，后废。文明元年，令陈充复置，后又废。②

**剑州 1 项**：上引同书同卷：

阴平县西北二里有利人渠，引马阁水入县溉田，龙朔三年，令刘凤仪开。宝应中废，后复开，景福二年又废。③

**梓州 2 项**：《全唐文》卷 794 引唐末孙樵《梓潼移江记》：

涪缭于郪，迫城如蟠，淫涨于秋，狂澜陆高，突堤啮涯，包

① （宋）欧阳修，宋祁．新唐书［M］．北京：中华书局，1975：1089.
② （宋）欧阳修，宋祁．新唐书［M］．北京：中华书局，1975：1091.
③ （宋）欧阳修，宋祁．新唐书［M］．北京：中华书局，1975：1090.

城荡虚，岁杀州民，以为官忧。荥阳公（郑复）凿江东壖地，别为新江，使东北注流五里，复汇而东，即堤墟旧江，使水道与城相远……新江长步一千五百步，阔十分其长之二，深十分其阔之一。盘堤既隆，旧江遂墟，凡得田五百亩。①

《新唐书》卷177《冯宿传》：

东川节度使冯宿，因涪江水数坏民庐舍，遂修利防墉。②

冯宿新建涪江防洪堤的地点虽史载不详，但至少有两条信息可供参考：其一，剑南东川始设于肃宗至德二年（757年），治所即设在梓州；其二，从梓州所处的地理环境看，唐人李吉甫《元和郡县图志》卷33《剑南道》“梓州”条目称梓州“左带涪水，右挟中江，居水陆之冲要”。③又据上引孙樵《梓潼移江记》，冯宿新建涪江防洪堤的具体地点当在梓州。

**龙州1项**：《新唐书》卷42《地理六》：

江油县，有涪水关。④

山南西道在阆州（今四川阆中）修建水利工程1项，约占唐代四川水利工程总数的2.3%，代宗广德二年（764年）杜甫游历阆中，留有《南池》诗：

峥嵘巴阆间，所向尽山谷。安知有苍池，万顷浸坤轴。呀然阆城南，枕带巴江腹。芰荷入异县，粳稻共比屋。皇天不无意，美利戒止足。高田失西成，此物颇丰熟。清源多众鱼，远岸富乔木。⑤

---

① （清）董浩等编．全唐文［M］．北京：中华书局，1983：8329.

② （宋）欧阳修，宋祁．新唐书［M］．北京：中华书局，1975：5278.

③ （唐）李吉甫撰；贺次君点校．元和郡县图志［M］．北京：中华书局，1983：862.

④ （宋）欧阳修，宋祁．新唐书［M］．北京：中华书局，1975：1090.

⑤ （清）彭定求等编．全唐诗［M］．北京：中华书局，1999：2324.

作为一项自汉代以来的农田水利设施，“南池”在唐代是否依然发挥着应有的效用？学界一般根据杜甫“安知有苍池，万顷浸坤轴”“芰荷入异县，粳稻共比屋”等诗句，认为唐朝建立之后即对该项水利工程进行了维护，至少在唐前期仍在发挥效用，故可视作唐前期的水利工程。[①]然据清人仇兆鳌对“南池”的考辨来看，“南池”在唐代已废，从水田变成陆田。仇氏引《汉书·地理志》“阆中有彭道将池，东西二里，南北约五里，即南池也，在城南十里”；引《后汉书·郡国志》“巴郡阆中县南有彭池”；引南梁蜀人李膺《益州记》“南池在阆中县东南八里”；引宋人祝穆《方舆胜览》“南池在高祖庙旁，东西四里，南北八里”；又引《清一统志》“南池自汉以来，堰大斗之水灌田，里人赖之。唐时堰坏，遂成陆田”等史料[②]，说明“南池”作为一项水利工程，修建于汉代，至唐代已经失去了应有的灌溉作用。

由此，杜诗中“安知有苍池，万顷浸坤轴”“芰荷入异县，粳稻共比屋”[③]引发的关于南池水利工程的讨论又做何解释？这还要联系阆州具体的自然地理环境予以考察。阆州地处四川盆地东北部丘陵山区，嘉庆版《四川通志》卷62《食货一》云：“古所称蜀地肥饶及沃野千里，号为陆海之说，大抵指成都近地言之，而巴、阆、邛、僰间，穹谷峨岩，去水泽绝远，类多硗瘠之区，自不能如浙西之湖田、圩田，衍至数倍也。”[④]显然，“去水泽绝远，类多硗瘠”的阆州种植水稻只能依靠潴水和陂塘灌溉。这类水利设施除了自然蓄积雨水形成的之外，大多是人工开凿的蓄水池。南宋陈旉《农书》上卷《地势之宜篇》详细记录了这种人工蓄水池的开凿及其功用：“若高田，视其地势，高水所会归之处，量其所用而凿为陂塘，约十亩田即损二三亩以潴蓄水。春夏之交，雨水时至，高大其堤，深阔其中，俾宽广足以有容。……旱则决水以灌溉，潦即不至于弥漫而害庄稼。高田旱稻，

① 卢华语等．唐代西南经济研究［M］．北京：科学出版社，2010：56.

② （唐）杜甫著；（清）仇兆鳌注．杜诗详注［M］．北京：中华书局，1979：1094—1095.

③ （清）彭定求等编．全唐诗［M］．北京：中华书局，1999：2324.

④ （清）常明，杨芳灿等．四川通志［M］．台北：京华书局，1967：2205.

自种至收，不过五六月，其间旱干，不过灌溉五六次，此可力致常稔也。”[①] 上引《新唐书》卷 42《地理六》载，与阆州自然地理环境极为相似的资州域内周长六十里的百枝池，即是贞观六年（632 年）“将军薛万彻决东使流”[②] 修建的人工蓄水池。

综合分析，给阆州带来“万顷浸坤轴”“粳稻共比屋”的南池当和资州百枝池一样属于丘陵山区充分利用地势、人工开凿的陂塘灌溉水利工程。所种水稻也应是属于较为耐旱的陆稻，故清人仇兆鳌称南池在唐代“从水田变成陆田”。因此，可以认为唐代阆州的水工程是以重修南池为核心的潴水和陂塘系列设施。

山南东道在夔州、涪州建有水利工程 2 项，约占唐代四川水利工程总数的 4.7%。

**夔州 1 项**：嘉庆版《四川通志》卷 23《舆地 · 堤堰》：

> 青苗陂在县（奉节）东白帝城东北五里。注曰：《方舆胜览》东屯有青苗陂；杜甫诗“东屯稻田一百顷，北有涧水通青苗”；《明一统志》在瞿唐东蓄水溉田，民得其利焉。[③]

**涪州 1 项**：上引嘉庆版《四川通志》卷 112《舆地 · 政绩》：

> 涪州刺史张浚，寻山谷之源，以竹导其源，民赖其利。[④]

为了更为清楚地说明唐代四川地区水利工程的修建情况，现列“唐代四川地区主要水利工程一览表”如下：

---

① （宋）陈旉 . 陈旉农书［M］. 北京：中华书局，1985：2.
② （宋）欧阳修，宋祁 . 新唐书［M］. 北京：中华书局，1975：1082.
③ （清）常明，杨芳灿等 . 四川通志［M］. 台北：京华书局，1967：1115.
④ （清）常明，杨芳灿等 . 四川通志［M］. 台北：京华书局，1967：3485.

表 4—1　唐代四川地区主要水利工程一览表

| 道名 | 所在府州 | 工程名称 | 修建时间 | 主持官员 | 修建目的 | 资料来源 | 合计 |
|---|---|---|---|---|---|---|---|
| 剑南西川 | 益州 | 温江秦故渠（扩建） | 贞观时期（627 年—631 年） | 高俭 | 灌溉 | 《新唐书》卷 95《高俭传》 | 10 |
| | | 温江隋蜀王秀故渠（扩建） | 开元二十三年（735 年） | 章仇兼琼 | 漕运 | 《新唐书》卷 42《地理六》 | |
| | | 万岁池（扩建） | 天宝中（742 年—756 年） | 章仇兼琼 | 灌溉 | 《新唐书》卷 42《地理六》 | |
| | | 官源渠（新建） | 天宝二载（743 年） | 独孤戒盈 | 灌溉 | 《新唐书》卷 42《地理六》 | |
| | | 解玉溪（新建） | 贞元时期（785 年—805 年） | 韦皋 | 防洪 | 正德《四川志》卷 9《成都府・山川》 | |
| | | 汶江 | 元和前（805 年前） | | 灌溉、漕运 | 《元和郡县图志》卷 31《剑南道・成都府》 | |
| | | 楗尾堰（重修） | 元和中（806 年—820 年） | | 防洪 | 《元和郡县图志》卷 31《剑南道上》 | |
| | | 成都环街大、小渠\金水河（新建） | 大中七年至十一年（853 年—857 年） | 白敏中 | 防洪 | 《成都文类》卷 25 席益《淘渠记》；《读史方舆纪要》卷 67《四川二》 | |
| | | 縻枣堰（新建） | 乾符中（874 年—879 年） | 高骈 | 防洪、改善城市用水 | 《成都文类》卷 25 席益《淘渠记》 | |
| | | 长堤（新建） | 乾符中（874 年—879 年） | 高骈 | 防洪 | 《读史方舆纪要》卷 67《四川二》 | |
| | 彭州 | 侍郎堰、百丈堰（新建） | 龙朔中（661 年—663 年） | | 灌溉 | 《新唐书》卷 42《地理六》 | 4 |
| | | 小堰（隶属都江堰整体水利工程、新建） | 武后长安初（702 年） | | 灌溉 | 《新唐书》卷 42《地理六》 | |
| | | 唐昌沲江（新建） | 武后时（685 年—704 年） | 刘易从 | 灌溉 | 《新唐书》卷 42《地理六》 | |
| | 蜀州 | 远济堰（新建） | 开元二十八年（740 年） | 章仇兼琼 | 灌溉 | 《新唐书》卷 42《地理六》 | 2 |
| | | 硬堰（新建） | 开元中（713 年—741 年） | 章仇兼琼 | 防洪 | 《东斋记事》卷 4 | |

续表

| 道名 | 所在府州 | 工程名称 | 修建时间 | 主持官员 | 修建目的 | 资料来源 | 合计 |
|---|---|---|---|---|---|---|---|
| 剑南西川 | 汉州 | 金雁、白鱼水（重修） | 高宗时（650年—683年） | 张知古 | 灌溉 | 《全唐文》卷215 | 5 |
| | | 软堰（新建） | 开元中（713年—741年） | 章仇兼琼 | 防洪 | 《东斋记事》卷4 | |
| | | 房公湖（新建） | 上元元年至广德元年（760年—763年） | 房琯 | 游娱 | 《读史方舆纪要》卷67《成都府》 | |
| | | 堤堰（新建） | 贞元末（805年） | 卢士琕 | 灌溉 | 《新唐书》卷42《地理六》 | |
| | 眉州 | 通济大、小堰（新建） | 开元中（713年—741）年 | 章仇兼琼 | 灌溉 | 《读史方舆纪要》卷71《眉州》 | 6 |
| | | 蟆颐堰（新建） | 开元中（713年—741年） | 章仇兼琼 | 灌溉 | 《读史方舆纪要》卷71《眉州》 | |
| | | 馨堰（重修） | 唐前期① | | 灌溉 | 《读史方舆纪要》卷71《眉州》 | |
| | | 山醽渠（新建） | 大和中（827年—835年） | 张武 | 灌溉 | 《新唐书》卷42《地理六》 | |
| | | 鸿化堰（新建）② | 大和中（827年—835年） | 张武 | 灌溉 | 嘉庆版《四川通志》卷23《舆地·堤堰》 | |
| | | 通济堰（重修） | 唐末 | 张琳 | 灌溉 | 《十国春秋》卷40《张琳传》 | |

① 注：此堰修建具体时间文献不载，但据《读史方舆纪要》卷70《眉州》所记："馨堰，彭山县，西南二十里，拥江水为六堰门、六水门，灌郡下田。相传李冰故址也。"(【唐】李吉甫撰；贺次君点校：《读史方舆纪要》卷71《眉州》，北京：中华书局，1983年，第3148页）说明该水利设施至迟在唐前期仍在发挥作用。一项水利设施如果不定期进行维修，就会失去其应有的效用，故有学者以此推断为唐前期。（参见何汝泉：《唐代岷江、沱江嘉陵江流域的水利开发》，载卢华语等主编：《古代长江上游的经济开发》，西南师范大学出版社，1989年，第239页。）

② 注：有资料显示，山醽渠为鸿化堰前身（参见《四川省水利志》编写组：《四川省水利志》卷6《副册》，四川省水利电力厅出版，1989年，第219页），但未见其他文献确切记载，学界亦没有明确考证，《新唐书》、嘉庆版《四川通志》记为两项，本书姑从史载，认为是两项水利工程。

续表

| 道名 | 所在府州 | 工程名称 | 修建时间 | 主持官员 | 修建目的 | 资料来源 | 合计 |
|---|---|---|---|---|---|---|---|
| 剑南西川 | 资州 | 百枝池（新建） | 贞观六年（632年） | 薛万彻 | 灌溉 | 《新唐书》卷42《地理六》 | 1 |
| 剑南东川 | 绵州 | 云门堰（新建） | 贞观元年（627年） |  | 灌溉 | 《新唐书》卷42《地理六》 | 6 |
|  |  | 折脚堰（新建） | 贞观元年（627年） |  | 灌溉 | 《新唐书》卷42《地理六》 |  |
|  |  | 洛水堰（新建） | 贞观六年（632年） |  | 灌溉 | 《新唐书》卷42《地理六》 |  |
|  |  | 茫江堰（新建） | 永徽五年（654年） | 白大信 | 灌溉、改善用水条件 | 《新唐书》卷42《地理六》 |  |
|  |  | 广济陂（重修） | 垂拱四年（688年） | 樊思孝、夏侯奭 | 灌溉、改善用水条件 | 《新唐书》卷42《地理六》 |  |
|  |  | 杨村堰（新建） | 贞元二十一年（805年） | 韦德 | 灌溉 | 《新唐书》卷42《地理六》 |  |
|  | 陵州 | 汉阳堰（新建） | 武德初（618年） | 陈充（文明元年主持重修） | 灌溉 | 《新唐书》卷42《地理六》 | 1 |
|  | 剑州 | 利人渠（新建） | 龙朔三年（663年） | 刘凤仪 | 灌溉 | 《新唐书》卷42《地理六》 | 1 |
|  | 梓州 | 涪江防洪堤（新建） | 大和九年（835年） | 冯宿 | 防洪 | 《新唐书》卷177《冯宿传》 | 2 |
|  |  | 新江（新建） | 开成五年（840年） | 郑复 | 防洪、灌溉 | 《全唐文》794孙樵《梓潼移江记》 |  |
| 剑南东川 | 龙州 | 涪水关（新建）[①] | 贞观八年（634年）之前 |  | 防洪 | 《新唐书》卷42《地理六》 | 1 |

① 注：涪水关是新建还是重修，史载不详。本书依据《新唐书》卷42《地理六》所载："江油，贞观八年省平武县入焉，有涪水关"（【宋】欧阳修，宋祁：《新唐书》卷42《地理六》，北京：中华书局，1975年，第1082页），推断涪水关当在贞观八年之前新建。

续表

| 道名 | 所在府州 | 工程名称 | 修建时间 | 主持官员 | 修建目的 | 资料来源 | 合计 |
|---|---|---|---|---|---|---|---|
| 山南西道 | 阆州 | 以南池（重修）为代表的利用潴水和陂塘水灌溉农田水利工程 | 唐前期（627年—755年） | | 灌溉 | 《全唐诗》卷220杜甫《南池》;《杜诗详注》卷13；李敬洵:《唐代四川经济》；卢华语等:《唐代西南经济研究》 | 1 |
| 山南东道 | 夔州 | 以青苗陂（新建）为代表的利用潴水和陂塘水灌溉农田水利工程 | 代宗大历三年（768年）之前[①] | | 灌溉 | 《全唐诗》卷229杜甫《夔州歌十绝句》;《杜诗祥注》卷16；李敬洵:《唐代四川经济》;卢华语等:《唐代西南经济研究》 | 2 |
| | 涪州 | 引水入城（新建） | 光启中（885年—888年） | 张浚 | 改善用水条件 | 嘉庆版《四川通志》卷《政绩》 | |
| 合计 | | | | | | | 42 |

## （二）唐代四川水利工程的特点

表4—1显示，唐代在四川地区修建的42项水利工程呈现出如下几个显著特点：

第一，规模大，形成了继秦汉之后又一个大规模发展水利事业的高峰。秦汉之后至魏晋南北朝时期，由于政权更迭频繁造成的社会动荡，四川地区水利工程的修建基本上以维持使用为主。检诸文献，蜀汉期间，仅有成

① 注：杜甫在夔州生活年代大约为代宗大历元年（766年）春至大历三年（768年）9月，故可以此推断，以青苗陂为代表的利用潴水和陂塘水灌溉水利工程至迟在大历三年之前就已经存在。

都九里堤[①]、金堤堰[②]、新都卫湖[③]、武阳六水门[④]、夔州义泉[⑤]5项（处）水利工程；两晋时期有南安、武阳陂池、浦江六门堰[⑥]、夔州函道[⑦]4项（处）；南北朝则有维修江原文井江“常氏堤”[⑧]、成都昌堰、峨眉龙池[⑨]3项（处）；隋朝

---

① 注：《大清一统志》卷293载：“九里堤，在成都县西北。堤长九里，故名。相传诸葛亮所筑，以悍水势。宋乾德中，守官刘熙古重修，一号刘公堤。”（【清】穆彰阿，潘锡恩等纂修：《大清一统志》卷383《成都府》，上海：上海古籍出版社，2008年，第122页）；《读史方舆纪要》卷67《四川二》载：“九里堤在（成都）府城西北隅，其地窪下，诸葛武侯筑堤九里以放衝啮。”（【清】顾祖禹撰；贺次君、施和金点校：《读史方舆纪要》卷67《四川二》，北京：中华书局，2005年，第3240—3241页。）

② 注：《水经注》卷33《江水》载：“都安县，李冰作大堰于此，壅江作堋，堋有左右口。……都安大堰又谓之金堤，诸葛亮北征，以此堰农本，国之所资。”（【北魏】郦道元原注；陈桥驿注释：《水经注》卷33《江水》，杭州：浙江古籍出版社，2010年，第519页。）

③ 注：《四川省水利志》卷6引《三国疆域志》：“蜀汉先主章武中（221年），新都令卫常开池作堰，以便水利，民思其德，因名曰卫湖。”（《四川省水利志》编写组：《四川省水利志》卷6《副册》，成都：四川省水利电力厅出版，1989年，第216页。）

④ 注：《水经注》卷33《江水》载：“武阳县下江上有大桥，广一里半，谓之安汉桥。水盛岁坏，民苦治功。后太守李严凿天社山，寻江通道，此桥遂废。”（【北魏】郦道元原注；陈桥驿注释：《水经注》卷33《江水》，杭州：浙江古籍出版社，2001年，第516、518页。）

⑤ 注：《元和郡县图志》卷33《剑南道》载：“夔州府有义泉，诸葛亮所凿，虑城中无水，乃接筒引泉入城。”（《四川省水利志》编写组：《四川省水利志》卷6《副册》，成都：四川省水利电力厅出版，1989年，第216页。）

⑥ 注：《华阳国志》卷3《蜀志》载：“南安、武阳，多陂池。”（【晋】常璩：《华阳国志》卷3《蜀志》，北京：中华书局，1985年，第39页。）

⑦ 注：《水经注》卷33《江水》载：“晋安帝义熙年间（405—419），益州刺史鲍陋镇守（奉节），为谯道福所围。城里无泉，乃南开水门，凿石为函道，上施木天工直下至江中，有似猿臂，相牵引汲，然后得水。”（【北魏】郦道元原注；陈桥驿注释：《水经注》卷33《江水》，杭州：浙江古籍出版社，2001年，第526页。）

⑧ 注：《水经注》卷33《江水》载：“文井水又东迳江原县，县滨文井江，江上有常氏堤跨四十里。”（【北魏】郦道元原注；陈桥驿注释：《水经注》卷33《江水》，杭州：浙江古籍出版社，2001年，第519页。）

⑨ （晋）任豫.益州记［M］.文渊阁四库全书影印本第879册：298.

仅有成都摩诃池 1 项[①]（处）。如果从蜀汉控蜀（221 年）算起，直至隋朝灭亡（618 年），四川地区历经蜀汉、西晋、成汉、东晋、刘宋、南齐、南梁、西魏、北周、杨隋共 10 个政权、397 年的时间内，重修或新建水利工程 13 项。而目前史料可辑，有唐一代在其存在的 289 年时间里，四川地区所修建的水利工程多达 42 项，是上述时间跨度内的 3 倍之多；同时，在所辑出的 42 项水利工程中，扩建或重修 10 项，占 24%；新建 32 项，占 76%，可见规模之大。

第二，分布区域广，构造方式多样化，形成了以岷江、沱江、涪江三大冲积河谷地带为核心逐渐向盆地中部、东部丘陵山区扩展的发展趋势。表 4—1 显示，有唐一代，唐政府在四川地区建设水利工程的总体指导思想可以概括为：在成都平原西部，维修或扩建都江堰水利工程，在维持原有耕地面积的基础上，尽可能地增加水田面积；在地势平缓的成都平原北部和涪江冲积平原地带，新建能够开渠引水的灌渠，依靠引流自灌的农田用水方式扩大水田面积；在地势相对平缓、略有低矮丘陵的成都平原南部和岷江冲积平原地带，新建能够分水、截水的堤堰，依靠分流灌溉的农田用水方式将可耕土地变为水田，扩展水田面积；在四川盆地中部、东部地势相对较低的丘陵山区，采用人工开凿蓄水池，依靠潴水和陂塘引水灌溉的方式；而在地势较高的山区，则采用机械提水灌溉的方式。上引《水经注》卷 33《江水》载："晋安帝义熙年间（405 年—419 年），益州刺史鲍陋镇守（奉节），为谯道福所围。城里无泉，乃南开水门，凿石为函道，上施木天工直下至江中，有似猿臂，相牵引汲，然后得水。"[②] 学界一般认为，这是我国利用机械提水的最早记录。[③] 至唐代，我国山区丘陵地带已经普遍采用机械提灌的方法来解决

---

① 注：隋开皇年间（591 年—598 年），"隋蜀王秀取土筑广子城"，形成摩诃池。(【宋】祝穆撰；【宋】祝洙增订；施和金点校：《方舆胜览》卷 51《成都府路》，北京：中华书局，2003 年，第 901 页。)

② （北魏）郦道元原注；陈桥驿注释 . 水经注［M］. 杭州：浙江古籍出版社，2001：526.

③ 《四川省水利志》编写组 . 四川省水利志［M］. 成都：四川省水利电力厅出版，1989：216.

农田用水问题。检诸文献，唐代四川地区采用水车提水的记载仅见两例：晚唐段成式《酉阳杂俎前集》卷6《乐》载：宪宗元和年间（806年—820年），蜀将军皇甫直“好弹琵琶……夜复鸣弹于池上，觉近岸波动，有物激水如鱼跃，及下弦则没矣。直遂集客，车水竭池，穷池索之。数日，泥下丈余，得铁一片。”[①] 前蜀花蕊夫人《宫词》亦有“水车踏水上宫城”[②] 的诗句。此两例虽不是依靠车水灌溉农田的直接记载，但从中可以看出，水车在四川地区已有所使用当无异议。李敬洵先生引南宋居涧《北磵集》卷6《水利》篇，认为唐代四川地区在农业生产中并没有普遍使用水车。[③] 结合当时四川基本农业区基本采用开渠引水、堤堰引水与陂塘引水来看，水车在四川农村中不多见应该是符合史实的。

第三，持续时间长，形成了从唐前期（618年—755年）到唐后期（756年—907年）水利工程建设连续性的发展态势。这与唐代的历史发展特点相吻合，国学大师陈寅恪先生将唐代社会历史发展的规律总结为：“唐代之史可分为前后两期，前期结束南北朝相承之旧局面，后期开启赵宋以降之新局面。”[④] 学界一般以“安史之乱”作为划分唐前后期的基本依据。按此划分方法，在所辑出的42项水利工程中，修建于唐前期的有26项，约占工程总数的62%；修建于唐后期的有16项，约占工程总数的38%。这与唐代社会发展现实，即唐前期相对稳定、唐后期较为混乱的突出特征相吻合。

第四，建设实际用途呈现多样化。一般而言，我国传统社会区域水利工程的建设基本围绕防洪、农田灌溉与航运而展开。但细细斟酌，不难发现，表4—1所列唐代四川水利工程的实际用途远不止这些。在所辑出的42项中，文献明确记载，用于农田灌溉的有成都府温江故渠、彭州侍郎堰、蜀州远济堰、汉州堤堰、眉州通济堰、剑州利人渠、绵州云门堰、陵州汉阳堰、资州百枝池、阆州南池、夔州青苗陂等26项，约占工程总数的63%；出于防洪的有成都府解玉溪、蜀州硬堰、汉州软堰、梓州涪江防洪堤、龙州

---

① （唐）段成式撰；方南生点校．酉阳杂俎前集［M］．北京：中华书局，1981：65.

② （清）彭定求等编．全唐诗［M］．北京：中华书局，1999：8971.

③ 李敬洵．唐代四川经济［M］．成都：四川省社会科学院出版社，1988：53—54.

④ 陈寅恪．论韩愈［J］．历史研究，1954（2）：105—114.

江油涪水关等 10 项，约占工程总数的 24%；兼具灌溉和防洪的有梓州新江 1 项；出于漕运目的的是扩建温江蜀王秀故渠 1 项；兼具灌溉和漕运的是成都府重修汶江 1 项；出于改善城市居住条件为目的的涪陵引泉水入城 1 项；兼具灌溉和改善城市用水条件的有成都的縻枣堰与罗城堰、绵州茫江堰与广济陂 3 项，约占工程总数的 9%；以满足游娱目的的汉州房公湖 1 项。显然，农田灌溉、防洪与通过航运打通四川地区与全国的水陆交通依然是唐代修建水利工程的重心，这也与四川地区特殊自然地理环境而形成的“治蜀先治水”的统治理念相吻合。

第五，注重因势（地势和水势）利导、因地制宜的科学建设理念。都江堰水利工程即是李冰“以水为师”、道法自然的结果，这一理念也被其后的蜀地官员继承和运用。前引范缜《东斋记事》卷 4 载，开元年间（713 年—741 年），益州刺史仇兼琼根据岷江和沱江水流的不同态势采取不同构造堤堰的修建理念。岷江经过长途奔袭、流经蜀州域内，落差变小，河道开阔，水流平缓，故而采用材料粗大的巨木大石构筑耐久性较好的“硬堰”抵挡洪水。相形之下，沱江在汉州境内，由于河道狭窄，汛期内水流湍急，极易造成溃堤现象的发生。在此情况下，巨木大石构筑的“硬堰”很难发挥抵御洪水的效用，而采用“粗茭细石”即竹笼卵石构筑的“软堰”则顺应水势，起到了更好的防洪泄水的作用。正所谓“各有所宜也”。宋人范缜《唐宋史料笔记丛刊·东斋记事》记载，北宋鲜于惟几本是蜀州人，在担任汉州军事判官期间，将蜀州修建硬堰的工程结构搬用到汉州，结果“一夕，水暴至，荡然无孑遗”。[①]

## 二、唐代四川地区水利工程的管理

鉴于水利工程对于推动四川地区农业发展的重要性，自李冰创建都江堰水利工程以来，秦政府即设置都水衙门，主管全郡水利事务，当然当时以都

① （宋）范缜．唐宋史料笔记丛刊·东斋记事［M］．北京：中华书局，1980：35.

江堰为大宗，并具体负责每年的岁修组织管理等[①]，并将这一行政部门的管理经验推向全国。其后，历代王朝在统辖和治理四川期间，俱将秦政府的管理理念作为蜀地行政长官的重要行政事务。爰及唐代，唐政府在继承历代王朝统辖蜀地理念的基础上，更加注重对水利工程的兴建、维修与管理，采用行政管理与科学治水并重的管理方法，主要表现在三个方面。

### （一）设立专门的水利机构和官员

《唐六典》卷7《尚书工部》“水部郎中”条规定：

> “水部郎中、员外郎，掌天下川渎陂池之政令，以导达沟洫、堰决、河渠。……至溉田时，乃令节其水之多少，均其灌溉焉。”[②]

该条史料虽然是面向全国而非单独面向四川地区，现存传世文献中尚未发现唐代水部郎中、员外郎专管四川地区的记载，但并不能就借此否认唐代水部郎中、员外郎的职责在四川地区没有得到履行的史实。实际上，在新繁县发现的“誓水碑”印证了这一史实。贞元十四年（798年），唐政府在新繁县立有“誓水碑”，宋人王象之《蜀碑记补》卷1《蜀碑记》载：

> “誓水碑”在县北二十里，李冰凿山导江，刻石头于水旁。誓曰：“浅无足至，深无至肩。”唐贞元十四年立。[③]

### （二）制定相对完备的专门保护和利用为水资源的法律与法规

我国现存最完整的唐代法典——《唐律疏议》卷27《杂律》“失时不修堤防”条规定：

---

① 罗开玉．秦汉三国时期巴蜀的水利管理［J］．成都大学学报（社科版），2009（6）：16—26.

② （唐）李吉甫等撰；陈仲夫点校．唐六典［M］．北京：中华书局，1992：225.

③ （宋）王象之著；（清）李调元补编；胡丹凤考校．蜀碑记补［M］．上海：商务出版社，1939：8.

“近河及大水有提防之处，利史、县令以时检校，若须修理，每秋收讫，量功多少，差人夫修理；若暴水泛溢，损坏堤防，交为人患者，先即修营，不拘时限。”“诸不修堤防及修而失时者，主司杖七十；毁害人家、漂失财物者，坐赃论五等，以故杀伤人者，减斗杀伤罪三等；即水雨过常，非人力所防者，勿论。”

同卷“盗决堤防”条规定：

“诸盗决堤防者，杖一百；若毁害人家及漂失财物，赃重者，坐赃论。”①

从该条律令中可以看出，主管官员如果不及时修缮堤防水灾以及未能在最佳时间内修缮，使堤防未能发挥应有的效用，就要受到严厉的惩罚；如果堤防失修而造成人员伤亡和财产损失者，均按盗窃罪论处。农民个体偷挖河堤盗水，不论出自何种原因，均按盗窃罪论处；若由此造成人员伤亡和财产损失，按罪论责。另外一条史料则体现了唐代运用法律形式保护农田用水的优先性，上引《唐六典》“水部郎中”条规定：

凡水有灌溉者，碾硙不得与争其利……凡用水自下始。②

颁布关于水利和水运的专门法典《水部式》，这是文献所见的我国第一部由中央政府制定和颁布的关于水利管理的法典，是唐代水利管理的一大创造。③其中详细规定了农田灌溉用水的时间、具体用水量和方法等，并详细规定了灌溉渠堰的管理办法。由于《水部式》原文已佚，《大唐六典》摘录了部分内容，宋人刻本中亦有部分遗存，如《白氏六帖事类集》《刘梦得文

---

① （唐）长孙无忌等 . 唐律疏议［M］. 北京：中华书局，1983：504—505.

② （唐）李吉甫等撰；陈仲夫点校 . 唐六典［M］. 北京：中华书局，1992：226.

③ 蒋超 . 郑国渠［M］. 西安：陕西科学技术出版社，2017：32.

集》等，兹摘录一两条为例，《唐六典》卷7《尚书工部》记曰：

> 凡浇田皆仰预知顷亩，依次取用。水遍即令闭塞，务使均普，不得偏并。①

《刘梦得文集》卷2《高陵令刘君遗爱碑》提道：

> 决泄之时，畎浍有度，居上游者不得拥泉而颛其腴。每岁少尹一人行规之，以诛不式。②

仅从上述征引的部分资料中，已不难看到，唐政府对水利工程的管理业已形成较为完备的制度，并以法律条文作为监督执行的手段；其主要内容已涉及水资源的季节性调节分配和河渠湖塘堤防的维修保护等方面。虽然目前无论文献记载还是考古发现都尚未找到上述唐代水利管理措施在蜀地执行的确切证据，但从唐政府重视蜀地农业发展的情况来看，这些管理措施在蜀地得到执行应无异议。

### （三）制定完备的岁修制度

唐政府在四川地区维修、管理灌溉庞大的网渠方面，形成了一套最具四川地方特色的岁修制度。上引《唐六典》“水部郎中”条规定：

> （堤堰）自季夏及于仲春，皆闭斗门，有余乃得听用之。仲春乃命通沟渎，立堤防，孟冬而毕。若秋、夏霖潦，泛溢衡坏者，则不待其时而修葺。③

《云笈七签》卷121《灵验部》引唐人杜光庭《道教灵验记·武昌人醮

① （唐）李吉甫等撰；陈仲夫点校．唐六典［M］．北京：中华书局，1992：226.
② （唐）刘禹锡．刘梦得文集［M］．上海：上海古籍出版社，1994：37.
③ （唐）李吉甫等撰；陈仲夫点校．唐六典［M］．北京：中华书局，1992：226.

水验》：

武昌人寓居蜀之青城。其邑每岁修竹落之堰，以堤川防水。赋税之户，轮供其役。武昌人是岁籍在修堰之内，邑吏第名，分地以授之。自冬始功，讫岁而毕，所受之地，当洄水之穴新有漩注基址不立。虽运石以塞之，负土以实之，一夕之后，已复深矣。……蜀之田畴既广，租赋是资，所修堤堰二百余里，或少有怠废，则垫溺为灾。①

由此可见，前、后蜀时期每年都会征调赋税户整修都江堰，时间在冬季年末的时候，但只限于加固内外江一带的堤坝。五代时期，四川地区水利建设得到了继承和发展，北宋蜀州新津人张唐英《蜀梼杌·逸文》载：

张琳，许昌人。五代前蜀时期，为眉州刺史。修章仇通济堰，溉彭山、通义、青神田五千顷，民被其惠，歌曰："前有章仇后张公，疏决水利粳稻丰，南阳杜诗不可同，何不用之代天工。"②

毫无疑问，这些水利工程的建设与管理措施进一步改善了四川地区农业生产条件，促进了以个体家庭为基本生产单位的小农经济的本质发展。

## 三、唐代四川地区水利工程的作用

唐代四川地区大规模修建水利工程所产生的积极作用是多方面的，其中最直接也是最为显著的作用主要表现在三点：其一，扩大了可垦耕地面积和水田面积；其二，改善了区域内农业发展对于水资源的需求条件；其三，为农业丰收提供了可靠的物质基础保障，从而为社会变迁创造了前提预设。

---

① （宋）张君房辑．云笈七籤［M］．济南：齐鲁书社，1988：674.

② （宋）张唐英．蜀梼杌［M］．北京：中华书局，1985：28.

### （一）扩大了可垦耕地面积和水田面积

表4—1显示，在目前辑出的42项水利工程中，新建水利工程主要分布在成都平原北部和涪江冲积平原地带、成都平原南部和岷江冲积平原地带，共计19项，约占工程总数的45%。可见，“唐代的自流灌溉区，已经从成都平原向北扩大到绵州境内的涪江冲积平原，向南扩大到眉州境内的岷江冲积平原了”。①

笔者根据现存传世文献辑出的42项水利工程中，明确用于灌溉的有30项，约占工程总数的71%，其中确切记载借此新增水田面积的有7项，分别是：武德初（618年）陵州汉阳堰“溉田二百顷”②；垂拱四年（688年）绵州广济陂“溉田百余顷”③；开元中（713年—741年）眉州蟆颐堰“溉眉山、青神田亩七万二千有奇”、通济堰“溉田千六百顷”④；太和中（827年—835年）眉州山醽渠“溉田二百余顷”⑤；贞元末（805年）汉州堤堰“溉田四百余顷”⑥；开成五年（840年）剑州新江“得田五百亩”⑦。确切记载通过扩建或新建增加溉田面积的有2项，分别是：元和八年（813年）之前成都府扩建汶江“溉田万顷”⑧；唐末眉州通济堰“溉田一万五千顷”⑨。未确切记载溉田数，但明确用于溉田的有16项，分别是：贞观元年（627年）绵州龙安县云门堰“决茶川水溉田”、神泉县折脚堰“引射水溉田”⑩；高士廉担任益州大都督府长史期间（627年—631年）新开温江故渠“以广溉道”⑪；永徽五

---

① 李敬洵．唐代四川经济［M］．成都：四川省社会科学院出版社，1988：51.

② （宋）欧阳修，宋祁．新唐书［M］．北京：中华书局，1975：1091.

③ （宋）欧阳修，宋祁．新唐书［M］．北京：中华书局，1975：1089.

④ （清）顾祖禹撰；贺次君等点校．读史方舆纪要［M］．北京：中华书局，2005：3343—3344.

⑤ （宋）欧阳修，宋祁．新唐书［M］．北京：中华书局，1975：1082.

⑥ （宋）欧阳修，宋祁．新唐书［M］．北京：中华书局，1975：1081.

⑦ （清）董浩等编．全唐文［M］．北京：中华书局，1983：8329.

⑧ （唐）李吉甫撰；贺次君点校．元和郡县图志［M］．北京：中华书局，1983：767.

⑨ （清）吴任臣．十国春秋［M］．北京：中华书局，1983：597.

⑩ （宋）欧阳修，宋祁．新唐书［M］．北京：中华书局，1975：1089.

⑪ （宋）欧阳修，宋祁．新唐书［M］．北京：中华书局，1975：1089.

年（654 年）绵州罗江县茫江堰“引射水溉田”[①]；龙朔中（661 年—663 年）彭州侍郎堰、百丈堰“引江水以溉彭、益田”[②]；龙朔三年（663 年）剑州阴平县利人渠“引马阁水入县溉田”[③]；高宗时（650 年—683 年）汉州雒县重修金雁、白水在县令张知古“浚其涂洫，川浍始通”之后，“人得就耕”[④]；武后时（685 年—704 年）彭州新开唐昌沲江“溉九陇、唐昌田”[⑤]；唐前期眉州馨堰“拥江水为大堰，开六水门，用灌郡下”[⑥]；开元二十八年（740 年）眉州远济堰“溉眉州通义、彭山之田”[⑦]；天宝中（742 年—756 年）修建的成都府万岁池“积水溉田”[⑧]；广德元年（763 年）夔州青苗陂“蓄水溉田”[⑨]；广德二年（764 年）阆州南池“万顷浸坤轴”[⑩]；贞元二十一年（805 年）罗江县杨村堰“引折脚堰水溉田”[⑪]。

有学者经过考证认为，四川盆地西部成都府蜀郡、蜀州唐安郡、汉州德阳郡、彭州濛阳郡、简州阳安郡、雅州卢山郡、陵州仁寿郡、眉州通义郡、邛州临邛郡耕地面积从隋代 11 万今公顷增加至天宝间 17 万今公顷。[⑫]那么，由此看来，经过水利工程的建设与管理，唐代四川耕地面积至少比隋代增加了 14 万今公顷。[⑬]

---

① （宋）欧阳修，宋祁．新唐书［M］．北京：中华书局，1975：1089.

② （宋）欧阳修，宋祁．新唐书［M］．北京：中华书局，1975：1080.

③ （宋）欧阳修，宋祁．新唐书［M］．北京：中华书局，1975：1090.

④ （清）董浩等编．全唐文［M］．北京：中华书局，1983：2175.

⑤ （宋）欧阳修，宋祁．新唐书［M］．北京：中华书局，1975：1080.

⑥ （清）顾祖禹撰；贺次君等点校．读史方舆纪要［M］．北京：中华书局，2005：3343.

⑦ （宋）欧阳修，宋祁．新唐书［M］．北京：中华书局，1975：1080—1081.

⑧ （宋）欧阳修，宋祁．新唐书［M］．北京：中华书局，1975：1079.

⑨ （清）常明，杨芳灿等．四川通志［M］．台北：京华书局，1967：1115.

⑩ （清）彭定求等编．全唐诗［M］．北京：中华书局，1999：2323.

⑪ （宋）欧阳修，宋祁．新唐书［M］．北京：中华书局，1975：1089.

⑫ 卢华语等．唐代西南经济研究［M］．北京：科学出版社，2010：62；郭声波．四川历史农业地理［M］．成都：四川人民出版社，1993：49.

⑬ 郭声波．四川历史农业地理［M］．成都：四川人民出版社，1993：43—57.

### （二）改善了区域内农业发展对于水资源的需求条件

四川地区特殊的自然地理环境（第一章第二节已详细论证，此节不再赘述）决定了发展农业生产必须与调控水资源保持高度的协同性与一致性。无论是在岷江、沱江与涪江三大冲积平原的稻作农产区兴建灌渠与修建堤堰引流自灌，还是在盆地中部和东部丘陵山区依靠开凿陂池蓄水灌溉，这两种农田用水方式，都需要对水资源的利用条件予以调控。唐代四川地区水利工程冲积平原地带灌溉与泄洪、丘陵山区的蓄水灌溉这两种修建方式在显示因地制宜的构造理念的同时，更让我们注意到其修建效果无疑是相当成功的，文献记载和学界研究成果均支持这一观点。目前有史可稽有唐一代四川地区的旱灾仅录数十条：

《新唐书》卷35《五行志》载：

> 太宗贞观九年（635年），秋，剑南、关东州二十四旱。
> （贞观）十二年（638年），吴、楚、巴、蜀州二十六，旱。
> （贞观）二十一年（647年），秋，陕、降、蒲、夔等州旱。
> （贞观）二十二年（648年），秋，开、万等州旱。①

《旧唐书》卷5《高宗本纪》载：

> 高宗总章二年（669年）七月，剑南益、泸、嶲、茂、陵、邛、雅、绵、翼、维、始、简、资、荣、隆、果、梓、普、遂等一十九州旱，百姓乏绝，总三十六万七千六百九十户。②

所录水灾也不过十一条：《旧唐书》卷1《高祖本纪》载：

> 高祖武德七年（624年），七月甲午，夔州地震山崩，江水

① （宋）欧阳修，宋祁．新唐书［M］．北京：中华书局，1975：915.
② （后晋）刘昫等．旧唐书［M］．北京：中华书局，1975：93.

咽流。[1]

《新唐书》卷36《五行志》载：

太宗贞观四年（630年），秋，许、戴、集三州水。

贞观十八年（644年），秋，谷、襄、豫、荆、徐、梓、忠、绵、宋、亳十州大水。

贞观二十二年（648年），夏，泸、渝等州水。

高宗永徽四年（653年），杭、夔、果、忠等州水。

德宗贞元十一年（785年），十月，朗、蜀二州江溢。

文宗大和五年（831年），玄武江涨，高二丈，溢入梓州罗城。东川大水，害稼。

开成四年（839年），西川大雨，水害稼及民庐舍。

僖宗光启三年（887年），四月，维州山崩，累日不止，尘坌亘天，壅江水逆流。[2]

上述史料合观，不难发现，唐代四川地区发生旱灾和水灾所呈现出的几个特征：其一，旱灾和水灾基本上发生在初唐水利工程未能大规模修建之前；其二，水灾基本上发生在水利工程修建数量少或者不适宜修建水利工程的州县；其三，史料所录的数十例水灾中，地震、暴雨造成的山体崩垮堵塞河道形成洪灾2例，江河汛期造成洪灾7例，暴雨强度大、排泄系统不健全造成洪灾2例。

另据邓云特先生的考证，有唐一代全国范围内共发生旱灾125例，水灾115例；竺可桢先生推及出四川地区发生旱灾5例，水灾2例[3]，《四川省水

① （后晋）刘昫等. 旧唐书［M］. 北京：中华书局，1975：15.

② （宋）欧阳修，宋祁. 新唐书［M］. 北京：中华书局，1975：927—934.

③ 邓云特. 中国救荒史［M］. 北京：商务印书馆，2011：50—52.

利志》编写组统计为唐代四川地区共发生旱灾5例，水灾12例。[①]在全国范围内同期发生的旱灾和水灾中所占比重是极小的。对此，刘琳先生有着精彩的论证：唐人注重水利的建设与管理，这对于四川地区旱涝的防治，自必发挥出重要的作用。大量修建的池堰堤渠等不同类型的水利工程，分别具有排水、蓄水、拦洪、引灌等多种功能，可进行大范围的蓄泄调剂，遇涝排水，逢旱引灌，因而在很大程度上改善了农业经营所需的自然环境，防止或减少了水旱灾害。如都江堰工程，"旱则引水浸润，雨则杜塞水门"[②]，长期灌溉和保护着成都平原上的数百万亩农田，使之免于旱涝之灾，直到唐代，"地居水侧者"，仍然是"顷直千金"。唐朝初年，高士廉治蜀时，又于"故渠（即都江堰）外，别更疏决，蜀中大获其利"。[③]另外，如眉州彭山县，"有通济大堰一，小堰十，自新津邓江口引渠南下，百二十里至州西南入江，溉田千六百顷。开元中，益州长史章仇兼琼开"[④]。至于水利管理的制度化、法律化，则能督促唐代四川地区农田所需水资源的合理使用，以及延长水利工程的使用寿命，从而也有助于防御旱魃为虐或消除江河湖泊泛溢的隐患。[⑤]

### （三）为农业丰收提供了可靠的物质基础保障，从而为社会变迁创造了前提预设

宋人范成大的《吴船录》记载了唐五代时期成都平原兴修水利工程以及由此而促进农业发展的概况，并发出了由衷的赞叹："侍郎堤西行秦岷山道中，流渠汤汤，声震四野，新秧勃然郁茂。道见田翁，欣然曰'今岁又熟矣'，……至永康军（今都江堰），一路江水分流入诸渠，皆雷轰雪卷，美

① 《四川省水利志》编写组 . 四川省水利志［M］. 成都：四川省水利电力厅出版，1989：141、173.

② （晋）常璩著；刘琳校注 . 华阳国志校注［M］. 成都：成都时代出版社，2007：147.

③ （后晋）刘昫等 . 旧唐书［M］. 北京：中华书局，1975：2442.

④ （后晋）刘昫等 . 旧唐书［M］. 北京：中华书局，1975：93.

⑤ 潘孝伟 . 唐代蜀中农业发展原因补议——谈水旱灾害的稀少［J］. 中国农史，1990（2）：10—13.

田弥望，所谓岷山之下沃野者正在此。”① 唐代水利工程的日渐完善与水稻种植面积的扩展是相辅相成的，没有充足的水分供应和精心的水分管理与使用，水稻是无法种植的，这是一般的常识。对于这一点，元人王祯《农书》卷7《百谷谱·水稻》篇表述得很清楚：“治稻者，蓄陂塘以潴之，置堤闸以止之……又有作为畦埂。耕耙既熟，放水匀停，掷种于内。候苗生五六寸，拔而秧之，今江南皆用此法。苗高七八寸则耘之，耘毕放水熇之，欲秀复用水浸之。”② 运用现代科学理论观点来看，“灌溉，就是按农作物的需水要求，有计划地将水输送和分配到田间，补充农田水分，改变土壤中养料、通气和热状况等环境，使农作物正常生长的一种生产措施。它的目的是获得最高产量，或者说是获得最大的经济效益。”③ 因此，唐代四川地区水利工程的修建在很大程度上确保了农作物的正常生长，为农业丰收奠定了坚实的物质基础。如前引杜甫寓居夔州期间所撰写的诗文：“东屯稻畦一百顷，北有涧水通青苗”④，描述了因青苗陂水利工程的修建而溉田上百顷的事实；“插秧适云已，引流加灌溉”⑤，是写插秧时引水灌溉稻田的景象；“烟霜凄野日，粳稻熟天风”⑥，则描述了秋高气爽时节粳稻成熟的概况；“复作归田去，犹残获稻功。筑场怜穴蚁，拾穗许村童。落杵光辉白，除芒子粒红。加餐可扶老，仓庾慰飘蓬”⑦，既描绘了水稻丰收后加工成红艳艳的米粒的诱人场景，又突出了丰收的水稻充实仓库的喜悦心情。⑧ 再如唐末眉州刺史张琳，疏决水道，带来秔稻的大丰收⑨ 等，便是水利工程的修建促进了农业丰收的有力释证。史学大师蒙文通先生经过详实的考证，做出了唐代成都平原水稻亩产量是汉

① （宋）范成大撰；孔凡礼点校．范成大笔记六种［M］．北京：中华书局，2003：233.
② （元）王祯撰；缪启愉，缪桂龙译注．农书［M］．济南：齐鲁书社，2009：164.
③ 周世峰．喷灌工程学［M］．北京：北京工业大学出版社，2004：1.
④ （清）彭定求等编．全唐诗［M］．北京：中华书局，1999：2506.
⑤ （清）彭定求等编．全唐诗［M］．北京：中华书局，1999：2324.
⑥ （清）彭定求等编．全唐诗［M］．北京：中华书局，1999：2501.
⑦ （清）彭定求等编．全唐诗［M］．北京：中华书局，1999：2503.
⑧ 卢华语等．唐代西南经济研究［M］．北京：科学出版社，2010：63.
⑨ （清）吴任臣．十国春秋［M］．北京：中华书局，1983：597.

代的两倍之多的学术判断。[①]

需要指出的是，唐代四川地区水利工程的修建在充分利用自然地理条件、遵循因地制宜的建造理念的指导下，采用了三种建设理念：在成都平原西部，维修或扩建都江堰水利工程，在维持原有耕地面积的基础上，尽可能地增加水田面积；在地势平缓的成都平原北部和涪江冲积平原地带，新建能够开渠引水的灌渠，依靠引流自灌的农田用水方式扩大水田面积；在地势相对平缓、略有低矮丘陵的成都平原南部和岷江冲积平原地带，新建能够分水、截水的堤堰，依靠开渠引水灌溉农田；在盆地中部及东部丘陵山区，地势稍高地方开凿蓄水池，利用积蓄天然降水放水灌溉。但空间分布不均衡，多数集中在平原地带，共32项，约占工程总数的76%。其中，位于成都平原的成都10项、彭州4项、汉州5项、蜀州3项；位于成都平原北部涪江冲积平原的绵州6项；位于成都平原南部岷江冲积平原的眉州6项。盆地中部丘陵山区仅陵州汉阳堰与剑州利人渠2项；盆地东部及北部丘陵山区一般利用陂塘蓄水灌溉农田，但也仅有夔州青苗陂、阆州南池2项水利工程。部分丘陵山区农田用水仍然比较困难，如《蜀中广记》卷56引《邛州志》记载，邛州丘陵山区地带“岁旱祈雨，有打泉之说，田至百十丈，高远者，接长竹引水溉之，或接到六七十竹者”。[②]清道光版《保宁府志》卷8《舆地志·堤堰》记载，盆地北缘米仓山、大巴山一带，因为“山谷郁律，疏导较难”[③]，基本上没有兴建水利工程。川西高原，地势高寒，不适宜水稻的种植，因而也没有大中型水利工程的修建，仅有用来蓄水、缓解旱情的零星分布的陂池。川西南高山峡谷之间，当地少数民族主要从事畜牧业，只是在河流峡谷两岸的平缓地带开展规模较小的旱作农业生产，农业用水基本依靠天然降水，同样也没有兴建水利工程。有唐一代，唐政府在四川地区大规模地修建水利工程，其作用是显而易见的。无论洪涝还是干旱等自然性的农业灾害都

---

① 蒙文通．中国历代农产量的扩大和赋役制度及学术思想的演变［J］．四川大学学报（哲学社会科学版），1957（2）：27—106.

② （明）曹学佺．蜀中广记［M］．文渊阁四库全书影印本第591册：754.

③ 中国地方志集成编辑委员会编．中国地方志集成·四川府志辑51道光保宁府志［M］．成都：巴蜀书社，2017：76.

未造成全境性的灾害，足以说明唐政府在四川地区大规模地修建和管理水利工程是卓有成效的，极大地推动了四川地区的农业发展。

## 第三节 农业生产技术的提高

唐代四川地区农业生产技术的提高，除了上述农田水利工程的建设与管理、农学知识的普及之外，还突出表现在生产工具的推广、耕作技术的改进以及“合耦相助”提高生产率三个方面。

### 一、农业生产工具的推广

马克思指出：“劳动资料不仅是人类劳动力发展的测量器，而且是劳动借以进行的社会关系的指示器”，在劳动资料中起决定作用的是生产工具，它“更能显示一个社会生产时代的具有决定意义的特征”。[①]“工欲善其事，必先利其器”，农业生产工具历来都是衡量区域农业发展技术层面一个不容忽视的重要因素。前已论及，唐代是我国传统社会农业生产工具基本定型的时期。目前学界普遍认为：这一阶段，随着炒炼熟铁技术、灌钢技术以及锻炼技术的逐渐成熟，性能优良、器具形状大的钢刃铁制农具在农民个体家庭具体的农业生产劳动中得以广泛应用，这是我国铁制农具史上的第二次重大变革。[②]显然，这一重大进步对四川地区农业的影响是深远的。

唐代四川地区最普遍使用的农具有哪些？汉末刘熙《释名·释用器》篇列举汉代的农业生产工具有斧、镰、椎、凿、耒、犁、锄、锸、杷、耨、

---

① （德）马克思，恩格斯．马克思恩格斯全集（第 23 卷）［M］．北京：人民出版社，1972：204.

② 杨宽．中国古代冶铁技术发展史［M］．上海：上海人民出版社，1982：275、281、301.

钩、钹、锯等[①]，孙吴时吴郡人韦昭见此书而作《辨释名》，韩国磐先生据此推想，当时江南地区或许已经使用这些生产工具了。[②] 以水稻耕作为例，水稻插秧之前必须使用农具进行破土、碎垡、平整和作垄，为秧苗生长创造良好的土壤条件。李伯重先生考证认为，唐代江南地区已普遍使用犁、碎土块和去杂草的爬（耙）、平田面的砺䃴或碌碡以及将碎土弄得更细的耖等先进农具，形成了耕—耙—耖一整套专门适用于水田作业的技术措施。[③] 李氏尽管未言四川地区已经使用这些农具，但作为唐代最为倚重的粮食生产区而言，没有理由不会使用这些当时开展稻作农业生产已经普遍使用的生产工具。事实上，唐代四川地区是全国钢铁和利铁的主要供应区之一，《新唐书》卷 42《地理志》载：忠、涪两州贡文刀；利州贡钢铁；荣、泸两州贡利铁。[④] 考古资料亦可提供这方面的证据，如 1977 年河北易县出土的唐代铁农具中就有忠州的文铁刀、利州的钢铁等[⑤]；近年来考古专家在重庆云阳县明月坝集镇遗址中发掘出保存完好的唐前期锻铁窑炉以及铁渣[⑥]，说明了唐代该地的冶铁业发达的事实。同时，我们知道，在以农立国的我国传统社会，个体家庭进行农业生产的效率，在很大程度上取决于铁制农具供应的程度和广度。由此看来，上述先进的铁农具在四川地区普遍使用当无异议。

另一需要探讨的问题是唐代四川地区水稻种植是否已经广泛使用牛耕。目前尚无发现文献关于唐代四川地区使用牛耕的确切记载。唐人樊绰《蛮书》卷 7《云南管内物产》载南诏："每耕田用三尺犁，格长丈余，两牛相去七八尺，一佃人前牵牛，一人持按犁辕，一佃人秉耒。"[⑦] 该条记载多被学界认为是唐代四川地区使用牛耕的旁证。如郭声波先生认为四川地区养牛的历

① （汉）刘熙．释名［M］．北京：中华书局，1985：103—105.

② 韩国磐．南朝经济试探［M］．上海：上海人民出版社，1963：82.

③ 李伯重．唐代江南农业的发展［M］．北京：北京大学出版社，2009：68.

④ （宋）欧阳修，宋祁．新唐书［M］．北京：中华书局，1975：1081—1091.

⑤ 李俊源．中国商业史［M］．北京：中央广播电视大学出版社，1985：88.

⑥ 李映福等．重庆市云阳县明月坝唐宋寺庙遗址发掘简报［J］．文物，2006（1）：30—44.

⑦ （唐）樊绰撰；向达校注．蛮书校注［M］．北京：中华书局，1962：171.

史尽管可以追溯到公元前 4400 年至公元前 3300 年的大溪文化时期，但养水牛主要是为了食肉与祭祀，养黄牛是为了拉货。到了唐代，随着耕地面积的扩大，仅役使黄牛已不能满足生产的需要，水牛便派上用场。并且这种利用水牛的耕作技术是随着南诏的三次移民传入四川地区的。① 这一观点应当是成立的，南诏首次进入四川地区是在肃宗至德元年（756 年）与吐蕃联兵攻占越嶲郡和会同军。在此之前，农耕可能基本使用马耕。《盐铁论》卷 9《散不足》所载东汉桓宽的观点："一马伏枥，当中家六口之食"②，应代表了当时人们的普遍看法。王褒《僮约》提及蜀地有养马的习惯③，乐山发现汉代牧马图石刻④ 以及成都、郫县、重庆、涪陵等地发现的汉代木马、陶马或铜马模型⑤ 可证当时四川养马的普遍性。据《新唐书》卷 42《地理志》记载，汉州、嶲州在唐代上贡蜀马，可见此两州不仅普遍养马，而且品质优良。重庆大足大佛湾数组南宋摩岩牧牛图中刻有鼻穿缰绳的水牛⑥，可证至迟在南宋四川地区已普遍使用牛耕。

## 二、耕作技术的改进

前已分析，唐代四川地区粮食作物主要是水稻和以小麦、粟、玉米为主的旱地作物。这两类农作物的种植技术有所不同，故本小节以平原水田稻作和丘陵山地的旱作技术予以简单说明。

### （一）水田稻作生产技术

水稻先进栽培技术的推广与普及。唐代水稻栽培技术已经发展比较成

① 郭声波 . 四川历史农业地理［M］. 成都：四川人民出版社，1993：301—307.

② （汉）桓宽 . 盐铁论［M］. 上海：上海人民出版社，1974：66.

③ （宋）欧阳询编 . 艺文类聚［M］. 北京：中华书局，1965：635.

④ 唐长寿 . 四川乐山麻浩一号崖墓［J］. 考古，1990（2）：111—115.

⑤ 郭声波 . 四川历史农业地理［M］. 成都：四川人民出版社，1993：312.

⑥ 陈明光 . 初探大足石刻是宋史研究的实物史料宝库［J］. 社会科学研究，1994（4）：114—117、138.

熟，包括选种、育秧、移栽、插秧、田间管理及收割等诸环节。现存文献最早明确记载稻秧移栽的是东汉崔寔的《四民月令·三月》："可种秔稻及植禾"；同书《五月》又言："是月也，可别稻。"对"别稻"一词，石声汉注解曰："五月拔载之。"[①]《齐民要术》卷2《水稻》亦援引崔寔所载。由此可见，两书所载"别稻"即指水稻的育秧移栽。日本学者西嶋定生认为这一技术及《齐民要术》所载俱是水稻连作下的移植法，其生产力比南方一年休闲的直播法还低。[②]随着水稻种植区域的不断扩展，育秧移栽技术在逐渐成熟的同时，也得以推广与普及。大历初年，杜甫旅居夔州，看到农民已普遍使用插秧技术，"六月青稻多，千畦碧泉乱。插秧适云已，引溜加溉灌"[③]以及岑参"水种新插秧，山田正烧畬"[④]等诗句可资为证。李敬洵先生指出，唐代四川"水稻的育秧移栽，不仅可以节约用水量，有利于灌溉条件较差的地区扩大水稻种植面积，同时也能解决水稻播种期与大、小麦收获期之间的矛盾，从而为水旱轮作的两熟制创造了条件"。[⑤]李伯重先生亦同样的观点："这种插秧法较之直播法，不仅能够便于除草、施肥等田间精耕管理，而且还能够防止倒伏、促进分蘖、增加单产，最终通过作物复种取得双季收成。"[⑥]

轮作和复种是提高粮食总产量的重要途径，唐代已经发展相对成熟。《农政全书》卷6《农事·营治》篇说："南方水田泥耕，其田高下阔狭不等。注解曰：'高田早熟，八月燥耕而熯之，以种二麦。其法：起墢为疄，两疄为之间，自成一甽。一段耕毕，以锄横截其疄，洩利其水，谓之腰沟。二麦既收，然后平沟甽，蓄水深耕，俗谓之再熟田也'。"[⑦]唐代四川地区已形成

---

① （汉）崔寔撰；石声汉校注．四民月令校注［M］．北京：中华书局，1965：26、43、44.

② （日）西嶋定生著；冯佐哲译．中国经济史研究［M］．北京：农业出版社，1984：151.

③ （清）彭定求等编．全唐诗［M］．北京：中华书局，1999：2342.

④ （清）彭定求等编．全唐诗［M］．北京：中华书局，1999：2044.

⑤ 李敬洵．唐代四川经济［M］．成都：四川社会科学院出版社，1988：43.

⑥ 华林甫．唐代水稻生产的地理布局及其变迁初探［J］．中国农史，1992（2）：27—39.

⑦ （明）徐光启著；石生汉点校．农政全书［M］．上海：上海古籍出版社，2011：140.

了水稻—小麦、水稻—油菜、水稻—大蒜、水稻—圆根萝卜等水旱农作物轮作与同一块田地增种、套种、间种不同农作物的复种制度，唐代诗人韦庄专作诗予以赞美："绿波春浪满前陂，极目连云䆉稏肥。更被鹭鹚千点雪，破烟来入画屏飞。"[①]应是稻麦轮作和复种的真实写照。从现代科学的认知角度分析，稻麦复种制是一种集约程度较高的种植制度，在传统社会既定的农业生产环境下，必须具备一定的条件才有可能得以实行。李伯重先生认为，从经济学的观点来看，实行稻麦复种制，需要在同一块土地上投入比实行一作制更多的人力与资本。[②]而另一部分学者则从农学和农艺学的角度分析，实行稻麦复种制的条件更为具体和细致：（1）农田水利建设达到相当水平，土壤肥沃，土质良好，能灌能排，可水可旱，才能适应稻麦两种作物的生长；（2）生产工具效能良好，能够迅速地收割与耕作，并能在不同的时候，根据作物生长的需要，车出或车入田水；（3）有较好的肥料供应；（4）有较高的栽培技术，例如要培育出适于稻麦两作的中晚稻品种，掌握水稻移植技术，这样才能克服稻麦两种作物大田生长期交错的矛盾等。[③]

两相对照，结合前已所论，唐代四川地区应该基本具备上述稻麦复种制的基本条件。首先，劳动力资源充足，农田水利工程的建设完备并且已采用当时最为先进的利铁打制的生产工具（前文已作详细的论证）；其次，从肥料和水稻栽培技术层面分析，在我国传统农业耕作体系中，施肥一直被认为是提高农业生产的根本措施之一，即将耕种和养地相结合，最大可能地提高土地利用率和农作物产量。在汉代已经出现了使用种肥、基肥和追肥的先进施肥技术，唐代一般采取绿肥种植、秸秆还田以及追施农家肥等多种绿色环保的措施保持或提高土壤肥力。绿肥种植是指在每年9～10月种植抱足芍，或利用红花草、豆科植物沤烂[④]用作底肥，起到改良土壤、保持或增加地力

① （清）彭定求等编．全唐诗［M］．北京：中华书局，1999：8029.

② 李伯重．唐代江南农业的发展［M］．北京：北京大学出版社，2009：84.

③ 南京农学院、江苏农学院主编，浙江农业大学、华南农学院副主编．作物栽培学（南方本）下册［M］．上海：上海科技出版社，1980：421.

④ 陈文华等编写．中国古代农业科学技术成就展览［M］．南昌：江西省科协、江西省历史博物馆编印，1980：133.

的作用。秸秆还田是指将秸秆或蔬菜叶茎直接覆盖于农田上，通过自然腐烂或深耕翻入土壤内加速腐烂，达到提高土壤肥力的作用。追施农家肥使用的主要肥料还是人畜粪便，具体做法是将猪圈和厕所建在一起，使圈中的猪粪尿、人粪尿、饲料残屑和垫圈物充分混合，沤成腐熟的肥料[①]。新津汉墓出土的带有猪圈的陶房[②]以及峨眉东汉墓出土的石刻水田模型中待施的堆肥[③]，可证当时四川地区已经掌握利用人畜肥增加水田肥力的先进施肥技术。这些措施，不仅保持了土壤肥力，满足了农作物生长的需求，而且在降低环境污染的前提下提高了资源的利用率。

再看水稻栽培技术，上引峨眉东汉墓出土的石刻水田模型以及眉山和乐山出土的水田模型、西昌出土的陶水田模型、宜宾出土的陶水田及鱼塘模型、合江出土的陶水田及池塘模型、彭山出土的陶水田及陂池与旱地模型、都江堰出土的石陂池及稻田模型均有正在俯身薅秧的农夫、游动的鲫鱼鲢鱼图像[④]。贾思勰在《齐民要术》一书中，对稻田除草、放水、晒田等农业生产技术作了全面的科学的总结，他说："稻苗长七八寸，陈草复起，以镰侵水芟之，草悉脓死。稻苗渐长，复须薅。薅讫，决去水，曝根令坚。量时水旱而溉之。将熟，又去水。"[⑤]可见，双手薅草以及利用稻田养鱼清除水田杂草的技术应是当时最为先进的稻作生产技术。至此，考古资料和文献记载的相互印证，表明东汉时成都平原已经熟练掌握上述稻田施肥和除草的稻作生产技术。衍至唐代，尽管目前未能发现文献的确切记载，但并不能因此就否认成都平原继续推行上述已经发展成熟的水稻栽培技术的事实。一项成熟的农业生产技术在普通的农民那里，与其说是生产技术，毋宁说是由父辈传承下来的劳动实践经验的具体体现或者说是在劳动过程中一种"理所当然"的劳

① 龚良."圂"考释—兼论汉代的积肥与施肥［J］.中国农史，1995（1）：90—95.

② 刘志远.考古材料所见汉代的四川农业［J］.文物，1979（12）：61—70.

③ 沈仲常.东汉石刻水塘水田图像略说—兼谈我国古代中耕积肥的历史［J］.农业考古，1982（2）：50—55.

④ 罗二虎.汉代模型明器中的水田类型［J］.考古，2003（4）：74—80.

⑤（北朝）贾思勰著；缪启愉，缪桂龙译注.齐民要术译注［M］.上海：上海古籍出版社，2009：116.

动惯势更为妥当。在汉代与宋代存在的生产现象，唐代没有理由不存在。更何况，这套长年积累的施肥和除草种植经验，经过实践的检验，至今仍然证明是行之有效的科学认知。而且，双手薅秧以及在田中堆肥待施的劳动场景至今在四川备耕的农田中依然是常见的，笔者也曾在四川郫县农田中看到稻田养鱼的景象。由此可以断定，唐代四川地区稻作农产区已经普遍采取了水田除草和施肥的先进生产技术。

既然从现代科学认知角度断定唐代四川地区已经具备实施稻麦轮作复种制的基本条件，那么，是否就意味着唐代四川地区已经出现稻麦轮作复种制呢？要证明这一问题，必须从唐人的记述中去寻找证据。现存传世文献对唐代实行稻麦复种制唯一明确记载的是唐懿宗咸通年间（860 年—874 年）曾任夔州（今重庆奉节）都督府长史樊绰所著的《蛮书》，该书卷 7《云南管内物产》载：

> 曲靖州以南，滇池以西，土俗唯业水田。种麻、豆、黍、稷，不过町疃。水田每年一熟，从八月获稻。至十一月十二月之交，便于稻田种大麦，三月四月即熟。收大麦后，还种粳稻。小麦即于岗陵种之，十二月下旬已抽节，如三月小麦与大麦同时收刈。①

由于当时南诏农业生产与社会发展均受内地影响较大，尤其是与四川地区接触频繁，故而有学者据此推断，认为南诏“稻麦复种技术很可能是从唐统治下的剑南或其他地方传入的”②。此说如若成立，则可证明唐代四川地区已实行稻麦复种制。但仅以南诏的情况来推证，似嫌不足。《新唐书》卷 222《南蛮》载黔中道牂州：“土热，多霖雨，稻粟再熟”③；又《全唐文》卷 360 杜甫《说旱》云：“今蜀自十月不雨……况冬麦黄枯，春种不入。”④ 这两例史料和时人记载应是唐代四川地区实施稻麦复种制的有力证据。

---

① （唐）樊绰撰；向达校注．蛮书校注［M］．北京：中华书局，1962：171.

② 李伯重．唐代江南农业的发展［M］．北京：北京大学出版社，2009：85.

③ （宋）欧阳修，宋祁．新唐书［M］．北京：中华书局，1975：6315.

④ （清）董浩等编．全唐文［M］．北京：中华书局，1983：3656—3557.

### （二）丘陵山地旱作生产技术

唐代四川地区的旱作农作物主要分布于成都平原周边、盆地中部的丘陵山区和盆地东部、盆地周缘山区。前已论及，唐代四川地区农业区域发展极不平衡，形成了以成都平原为核心农产区向成都平原北部及涪江冲积平原、成都平原南部及岷江冲积平原、盆地中部丘陵山区、盆地东部及盆地周缘山区渐次展开的发展趋势。区域内各地之间的旱作生产技术亦存在较大差别。成都平原周边及盆地中部的丘陵山区，生产技术相对成熟，普遍采用深耕法、垄作法与轮作复种法。

旱地农作物种植的“深耕法”，最早发轫于尧舜之世，而后时贤以此为基点，推拓以言王道教化，并逐渐成为历代王朝践行唐虞之道政治理想和治国指导思想。《尚书讲义》卷3言：“皋陶重德，如农者之深耕，易耨固其根本，所以能获。”[①]《舆地纪胜》卷153《潼川府路》引李商隐《请留泸州刺史状》载，泸州刺史冼宗礼任职期间，注重种麦技术的推广，要求“给嘉种，喻以深耕”[②]，指导农民采用深耕技术，并重视良种的精选与培育。揆诸史乘，虽仅见此一例，但从中看来，地方官员向当地农民推广农业生产技术似乎已成为当时官员工作之常态，

垄作法最早形成于西周时期，而通行于战国时期，是与平作并列的两大农业耕作体系之一。具体方法是，在深耕、整平土地之后，将土地开成一尺多宽的垄和沟，垄上种植耐旱的粟、麦、芋等粮食作物，沟中则种植喜水的蔬菜。这种耕作方法能够有效地达到“旱时保墒、涝时排水”的效果。至唐代，垄作法逐渐发展成熟，而且应用范围也更加广泛。《齐民要术》中频繁出现的“耕地作垄”“耧耩作垄”“犁埒作垄”说明垄作的方式和方法有了丰富和发展。四川盆地夏季多雨，上述丘陵山地的旱地农作物更需要排水，因而普遍采用垄作法，羊士谔《野望二首》所言“萋萋麦陇杏花风”[③]，即指唐代梓州一带采用垄作法种植小麦。

① （清）黄以周．尚书讲义［M］．上海：上海古籍出版社，1996：7.

② （宋）王象之．舆地纪胜［M］．北京：中华书局，1992：4579.

③ （清）彭定求等编．全唐诗［M］．北京：中华书局，1999：3696.

轮作复种是我国传统社会在以生产工具为核心的生产技术以及农田水利工程的建设相对稳定的前提下，增加粮食总产量的重要途径。唐代四川地区轮作复种除了上文提及的稻、麦外，就旱地种植而言，一般是粮食作物之间、粮食作物与蔬菜之间、桑树与蔬菜之间以及桑树与粮食作物之间的轮作等。

先看粮食作物之间的轮作。第一，麦、芋轮作。前引眉州“春风麦陇连蛮芋”，李敬洵先生认为即指小麦和蜀芋的间作[①]。郭声波先生进一步认为这是指把芋种在麦垄沟中，收获小麦和芋之后，再种黍粟。这样，一年就能达到三熟。[②]这两种说法虽不无道理，但从麦和芋的生长习性及对土壤、水分和时令节气的要求来看，更有可能是指麦、芋轮作，即将土壤性能相同的同一块耕地按不同比例（如2：1、3：1或4：1，这取决于耕地占有者对小麦和芋产量的需求以及所承担的赋税状况而定）分成两块，一块种麦，另一块种芋，来年再交替种植。《齐民要术》卷2《种麦》篇载，种植小麦，“皆须五、六月暵地。不暵地而种者，其收倍薄。”“暵地”，缪启愉注解为“夏耕晒垡，晒后再耕耙收墒，入秋下种”。崔寔言“五月、六月菑麦田也”，即指此意。种大、小麦须堆土作垄保墒耐旱，“先畤，逐犁稀种者佳”。小麦对土地的要求则是“非良地则不须种”“宜下田”；对节令的要求则是“八月中戊社前种者为上时，下戊前为中时，八月末九月初为下时”，初夏收获（冬小麦）。再看种芋法，《齐民要术》卷2《种芋》篇载：“宜择肥缓土近水处，和柔，粪之。二月注雨，可种芋。率二尺下一本。芋生根欲深，劚其旁以缓其土。旱则浇之，有草锄之，不厌数多。治芋如此，其收常倍。”[③]

由此，我们认为麦和芋的生长习性和种植时间完全不同，种芋要求节令是二月，且需要挖掘二尺深许的土沟，而此时去年八月种植的小麦则需要“劳而锄之”，况且麦耐旱、芋喜水，两种耕作方法相互抵牾；既然蜀民“以芋为资”，那么，眉州“春风麦陇连蛮芋”合理的解释就应是麦、芋的轮作，

① 李敬洵．唐代四川经济［M］．成都：四川省社会科学院出版社，1988：45.

② 郭声波．四川历史农业地理［M］．成都：四川人民出版社，1993：418.

③（北朝）贾思勰著；缪启愉，缪桂龙译注．齐民要术译注［M］．上海：上海古籍出版社，2009：107、144.

宋白所看到的应当是三、四月冬小麦未收割之前麦田和芋田相连的情景。

第二，麦、粟轮作。《太平寰宇记》卷180《车师国・土俗物产》说车师国“与益州相似，谷麦再熟”[①]可为旁证。岑参《与鲜于庶子自漳州成都少尹自褒城同行至利州道中作》描述途中“川中有鸟群飞，二月从北向南，半月从南还北，音如萧管，俗云伎儿鸟。春来则种禾，秋去则种麦，人常以为农候”。[②]可知“四川盆地西部及其邻近地区，以粟、麦为主的轮作复种，已成为普遍采用的农作制度”。[③]

再看粮食作物与蔬菜之间、桑树与蔬菜之间以及桑树与粮食作物之间的轮作。高适《同群公题张处士菜园》“耕地桑柘间，地肥菜常熟”[④]即指桑树与蔬菜的间作。薛逢《芙蓉溪送前资州裴使君归宁拜裴侍郎》“桑柘林枯荞麦干，欲分离袂百忧攒”[⑤]，即言桑树与荞麦的间作。另外，唐人范摅所撰《云溪友议》卷下《蜀僧喻》录唐人王梵志诗“贫儿二亩地，干枯十树桑，桑下种粟麦，四时供父娘”[⑥]，也是桑树与粟麦间作的生动写照。唐代四川地区正是通过这种粮食作物和蔬菜以及粮食作物和经济作物的间作，在提高土地利用率的同时，增加了农业生产总量。

## 三、“合耦相助”提高生产率

1953年绵阳新皂乡东汉墓出土一长方形陶水田模型中的“薅秧击鼓”陶俑及1977年峨眉县双福公社东汉砖墓出土的浮雕水塘水田模型中的“薅秧击鼓”浮雕[⑦]，均可证实早在汉代四川地区，这种在农忙时节通过集合分散实际劳动力共同协作而提高劳动生产率的方法就已经存在了。晚唐眉州丹棱僧

---

① （宋）乐史．太平寰宇记［M］．北京：中华书局，2007：3448.

② （清）彭定求等编．全唐诗［M］．北京：中华书局，1999：2044.

③ 李敬洵．唐代四川经济［M］．成都：四川省社会科学院出版社，1988：46.

④ （唐）高适．高常侍集［M］．北京：中华书局，1985：53.

⑤ （清）彭定求等编．全唐诗［M］．北京：中华书局，1999：6332.

⑥ （唐）范摅．云溪友议［M］．上海：古典文学出版社，1957：74.

⑦ 刘志远．考古材料所见汉代的四川农业［J］．文物，1979（12）：61—70.

人可朋的《耘田鼓诗》云："农舍田头鼓，王孙筵上鼓。击鼓兮皆为鼓，一何乐兮一何苦。上有烈日，下有焦土。愿我天翁，降之以雨。令桑麻熟，仓箱富。不饥不寒，上下一般足。"[①] 证明唐代四川地区延续了这种特殊的提高劳动生产率的方法。显然，这种集合周边分散劳动力、以互助为原则的劳动组合，对于以个体家庭为基本生产单位的劳动方式而言，在插秧和收获两个需要"抢时"的农忙时节，就显得更为重要。

那么，流行于唐代的这种独特的农业生产技术又是如何提高生产效率的呢？唐人可朋并未给出详细的解释，但是苏东坡在描述自己家乡眉州的一项风俗时，对此作了细致的说明：

> 岁二月，农事始作。四月初吉，谷稚而草壮，耘者毕出，数十百人为曹。立表下漏，鸣鼓以致众。择其徒为众所畏信者二人，一人掌鼓，一人掌漏，进退作止，惟二人之听。鼓之而不至，至而不力，皆有罚。量田计功，终事而会之。田多而丁少，则出钱以偿众。七月既望，谷艾而草衰，则仆鼓决漏，取罚金与偿众之钱，买羊豕酒醴，以祀田祖。作乐饮食，醉饱而去，岁以为常。[②]

其后，元代元祯、明代徐光启在各自的农书中均将四川地区特有的这一生产技术记载入册。《农书》载有薅秧击鼓图，其云："薅田有鼓，自入蜀见之。始则召集其来，即则节其作，即则防其所以笑语而妨务也"[③]；《农政全书》卷7《农事·营治》篇在言及水稻栽培时说："夫稂莠荑稗，杂其稼出；盖锄后，茎叶渐长，使可分别，非薅不可，鼓有薅鼓之说"[④]；明代蜀人曹学佺《蜀中广记》卷56引《邛州志》云："州人插秧所击鼓曰长腰，以木为身

① （清）彭定求等编．全唐诗［M］．北京：中华书局，1999：9611.

② （宋）苏轼著；李之凉笺注．苏轼文集编年笺注·诗词附2［M］．成都：巴蜀书社，2011：121.

③ （元）王祯撰；缪启愉，缪桂龙译注．农书［M］．济南：齐鲁书社，2009：486.

④ （明）徐光启著；石生汉点校．农政全书［M］．上海：上海古籍出版社，2011：145.

首，尾蒙皮，泥涂其面，系以长缠，击以大槌，和以俚歌，所以侑勤。”① 可见，这项生产技术在元明时期四川地区依然在使用。

## 本章小结

大规模地加强农田水利设施的建设和管理是唐代四川地区农业发展的重要环节，以都江堰为核心的水利系统对成都平原的农业发展所带来的利益是全方位的，不仅为成都平原提供了丰富的水利灌溉资源，解决了成都地区的物质瓶颈，并不仅限于农田灌溉、防洪和漕运，而且农业生产条件的优越相对“缩短了”人们的劳动时间，为成都人民的休闲生活提供了物质基础和闲暇时间，改变了成都人的生活方式。② 元朝的一块石碑《元揭傒斯蜀堰碑》明确记载：“缘渠所置碓、硙、纺、织之处，以千万数，四时流转而无穷。”③ 在此基础上，随着盆地西部平原、河谷地带稻作技术及盆地中部、东部与周缘丘陵山区旱地耕作技术的日渐成熟与耕地面积的不断扩展，唐代四川地区农业发展继秦汉之后又迎来第二个高峰，不仅进一步提高了四川地区在促进和稳固国家统一方面的历史贡献，而且也为区域内社会变迁提供了丰沃的经济土壤和前提预设。同时，对于农业生产而言，一项新技术的推广与普及、再到区域内农民的熟练掌握，较之其产生，或许意义会更大。唐代四川地区以农田水利和精耕细作为中心的农业生产技术的进步推动了农业的迅速发展。据《全唐文》卷 1 高祖《定户口令》记载，早在武德初年，剑南道就以粮食丰产而救济关中地区④，此后，整个唐代四川地区长期向关中及其他地区输送粮食，其意义超出了农业发展的普通意义。可以说，四川农业经济为国

---

① （明）曹学佺．蜀中广记［M］．文渊阁四库全书影印本第 591 册：755.

② 苏宁，邢飞．道家精神与成都休闲文化［M］．武汉：武汉出版社，2014：4—20.

③ （清）常明，杨芳灿等．四川通志［M］．台北：京华书局，1967：27.

④ （清）董浩等编．全唐文［M］．北京：中华书局，1983：18.

家的稳定做出了突出贡献，是关中政权的支柱。[①]代宗广德二年（762年），杜甫在《为阆州王使君进论巴蜀安危表》一文指陈了这一史实："河南河北，贡赋未入，江淮传输，异于曩时。唯独剑南，自用兵以来，税敛则殷，部领不绝，琼林诸库，倚给最多。是蜀之土地膏腴，物产丰富，足以供王命也。"[②]总之，唐代四川地区农业生产技术资源的推进，为该区域的社会变迁提供了坚实的物质基础和强有力的推动力。

① 赵文润．唐代前期关中与蜀中经济的比较研究——兼谈两个"天府"的兴衰［A］．卢华语等编著．古代长江上游的经济开发［M］．重庆：西南师范大学出版社，1989：38—58.

② （唐）杜甫著；（清）仇兆鳌注．杜诗祥注［M］．北京：中华书局，1979：2193.

# 第五章

# 农业发展与“扬一益二”

## ——农业发展与社会经济结构的变迁

“扬一益二”，本是流行于唐代中后期的一句俗语，是唐人对扬州与成都这两大商业都会经济地位的评价。农业经济时代，商业都会的出现首先应当是农产品高度商品化的结果，这属于社会经济结构的范畴。而社会经济结构又属于生产关系的范畴，马克思在《〈政治经济学批判〉序言》一文中，明确阐释了社会经济结构的内涵与外延：“人们在自己生活的社会生产中发生一定的、不以他们的意志为转移的关系，即同他们的物质生产力的一定发展阶段相适合的生产关系。这些生产关系的总和构成社会的经济结构，即有法律的和政治的上层建筑竖立其上并有一定的社会意识形式与之相适应的现实基础。”[①] 其次，商业都会的出现，与其所在地理位置也有着密切的关系。因此，本章首先从梳理现存传世文献对“扬一益二”的记载入手，考证“扬一益二”的变迁轨迹；其次阐述了唐代四川地区农产品商业化的主要途径、方式以及成都作为商业都会形成与发展的基本过程，并以此观察我国传统社会区域农业发展与社会经济结构变迁的内在深层联系。

---

① （德）马克思，恩格斯．马克思恩格斯选集（第2卷）[M]．北京：人民出版社，1972：82.

## 第一节 文献记载所见“扬一益二”

我国传统社会，商业中心城市的出现，尽管是多种因素共同作用的结果，但总体上不外乎两条：一种是农业高度发展催生了农业财富的商品转化，从而带动城市商业的繁荣；另一种是主要靠政治中心或交通的便利维持商业的繁荣。时人所称的“扬一益二”，虽然都是唐代中后期商业高度繁荣的都会，但二者形成的内在机制却截然不同：扬州的繁华主要得益于南北交通通商口岸所催生的商业发达，而成都的繁荣更多的是四川地区农业高度发展以及随之带来的农产品高度商品化的显著产物。

### 一、“扬一益二”的由来

“扬一益二”，本是流行于唐代中后期的一句俗语，是唐人对当时除了长安、洛阳两大政治经济文化中心以外，扬州与成都这两大商业都会的经济地位的评价。“扬”，是指位居长江下游江淮农业区的扬州；“益”，则是指处于长江上游四川农业区的成都。其后，无论是笔墨相对“严谨”的正史类、地理方志类文献，还是文意略显“活泼”的笔记类文献以及时人诗文，在追述或描述成都都市生活时，俱对其颇为“推崇”而专门予以载记，从中可见史学家、时人及后人对“扬一益二”的认可和接纳程度。

揆诸史乘，这一说法应当始自唐宪宗元和年间（806年—820年），并在宣宗大中年间（847年—859年）成为时人普遍认同的说法，但在唐末无论扬州还是益州，其商品经济地位日渐下降。之所以做出这种学术判断，主要有四条史料可参：其一，成书于元和年间的《元和郡县图志·阙卷逸文》卷2《淮南道》载：“（扬州）与成都号为天下繁侈，故称扬、益。”[①] 其二，《旧唐书》卷12《德宗本纪》记载，德宗建中三年（782年），为了解决唐政府面临财政匮乏的严重问题，“判度支赵赞上言，请为两都、江陵、成都、铩

① （清）缪荃孙辑.元和郡县志阙卷逸文［M］.北京：中华书局，1983：1071.

汴、苏、洪等州署常平轻重本钱。上至百万贯，下至十万贯，收贮斛斗匹段丝麻”。[①] 在赵赞的上疏中，将成都列为长安、洛阳两都与江陵之后，并且没有把扬州列入征收范围，说明当时扬州与成都的经济地位并不十分突出。据此推测，这时应该还没有出现“扬一益二”的说法。其三，唐人武元衡《奉酬淮南中书相公见寄》诗序中说：“时号扬益，俱曰重藩，左右皇都。”[②] 考《新唐书》卷 158《武元衡传》，武元衡卒于元和十年（815 年）[③]。可见，至迟在元和十年之前，扬州与成都的经济发展水平不仅已经超越两都和江陵并上升至能够“左右皇都”的“重藩”地位，而且扬、益开始并称。其四，宣宗大中九年（855 年），成都人卢求在《成都记序》中记述了当时人们对扬州和成都的评价，“大凡今之推名镇为天下第一者，曰扬、益”，说明“扬一益二”已经成为时人普遍认同的说法了。但卢求对“扬一益二”的位次并不认同，他认为“以扬为首，盖声势也”，若论风土人情与经济繁荣，“扬不足以侔其半”。[④] 卢求的说辞虽然难免带有蜀人自我夸耀的溢美之意，但也从另一方面说明了成都的经济繁荣程度和风土人情的显著特色，的确要高于扬州的事实。可是，卢求的这一观点并没有改变时人对“扬一益二”已经形成的既定看法，直至唐末，时人仍然沿用这一惯称。其五，《资治通鉴》卷 259《唐纪七十五》“昭宗景福元年七月”条载：“先是，扬州富庶甲天下，时人称扬一益二。及经秦、毕、孙、杨兵火之余，江、淮之间，东西千里扫地尽矣。”“扬一益二”，胡三省注解曰：“言扬州居一，益州为次也。”[⑤] 从“先是”一词来看，唐人在景福元年再提及“扬一益二”，就似乎已经成为“陈年往事”了。这也从一个侧面反映了唐末扬州与成都商品经济地位下降的史实。

唐之后，“扬一益二”成为文献记载的通用言语。如宋人洪迈《容斋随笔》卷 9“唐扬州之盛”条载：“唐世盐铁转运使在扬州，尽斡利权，判官多至数十人，商贾如织，故谚称‘扬一益二’，谓称之盛，扬为一，而蜀次

① （后晋）刘昫等 . 旧唐书［M］. 北京：中华书局，1975：330.

② （清）彭定求等编 . 全唐诗［M］. 北京：中华书局，1999：3565.

③ （后晋）刘昫等 . 旧唐书［M］. 北京：中华书局，1975：4159.

④ （清）董浩等编 . 全唐文［M］. 北京：中华书局，1983：4540.

⑤ （宋）司马光等著；（元）胡三省注 . 资治通鉴［M］. 北京：中华书局，1997：8430.

之也……本朝承平百七十年，尚不能及唐之什一。”[①] 按照洪迈的说法，扬州和成都代表了唐代经济繁荣的最高发展水平，若将宋代与唐代的经济繁荣相比较，北宋建立直至南宋的170余年的时间内，其经济繁荣还达不到唐代的十分之一。宋人祝穆《方舆胜览》卷51《成都府路》载：“益州风俗，民性循柔。其俗好文，学者比肩于齐鲁……地险物侈，国富民殷，工商结驷。宝薮珍藏，乐国丰壤。万商之渊，夜市三鼓。遨头宴集，蚕市药市……地称天府，地大且要，扬一益二。”[②] 祝穆编著的另一本“考古订今”的《古今事文类聚续集》卷9《居处部·扬州重建平山堂记》记载：“唐盛时，全蜀尚列其下，至有‘扬一益二’之语。”[③] 宋人袁枢《通鉴纪事本末》卷37“景福元年秋七月”条：“（扬）州富庶甲天下，时人称‘扬一益二’。”[④] 宋人王楙《野客丛书》卷15“唐时扬州通州”条记载：“唐时扬州为盛，时有‘扬一益二’之语。”[⑤] 上引材料大多出自宋人之手，他们对唐代历史的追述，从史料的遴选和使用角度分析，应当带有较大的可信度，可作为信史。自此之后，元、明、清等历代文献在追记唐代四川地区史实时，继续沿用这一说法。这也再次证明了成都在全国范围内曾经的经济地位和所起到的历史作用。

## 二、“扬一益二”的形成与衰落

历代文献和时人描述俱将扬州与成都并推为唐代中后期全国经济最为发达的两个城市，虽然二者都形成于我国传统小农经济背景下，但其形成的内在机制与变迁轨迹却有着较大的差别。

首先，扬州的繁荣得益于其优越的地理位置。隋朝开凿的大运河将中原地区和农业经济相对发达的长江中下游区域连接起来，而扬州恰好处于长江

① （宋）洪迈．容斋随笔［M］．上海：上海古籍出版社，1978：122.

② （宋）祝穆撰；（宋）祝洙增订；施和金点校．方舆胜览［M］．北京：中华书局，2003：899.

③ （宋）祝穆．古今事文类聚续集［M］．北京：中华书局，1992：176.

④ （宋）袁枢．通鉴纪事本末［M］．北京：中华书局，1964：3498.

⑤ （宋）王楙撰；王文锦点校．野客丛书［M］．北京：中华书局，1987：166.

与运河的交界口，是当时全国最为重要的连接南北水路的交通枢纽。进入唐代，尤其是“安史之乱”以后，南粮（主要指稻米）与淮盐北运都要经过扬州中转，这就使扬州成为全国粮、盐以及丝麻等物资交易的集散地。《元和郡县图志》卷5《河南道》记载：“自扬、益、湖南至交、广、闽等州，公家运漕，私人商旅，舳舻相继。”[①] 按此记载，扬州将北到长安与洛阳、南到广州和交州、西起成都、东南至福建，几乎将当时大半个唐代所辖区域连接起来。所以，唐人权德舆在《杜公淮南遗爱碑铭并序》一文中，称扬州为“四会发达，此为咽颐”。[②] 因此，唐政府在此专设盐铁转运使予以行政管理。上引宋人《容斋随笔》卷9“唐扬州之盛”条称：“唐世盐铁转运使在扬州，尽斡利权，判官多至数十人，商贾如织。”[③] 同时，扬州也是唐代海外贸易的重要通商口岸，外商云集。据《旧唐书》卷40《地理志》记载，唐天宝六载（747年），扬州人口近50万人，但当时常驻扬州的外商，仅阿拉伯商人就达5千人之众[④]，可见其海外贸易之盛。

相形之下，成都的繁荣却是四川地区农业高度发展的结果。从地理位置上分析，较之扬州，成都更像是一个“独立”的、几乎完全依靠自我发展与农业商品内部转化的经济体。“山岭千重拥蜀门”[⑤]，高山环抱的四川地区，历来对外交通难度极大，“蜀道之难，难于上青天”[⑥]，除去文学的夸张修饰成分，正是这种自然交通障碍的生动写照。偏隅一方的成都处于盆地的西部边缘，其西南横亘着人烟稀少的高山和高原，其他方位与全国经济繁荣区之间，又绵延着经济落后区、甚至是荒凉的山区。发轫于古蜀时期的海外贸易以及自李冰“穿二江于成都中”，打通四川盆地与长江、黄河两大区域的水陆交通，尽管在唐代还一直持续着（如杜甫笔下的“门泊东吴万里船”即是唐代四川盆地对外贸易的真实写照），但限于当时的交通条件和农贸商品构

---

① （唐）李吉甫撰；贺次君点校．元和郡县图志［M］．北京：中华书局，1983：137.

② （唐）权德舆．权德舆诗文集［M］．上海：上海古籍出版社，2008：178.

③ （宋）洪迈．容斋随笔［M］．上海：上海古籍出版社，1978：122.

④ （后晋）刘昫等撰．旧唐书［M］．北京：中华书局，1975：1571.

⑤ （清）彭定求等编．全唐诗［M］．北京：中华书局，1999：7426.

⑥ （清）彭定求等编．全唐诗［M］．北京：中华书局，1999：1681.

成的单一性，四川地区的对外贸易仍然基本依靠国内贸易。另外一个不容忽略的事实是，在唐代全盛的天宝年间，成都的人口虽然已经达到十六万户以上，但在其周围一千公里半径范围内，人口超过七万户的只有长安和洛阳，成都到距离它最近的大城市长安，路途所用时间至少在一个月以上。[①] 同时，在传统社会，远距离运输粮食是极其困难的。北宋沈括曾对依靠人力、畜力长途运输粮食的难度进行了详细的说明，《梦溪笔谈》卷十一《政事》记曰：“运粮不但多费，而势难行远……人负米六斗，卒自携五日干粮……一去可十八日……若以畜乘运之，则驼负三石，马、骡一石五斗，驴一石，比之人运，虽负多而费寡，然刍牧不时，畜多瘦死。”[②] 显然，这就使得四川地区以粮食为主的农业商品对外贸易的进一步发展遇到极大的困难，很难像城市相对集聚的关中农业区、江南农业区一样，在经济发展水平相差不大的城市之间开展商品交往活动。在这种情况下，成都的繁荣只能依靠农业财富的内部转化，即农产品的高度商品化。上引《全唐文》卷 744 卢求《成都记序》说，卢求在比对扬州和成都繁荣时，将成都的繁荣更多地归结于“人物繁盛，悉皆土著，江山之秀，罗锦之丽，管弦歌舞之多，伎巧百工之富。其人勇且让，其地腴以善，熟较其要妙”，即是这种农业财富实现区域内部商品转化的基本反映。所以，在卢求看来，“扬不足以侔其半”[③] 是不无道理的。

其次，从上述征引的诸多材料中可以看出，至唐末五代，无论扬州还是成都的经济地位在全国范围内已经逐渐下降。究其原因，二者商品经济衰落的原因也不尽相同。扬州的日益衰落应当是源于频繁的战争以及商品经济中心的转移。上引《资治通鉴》卷 259“昭宗景福元年七月”条载：“先是，扬州富庶甲天下，时人称扬一益二。及经秦、毕、孙、杨兵火之余，江、淮之间，东西千里扫地尽矣。”“秦、毕、孙、杨兵火”，胡三省注曰：“秦彦、毕师铎、孙儒、杨行密也。”[④] 显然，在史家眼中，扬州的繁荣毁于唐末兵火涂

---

① 谢元鲁．论扬一益二［A］；史念海主编．唐史论丛（第三辑）［M］．西安：陕西人民出版社，1987：231—273.

② （宋）沈括著；侯真平点校．梦溪笔谈［M］．长沙：岳麓书社，1998：96—97.

③ （清）董浩等编．全唐文［M］．北京：中华书局，1983：4540.

④ （宋）司马光等著；（元）胡三省注．资治通鉴［M］．北京：中华书局，1997：8430.

炭。另一方面，北宋建立之后，由于长江江流水势的变化，扬州距离长江岸口距离有所增加。处于伊娄河和仪征运河段之间的真州开始取代扬州而成为漕米和海盐运输的集散地。《宋大诏令集》卷 184《令江南荆湖两浙造船团纲般起赴真、楚、泗转般仓，发运司不得拨纲往诸道诏》记载："国家建都河汴，仰给江淮，岁漕资粮……六路所供之租，各输于真、楚，度支所用之数，集于京师。"① 而淮海一带的海盐也是"自通、泰、楚运至真州，自真州运至江浙荆湖"。② 于是，真州逐渐取代了扬州作为粮食和海盐交通枢纽的位置。

偏隅四川盆地西部边缘的成都，则由于地理位置、交通状况、域内农业发展水平的不平衡、自给自足小农经济自身商品性质的薄弱以及大土地所有制的限制等多种因素，宋代之后亦走向衰落。据嘉庆《扬州府志》卷 63《艺文二》所录《扬州厅题壁名记》记载，北宋韩琦在谈及扬、益的繁荣时说："故有唐藩镇之盛，惟扬、益二州，号天下繁侈。"③ 上引宋人洪迈《容斋随笔》亦言："扬为一，而蜀次之也……本朝承平百七十年，尚不能及唐之什一，今日真可酸鼻也。"④"酸鼻"一词，形象地表明了宋人对往昔扬州与成都繁华的艳羡以及对这种繁荣不再的惋惜之意。可见，此时扬州和成都已经从繁荣走向了衰落。

综上，"扬一益二"是唐代中期以后，在农业经济背景下所形成的两大商业都会。尽管二者形成的内在机制有所不同，但从根本上说，都是农业经济时代农业产品高度商品化的直接结果。唐末五代，长江江流水势的变化与战争的频发导致了扬州的衰落；而依靠高度集中的农业财富商品化所带来繁荣的成都，作为一个相对独立的经济发展体，受限于自然、交通、政治、地方政权割据势力以及当时小农经济占据主体的经济背景等多种因素，难以与城市相对集中的江南、关中地区展开长期而持久的竞争，在宋元之后也逐渐走向了落寞。

---

① 司義祖整理 . 宋大诏令集［M］. 北京：中华书局，1962：671.

② （元）脱脱等 . 宋史［M］. 北京：中华书局，1977：4433.

③ 中国地方志集成编辑委员会编 . 中国地方志集成·江苏府志辑 42 嘉庆重修扬州府志 2［M］. 南京：江苏古籍出版社，1991：431.

④ （宋）洪迈 . 容斋随笔［M］. 上海：上海古籍出版社，1978：122.

# 第二节　唐代四川地区农产品的商品化与商业都会的出现

本小节立足于个体家庭考察唐代四川地区农产品的商品化问题，从这一角度出发，农产品的商品化至少应当包含两个方面，即自身不需要加工即可流通于市场的初级农产品，如粮食、蔬菜、水果和家禽等，以及需要通过加工改变其使用价值的“升级”农产品，如小麦加工成面粉或者食品、甘蔗加工成蔗糖、桑麻加工成丝织品与纺织品等。如前所述，唐代四川地区农业物质生产资源、劳动力生产资源和生产技术资源的优化，推动了域内农、林、牧、副、渔业的全面发展，这就为农产品的商品化提供了必要的物质基础和前提预设。

## 一、我国传统社会农产品商品化的理论基础

按照马克思主义的经济理论观点：“产品只有随着构成它的等价物的其他商品系列的数量和种类的增加才能作为商品发展起来。……一方面，一个产品的交换能力，一般来说，取决在它商品之外商品的多样性以及这个产品本身能够作为商品来生产的数量，尤其取决于这一点。”① 在这里，马克思指出了农产品商品化的两个必要条件，即农产品的种类不仅要丰富，而且数量也要相对充足。唯有如此，才能满足市场交换的需求。一般而言，一个产品的市场交换能力，除了它在特定的历史发展阶段所具备的自身价值之外，也取决于它之外存在的其他商品的多样性。任何农产品只有“走出家门”，在一定的社会联系中产生交换行为，才能真正实现其作为一种商品的价值。按此观点，当个体农民家庭通过农业生产劳动而获取的农产品，诸如粮食、蔬菜、蚕丝以及家庭内部饲养的鸡、鸭、鹅、羊、猪等家禽、家畜，不再以满足个体家庭的衣食住行等基本生活需求，而是直接或者通过粗略的加工（如将粮食转化成食品、将蚕丝转化成丝织品）“走出”家庭，流入到市场上换

① （德）卡尔·马克思．资本论（第三卷）［M］．北京：人民出版社，1975：915.

取等价物品时，这些农产品就具备了初步的商品价值。

那么，唐代四川地区农产品是否具备种类丰富、数量相对充足这两个商品化的基本条件呢？从农作物种类上分析，以四川盆地为核心的四川农业区，地形复杂多样，域内既有河流冲积平原，又有丘陵、山地与高原等地形；同时，四川盆地周围群山环抱，形成了地形封闭的地理单元，加之所处纬度较低，因而水量与热量资源丰富，气候温润，唐代四川地区年平均气温比今天还要高1℃左右[①]，这种优越的自然地理条件为农作物种类的增加提供了必要的基础和前提。前已论及，唐代四川地区农作物种类较之魏晋南北朝时期大幅度增加。以水稻为例，有学者钩稽史料，认为当时全国水稻主要种植品种约有25种[②]，而在四川地区种植的至少就有12种[③]，几乎占到一半，这足以证明四川地区农作物种类的丰富。

从数（产）量上看，再以粮食生产为例。文献缺载唐代四川地区的粮食总产量，为我们考察唐代四川地区粮食相对“剩余量”带来了一定的学术困难。本书尝试运用几条辅证材料予以说明。首先，国学大师蒙文通先生考证出，唐代粮食亩产量是汉代的两倍之多。[④]蒙文通先生的这一考证结论虽然是针对唐代整个农业生产的总体发展水平而言，并未确指四川地区。但是，作为唐代核心农业生产区域之一（这已得到学界的普遍认同，前文已有详论），应该涵盖在蒙先生的考证范围之内。如果这一数字还不足以反映出唐代四川地区农产品数量的充足，那么若将西汉与唐代耕地数量和人口数量做一纵向比对，这一问题就一目了然了。西汉平始二年（2年）四川地区在籍耕地数约为33,763,483今市亩，唐玄宗天宝十四载（755年）约为89,745,191今市亩，是西汉平始二年的2.6倍。按照蒙文通先生的考证，唐代四川地区粮食总产量则为西汉的5倍左右。

---

① 竺可桢．中国近五千年来气候变迁的初步研究［J］．考古学报，1972（1）：15—39.

② 华林甫．唐代水稻生产的地理布局及其变迁初探［J］．中国农史，1992（2）：27—39.

③ 卢华语．《全唐诗》经济资料辑释［M］．重庆：重庆出版社，2006：49.

④ 蒙文通．中国历代农产量的扩大和赋役制度及学术思想的演变［J］．四川大学学报（哲学社会科学版），1957（2）：27—106.

其次，从粮食的人口消耗上分析，西汉平始二年四川地区在籍人口约为3,514,217口，唐玄宗天宝十四载约为4,099,826口[①]，约是西汉平始二年的1.2倍。又据《唐六典》卷6《尚书刑部》“都官郎中员外郎”条、卷19《司农寺》“太仓署”条所载，唐代官定口粮标准是“丁男日给米二升”。[②]这一标准应是唐政府基于普通百姓维持日常生活下限而作出的成熟考虑。根据日常生活的常理推断，再考虑到西汉与唐代度量衡的比率，西汉人口的日均粮食消耗量相当于唐代的1.15升[③]。两相折算，可以判断，唐代四川地区农产品数（产）量，除去人口消费，相对剩余率应是西汉2.5倍左右。

再次，四川地区是唐代救济灾荒、寄食避乱的首选之地。粮食的外运以及人员的大量涌入对粮食的消耗，虽难免带有强行征用的政治色彩，但也从另一个侧面反映了四川地区粮食总产量在满足区域内部人口生存的基本需求之外，亦有相对剩余的事实。前引《册府元龟》卷486《邦计部·迁徙》载：

> 唐高祖初为唐王下令曰：比年寇盗，郡县饥荒，百姓流亡，十不存一……今岷嶓款服，蜀汉沃饶，闾里富于猗陶，菽粟同于水火。曩者储蓄，征敛实繁，帑藏犹殷，宜垂拯济。木牛流马，非可转输……下官部领，就食剑南诸郡。

同书卷498《邦计部·漕运》载：

> 武德二年闰二月，太府少卿李袭誉运剑南之米以实京师。……贞观二十二年七月开斜穀道水路运米以至京师。[④]

① 注：这一数据来源是根据《汉书》卷28《地理志》、《新唐书》卷42《地理六》所载当时四川地区的行政管辖范围、人口数量以及耕地数量和梁方仲《中国历代户口、田地、田赋统计》甲表所列汉亩、唐亩与今市亩的比率折算而成，详见本书第二章第二节。

② （唐）李吉甫等撰；陈仲夫点校．唐六典［M］．北京：中华书局，1992：194、527.

③ 注：西汉与唐代升的比率约为0.58（参见梁方仲编著：《中国历代户口、田地、田赋统计》附录《中国历代度量衡变迁表》，北京：中华书局，2008年，第744—745页）。

④ （宋）王钦若等筹编．册府元龟［M］．北京：中华书局，1960：5816、5966.

《新唐书》卷107《陈子昂传》载：

> 蜀为西南一都会，国之宝府，又人富粟多，浮江而下，可济中国。[①]

三条史料合观可知，有唐一代，每当中原地区因战乱或自然灾害造成饥荒问题，四川地区就成为唐政府安排灾民入蜀或调运粮食赈灾的首选之地。另外，“安史之乱”及唐末战乱发生以后，唐玄宗和僖宗为避战乱，先后带领王公贵族、大批官员、军队及工匠士人等入蜀。关于入蜀的具体人数，《资治通鉴》卷218《唐纪三十四》“肃宗至德元载五月”条载：“上皇至成都，从官及六军至者千三百人。”[②]僖宗入蜀，具体人数，史料虽然缺载，但僖宗在成都避乱四年，成都俨然成为唐朝临时都城，先后到此避乱人数应当不少。上引北宋眉州人吕陶的《净得集》以及成书于南宋庆元年间（1195年—1200年）的《成都氏族谱》为我们提供了这方面的证据。《净得集》所录31位士人的墓志铭中，明确记载其家族因避乱迁入四川地区的有10家，约占所录人士总数的32%；《成都氏族谱》所记45家四川地区氏族大姓中，明确记载其先祖因避乱迁入四川地区的有21家，约占所录大姓总数的47%。除此之外，还有大量普通百姓为避战乱而流入蜀中。可以推知，大量人口的涌入自然需要一定数量的粮食，尤其是对皇室、王公贵族及文武官员的供应，其人均粮食消费量定会超过普通百姓“日食2升”的官定标准。目前，尚未发现有文献记载从外地调运粮食“救济”蜀中的确切记载，这应当是唐代四川地区粮食相对“剩余”的又一例证。另外，考古资料亦可提供这方面的思考。清人陆增祥所撰《八琼室金石补正》卷77《招提寺院施田记》收录了清代四川乐至招提寺出土的一块唐代碑刻碑文，该碑文记录了这样一则信息：“……扬德及儿晃今将口分贰拾亩，将施入院内，供一切诸方师僧永为

① （宋）欧阳修，宋祁．新唐书［M］．北京：中华书局，1975：4074.

② （宋）司马光等著；（元）胡三省注．资治通鉴［M］．北京：中华书局，1997：6987.

常住。”[①]唐代四川地区是否实施均田制，学界尚有争议，在此姑且不论。但仅从该碑文中透露出的“扬德及儿晃今将口分贰拾亩，将施入院内”的信息来看，乐至百姓扬德家中所产粮食肯定在维持日常生活之外，还有所剩余。否则，扬德即便是虔诚的佛教信徒，也不会冒着“饿死”的危险，而将二十亩耕地捐献给寺庙。这虽是因信仰佛教而给寺庙捐助耕地的个例，但从中也可窥见社会中上层粮食有盈余的事实。

至此，本小节以粮食种类和产量为例，虽不能完全反映出唐代四川地区农产品总的种类和产量，但也在很大程度上证明唐代四川地区农产品已经具备商品化的两个必要条件了。

## 二、唐代四川地区农产品的商品化

以个体家庭为视角，唐代四川地区农产品的商品化主要表现在粮食、蔬菜等满足人们日常基本生活需求的农产品，以桑麻、茶叶和甘蔗为代表的经济作物，以及其他林、牧、副、渔业农产品等方面。

### （一）粮食与蔬菜作物的商品化

粮食和蔬菜是满足人们日常生活基本需求最为常见、最为普遍的农产品，二者的商品化状况在很大程度上代表了某一区域农产品商品化的整体概貌。在我国传统社会背景下，从个体家庭角度分析，粮食商品化的前提首先是满足家庭生活的基本需求。由于史料缺载唐代四川地区个体家庭粮食收入的具体情况，对我们考察这一问题带来较大的学术困难，但我们可以根据唐前期均田制下四川农民的受田情况和亩产量予以大致的推算。唐初均田制[②]规定：“丁男、中男给一顷，笃疾、废疾给四十亩，寡妻妾给三十亩。若为户者，加二十亩。所授之田，十分之二为世业，八为口分。世业之田，身死

① （清）陆增祥．八琼室金石补正［M］．北京：文物出版社，1985：538.

② 注：唐代均田令的内容，《唐六典》《旧唐书》《新唐书》《资治通鉴》《通典》《唐会要》等史籍均有记载，内容详略不一，本书以《旧唐书》所记为准。

则承户者便授之；口分则收入官，更以给人。”[①] 目前学界对唐代均田制在四川地区是否得以实施这一问题还存在争议，未有确论。如李敬洵先生认为，“唐代四川地区并没有完全纳入均田制的范围”[②]。而赞同者一般以四川乐至招提寺一唐代碑文所刻内容为唐代四川地区实施均田制的基本依据，但除此之外，也尚无其他文献或考古材料可资为旁证。要证明均田制在唐代四川地区的确得以实施，还是要回到上引清代乐至招提寺出土的唐代碑刻上。该碑文虽总体反映的是唐代四川地区佛教世俗化的社会现象，但在其文中刻有“扬德及儿晃今将口分贰拾亩，将施入院内，供一切诸方师僧永为常住”[③] 等信息。但将此碑文信息与唐政府颁布的均田制内容两相对照，可知文中所言“口分贰拾亩”肯定是指均田制下的“口分田”。虽然唐末均田制已经崩溃，但碑文刻有“大唐光化三年”，无论是追记“曾经”的“口分田”，还是叙述唐末“只保留口分之名，而无口分之实”的土地实际运行状况，但都可“间接证明唐代四川地区曾有过均田制”[④]。如若推证不假，假设每个家庭有两个丁男，那么，每个个体农户家庭应拥有土地 200 唐亩，除去桑、麻及果林用地，粮食作物耕地按一半计算，则为 100 唐亩。按前文所考，唐代四川地区水稻与粟的亩产量平均在 2.3 石左右，由此，每个个体家庭每年的粮食总产量当在 230 石左右。除去每人每年 12 石的平均消费量（具体依据详见第二

① （后晋）刘昫等 . 旧唐书［M］. 北京：中华书局，1975：2087.

② 注：李氏做出这一学术判断的基本依据是：其一，在推行羁縻制度的地区，按唐制：“无州县户口，但羁縻统之”，唐代四川诸多羁縻州县显然不在受田之列。同时，已经成为唐朝编户齐民、生活在川西高原一带的“诸羌”“群蛮”等少数民族，主要从事畜牧业，作为土地法规的均田制，对他们是不适用的。至于从事农耕的夷僚等少数民族，唐初还停留在原始社会向奴隶社会的过渡阶段，生产力水平低下，渔猎和采集占有重要地位，同样也不存在推行均田制的条件。其二，纳入均田制范围的地区，同样也没有授田给民户。因为在可供授田之用的已经开垦的农田和各种荒地中，前者除了由官府直接经营的“公田”之外，绝大多数是民户已经占有的“私田”，基本上没有可以作为授田之用的土地；至于后者，无论是“在帐籍之内”，还是“在帐籍之外”，都已被不断增加的人口或者大量“逃户”“侵占”。所以，也没有“多余”可供授田之用的荒地（参见李敬洵：《唐代四川经济》，成都：四川省社会科学院出版社，1988 年，第 68—75 页）。

③ （清）陆增祥 . 八琼室金石补正［M］. 北京：文物出版社，1985：538.

④ 霍俊江 . 中唐土地制度演变研究［M］. 广州：暨南大学出版社，2000：92—93.

章第三节）以及各种赋税，应当还有一定的剩余。有学者经过考证认为，唐代整个社会农户的剩余产品率一般维持在 20% 左右。[①] 诚如是，根据马克思主义对农产品商品化必要条件的解读，这种农产品的剩余率为农产品的商品化提供了前提预设。

综合上述数条考据信息以及前文所论唐代四川地区农业发展的整体概貌来看，成都平原应是粮食商品化的集中区域。杜甫《西山三首》诗云：“彝界荒山顶，蕃州积雪边。筑城依白帝，转粟上青天。……蚕崖铁马瘦，灌口米船稀。”[②] 西山，即指岷山，是唐代抵御吐蕃入侵的一道天然屏障。蚕崖、灌口两地均在彭州导江县，此诗反映的是因吐蕃的侵扰，致使经灌口向西运输粮食的船只减少。虽然杜甫在诗中没有具体指明粟与米的具体来源地，但根据当时与吐蕃对峙的时局以及《元和郡县图志》卷 31《剑南道·成都府》所载“汶江，穿二江成都中，皆可行舟”[③] 的交通状况来看，粟来自成都平原内部及周边丘陵山区、稻米出自成都平原，当无异议。粟与稻米的外运有力地证明了域内粮食商品化的事实。又：《茅亭客话》卷 8《好画虎》载，成都府灵池县一医卜从业者，“孙儿辈将豆麦入城货卖，收市盐、酪”[④]。显然，这一医卜从业者及其家人所种植的豆、麦等粮食作物不仅仅是为了满足自我家庭的生活需要，而是要将所产粮食运往附近的城内市场出售，用以交换盐、酪等其他日常生活用品。这是一则典型的农户将自家所种植的豆、麦直接带入本地城市市场出售的例证。另据《资治通鉴》卷《唐纪七十四》258“昭宗大顺二年四月”条载：王建围攻成都时，“成都城中乏食……民有潜入行营贩米入城者，巡者得之”，守城将官终因城内缺粮而不予禁止，于是“贩者浸多”。[⑤] 该条史料所载的“民”，当指居住在成都城外的普通农户，受城内缺粮、粮价可能上涨的利益驱使而冒险入城卖粮。唐人段成式《酉阳杂

① 宁可．中国经济通史·隋唐五代卷［M］．北京：经济日报出版社，2000：36.

② （清）彭定求等编．全唐诗［M］．北京：中华书局，1999：2496.

③ （唐）李吉甫撰；贺次君点校．元和郡县图志［M］．北京：中华书局，1983：767.

④ （宋）黄休复．茅亭客话［M］．北京：中华书局，1991：75.

⑤ （宋）司马光等著；（元）胡三省注．资治通鉴［M］．北京：中华书局，1997：8413—8414.

俎》卷2《壶史》载，敬宗宝历年间（825年—827年），蜀地“有人状如（卢）生所言，叩门求粜米”[①]。“叩门求粜”应是深入村落上门收购粮食的商人。说明唐代中后期四川地区已经出现了专门贩运粮食的商人。该条史料虽未言及蜀地的具体地点，但从“叩门求粜”一句推测，该现象发生在农业发展水平相对较高、粮食收入相对丰盈的成都平原，应是符合史实的。至此，上引数条史料，均能说明唐代居住在成都平原的农民个体家庭所种粮食已具备商品化的性质。

除了成都平原，盆地中部和东部的丘陵农产区亦有粮食的买卖。杜甫《题忠州龙兴寺所居院壁》一诗，说忠州“小市常争米，孤城早闭门”[②]。稻米成为忠州市场交易的主要农产品，检诸文献，忠州并无种植水稻的记载。同时，上引白居易赴任忠州刺史时，在《南宾郡斋即事，寄杨万州》一诗中记有“仓粟喂家人”之句，并自注曰：“忠州刺史以下，悉以畲田给禄食。”[③]刺史以下官员以畲田所收获的粟为俸禄，可证忠州不产稻米或所产稻米产量应该不大。由此，忠州市场上交易的稻米当是忠州辖区内产稻的垫江或者由川西平原、盆地中部低缓的丘陵稻作农产区贩运而至。可能因其运输量不够大，才会出现“常争米”的现象[④]。又据《旧唐书》卷117《严震传》所载，梓州盐亭人严震“世为田家，以财雄于乡里”。[⑤]严震出身于农家，能够“以财雄于乡里”，说明严震家是依靠将自家所产粮食投入市场而谋取财富的。此两例所列虽不能完全涵盖四川盆地中部、东部丘陵山区，但无疑可以反映出唐代该区域粮食商品化的事实。

粮食作物的商品性还表现在粮食作物的加工业方面，列宁指出：“当农业同农作物的技术加工（如磨粉、榨油、制马铃薯淀粉、酿酒等等）结合在一起……在这种场合下，农业是商品性的，而不是自然的。”[⑥]按照这一理论

---

① （唐）段成式撰；方南生点校．酉阳杂俎［M］．北京：中华书局，1981：27.

② （清）彭定求等编．全唐诗［M］．北京：中华书局，1999：2489.

③ （清）彭定求等编．全唐诗［M］．北京：中华书局，1999：4799.

④ 卢华语等．唐代西南经济研究［M］．北京：科学出版社，2010：297.

⑤ （后晋）刘昫等．旧唐书［M］．北京：中华书局，1975：117.

⑥ （苏联）列宁．俄国资本主义的发展［M］．北京：人民出版社，1976：119—120.

认识，唐代四川地区亦有粮食的加工现象。杜甫《槐叶冷淘》诗云：“青青高槐叶，采掇付中厨。新面来近市，汁滓宛相俱。”[①]“冷淘”即指凉面，清人仇兆鳌《杜诗详注》卷19《槐叶冷陶》注引前明朱鹤龄语：“以槐叶汁和面为冷淘”；又引南宋黄鹤注解：此诗“当是大历二年瀼西作”[②]。由此可见，杜氏所言应是瀼西一带的居民在春天槐叶清新之时，购买附近市场上所卖面粉制作“冷淘”的情景。另据《资治通鉴》卷255《唐纪七十一》“僖宗中和二年十一月”条记载，中和二年（882年），邛州蛮阡能反叛，剑南西川都招讨使高仁厚率兵讨伐，“未发前一日，有鬻面者自旦至午，出入营中数四”[③]。即将作战，卖面商贩为获利而频繁出入军营售卖面粉，并未受到阻拦，说明当时面粉售卖常态化的事实。此两条史料虽然只传递出夔州、邛州百姓将小麦加工成面粉出售的历史信息，但可据此推知当时四川地区面粉销售的普遍性。

再看蔬菜作物的商品化。前已论及，四川地区气候温润，适宜各种蔬菜的生长，向来就有“蔬食果实之饶”之说。《册府元龟》卷488《邦计部·赋税》记载，唐中后期一度将四川地区所产茄子、姜、芋等蔬菜列入税收之物[④]，这无疑进一步催生扩展了蔬菜的种植范围，从而形成了成都平原和盆地东部长江沿线两大蔬菜产区，这就为蔬菜的商品化发展提供了必要的条件。杜甫《为农》诗云：“锦里烟尘外，江村八九家。圆荷浮小叶，细麦落轻花。卜宅从兹老，为农去国赊。”[⑤]诗人笔下成都附近农家所种植的莲藕，显然不仅仅是为了满足自家生活的需求，其反映的可能是居住在成都平原的农户利用水网纵横交错的天然地理优势，种植莲藕出售的事实。《茅亭客话》卷4载，开元年间（713年—741年），蜀地青城人刘长官结庐于青城山“植果种蔬……每月两三度入青城县货药、市米、曲、盐、酪”，并且以此“作终焉

① （清）彭定求等编．全唐诗［M］．北京：中华书局，1999：2432.
② （唐）杜甫著；（清）仇兆鳌注．杜诗详注［M］．北京：中华书局，1979：1645.
③ （宋）司马光等著；（元）胡三省注．资治通鉴［M］．北京：中华书局，1997：8278.
④ （宋）王钦若等筹编．册府元龟［M］．北京：中华书局，1960：5841.
⑤ （清）彭定求等编．全唐诗［M］．北京：中华书局，1999：2432.

之计"[①]。说明了唐前期四川地区就已经出现了专门出售蔬菜的菜户。晚唐诗人温庭筠《锦城曲》一诗中所言"蜀山攒黛留晴雪，簝笋蕨芽萦九折"[②]，即说明唐后期成都市场上有簝笋、蕨芽等蔬菜售卖的事实。除了成都平原，盆地东部的长江沿岸亦有蔬菜的买卖，杜甫《遣遇》一诗说："石间采蕨女，鬻菜输官曹"，即指唐中期夔州一带民户通过出售蔬菜缴纳官税；另一首《园官送菜》说："青青嘉蔬色，埋没在中园。园吏未足怪，世事固堪论。"[③]清人仇兆鳌《杜诗详注》卷19《园官送菜》注引前明朱鹤龄语："此当在大历元年、二年之交夔州作。"[④]按此考据，可知夔州已经设置专门负责菜园种植与经营的官吏，这应是一则官府管理蔬菜经营的例证。郑谷《陕中寓止二首》中"市晚鬻蔬迟"[⑤]之句，则说明了晚唐时期夔州一带菜户售卖蔬菜的情景。唐代该区域甚至还出现了专门依靠买卖水果与蔬菜为生的流动商人，如《太平广记》卷401《龚播》记载，夔州云安人龚播就"以鬻果蔬自业"[⑥]，并最终靠此成为名冠三蜀的大贾。盆地北部的利州一带也出现了农户依靠自家种植蔬菜经营山野小食店的情形。《太平广记》卷431《虎六·虎妇》引唐人载孚《逛异记》云："利州卖饭人，其子之妇山园采菜。"[⑦]"利州卖饭人"遣其子妇到"山园采菜"，显然在"山园"里种菜不仅仅是为了满足自己家庭的生活需要，更多的是出售。《蜀中名胜记》卷8《川西道》称唐代简州"小县相笼合，濛濛数百家，果蔬争晚市"[⑧]，反映了唐代简州农户将自家所种植的蔬菜在每天傍晚时分带到附近市场出售的情形。

综合上述征引的材料来看，作为人们日常饮食结构中最为重要的粮食和蔬菜，在唐代四川地区其商品化性质已经相当明显了。这一现象不仅仅体现

---

① （宋）黄休复．茅亭客话［M］．北京：中华书局，1991：22.

② （清）彭定求等编．全唐诗［M］．北京：中华书局，1999：6696.

③ （清）彭定求等编．全唐诗［M］．北京：中华书局，1999：2376.

④ （唐）杜甫著；（清）仇兆鳌注．杜诗详注［M］．北京：中华书局，1979：1636.

⑤ （清）彭定求等编．全唐诗［M］．北京：中华书局，1999：7712.

⑥ （宋）李昉等编．太平广记［M］．北京：中华书局，1961：3113.

⑦ （宋）李昉等编．太平广记［M］．北京：中华书局，1961：3500.

⑧ （明）曹学佺．蜀中名胜记［M］．重庆：重庆出版社，1984：111.

在粮食与蔬菜的物物交换上，更为突出的是，唐代四川地区已经出现了专门种植粮食出售的“粮农”“菜农”以及专门经营粮食和销售蔬菜的商人。

### （二）经济作物的商品化

桑、麻、茶叶与甘蔗等农作物本身就带有极强的商品性质，唐代四川地区该类农作物种植面积的逐渐扩展，足以反映出其商品性质的增强。

晚唐诗人薛曜《登绵州富乐山别李道士》诗云：“桑麻覆细田。”[①]“细田”当指适宜或者政府规定专门种植桑树的良田。《魏书》卷110《食货志》载：“男夫一人细田二十亩，课莳余，种桑五十棵。”[②]桑麻是唐代四川地区分布最广的经济作物。作为其加工品之一的蜀锦，徐中舒先生认为，早在三国时代就是蜀汉对外贸易交流的专利品，并引南宋山谦之《丹阳记》曾言：“历代尚未有锦，而成都独称妙，故三国时魏则市于蜀，吴亦资西蜀，至是乃有之。”[③]隋代，四川地区蜀锦及织锦技术依然闻名于全国，《隋书》卷29《地理志》称：“蜀郡、临邛、眉山……蜀之旧域……人多工巧，绫锦雕镂之妙，殆侔于上国。”[④]爰及唐代，太宗时期，成都平原地带所产的罗、紬、绫、绢因质量上乘而成为皇室服饰的主要供应基地。《全唐文》卷155马周《陈时政疏》载：“京师及益州诸州，营造供奉器物，并诸王妃公主服饰。”[⑤]四川地区的丝织品成为皇宫专供物品，这无疑进一步刺激了桑树的种植规模以及丝织品生产技术的提高。故而，南宋眉州人杨仲良在《续资治通鉴长编纪事本末》一书中赞誉唐代“蜀土富饶，丝帛所产，民织作冰纨绮绣等物，号为冠天下”[⑥]。麻类作物从唐前期广泛用作衣料逐渐衍变为他用，成为制作物品袋

---

① （清）彭定求等编．全唐诗［M］．北京：中华书局，1999：9968.

② （北齐）魏收．魏书［M］．北京：中华书局，1974：2853.

③ 徐中舒．巴蜀文化初论［J］．四川大学学报（人文社会科学版），1959（2）：21—44.

④ （唐）魏征等．隋书［M］．北京：中华书局，1973：830.

⑤ （清）董浩等编．全唐文［M］．北京：中华书局，1983：1022.

⑥ （宋）杨仲良．续资治通鉴长编纪事本末［M］．北京：北京图书馆出版社，2003：268.

和造纸的主要原料。唐人李肇《唐国史补》卷下载："丝布为衣……天下无贵贱通用之……麻布为囊。"[①] 用途的变化导致了质地粗硬的麻纤维需求量的大量增加，进一步扩大了蜀麻的商品性生产，蜀麻亦随之远销全国各地。寓居夔门的杜甫目睹了"蜀麻"外运的盛况：《客居》一诗中说"风烟渺吴蜀，舟楫通盐麻"；《夔州歌十绝句》一诗中说"蜀麻吴盐自古通，万斛之舟行若风"，满载着蜀麻的船只天天顺江而下。偶尔看不到麻船，内心竟然不习惯，《柴门》一诗中"蜀麻久不来，吴盐拥荆门"[②]，即是这种心情的真实写照。益州的高杼布、汉州的弥牟布（细布）、眉州的僚麻布、开州的白纻布等皆是名扬全国的麻布。戴叔伦《白苎词》一诗说，开州的白纻布甚至有"新裁白苎胜红绡"[③] 的声誉。四川麻布远销到北方，京都长安甚至一度出现了专门购买蜀布制作物品袋的商人，《太平广记》卷243《窦乂》记载，长安人窦乂"买蜀青麻布，百钱个疋，四尺而裁之，顾人作小袋子"[④]。这充分说明了唐代四川地区桑麻的种植和生产均呈现出以商品交易为导向的事实。

就其生产主体而言，"唐代市场上出现的绢帛，绝大多数都是农民经济中家庭织妇的产品"[⑤]。杜甫《寄彭州高三十五使君適、虢州岑二十七长史参三十韵》一诗所言"乌麻蒸续晒"[⑥]，即是描述成都附近民户加工处理麻纤维的场景。唐代中期，丝麻成为开州山区农户交换日常生活用品的主要农产品，时任开州刺史的韦处厚在《驳张平叔粜盐法议》一诗中，说开州"山谷贫人，随土交易。布帛既少，食物随时。市盐者，或一斤麻，或一两丝……皆因所便"[⑦]。山谷贫家用来换取食盐所用的麻或丝，显然出自自家所产。又如，唐代寓居成都的张窈窕《上成都在事》（又作《成都即事》）一诗云：

---

① （唐）李肇．唐国史补［M］．上海：上海古籍出版社，1979：60.

② （清）彭定求等编．全唐诗［M］．北京：中华书局，1999：2332、2508、2337.

③ （清）彭定求等编．全唐诗［M］．北京：中华书局，1999：3072.

④ （宋）李昉等编．太平广记［M］．北京：中华书局，1961：1976.

⑤ 胡如雷．论唐代农产品与手工业品的比价及其变动［A］；胡如雷．隋唐五代社会经济史论稿［M］．北京：中国社会科学出版社，1996：148—157.

⑥ （清）彭定求等编．全唐诗［M］．北京：中华书局，1999：2428.

⑦ （清）董浩等编．全唐文［M］．北京：中华书局，1983：7346.

“昨日卖衣裳，今日卖衣裳。衣裳浑卖尽，羞见嫁时箱。有卖愁仍缓，无时心转伤。故园有虏隔，何处事蚕桑。”[①] 仔细研读，不难发现，诗中记述所卖衣裳应当出自农户家庭织妇之手。再如，《十国春秋》卷 42《王先成传》记载，唐末王建围攻彭州，蜀州新津人王先成表陈王建：“彭州土地宜麻，百姓未入山时多沤藏者，宜晓令各归田里，出所沤麻鬻之，以为资粮，必渐复业。”[②] 可见，此时彭州一带农户种植的大麻已经带有明确的商品指向性目的了。故而，郑学檬先生考证指出，“隋唐时期，丝麻棉织物一直是交换中的重要商品，是官民私有财富的重要组成部分”。[③] 另外，唐代四川地区还一度出现了通过桑麻市场价格的波动来调整桑麻种植的农户。《茅亭客话》卷 9《蚕馒头》载：“新繁县李氏，失其名，家养蚕……将成，值桑大贵，遂不终饲而埋之，鬻其桑叶，大获其利。”[④] 新繁县李氏能够从“值桑大贵”，便可推测蚕市物品交易的价格浮动，通过放弃养蚕改卖桑叶而“大获其利”，说明当时有的农户已经善于通过农产品的供求关系来调整农业生产了。

除了桑麻，唐代四川地区另一类商品性更为显著的经济作物是茶树。唐人欧阳询《艺文类聚》卷 35《奴婢》所录东汉王褒《僮约》言及“武阳卖茶”[⑤] 的商业活动，这是我国最早的以茶叶作为商品的记载，同时也说明了至迟在东汉，四川地区的茶叶已经作为商品出售了。南北朝时期，四川地区普通农户已将自家所产茶叶作为商品予以出售。《太平御览》卷 867《饮食部》引晋人傅咸《司隶教》曰：“闻南方有蜀妪，作茶粥卖，廉事欧其器具。无为，又卖饼于市。而禁茶粥，以困蜀姥，何哉？”[⑥] 进入唐代，四川地区茶叶的商品化生产更为突出，集中表现在茶树的人工栽培与种植、茶树种植的园圃化、茶叶制作技术的日渐成熟、茶叶品种的增加等诸方面（前文已有所论

---

① （清）彭定求等编 . 全唐诗［M］. 北京：中华书局，1999：9029.

② （清）吴任臣 . 十国春秋［M］. 北京：中华书局，1983：619.

③ 郑学檬 . 吐鲁番出土文书“随葬衣物疏”研究［A］；韩国磐 . 敦煌吐鲁番出土经济文书研究［M］. 厦门：厦门大学出版社，1986：43—52.

④ （宋）黄休复 . 茅亭客话［M］. 北京：中华书局，1991：79.

⑤ （唐）欧阳询编 . 艺文类聚［M］. 北京：中华书局，1965：635.

⑥ （宋）李昉等 . 太平御览［M］. 北京：中华书局，1960：3843.

及，此不赘述）。有学者据此认为，“唐代四川地区的茶叶已经基本上和粮食生产分开，成为一个单独的产业部门”。[①]唐代官员、文士常以茶为赠品或邀友人品茶来传递友情，蜀茶成为时人相赠的珍品，说明了唐代四川地区茶叶商品性生产的普遍性，如白居易《萧员外寄新蜀茶》诗云：

蜀茶寄到但惊新，渭水煎来始觉珍。[②]

诗人收到友人寄来的新鲜蜀茶，当即呼童汲来泉水烹制，其对蜀茶的酷爱与欣喜之情跃然纸上。白氏另一首《谢李六郎中寄新蜀茶》诗云：

故情周匝向交亲，新茗分张及病身。红纸一封书后信，绿芽十片火前春。汤添勺水煎鱼眼，末下刀圭搅麹尘。不寄他人先寄我，应缘我是别茶人。[③]

在诗人笔下，馈赠茶叶成为文人士子之间加深友情的一种最为常见的手段，可见当时茶叶制作和销售的普遍性。杨嗣复《谢寄新茶》诗云：

石上生芽二月中，蒙山顾渚莫争雄。封题寄与杨司马，应为前衔是相公。[④]

薛能《蜀州郑史君寄鸟嘴茶，因以赠答八韵》诗云：

鸟觜撷浑牙，精灵胜镆铘。烹尝方带酒，滋味更无茶。拒碾乾声细，撑封利颖斜。衔芦齐劲实，啄木聚菁华。盐损添常诫，姜宜著更夸。得来抛道药，携去就僧家。旋觉前瓯浅，还愁后信赊。千

① 李敬洵．唐代四川经济［M］．成都：四川省社会科学院出版社，1988：181—182.
② （清）彭定求等编．全唐诗［M］．北京：中华书局，1999：4852.
③ （清）彭定求等编．全唐诗［M］．北京：中华书局，1999：4893.
④ （清）彭定求等编．全唐诗［M］．北京：中华书局，1999：5278.

惭故人意，此惠敌丹砂。[①]

唐末入蜀的后蜀士人蒋贻恭《谢郎中惠茶》诗云：

三斤绿茗赐贻恭，一种颁沾事不同。想料肠怀无答处，披毛戴角谢郎中。[②]

由此可见，终唐一代，文人士子几乎都将蜀茶视为馈赠亲朋好友的上佳礼品，这不仅说明了蜀茶品质优良，而且茶叶需求量的日益增长，在刺激茶树种植面积逐渐增加的同时，也促使了茶叶商品化的进程。在蜀州、雅州等主要茶叶产区，种植、经营茶叶随之成为农民家庭经济收入的主要来源之一。甚至在某些地区，栽培茶树代替种植粮食作物成为农民的主业。李商隐《为京兆公乞留泸州刺史冼宗礼状》记载了泸州辖区内农民主要依靠种植茶叶维持生活运转的情况：“泸州所管五县百姓……作业多仰于茗茶，务本不同于莠麦”[③]；《全唐文》卷795孙樵《书何易于》记载，生活在嘉陵江南岸的绵州巴西郡益昌农民，也是“多即山树茶，利私自如”[④]；唐人杨晔在《膳夫经手录》中记载：“元和以前，束帛不能易一斤先春蒙顶，是以蒙顶先后之人，竞栽茶以视厚利。不数十年间，遂斯安草市，岁出千万斤。”正是在高额利润的刺激下，巴蜀地区出现了许多专业的茶农和茶园。茶园中的茶叶要到市场上去销售，显然已是一种专业化的商品生产。商业性经济作物的种植逐渐增加，促进了农业经营的多元化，改变了农作物的种植结构。[⑤]

唐末五代时期，四川的一些地方还出现了专门种植茶树的茶园和经营

① （清）彭定求等编．全唐诗［M］．北京：中华书局，1999：6494.

② （清）彭定求等编．全唐诗［M］．北京：中华书局，1999：9872.

③ （清）董浩等编．全唐文［M］．北京：中华书局，1983：8048.

④ （清）董浩等编．全唐文［M］．北京：中华书局，1983：8331.

⑤ 李映涛．唐代巴蜀城市商业发展特征浅析［J］．西南民族大学学报（人文社会科学版），2009（6）：285—287.

茶叶生产的茶园主[①]。《宋史》卷479《毋宁素传》载，后蜀户部员外郎、云安榷盐使毋宁素“蜀亡入朝，授工部侍郎，藉其蜀中庄产茶园以献，诏赐钱三百万以充其直，仍赐第于京师”[②]。该条史料至少可以透露下述几条信息：其一，至迟在唐末，茶叶从普通农作物转化为商品的现象已经很普遍；其二，经营茶叶，利润可观。毋宁素将个人经营的茶园献给朝廷，受到朝廷嘉奖并“赐钱三百万以充其直”足以说明这一点；其三，四川地区的一些地方官僚在经济刺激下，转化为经营茶叶的商人，毋宁素绝非个案，而是官员中的普遍现象；再者，茶场和茶园应存在官办和私办两种经营方式，否则就不会存在“产茶园以献”之说。我们再看另外一条史料，《太平广记》卷37《阳平谪仙》引前蜀杜光庭《仙传拾遗》：“九陇（今四川彭州市辖区内）人张守珪，仙君山有茶园，每岁召采茶人力百余人，男女佣功者杂处园中。”[③]说明了张守珪私人经营的茶园规模较大，每至采茶季节不得不雇佣百余人进行采茶。有学者据此认为唐代四川地区农业高度发展，带动了商品经济的发达，并由此推论出唐代积累了大量的商业资本。在此基础上，商业资本就必然逐渐向产业渗透，开始向产业资本转化，从而认为，“尽管唐代还是中国封建经济的高峰时代，但是已经在这个经济结构的胚胎内孕育着资本主义因素的最初萌芽”。[④]时至今日，学界对这一观点仍持分歧、争论与推敲的态度。但值得注意的是，唐代彭州人张守珪经营规模较大的茶园，并雇佣出卖劳动力的雇工进行商品生产，已经具有了资本主义生产方式的基本特征，这一点是

---

① 贾大泉．唐和五代时期四川的茶叶［J］．天府新论，1985（4）：56—61.

② （元）脱脱等．宋史［M］．北京：中华书局，1977：13893.

③ （宋）李昉等编．太平广记［M］．北京：中华书局，1961：235.

④ 注：1956年，孔经纬发表《中国封建社会手工业中的资本主义萌芽》(《新史学通讯》1956年第3期）一文，提出唐中叶以后，已经出现“最初的资本主义萌芽形式”的观点；1979年傅筑夫在《唐宋时代商品经济的发展与资本主义因素的萌芽》[《陕西师范大学学报》(哲学社会科学版）1979年第1期］一文中继孔经纬之后再次提出唐代已经出现资本主义萌芽的问题，所依据的基本材料为《太平广记》卷37“阳平谪仙”条张守珪茶园召采茶人力事及《集异记》载长安通化门长店一造车作坊雇人“集车”事。(参见冻国栋：《二十世纪唐代商业史研究述评》，载氏著：《中国中古经济与社会史论稿》，武汉：湖北教育出版社，2005年，第513—572页。)

不能否定的。

唐代四川地区甘蔗种植范围和扩大同样反映了其商品性的增强。《太平寰宇记》卷87《遂州·土产》说：“唐大历间，有僧跨一白驴至伞子山下。山民以植蔗凝糖为业。驴食蔗，民咎僧。僧曰：‘汝知蔗之为糖，而不知糖之为霜，其利十倍’。因示以法，遂成蔗霜，色如琥珀，称奇品。”① 宋人王灼《糖霜谱》称：“伞山在小溪县涪东二十里，孤秀可喜，山前后为蔗田者十之四，糖霜户十之三。”② 两条史料合观，可知，唐中期四川盆地东部丘陵山区的农户因为生产蔗糖能够“获利十倍”，而将40%左右的耕地用来种植甘蔗，并且30%左右的农户专门从事蔗糖的生产与加工。充分说明了唐中期遂州丘陵山区的农户已经能够根据市场的需求调整甘蔗的种植面积和选择甘蔗的种植品种了，这也有力地证明了甘蔗商品化生产的事实。

从上述征引的材料来看，唐代四川地区的桑、麻、茶叶与甘蔗等经济类农作物，一旦从单一的粮食种植业中分离出来，开始自己独立发展的进程，就足以表明，这种农业生产方式，已经呈现出由单一的自给自足向自给自足和交换相结合转化的商品性生产特征了。③

### （三）林、牧、渔及家庭副业产品的商品化

唐代四川地区果类作物的商品化主要表现在两个方面：其一，出现专门鬻卖水果的流动商人，如《太平广记》卷401《龚播》记载，唐中期夔州云安人龚播“其初甚穷，以鬻果蔬自业”④，成为名冠三蜀的大贾；其二，采用果园这一规模种植的方式，如杜甫诗中提及的邛州崔录事、成都徐卿，连先后寓居成都和夔州的杜甫都有自己的“果园坊”。满园的时令水果除了自己食用以及“欲寄江湖客”⑤ 之外，当然亦有出售的目的。如《园人送瓜》

① （宋）乐史撰．太平寰宇记［M］．北京：中华书局，2007：1727.

② （宋）王灼．糖霜谱·原委第三［M］．北京：中华书局，1985：3.

③ 葛金芳．“农商社会”的过去、现在和未来——宋以降（11—20世纪）江南区域社会经济变迁［J］．安徽师范大学学报（人文社会科学版），2009（5）：571—585.

④ （宋）李昉等编．太平广记［M］．北京：中华书局，1961：3113.

⑤ （清）彭定求等编．全唐诗［M］．北京：中华书局，1999：2499.

一诗说："倾筐蒲鸽青，满眼颜色好"[1]，清人仇兆鳌考据："此当在大历二年夏夔州作。"[2] 反映了瓜熟季节，夔州瓜农将采摘下的新鲜瓜果用筐运往附近市场销售的场景。杜甫又言梓州"千柑二顷园，青云羞叶密，白雪避花繁，结子随边使，开筒近至尊，后于桃李熟，终得献金门"[3]。"二顷"的柑橘园所产的柑橘产量应当不小，除了优质果品"献金门"之外，其余的自然是为了出售。晚唐徐夤说成都"南园珍果荔枝先"[4]，采用园圃的方式种植荔枝自然不仅仅是为了满足自我家庭的生活需要，更多的可能是出于售卖的目的。上引《蜀中名胜记》卷 8《川西道》称唐代简州"小县相笼合，濛濛数百家，果蔬争晚市"[5]，反映了唐代简州农户将自家所种植的水果在每天傍晚时分带到附近市场出售的情形。据《旧唐书》卷 190《文苑下》记载，寓居蜀地后，生活在"田夫野老"[6] 群体之中的杜甫，见证了成都与夔州两地的农户种植和销售果类作物的情形，印证了唐代四川地区果类作物商品化的基本事实。

家庭副业方面，除了上文所言个体家庭纺织农产品之外，亦包括家禽饲养业。傅筑夫先生在考察传统社会个体家庭副业发展的原因时指出："由于地主阶级及国家的剥削非常残酷，农民不能完全依靠租来的或自有的少量土地来维持生活，而必须经营一些可能经营的家庭副业，用以满足自己的需要。另一方面，还可以把多余的一些产品出卖，来补助生活"[7]。杜甫在《缚鸡行》一诗中，记述了成都农家"小奴缚鸡向市卖"[8] 的景象，能够豢养小奴，应该不是普通的农民家庭，可能是拥有较少土地的中下层农民家庭。小奴所抱之鸡，数量不多，显然不是以规模性养殖出售为主要目的的。

---

① （清）彭定求等编．全唐诗［M］．北京：中华书局，1999：2342.

② （唐）杜甫著；（清）仇兆鳌注．杜诗详注［M］．北京：中华书局，1979：1638.

③ （宋）郭知达编；陈广忠校点．九家集注杜诗［M］．合肥：安徽大学出版社，2020：1102.

④ （清）彭定求等编．全唐诗［M］．北京：中华书局，1999：8152.

⑤ （明）曹学佺．蜀中名胜记［M］．重庆：重庆出版社，1984：111.

⑥ （后晋）刘昫等．旧唐书［M］．北京：中华书局，1975：5054.

⑦ 傅筑夫．中国封建社会经济史（第一卷）［M］．北京：人民出版社，1981：200.

⑧ （清）彭定求等编．全唐诗［M］．北京：中华书局，1999：2335.

又据《全唐文》卷715韦处厚《驳张平叔粜盐法议》记载，穆宗长庆二年（882年），时任开州刺史的韦处厚记述开州一带“山谷贫人，随土交易……市盐者……或鱼或鸡，琐细丛杂，皆因所便”[①]。山谷贫家用来换取食盐的鱼和鸡显然来自自家所养。又，《太平广记》卷243《治生》引《朝野佥载》：“唐益州新昌县令夏侯彪之初下车，问里正曰：‘鸡卵一钱几颗？’曰：‘三颗。’彪之乃遣取十千钱，令买三万颗。谓里正曰：‘未便要，且寄鸡母抱之，遂成三万头鸡，经数月长成，令县吏与我卖。一鸡三十钱，半年之间成三十万。’”[②]这亦是典型的地方官员收集农户自家喂养的鸡所下鸡蛋统一售卖的例证。

渔业方面，群山环抱的四川地区除了成都平原河网密布之外，盆地中部、东部以及盆周缘边地区均有河流贯境而过，这就为渔业的商品化提供了必不可少的前提条件。杜甫《送王十五判官扶侍还黔中》说：“青青竹笋迎船出，日日江鱼入馔来。”[③]《秋日寄题郑监湖上亭三首》一诗中所言，每天“入馔”[④]的江鱼，显然并非自己所捕，而是从渔人手中购买所得。另外，杜甫《汉州王大录事宅作》中描述的汉州“催莼煮白鱼”[⑤]、元稹《酬乐天东南行诗一百首》中所言通州“杂莼多剖鳞”[⑥]的景象，均说明时人喜欢将鱼与莼菜同煮而食。做菜所用的鱼应当不是自己所捕，而是从市场上购买而来。后唐冯挚《云仙散录》引《浣花旅地志》云：“杜甫在蜀，日以七金买黄米儿半篮，细子鱼一串。笼桶衫、柿油巾，皆蜀人奉养之粗者。”[⑦]杜甫在蜀所购的子鱼，当是渔家所卖，典型地说明了个体家庭农产品商品化的事实。宋人张世南《宦游纪闻》记载，在其游蜀期间，曾看到“舟过眉州，见钓于水滨者，既而观之，篮中皆大虾蟆，两两相负，牢不可拆……扣钓者，云：‘市

① （清）董浩等编．全唐文［M］．北京：中华书局，1983：7346.
② （宋）李昉等编．太平广记［M］．北京：中华书局，1961：1878.
③ （清）彭定求等编．全唐诗［M］．北京：中华书局，1999：2664.
④ （清）彭定求等编．全唐诗［M］．北京：中华书局，1999：2545.
⑤ （清）彭定求等编．全唐诗［M］．北京：中华书局，1999：9972.
⑥ （清）彭定求等编．全唐诗［M］．北京：中华书局，1999：4530.
⑦ （后唐）冯挚编；张力伟点校．云仙散录［M］．北京：中华书局，1998：5.

间以为珍味’。乃知成都人最贵重”①的景象。这一则见闻虽是发生在宋代，但从成都人“最贵重”来看，想必在唐代已经“贵重”此物。如若推测不假，这是一则钓鱼鬻卖的例证。

由上可见，唐代四川地区农产品的商品化体现出几个鲜明的特征：就流通范围而言，除了桑、麻加工品和茶叶以外，基本上以域内为主。上引杜甫《题忠州龙兴寺所居院壁》一诗中，说忠州“小市常争米，孤城早闭门”，以及《西山三首（即岷山、捍阻羌夷、全蜀巨障）》一诗中，说成都“筑城依白帝，转粟上西天”②，即是域内粮食流通的典型例证；就流通方式而言，基本上是物物交换。上引《全唐文》卷715韦处厚《驳张平叔粜盐法议》所载，穆宗长庆年间开州刺史韦处厚记述开州“山谷贫人，随土交易”，“或一斤麻，或一两丝”，“或鱼或鸡”③交换食盐的景象，便是明证；就流通主体而言，个体家庭占据农产品市场流通的主体，上引诸材料中屡屡出现的“民”“户”，即指明了这一点。这些都足以说明，唐代四川地区，尤其是城镇周边及交通要道临近区域的农户已经“不自觉”地“突破”了单纯的以满足自己家庭生活需要的生产理念，而带有明显的以交换为目的的生产指向性，部分农产品也从单纯的使用价值向交换价值转化，呈现出显著的商品化性质。

## 三、商业都会的出现

《隋书》卷29《地理志》称：“蜀之旧域，其地四塞，山川重阻，水陆所凑，货殖所萃，盖一都之会也。”④《新唐书》卷107《陈子昂传》载：“蜀为西南一都会，国之宝府。”⑤可见，在魏征和陈子昂为代表的唐人看来，“都会”是指整个蜀地而非确指成都。其实，“都会”的初始意思是指交通便利、

① （宋）张世南．宦游纪闻［M］．北京：中华书局，1981：11—12.
② （清）彭定求等编．全唐诗［M］．北京：中华书局，1999：2489、2469.
③ （清）董浩等编．全唐文［M］．北京：中华书局，1983：7346.
④ （唐）魏征等．隋书［M］．北京：中华书局，1973：830.
⑤ （宋）欧阳修，宋祁．新唐书［M］．北京：中华书局，1975：4067.

农业发展条件优越的城市，如《史记》卷129《货殖列传》、《汉书》卷28《地理志》等文献称邯郸、燕国故都蓟、临淄等为“都会”。[①] 此后，这一界定标准后人在沿用的同时，其所致范围也有所扩大，逐渐成为某一区域的泛指。如果仔细研读魏氏与陈氏所言“蜀为西南一都会”，就会发现，“都会”应当是指农业发展条件优越、农业发展水平较高的成都平原。但《南齐书》卷15《州郡志》说：“益州土瑰富，西方之一都焉。”[②] 杜甫《成都府》诗亦云：“喧然名都会，吹箫间笙簧。”[③] 北宋蜀人范百禄说：“成都，蜀之都会。”[④] 显然，此三处文献所记“都会”又仅指成都。综合考虑，基于讨论的方便，本文所言“都会”主要是指“扬一益二”时谚中的成都。

如上所论，唐代四川地区农业的高度发展使更多的农产品进入商品流通的范畴，提高了农产品商品化的程度，社会经济结构亦随之呈现出多元化的发展趋势，从而奠定了成都商品经济繁荣的物质基础，其最直接的体现就是各类商品市场的出现。“市”是唐政府在州县治所所在地在专门划定的商业区中设立的固定市场。“市”，按唐制，只有州县治所才有权设置。《唐会要》卷86《市》载：“诸非州县之所，不得置市。”[⑤] 因此，“市”的种类、规模也成为衡量一个城市商业繁荣的重要标志之一。诚如葛金芳先生所言，我国传统社会，在产地周围如果存在着必不可少的市场时，农业生产者就不再为自身的消费而生产，而是把产品投入市场，换成货币，来补偿其生产成本和活劳动的消耗。[⑥] 葛氏所言应是符合我国传统社会的运行特点的。正是千千万万个农民个体家庭把缴纳一定赋税之后“剩余”的农副产品进行销售，或专门以销售为目的而从事的农业生产，才推动了农产品

① （汉）司马迁．史记［M］．北京：中华书局，1959：3258；（汉）班固撰；（唐）颜师古注．汉书［M］．北京：中华书局，1962：1523.

② （南朝）萧子显．南齐书［M］.298，北京：中华书局，1972：298.

③ （清）彭定求等编．全唐诗［M］．北京：中华书局，1999：2302.

④ （宋）赵抃．成都古今集记序［M］．四库全书商务印书馆影印本。

⑤ （宋）王溥．唐会要［M］．北京：中华书局，1955：1581.

⑥ 葛金芳．“农商社会”的过去、现在和未来——宋以降（11—20世纪）江南区域社会经济变迁［J］．安徽师范大学学报（人文社会科学版），2009（5）：571—585.

的商品化和城市商品经济的繁荣。

首先，唐代成都的“市”由唐代之前的一处至少增加到五处。成都城内的“市”在唐代以前仅有位于少城的一处“市”，唐代又增加了“南市”“东市”“新南市”“新北市”等至少四处。“西市”在少城，南梁萧统编著的《六臣注文选》卷4引晋人左思《蜀都赋》载：“少城，小城也，在大城西，市在其中。”[①] 该书由唐代李善、吕延济等人注解，未对成都城内的“市”予以补充或专门阐释，可见萧氏所言在唐人看来应当不谬。又，唐人段成式《酉阳杂俎续集》卷3。《支诺皋下》载：“成都乞儿严七师，幽陋凡贱，涂垢臭秽不可近，言语无度往往应于未兆，居西市悲田坊。”[②] 段成式卒于懿宗咸通四年（863年），可知，至迟在唐中期处于少城的“市”，成都人已经称之为“西市”了。由此看来，除了“西市”，必定还有一处与之对应的“东市”，否则，时人就不会将少城之市称为“西市”了。另外一则材料印证了“东市”的存在，上引《酉阳杂俎续集》卷7《金刚经鸠异》载：“韦南康镇蜀时，有左营伍伯……家在（成都）府东市。”[③] 韦南康即指韦皋，考《旧唐书》卷140《韦皋传》，韦皋自德宗贞元元年（785年）始，出任剑南节度使，公镇蜀21年。[④] 可知，“东市”至迟出现在这一时期。玄宗天宝年间（742年—756年），剑南节度使章仇兼琼又创置“南市”。《四川通志》卷6《名宦》载：“章仇兼琼，颍川人，剑南节度兼四川采访制置使，兴大南市。”[⑤] 杜甫《春水生二绝》一诗中所言“南市津头有船卖，无钱即买系篱旁”[⑥] 的“南市”即指此市。清人仇兆鳌《杜诗详注》卷10《春水生二绝》引南宋黄鹤注曰：“此当是上元二年春作于浣花溪。”[⑦] 按此考据，成都“南市”至迟在肃宗上元二年（761年）已经存在，可证《四川通志》所载应当不谬。同

① （南朝）萧统编；（唐）李善等注．六臣注文选［M］.83，北京：中华书局，1987：83.

② （唐）段成式．酉阳杂俎续集［M］．北京：中华书局，1981：235.

③ （唐）段成式．酉阳杂俎续集［M］．北京：中华书局，1981：267—268.

④ （后晋）刘昫等．旧唐书［M］．北京：中华书局，1975：3822.

⑤ （清）常明，杨芳灿等．四川通志［M］．台北：京华书局，1967：628.

⑥ （清）彭定求等编．全唐诗［M］．北京：中华书局，1999：2439.

⑦ （唐）杜甫著；（清）仇兆鳌注．杜诗详注［M］．北京：中华书局，1979：809.

时，韦皋在此期间又创置“新南市”，《云笈七签》卷121《南康王韦皋修黄箓道场验》载：“南康王韦皋节制成都，于万里桥隔江创置新南市。”[①] 僖宗时期（873年—888年），剑南节度使崔安潜创置“新北市”。上引《云笈七签》卷122《成都景云观三将军堂柱础验》载：“成都景云观旧所在新北市内，节度使崔安公置新市，迁于大西门之北。”[②] 唐代成都承担商品交易功能的“市”从一处增加到五处，有力地证明了成都商品经济的发展。

其次，唐代成都“市”的种类繁多，有蚕市、药市、七宝市以及花市等销售专门农产品的市场。其中，最为繁盛莫过于蚕市，唐朝女诗人眉娘《和卓英英锦城望春》一诗中描述成都蚕市：“蚕市除开处处春，九衢明艳起香尘”[③]，这是目前文献及时人诗文中最早提及唐代成都蚕市的情形。遗憾的是，眉娘没有进一步细致地描述唐代成都蚕市的具体情况。其后，唐末杜光庭《仙传拾遗》记录了成都蚕市的由来：

> 蜀蚕丛氏王蜀，教人蚕桑，作金蚕数千，每岁首出之，以给民家，每给一蚕，所养之蚕必繁孳，罢即归于王。王巡境内，所止之处，民成市，蜀人因其遗事，每年春有蚕市也。[④]

唐人杜光庭将成都蚕市追溯至古蜀时期的蚕丛氏，显然缺乏必要的证据，应当不为信史，但其所言成都“每年春有蚕市”应当是其生活年代已经存在的“市”，当为不谬。这亦可从唐人诗文中得到印证，如前蜀韦庄《怨王孙（与河传、月照梨花二词同调）》词云：

> 锦里蚕市，满街珠翠。千万红妆，玉蝉金雀，宝髻花簇鸣珰，绣衣长。[⑤]

---

① （宋）张君房辑 . 云笈七签［M］. 济南：齐鲁书社，1988：676.

② （宋）张君房辑 . 云笈七签［M］. 济南：齐鲁书社，1988：681.

③ （清）彭定求等编 . 全唐诗［M］. 北京：中华书局，1999：9756.

④ 蒋猷龙 . 蚕市［J］. 中国蚕业，1997（1）：24.

⑤ （清）彭定求等编 . 全唐诗［M］. 北京：中华书局，1999：10078.

可见当时成都蚕市的热闹与繁华。实际上，成都蚕市直至宋代仍然十分繁荣。后蜀花蕊夫人《宫词》记曰：“明朝驾幸游蚕市，暗使毡车就苑门。”①至此，虽可证唐代成都蚕市的繁荣，但具体交易的物品却无记载。宋人黄休复《茅亭客话》所载两条史料弥补了这一缺憾，该书卷5《鲜于耆宿》载：

> 学射山旧名石斛山，昔张百子三月三日得道上昇，今山上有至真观，即其遗迹也。每岁至，是日，倾城士庶，四邑居民咸诣仙观，祈乞田蚕……伪蜀将李延秋门内严真观前有蚕市，有村夫鬻一白虾蟆，其质甚大。

卷9《鬻龙骨》载：

> 蜀有蚕市，每年正月至三月，州城及属县循环一十五处。耆旧相传，古蚕丛氏为蜀主，民无定居，随蚕丛所在致市居。此之遗风也。又蚕将兴，以为名也。因是货蚕农之具，及花木果草药什物。②

两段材料合而观之，可知，唐代流行于成都平原的蚕市主要是指散布在城区、城郊、农村等区域，源于蚕农至道观祈求丰收的活动，是以买卖桑树幼苗、桑树田间管理农具、蚕种、养蚕工具、蚕茧以及丝织品为核心商品的集市，以初春季为盛。随着桑树种植区域的扩展以及蚕市日渐繁荣，这一围绕经营“蚕事”为主题的商品活动逐渐发展成为成都最为著名的商品交易市场和游娱活动。这种盛况一直持续到北宋初期，时任成都太守的田况，留有《成都遨乐诗二十一首》，对此做了详细记载。柳永《一寸金·成都》亦极具代表性：“地胜异，锦里风流，蚕市繁华，簇簇歌台舞榭。”③另外，唐人萧遘《成都》诗云“月晓已开花市合，江平偏见竹簰多。好教载取芳菲树，剩

① （清）彭定求等编．全唐诗［M］．北京：中华书局，1999：8971.

② （宋）黄休复．茅亭客话［M］．北京：中华书局，1991：43、68.

③ （宋）柳永著；薛瑞生校注．乐章集校注［M］．北京：中华书局，1994：90.

照岷天瑟瑟波”[①]，说明当时成都已经出现“花市”。北宋张咏《悼蜀诗》“酒市夜不扃，花市春渐作”[②]之句，可证花市一直持续到北宋。杜甫《西郊》诗云：“时出碧鸡坊，西郊向草堂。”[③]“坊”是唐政府专门划定的商业销售区域，“鸡坊”应是专门售卖鸡的商业区。另外，成都药市亦较发达，《全唐诗》录有《蜀童谣》一诗：“我有一帖药，其名曰阿魏，卖于十八子”[④]，不愧是“诸藩实货所聚之处”[⑤]。

第三，唐代成都各类市场的交易时间相对较长。《唐六典》卷20《大府寺·两京诸市署》记载，唐制：“凡市，以日午击鼓三声，而众会；日入前七刻，击钲三百声，而众以散。”[⑥]可见，市场的开启和关闭都有着严格时间规定，若有违背，则受到相应的处罚。《唐律疏议》卷8《卫禁》记载，唐律规定：“若擅开闭者，各加越罪二等；即城主无故开闭者，与越罪同；未得开闭者，各减已开闭一等……其坊正市、令非时开闭坊、市门者，亦同城主之法。”[⑦]上引唐人萧遘《成都》诗云“月晓已开花市合”[⑧]，“月晓”时分，花市才关闭。显然，成都已经突破了这一法律规定，出现了“夜市”。另据张唐英《蜀梼杌》卷下：“广政十三年（950年），是时蜀中久安，赋役俱省，斗米三钱。……屯落闾巷之间，弦管歌诵，合筵社会，昼夜相接。”[⑨]上引北宋张咏《悼蜀诗》“酒市夜不扃”[⑩]，《方舆胜览》卷51《成都府路》“夜市三鼓”条载：“锦江夜市连三鼓”；又言“登大慈寺前云锦楼观锦江夜市”[⑪]。可

① （清）彭定求等编．全唐诗［M］．北京：中华书局，1999：6934.

② （宋）袁说友等编撰；赵晓兰整理．成都文类［M］．北京：中华书局，2011：32.

③ （清）彭定求等编．全唐诗［M］．北京：中华书局，1999：1433.

④ （清）彭定求等编．全唐诗［M］．北京：中华书局，1999：9948.

⑤ （宋）张世南．宦游纪闻［M］．北京：中华书局，1981：12.

⑥ （唐）李吉甫等撰；陈仲夫点校．唐六典［M］．北京：中华书局，1992：538.

⑦ （唐）长孙无忌等．唐律疏议［M］．北京：中华书局，1983：171.

⑧ （清）彭定求等编．全唐诗［M］．北京：中华书局，1999：6934.

⑨ （宋）张唐英．蜀梼杌［M］．北京：中华书局，1985：25.

⑩ （宋）袁说友等编撰；赵晓兰整理．成都文类［M］．北京：中华书局，2011：32.

⑪ （宋）祝穆撰；（宋）祝洙增订；施和金点校．方舆胜览［M］．北京：中华书局，2003：905.

见，唐代成都的“夜市”经五代一直持续到宋代。

唐代成都农产品交易市场范围的扩展、数量的增加、种类的增多以及交易时间的延长，都说明了农产品商业的高度繁荣，才造就了成都作为当时西南地区无可替代、最为繁荣的大“都会”的历史地位。诚如葛金芳先生所言，我国传统社会都市化进程的基础，当然是粮食剩余率的提高和农村产业结构的改变。①唐人高适在《请罢东川节度使疏》评价说：“比日关中米贵，而衣冠士庶，颇亦出城，出南剑南，道路相望，村坊市肆，蜀人杂居，其升合斗储，皆求于蜀人。”②《同治成都府县志》所录宋人李良臣《东园记》亦言：“西南大都会，素号繁丽。万井云错，百货川委，高车大马决骤于通逵，层楼复阁荡摩乎半空……奇物异产，瑰琦错落，列肆而班布，黄尘涨天，东西冥冥，穷朝极夕，颠迷醉昏，此成都所有也。”③

由此可见，唐代四川地区农、林、牧、副、渔业的全面发展，使更多的农产品进入商品流通的范畴，提高了以商品交易为目的的农产品在整个农业生产结构中的比重。农产品商品化程度的提高，又进一步刺激了各类农作物的种植面积的扩展和产量的提高，并在一定程度上催生了脱离粮食生产而走上相对独立的小商品经营道路的专业化生产户，甚至还一度出现了相对大规模生产的专业“茶户”，反映了唐代四川地区社会经济结构已经呈现出多元化的发展趋势。这些依靠自发意识捕捉市场信息的农户，尽管与富商、大贾相比，经济力量显得十分薄弱，但“他们也是唐代商品性农业发展和农产品商品化新的态势和动向的具体实践者，并以此改变了男耕女织的生产生活方式，与市场发生了唇齿相依般的紧密联系，代表了个体小生产农业经济新的发展模式。他们生产的商品积少成多、汇流成河，有力地促进了商品经济的发展”。④

---

① 葛金芳．“农商社会”的过去、现在和未来——宋以降（11—20世纪）江南区域社会经济变迁［J］．安徽师范大学学报（人文社会科学版），2009（5）：571—585.

② （清）董浩等编．全唐文［M］．北京：中华书局，1983：3627—3628.

③ 中国地方志集成委员会编．中国地方志集成·四川府县志辑新编1天启成都府志·同治成都府志2［M］．成都：巴蜀书社，2017：203.

④ 刘玉峰．唐代商品性农业的发展和农产品的商品化［J］．思想战线，2004（2）：28—38.

在谈到唐宋社会变革时，林文勋先生指出，“商品经济是一种具有流动性和分化性的经济形式。它的发展，既引起了各种社会要素的流动及组合，又冲击了原有的经济关系和社会关系，还产生了新的社会力量。所有这些，促成了唐宋社会的变革”。[①]按此观点，高度发展的农业在促进商品经济进一步发展的同时，商品经济在发展的过程中也在逐渐地从城市向乡村渗透，在经济利益的驱动下，农民在满足基本生活需要和缴纳租税的前提下，亦会改变农作物种植结构，淘汰经济效益较差的农作物品种，而选择近年经济效益较高的农作物。故而，武建国先生在谈到唐宋农村投资消费结构和乡村社会变迁时就着重指出，“商品经济是追求财富的经济，是以利润导向进行经营决策的经济。在商品经济的渗透下，农户生产经营决策从满足家庭自我需求面向市场追求经济利益方向调适”[②]。所以，从这个意义上讲，唐代四川地区农业的高度发展和农产品的商品化为“扬一益二”这一社会经济现象的形成，打下了坚实的物质基础。

另一个需要指出的是，成都农业商品经济的繁荣在唐末已经开始走向衰落，上引唐末时人的诗文描述和宋人的文献记载均可印证。这其中的原因是多方面的：首先，从地理位置上分析，四川农业区位于“山川重阻”的四川盆地内部，核心农产区成都平原尽管农业生产条件极为优越，但面积满打满算也不过九千余平方公里，其核心地段不过二三千平方公里。[③]正是限于如此狭小的地理空间，偏处于盆地的西部边缘的成都，其西南横亘着人烟稀少的高山和高原，其他方位与全国经济繁荣区之间，又绵延着经济落后区、甚至是荒凉的山区。诚如谢元鲁先生所指出的，在唐代全盛的天宝年间，成都的人口达到十六万户以上，而在其周围一千公里半径范围内，人口超过七万户的只有长安和洛阳，由成都到距离它最近的大城市长安，路途所用时间至

① 林文勋．商品经济与唐宋社会变革［J］．中国经济史研究，2004（1）：52—67.

② 武建国，张锦鹏．从唐宋农村投资消费结构新特点看乡村社会变迁［J］．中国经济史研究，2008（1）：70—78.

③ 林向．蜀与夏——从考古新发现看蜀与夏的关系［J］．中华文化论坛，1998（4）：63—72.

少在一个月以上[①]；相对封闭的交通环境又使得区域内部的繁荣也难以与外部展开对接和交流。

其次，从时间点上分析，中原及长江中下游地区经历兵火涂炭之时，“剑南虽窄”，但由于“土富人繁，表里江山，内外险固”[②]的特点，而被唐代高层统治集团视为退守和恢复帝王之气的理想之地。这种短暂的政治重视，一旦战争平息，便再次得到削减。尽管唐代四川地区农产品的商业化程度得到大大提升，甚至还一度出现了大规模私人经营的茶园，但这毕竟只是极端的个例。依靠短暂的农业财富高度商品化催生的“西南一都会”，尽管号称“扬一益二”，位居全国前列，但这种相对封闭的、单一的、独立的农业经济发展体也就不能与长江中下游、黄河中下游农业区展开长期而持久的竞争。

最后，从经济发展格局角度分析，四川域内缺乏城市集聚效应的有效支撑。按照现代经济发展理论的解释，城市集聚效应（combined effect）是指某一特定区域内，资源、人口、技术、交通等各种经济发展要素在空间集中产生的经济效果以及由此转化为能够吸引经济活动向某一中心区聚拢的向心力，是推动城市形成和不断扩大的基本因素。[③]经济理论的实践意义在于它能够解释经济现实，从功能上讲，亦可为研究“过去”的经济现象提供适度的借鉴和思考。我国传统社会城市发展的本质是以农业、政治、人口和交通等为核心的各种资源在地理空间的集聚。另一方面，各种农业经济资源在空间分布上存在的非均质性，实际造成了我国传统社会农业发展虽然总体呈现出共时性的特点，但区域性以及区域内部都存在着显著的不平衡性。前已论及，以四川盆地为核心的四川农业区，盆地中部、东部以及盆周丘陵与山区的农业发展整体水平较之农业发展相对成熟的成都平原，相差甚远。

---

① 谢元鲁．论扬一益二［A］；史念海主编．唐史论丛（第三辑）［M］．西安：陕西人民出版社，1987：231—273.

② （宋）司马光等著；（元）胡三省注．资治通鉴［M］．北京：中华书局，1997：6982.

③ （日）藤田昌久；（比）雅克·弗朗斯瓦蒂斯著；刘峰等译．集聚经济学——城市、产业区位与区域增长［M］．成都：西南财经大学出版社，2004：1—24.

虽然唐代四川地区农业的高度发展，不仅催生了成都商品经济的繁荣，成都平原的彭州、蜀州、汉州、眉州、嘉州、邛州以及盆地东部的梓州、绵州、遂州、阆州等州都形成了一定的商业中心，甚至李商隐在《上河东公谢群启》一文中，说梓州是“潼水名都，俗擅繁华”[①]，形成了以成都“大都会”、各州县治所所在地“小都会”并行发展的社会经济发展格局。但是，这些“小都会”在有唐一代始终没有发展成为能够与成都并驾齐驱，或者并肩发展的另一“都会”。不可否认，这些基层市场作为城乡产品交换的渠道，为成都商业都会的形成提供了必要的粮食、商品和时时扩大的市场。[②]当代经济学家周其仁先生在谈到中国城镇化问题时，援引美国人类学家施坚雅（G. W. Skinner）20 世纪 50 年代初在四川地区实地调查所做出的结论：传统的乡土中国是由市场——而不是由村庄——组织起来的。在庞大的市场网络最基层，往往是一个集市带动着周围 15 ~ 20 个村庄。这些集市“向上”发展，就会达到层级各不相同的“中心市场”。……而高端的中心市场又多半设在有城郭拱卫之处，以城建市，于是“城市”应运而生。[③]这一结论虽然是近代四川地区农业商品经济的运行状况，但从我国传统社会基本性质角度分析，还是有一定的参考性。这些州县城市所组成的基层市场，仍然没有突破成都作为四川地区、甚至是整个西南地区“大都会”的农业经济发展格局。在这种情况下，缺乏其他“都会”有力支持的“大都会”成都，很难出现黄河、长江中下游城市集聚群现象。单一大都市的出现，农业财富高度集中，既促进了成都的繁荣，也使得在“孤军奋战”中创造的“扬一益二”的经济格局终将难以与“都会”相对集中的江南农业区、关中农业区展开长期和持久的竞争，宋元之后，逐渐走向落寞的原因也就不难理解了。

---

① （清）董浩等编 . 全唐文［M］. 北京：中华书局，1983：8119.

② 葛金芳 .“农商社会”的过去、现在和未来——宋以降（11—20 世纪）江南区域社会经济变迁［J］. 安徽师范大学学报（人文社会科学版），2009（5）：571—585.

③ 周其仁 . 城乡中国［M］. 北京：中信出版社，2013：10.

## 本章小结

综上所述，“扬一益二”，是唐中后期时人对当时除了长安、洛阳两大政治经济文化中心以外，扬州与成都这两大商业都会的经济地位的评价。按照马克思主义关于农产品商品化的观点，“一个产品的交换能力，一般来说，取决在它商品之外商品的多样性以及这个产品本身能够作为商品来生产的数量，尤其取决于这一点。”① 唐代以成都平原为核心农产区的四川地区，农作物种类不仅丰富，而且总产量是西汉平始二年的5倍左右，除去人口消费，相对生育率是西汉的3倍左右，这就为农产品的商品化提供了必不可少的物质基础和前提预设。文献记载和时人诗文记述，证明了唐代四川地区农、林、牧、副、渔业产品商品化的史实。在此基础上，还一度出现了专门从事商品化种植的“粮户”“菜户”“桑户”“麻户”“茶户”（彭州九陇甚至还出现了雇佣百余人用以茶树种植和茶叶生产的商品化现象）、“蔗户”，以及专门从事粮食、蔬菜、水果买卖的商人，甚至有人还借此成为名冠三蜀的大贾。这种农产品的高度商品化，又带动了各州县“市”的数量的增长和交易规模的扩大，最终形成了州县两级的大小“都会”。这些州县“都会”向上发展，有力地推动了成都商品经济的繁荣，提升了成都在全国的经济地位和影响，最终在唐中期形成了“扬一益二”的经济格局。但是，偏隅成都平原的成都，远离其他诸如长安、洛阳这样颇具影响力的城市，加之相对封闭的交通环境等因素，就使得区域内部的繁荣也难以与外部展开对接和交流。同时，域内始终没有出现能够与成都“并驾齐驱”或者“并行发展”的另外一个或者几个“都会”。在这种情况下，缺乏其他“都会”有力支持的“大都会”成都，很难出现黄河、长江中下游城市集聚群现象。单一大都市的出现，农业财富高度集中，既促进了成都的繁荣，也使得在“孤军奋战”中创造的“扬一益二”的经济格局终将难以与“都会”相对集中的江南农业区、关中农业区展开长期和持久的竞争，宋元之后，逐渐走向了落寞。

---

① （德）卡尔·马克思．资本论（第三卷）［M］．北京：人民出版社，1975：915.

# 第六章

# 农业发展与"别籍异财"

## ——农业发展与社会家庭结构的变迁

"别籍异财"，是指已婚子女与父母或祖父母分家，别立户籍，分异财产，最早由战国时代的商鞅提出。当时，在具体的农业生产劳动过程中，个体家庭不仅已经成为独立的生产单位，而且是政府财赋收入的主要承担者。商鞅为了增加秦国政府财政收入而通过法令的形式将大家庭中已经结婚的儿子另立户籍，成为个体小家庭。显然，这种通过析户来增加国家财赋收入的方法与西周以来宗法制下所逐渐形成的"聚族而居""累世而居"这种"标准"的生活理念是背道而驰的。此后，历代在处理这一问题时，为了倡导大家庭的凝聚力而对此予以禁止。有唐一代，这一社会现象在四川地区表现得尤为强烈和突出，《隋书》《旧唐书》《新唐书》等文献均对其予以了专门记载。问题是，一个自秦汉以来就普遍存在于全国的社会现象，为何在唐代的四川地区演变得如此强烈？目前，学界对这一问题尚无深入的研究。另一方面，在我国传统社会，个体家庭不仅仅作为最基本的农业生产单位和消费单位而存在，也是社会变迁最基本的组织构成。可以说，家庭结构的演变是社会变迁的重要表现。实际上，自20世纪70年代以来，西方学界就已经将家庭结构的变迁视作社会学和历史学进行交叉研究的一个突破口，并且不再把家庭看作是社会变迁的简单结果，而是强调家庭自身变化的动力以及家庭与社会变迁的相互影响与作用。[①] 基于

① 张永健. 家庭与社会变迁——当代西方家庭史研究的新动向［M］. 社会学研究，1993（2）：97—102.

此种认识，本章拟通过阐述“别籍异财”的历史演变，结合文献对唐代四川地区“别籍异财”的记载及考古资料的印证，考察唐代四川地区农业发展与社会家庭结构变迁的相互作用，并以此观察区域农业发展与农民家庭结构的演变的内在必然联系。

## 第一节 “别籍异财”历史考察

本小节立足于个体家庭，在解析“别籍异财”内涵的基础上，考察这一社会现象在我国传统社会形成与发展的历史成因。

### 一、“别籍异财”的内涵与演变

古人讲求慎终追远，注重对“别籍异财”内涵和渊源流变的历史考察，有助于我们弄清这一社会现象存在与发展的真相所在。现存文献所载“别籍异财”与“别籍异居”是同一个意思，两种不同方式的表达。“别籍异财”，即指别立户籍，分异财产，这一主张最早是由战国时期的商鞅提出，《史记》卷68《商君列传》载：“民有二男以上不分异者，倍其赋”“父子兄弟同室内息者为禁”[①]；《汉书》卷48《贾谊传》载：“秦人家富子壮则出分。”[②]

两条史料合观，可知“分”，指分家，即别籍；“异”，指异财，即通过法律的形式强制性地迫使已经有成年儿子的家庭，父母与儿子分居，以便让成年儿子尽快组建新的个体家庭，承担缴纳赋税的义务。但并非所有的农户都要“别籍异财”，只有具备几个条件方可：第一，有两个及两个以上的儿子，即父子兄弟同处一室；第二，家庭相对富裕；第三，成年儿子须身体强壮，能够独立承担一个家庭的运营。如果说第一个条件是必然条件，那“家

① （汉）司马迁．史记［M］．北京：中华书局，1959：2227.

② （汉）班固撰；（唐）颜师古注．汉书［M］．北京：中华书局，1962：2221.

富子壮”可能是秦政府出于“别籍异财”之后的“新户”能够独自具备生产能力和承担国家赋税任务的考虑。这样，就以法律的形式规定：父母在，若该家庭有两个或两个以上的成年儿子，成家之后就要脱离与父母或祖父母共同居住的大家庭，单独立籍成户。颁布这一法令的主要原因有二：其一，个体家庭成为社会农业劳动的基本生产单位；其二，国家各种赋税的征收以户为基本单位，并参照人口数量、年龄以及劳动能力等具体状况予以执行。在生产条件短期内没有较大改变的情况下，“析户”就成为增加政府财政收入最直接和最有效的手段。至于“别籍”之后，如何均分财产，《史记》《汉书》虽无确切记载，但与之同时代的其他史籍可对其予以弥补。如成书于战国时代的《慎子》卷1《威德》篇说：“夫投钩以分财，投策以分马。非钩策为均也，使得美者不知所以德，使得恶者不知所以恶。”[①] 栾成显先生经过考证认为，这里所言的“投钩”，即后世所指的“拈阄均分”之意，也就是说，通过抓阄的方式均分财产，以避免产生不必要的家庭纠纷。[②] 约成书于战国时代的《管子》[③] 卷22《国蓄》篇则记载了“分家”的指导原则：“分地若一，强者能守；分财若一，智者能收。智者有什倍人之功，愚者有不赓本之事。然而人君不能调，故民有相百倍之生也，”即分家也要考虑家庭成员的劳动能力。[④] 自商鞅在秦国制定并推行这一政令之后，应该说，首先在关中地区得到较好的执行，上引《汉书》所载“秦人家富子壮则出分”即是例证。

考古资料显示，四川地区亦存在“别籍”现象。1979年四川青川战国墓出土了一则秦武王二年（前309年）《为田律》（学界一般称为《青川秦木牍》，该律令规定每一顷田地上（实即每一户人家的田边）要筑“封”与“埒”，即户与户之间划分土地的界限标志。“封，高四尺，大称其高。（埒）

① （周）慎到．古代文选23慎子［M］．上海：上海人民出版社，1974：3.

② 栾成显．家族制度与中国古代社会经济［J］．广东社会科学，2000（1）：63—69.

③ 注：目前学界对《管子》一书的成书时间颇有争议，一般人定为战国时代，亦有学者认为成书于西汉末年的王莽时期（参见马非白：《〈管子〉成书时间之我见》，《中国经济问题》1982年第3期），本书沿用学界惯说。

④ （唐）房玄龄注；（明）刘绩补注．管子［M］．上海：上海古籍出版社，2015：424.

埒高尺，下厚二尺”。以秋八月，修封（寽）埒。[①] 这种以法令的形式强调每家每户设立田地界限的措施，其目的就是要确保农户的土地私有权不受侵犯，以便最大限度地保证土地私有制的合法化。故而，该律令被学界认为是秦并巴蜀之后，秦政府为保护巴蜀地区的土地私有制而专门制定的一项法令。[②]

另外两则材料反映了东汉“别籍异财”的实施状况。《后汉书》卷 61《蔡邕传》载，东汉时，“（蔡）邕与叔父从弟同居，三世不分财，乡党高其义”[③]；《抱朴子》卷 15《审举》说，东汉时的察举制是“举秀才，不知书，察孝廉，父别居”。[④] 两条材料合观，可推知，东汉时，“别籍异财”已经突破了秦时“家富子壮则出分”的限制，普通士人家庭也会选择“别籍异财”。否则，“与叔父从弟同居，三世不分财”的蔡邕，就不会受到乡人的大加颂扬；同时，在察举制的选官体系下，父子别居的士人也就不可能被举荐为秀才。由此看来，这一时期，“别籍异财”已经从上中层士人家庭而下移至普通农户家庭，成为时人普遍认同和接纳的社会现象了。

魏晋南北朝时期，“别籍异财”在江南地区更为普遍。清人顾炎武《日知录》提供了这方面的证据。该书卷 13《分居》引南朝刘宋中人周殷启说，“今士大夫父母在而兄弟异居，计十家有七；庶人父子殊产，八家有五”，有的甚至“危亡不相知，饥寒不相恤”，“父子兄弟，视同路人”。又引《魏书·裴植传》：“植虽自州送禄奉母及赡诸弟，而别居资财，同居异爨，一门数竈。亦染江南之俗也。”[⑤] 可知，南北朝时，江南 70% 以上的士人和庶人家庭都存在“别籍异财”的现象，而从北齐魏收对北魏裴植家庭生活的记载

① 四川省博物馆；青川县文化馆．青川县出土秦更修田律木牍——四川青川县战国墓发掘简报［J］．文物，1982（1）：1—21、97—99.

② 四川省博物馆；青川县文化馆．青川县出土秦更修田律木牍——四川青川县战国墓发掘简报［J］．文物，1982（1）：1—21、97—99；罗开玉．四川通史·秦汉三国卷［M］．成都：四川人民出版社，2010：268；樊志民．秦农业历史研究［M］．西安：三秦出版社，1997：78.

③ （南朝）范晔撰；（唐）李贤等注．后汉书［M］．北京：中华书局，1997：1979.

④ （晋）葛洪．抱朴子［M］．上海：上海书店，1986：1213.

⑤ （清）顾炎武著；黄汝成集释；栾保群，吕宗力校点．日知录［M］．上海：上海古籍出版社，2006：808.

来看，作为北方上层士族的裴家不仅存在“别居异财”，而且即便同居一室，也要另起炉灶，由此可推知这一时期“别籍异财”在全国范围内应当普遍存在。这种大规模的“别籍异财”现象在江南地区出现的原因，与当时经济重心南移不无关系，而经济重心的南移当然是以农业的高度发展为前提的。589年，隋文帝灭陈，结束了南北朝长达两百多年对峙局面，全国复归统一。唐代及唐之后的历代文献在采记这一社会现象时，除了四川地区，不见其他区域的记载。这说明了“别籍异财”自隋朝开始，已经从全国普遍存在的社会现象转化成四川地区“独立拥有”，或者说是在四川地区演变得更为强烈和突出了。按前所论，这应当是唐代四川地区农业高度发展的直接产物。

## 二、“别籍异财”与社会伦理的冲突

社会伦理（social ethics）是指以权利—义务为核心，以人的自由为目的，关于社会和谐秩序及其实现条件的社会公正的理论。[①] 我国传统社会最核心的伦理规范就是孝，贯穿社会生活的婚、冠、丧、祭以及养老等诸礼无不蕴涵着孝的原则与精神，并由此上升为一种既定的法则，始终被镶嵌在社会生活的方方面面之中，个体家庭在现实生活中的具体运行又是“孝”行的具体体现。从这个意义上讲，“别籍异财”无疑与西周以来宗法制下所逐渐形成的“聚族而居”“四世同堂”这种“标准”的生活理念是背道而驰的。因为，在反对者看来，“别籍”意味着分家，分家意味着“异财”，“异财”则有违孝道，从而饱受后人诟病。上引《日知录》卷13《分居》引宋人陈详道《礼书》，该文中陈详道指责商鞅的“析家”法令破坏了宗族大家庭：“周之盛时宗族之法行，故得以此系民而民不散。及秦用商君之法，富民有子则分居，贫民有子则出赘”，以至于“寖淫后世，习以为俗”。[②] 在“陈详道”们的社会生活理念中，《周礼·小司徒》所言“小司徒均土地，上地家七人，可任也者三人；中地家六人，可任也者二家五人（每家两个

---

① 宋希仁．社会伦理学［M］．太原：山西教育出版社，2007：1.

②（清）顾炎武著；黄汝成集释；栾保群，吕宗力校点．日知录［M］．上海：上海古籍出版社，2006：808.

半人）；下地家五人，可任也者家二人”[①]，以一夫一妻为核心的“五口之家”是既成规定的社会家庭结构。“商君之法”破坏了这种约定俗成的个体家庭的生活结构，造成了“富民有子则分居，贫民有子则出赘”的不良社会习俗。《汉书》所记述的“五口之家”运行模式，才是他们致力经营的理想生活状态。实际上，我国传统社会长期的生产和生活实践中也的确夯实了“五口之家”农民个体家庭生活模式存在的合理性的基础，该书卷24《食货志》所记载的战国时代一个普通的“五口之家”农民个体家庭的具体生活状态即是例证。

> 种五谷必杂五种，以备灾害。田中不得有树，用妨五谷。力耕数耘，收获如寇盗之至。还庐树桑，菜茹有畦，瓜瓠果蓏，殖于疆易，鸡、豚、狗、彘，毋失其时，女修蚕织，则五十可以衣帛，七十可以食肉。[②]

成书晚于《汉书》的《风俗通义》引《春秋井田记》：

> 人年三十，受田百亩，以食五口，五口为一户，父母妻子也。[③]

两段史料合观，我们不难发现，这是我国传统社会典型的在自给自足生产模式下以家庭为基本生产单位的综合经营，彰显了我国男耕女织这一理想的生活范式，也即传统意义上的小农经济。小农经济构成了我国传统农业发展的最基本的经济细胞，其生产的主要目的首先是为了满足政府赋税征收的需要，其次是维持基本生活的需要。在小农经济运行模式下，追求农业生产效率的最大化与控制社会生活成本的最低化，是普通农户最基本的生活诉求。在此生产与生活理念的指引下，小农经济生产结构必然是小而全的。耕

---

① 黄公渚选注．周礼［M］．上海：商务印书馆，1936：30—32.

② （汉）班固撰；（唐）颜师古注．汉书［M］．北京：中华书局，1962：1120.

③ （汉）应劭撰；吴树平校译．风俗通义校释［M］．天津：天津人民出版社，1980：406.

织结合、多种经营、自给自足就是这种小而全的生产结构的高度概括。小农经济的本质内涵应当至少包括两个方面，一是以个体家庭为生产和消费单位，即把物质再生产和人口再生产结合在个体家庭之中；二是以直接小生产者的小私有制为基础，对土地、农具、耕畜等生产资料占有不同程度的所有权。小农的基本生产特点是耕织结合，五谷桑麻六畜多种经营，利用简单的自然分工把小农业和家庭手工业结合在一起，家庭内部成员必须通力协作，辛勤劳动，生产出最必需的生活用品，才能勉强维持一家人的生计。这种多种经营又是互相联系的，人们利用畜力耕田、畜肥肥田，并利用秸秆、糠麸等农副产品喂猪养羊，做到了农牧互相促进。[①] 齐涛先生认为这种以农业生产为核心的家庭经营生活，或者更为准确地称之为家庭生产模式在当时的生产背景下可以实现。齐氏作出这种判断的基本理由是，一方面固然是由于自然条件和生产对象在一定程度上为中国农民提供了这种可能性，如蚕织、麻织均可通过一家一户、家庭内部的劳动完成；更为重要的另一方面是由于在精耕细作制度下，农民劳动生产率较低，生产所获除交租纳赋外，所余无几。[②]

由此可见，以个体家庭为基本生产单位的小农经济运行方式是与宗法制度和社会伦理相辅相成的。农村的社会关系主要依靠血缘和地缘关系而构建，相应地，其社会秩序也主要依靠宗法制度和社会道德伦理来维持。谈及这一点，清人顾炎武卷 13《分居》专引《后汉书》樊宏父樊重对“别籍异财”的看法：“世善农稼，好货殖，性温厚，有法度。三世共财，子孙朝夕礼敬，常若公家。其营理产业，物无所弃，课役童隶，各得其宜，故能上下勠力，财利岁倍。”[③] 而通过“别籍异财”，大家庭与之分离的以一夫一妻为核心的小家庭就成为两个相对独立的农业生产基本单位，各自承担农业生产劳动和政府规定的各种赋役，除了血缘联系和必需的协作劳动之外，几乎不会

① 惠富平 . 中国传统农业生态文化［M］. 北京：中国农业科学技术出版社，2014：11—12.

② 齐涛 . 中国古代经济史［M］. 济南：山东大学出版社，2011：9.

③（清）顾炎武著；黄汝成集释；栾保群，吕宗力校点 . 日知录［M］. 上海：上海古籍出版社，2006：796.

发生更多的互动，这无疑也严重挑战了父权制的权威。

尽管变迁是社会发展之常态，但无论变迁的发展态势是急剧还是轻缓，其中总隐藏着一些相对稳定的经常性因素，它们一旦形成，就很难在短时期内融汇在社会变迁的同步发展态势中。例如，在我国传统社会发展的历史长河中，当从个体家庭生活中衍生而出的“孝”上升为社会普遍意义上的日常行为规范的时候，这种个体家庭的次发品就会以“礼法”的形式回归到每一个个体家庭，渗透在个体家庭生活的方方面面，成为指导人们日常行为规范的最高标准。《旧唐书》专列《孝友传》，其选择传记人物的根本标准就是“善父母为孝，善兄弟为友”。刘煦等人为在生活中践行孝行、遵从友行的普通人士列传，本身就说明了整个社会极力推崇孝行、友行的观念。同时，在《旧唐书·孝友传》所列时人事迹中，又突出了“父子同居”“累世而居”是衡量世人是否践行“孝友”的重要标准。如《旧唐书》卷138《孝友传·裴守真传》称：

> 裴守真，绛州稷山人也……守真早孤，事母至孝。及母终，哀毁骨立，殆不胜丧。复事寡姊及兄甚谨，闺门礼让，士友所推……永淳初关中大饥，守真以禄俸供姊及诸甥，身及妻子，粗粝不充，初无倦色。寻授太常博士。[①]

裴守真因践行“孝”和“友”而受到政府表彰，并且因此而被授予官职。在这种社会现象的倡导下，“父子同居”则为“孝”，“父子别居”则为“不孝”，个体家庭具体的生活方式成为时人判定是否践行道德伦理规范的简单标准。时至今日，人们对以“孝”为核心的道德伦理规范仍然有一种天生的尊重和自我行为的约束。这种行为，我们与其说是历史思维惯式造就了这一感觉，还不如说是我国传统社会小农经济的生产方式造就了这种社会伦理的“必然”存在更为合理。

① （后晋）刘昫等．旧唐书［M］．北京：中华书局，1975：4924.

## 第二节　唐代四川地区“别籍异财”的普遍化

发轫于商鞅变法时期的秦国、流行于南北朝时期的“别籍异财”，在唐代四川地区演变得最为强烈和显著，文献记载及时人描述相互印证了这一点。现存文献中，最早记载四川地区“别籍异财”这一社会现象的是《隋书》，该书卷29《地理志》载：

> 蜀郡、临邛、眉山……蜀之旧域。其地四塞，山川重阻……人多工巧，绫锦雕镂之妙，殆侔于上国。家贫不务储蓄，富室专于趋利。其处家室，则女勤作业，而士多自闲……小人薄于情礼，父子率多异居。其边野之人，多规固山泽，财物雄使夷、獠，故轻为奸藏，权倾州县，此亦其旧俗乎？又有獽狿蛮賨，其居处风俗，衣服饮食，颇同于獠，而亦与蜀人相类。①

该段史料明确记载隋代四川地区“父子率多异居”，不仅证明了“别籍异财”现象的存在，而且从“率多”一词来看，至少是大多数的家庭采取了这种生产与生活方式。至于主要原因，魏征等史家认为是“小人薄于情礼”，按照现代学术意义分析，属于意识形态的领域。其后，专录唐史的《旧唐书》《新唐书》亦有详细记载。《旧唐书》卷65《高士廉传》载：

> 蜀土俗薄，畏鬼而恶疾，父母病有危殆者，多不亲扶持，杖头挂食，遥以哺之。士廉随方训诱，风俗顿改。秦时李冰守蜀，导引汶江，创浸灌之利，至今地居水侧者，顷直千金，富强之家，多相侵夺。士廉乃于故渠外别更疏决，蜀中大获其利。又因暇日汲引辞人，以为文会，兼命儒生讲论经史，劝勉后进，蜀中学校粲然复兴。②

---

①（唐）魏征等．隋书［M］．北京：中华书局，1973：830.

②（后晋）刘昫等．旧唐书［M］．北京：中华书局，1975：2442.

《新唐书》卷95《高俭传》则记为：

（高俭）进益州大都督府长史。蜀人畏鬼而恶疾，虽父母病皆委去，望舍投饵哺之，昆弟不相假财。士廉为设条教，辩告督励，风俗翕然为变。又引诸生讲授经艺，学校复兴。秦时李冰导汶江水灌田，濒水者顷千金，民相侵冒。士廉附故渠厮引旁出，以广溉道，人以富饶。①

按《旧唐书》《新唐书》所记，高士廉出任“益州大都督府长史”是在贞观元年（627年）至贞观五年（631年），说明他所看到的风俗至迟在这一时期已经存在。两段史料虽未明确记载唐代四川地区的“别籍异财”，但《旧唐书》所载“父母病有危殆者，多不亲扶持，杖头挂食，遥以哺之”、《新唐书》所言“父母病皆委去，望舍投饵哺之，昆弟不相假财”等信息，无不透露着“别籍异财”的具体信息。《旧唐书》说蜀人父母得病，一般不会亲自侍奉，而是“杖头挂食，遥以哺之”。一个“遥”字，还是形象地说明了父子分居的事实。《新唐书》说蜀人父母得病，便会选择离开，仅仅送给父母主要日常饮食，而后远望父母的住所，兄弟之间也是“不相假财”。“望（父母）舍”“昆弟不相假财”，则详细记载了父子别居、兄弟成家之后分别从大家庭中分离的生活实际状况。虽然刘昫、宋祁等史家认为蜀人做出这种“反常”行为的主要原因是“畏鬼而恶疾”，但实际上表明了唐代四川地区“别籍异财”现象存在的普遍性。其后，《宋史》所录三条明确印证了这一现象只有在四川地区普遍存在，分别是卷2《太祖本纪》载：

乾德四年（966年）五月，诏：蜀郡敢有不省父母病者，罪之……开宝元年（968年）五月，诏：荆蜀民祖父母、父母在者，子孙不得别财异居……开宝二年（969年）八月丁亥，诏川陕诸州察民有父母在而别籍异财者论死。②

---

① （宋）欧阳修，宋祁．新唐书［M］．北京：中华书局，1975：3840.

② （元）脱脱等．宋史［M］．北京：中华书局，1977：24、27、30.

卷 4《太宗本纪》载：

> 太平兴国八年（976 年）十一月，除川陕民祖父母、父母在别籍异财弃市律。按：此法太重，当为一时一地而设，故太宗除之。①

卷 89《地理五》载：

> 川、峡四路，盖《禹贡》梁、雍、荆三州之地，而梁州为多。天文与秦同分。南至荆峡，北控剑栈，西南接蛮夷。土植宜柘，茧丝织文纤丽者穷于天下，地狭而腴，民勤耕作，无寸土之旷，岁三四收。其所获多为遨游之费，踏青、药市之集尤盛焉，动至连月。好音乐，少愁苦，尚奢靡，性轻扬，喜虚称。庠塾聚学者众，然怀土罕趋仕进。涪陵之民尤尚鬼俗，有父母疾病，多不省视医药，及亲在多别籍异财。汉中、巴东，俗尚颇同，沦于偏方，殆将百年。孟氏既平，声教攸暨，文学之士，彬彬辈出焉。②

甚至这一社会现象直到清代依然存在，清代学者张澍在《蜀典》卷 6《风俗类》中指陈了这一史实：

> 今川中诸郡，其家饶裕者，早分金诸子，其父母分食诸子，按月计日，不肯稍逾期。③

上述史料合观，可知，“别籍异财”源自商鞅变法时期的秦国，东汉时关中地区已较为普遍，南北朝时江南地区 70% 以上的家庭都存在这一现象，而至隋朝，四川地区方有“别籍异财”现象的记载，唐代则成为全国最为

① （元）脱脱等．宋史［M］．北京：中华书局，1977：71.
② （元）脱脱等．宋史［M］．北京：中华书局，1977：2210.
③ （清）张澍．蜀典［M］．文渊阁四库全书影印本卷 6 本卷：1.

普遍的地区。这一社会现象在唐代虽不是四川地区独有，但《隋书·地理志》《旧唐书·高士廉传》《新唐书·高俭传》等正史专记四川地区，而缺载其他区域的状况，应该不是“忽略”或者“故意不记”，唯一合理的解释就是这一社会现象在四川地区表现得尤为突出。诸书俱言唐代四川地区个体家庭“父子率多异居”而造成“蜀土俗薄”；北宋初年更是专门针对四川地区的“别籍异财”发布了两条诏令，以国家最高法令的形式予以禁止，说明了至迟在北宋初期，“别籍异财”已经成为四川地区独有或者表现得最为强烈的社会现象了。

由此，从上述征引的史料来看，至迟从隋代开始，“别籍异财”从全国普遍存在的社会现象演化为四川地区独有或者说是在四川地区表现得最为强烈。做出这种学术判断的基本依据是：其一，《隋书》《旧唐书》《新唐书》分别成书于唐太宗贞观三年（629 年）、后晋齐王开运二年（945 年）和宋仁宗嘉祐五年（1060 年），三位主持编撰的史家分别生活于初唐、唐末与北宋中期，应该说，对这一社会现象具有较高的认知度；从史料的采撷和遴选角度分析，这种通过记载前代人记忆的历史记录，其取材范围相对前人而言应当得以扩展，或者说更为广阔，但著述者未做任何改动，本身就说明了史家对此条史料的认可和接纳程度；其二，从北宋初年在两年内专门针对四川地区的“别籍异财”颁布三条诏令予以禁止来看，“别籍异财”不可能在后蜀亡国短短的六年内就发展成为全国表现最为强烈的社会现象。况且，按《隋书》所记，“别籍异财”早在隋朝就已经存在，作为承隋续宋的唐朝，没有理由不存在。按照社会发展的一般规律，只有一种推论才能合乎历史发展的逻辑，即四川地区的“别籍异财”不仅在唐代就已经存在，而且在唐中期以后演变成为全国表现得最为强烈的社会现象。

唐代的法律条文也为我们提供了这方面的思考。《通典》卷 165《刑制》载：“诸居父母丧生子及兄弟别籍异财者，徒一年。诸祖父母、父母在而子孙别籍异财者徒三年。若祖父母、父母令别籍及子孙妄继人后者，徒二年。”[①] 祖父母、父母在，未经他们许可而擅自“别籍异财”者，处徒刑三

① （唐）杜佑 . 通典［M］. 北京：中华书局，1984：4243.

年；即便父母去世，如果丧期未满，兄弟之间分家析产，仍要处徒刑一年。《唐律疏议》卷 1《名例》专门解释了“别籍异财”的社会危害性：“《礼》云：‘孝子之养亲也。’祖父母、父母在，子孙……无自专之道。而有别籍异财，情无至孝之心，名义以之俱沦，情节于兹并弃。稽之礼典，罪恶难容。”[①] 就是说，如果祖父母、父母还健在，子孙自作主张分家析产，就是蔑视伦理、违背孝道、道德沦丧，所以罪恶难容。明人雷梦麟对此条史料的解读深刻诠释了这一社会理念：“子孙别籍异财是有离亲之心，兄弟居父母丧别籍异财是有忘亲之心。”[②] 上述诸条法律条文虽未言确之何处，但结合《隋书》《旧唐书》《新唐书》《宋史》等诸史书对四川地区“别籍异财”现象的记载来看，应当涵盖四川地区应无异议。

时人诗文记述则提供了最为直接的证据：肃宗上元元年（760 年），历经战乱纷扰、颠沛流离，最终在寒冬时节来到成都的杜甫，耳闻目睹了四川地区的风土人情，不由地发出“我行山川异，忽在天一方。但逢新人民，未卜见故乡”[③] 的感慨。移居夔州之后，看到父子别籍异居的现象，诗人大为疑惑不解：“异俗许可怪，斯人难并居。”[④] 联系上引《旧唐书》《新唐书》所载的两条史料，高士廉在贞观初年就针对四川地区“父子别居”的现象，采取了“随方训诱”“设条教，辩告督励”等多种措施予以整饬。显然，无论是高士廉的行政干预，还是唐律的例行禁止，都收效甚微。以至于唐中期入蜀的杜甫认为蜀中“父子别居”是一种非常奇怪的“异俗”。诗人是以外来客、实际上是中原人士的生活眼光来看待这一现象的，且诗人生活在普通百姓的群体之中，这也再次印证了唐代四川地区“别籍异财”现象的普遍性。

另外，唐代四川地区的人口变化亦能反映这一问题。据梁方仲先生的统计，玄宗天宝元年（742 年），全国户均人口数量为 5.75 人，而剑南道每户平均仅为 4.39 人，远远低于全国户均口数的平均水平，在全国十五道中位居

---

① （唐）长孙无忌等 . 唐律疏议［M］. 北京：中华书局，1983：13.

② （明）雷梦麟 . 读律琐言［M］. 台北：台湾学生书局，1986：303.

③ （清）彭定求等编 . 全唐诗［M］. 北京：中华书局，1999：2302.

④ （清）彭定求等编 . 全唐诗［M］. 北京：中华书局，1999：2540.

第十四位，但户数为937,124户，占全国第四位[①]，如果按照本书所统计，则为1,179,052户，占全国第三位。这固然与当时隶属剑南道地广人稀的维州（户均1.47口）、当州（3.13口）、遂州（3.02口）、合州（1.16口）、龙州（1.41口）等州有关，但当时人口最稠密的成都平原成都府（5.77口）、彭州（6.39口）、蜀州（6.91口）、汉州（4.47口）四州户均5.88也低于江淮农业区的扬州户均（6.07口）、关中农业区的华州户均（6.74口）。在当时全国十五个道中，剑南道人口总量占据全国第三位，户均人口数却只位居第十四位，说明了户数平均率远远高于其他诸道。人口总量多，但同时个体家庭也多，这也从一个侧面印证了唐代四川地区“别籍异财”现象存在的普遍性。

## 第三节 唐代四川地区农业发展与农民家庭结构的分化

前文已论，“别籍异财”源自商鞅变法时期的秦国。东汉时，关中地区已较为普遍。南北朝时期，江南地区70%以上的家庭都存在这一现象。隋朝时，四川地区方有此种社会现象的文献记载，但在唐代却演变成为全国最为典型和突出的地区。从全国普遍存在到表现最为强烈，这一既悖于儒家礼教，又违背唐代法律条文的社会现象，在唐代四川地区长期存在的深层原因到底是什么？蒙默、刘琳等前辈学者亦对此发出追问，并提出此种传统与历史时期四川地区人口的流动不无关系[②]这一前瞻性的观点。遗憾的是，前辈学者未能继续对这一问题展开进一步深入和细致的考察，为我们留下了诸多讨论的学术空间。本书综合文献记载和学界研究成果认为，唐代四川地区“别籍异财”现象长期存在的原因是人口的流动、规避丁役、民族杂居以及农业发展等多种因素共同作用的结果。但从根本上讲，还是唐代四川地区农业生产条件的优化，带来了农业的高度发展，从而使得以一夫一妻为核

① 梁方仲．中国历代户口、田地、田赋统计［M］．北京：中华书局，2008：121.

② 蒙默，刘琳等．四川古代史稿［M］．成都：四川人民出版社，1988：1.

心组建的小家庭成为农业生产核心单位成为可能，并最终导致了家庭结构的分化。

## 一、个体家庭与农业生产

现代社会理论认为，家庭“是以一定的婚姻关系、血缘关系或收养关系组合起来的初级社会群体”。[①]个体家庭是我国传统社会实施农业劳动最基本的生产单位，自西周创设井田制以来，历代王朝通过“慷慨”地分给农民土地，将农民固定在“貌似属于”自己的那块土地上，使农民成为国家财赋收入的主要供应者以及各种徭役、夫役以及兵源的主要承担者。与此同时，为了实现其统治利益的最大化，又在意识形态领域作出诸多努力，如将宗法制和“孝”升华为社会伦理的既定规则，并以此作为稳定社会秩序最为常态化的手段。另一方面，受限于相对发展缓慢的生产力，在长期的农业劳动实践中，个体农民家庭逐渐形成了以发展种植业和家庭副业为主的生产方式，并在此基础上形成了自给自足的小农经济模式。家庭成员的劳动分工也是按照年龄和体例，“各司其职”，通力合作。《农政全书》卷5《田制》称：“大率一家五口，可种一亩，已给自足。家口多者，随数增加。男子兼作，妇人童稚，量力分工，定为课业，各务精劝。……举家计口各输力，男女添工到童稚。坎余种耨非重劳，日课同趋等娱戏。菽粟薯芋杂数品，办作储粮接充饥。岁余五口仅无饥，倍种兼收仍不啻。”[②]美国学者贝克尔认为，一个有效率的家庭，就是家庭成员有明确的分工，通过这种明确的分工实现生产效益的最大化，而不至于出现成员的偷懒、欺骗、盗窃及其他错误行为的发生。[③]我国传统社会的小农家庭，受限于当时的生产技术和生产规模，在日常具体的生产劳动过程中，劳动力资源的合理配置自然就成为农民追求农业生产效益最原始、最朴素、最本能的考虑。由此看来，在此生产结构中，家庭内部

---

① 陈桂生．教育原理［M］．上海：华东师范大学出版社，1993：273.

② （明）徐光启撰；石声汉点校．农政全书［M］．上海：上海古籍出版社，2011：99—100.

③ （美）加里·斯坦利·贝克尔．家庭论［M］．北京：商务印书馆，1988：49.

所有成员（包括未成年儿童和年迈的老人）必须根据“各自分工”，通过通力合作的方式完成繁重复杂的农业生产劳动。千百年来，人们津津乐道的“耕读传家”“男耕女织”“牧童”“樵夫”“浣纱女”“采桑女”“洗衣老妪”等，即是这种将生产劳动和生活方式融为一体的个体家庭农业生活的真实写照。杜甫笔下所言“女长裁褐稳，男大卷书匀……农月须知课，田家敢忘勤”[①]，说明了唐代夔州一带农民家庭秉承“耕读传家”的生活理念而在家庭成员之间明确生产与生活分工的事实，由此可以推断唐代四川地区个体农民家庭生产和生活的真实状况。

古蜀时期，四川地区个体家庭是否是农业生产的基本单位，由于史料阙如，已无从考察。但秦汉时期，个体家庭不仅已成为四川地区发展农业生产的最基本生产单位，而且在具体的农业生产劳动过程中也存在这样细致的分工。秦并巴蜀、徙民入蜀时，就将中原地带的人口以家族、家庭作为一个口数不定、规模不一的自给自足的经济单位构筑生产的模式移植到四川地区，上引 1979 年四川青川战国墓出土的《为田律秦木牍》所载内容即是例证。《华阳国志》所载汉晋间巴蜀地区各县的大姓即是这种生产结构的反映。1975 年成都土桥曾家包一座东汉墓出土的一方大型浮雕石板，生动描绘了家庭成员分工合作进行农业生产劳动的情形：男丁用牛车运来一袋袋粮食；一排排酒瓮装着酒，一人正以勺舀酒；妇女坐在织布机上织布；旁边放着华丽的有篷马车，一只猴子正看守着一匹肥马；还有狗、鸡在嬉戏[②]，这无疑是墓主生前生活的真实反映。

爰及唐代，前文已提及的《成都氏族谱》所录唐宋时期 45 家四川著名氏族大姓中，明确记载其家族在唐代由外地迁入的有 29 家，约占所录总数的 64%；《净得集》所录 31 位士人中，明确记载其家族在唐代迁入的有 15 位，约占所录士人总数的 48.4%。显然，这种移民入蜀，同样是以口数不一的家庭和家族的方式。以氏族谱的形式强调家族的渊源，本身就说明了个体家庭和若干个体家庭组建的家族，在社会生产和生活中的地位和作用。结合

① （清）彭定求等编．全唐诗［M］．北京：中华书局，1999：2481.

② 蒙默，刘琳等．四川古代史稿［M］．成都：四川人民出版社，1988：75.

前文所引乐至招提寺出土的唐代碑文所刻内容，唐代初期的均田制在四川地区应该得到有效的执行。如若考证不假，因为唐代初期均田制的施行是以个体家庭为授田对象的，以此可推证唐代四川地区农业生产的基本单位是个体农民家庭，符合我国传统社会农业生产实际运行的基本历史逻辑。

## 二、唐代四川地区农业发展与农民个体家庭的分化

社会变迁与家庭密切相关，早在100多年前，摩尔根就指出，家庭是一个能动的要素，“它从来就不是静止不动的，而是随着社会从较低阶段向较高阶段发展，从较低的形式进到较高的形式”。[①] 在以农业立国的我国传统社会，农民个体家庭结构的变迁，从宏观上讲，离不开国家对农业生产关系的调整。唐代初期和中期先后实行的“租庸调制”和“两税法”对唐代农民家庭的演化产生了深远影响。日本京都学派内藤湖南认为这两次农业生产关系的调整，使得农民从贵族手中解放出来，由国家直接统治，成为国家之佃客。“两税法”实施之后，农民居住权在制度上获得自由，地租亦改以钱纳，农民从奴隶佃客的地位获得释放。这些措施，整体上有利于农民生产积极性的提高。[②] 但是，统一的农业生产关系的调整并非带来了相同的农民家庭结构的变迁。唐代四川地区农民个体家庭结构的演化，除了这一因素之外，更多的是四川地区特有的农业生产环境和具体的生产方式以及由此而带来的农业生产效益所导致的。

### （一）农业生产条件的优化与农民个体家庭的分化

在我国传统社会，个体农民家庭所能容纳的人口数量即家庭的组建形态，首先是与其农业生产能力以及由此而产生的农业生产效益相联系的。中国台湾学者吴章铨先生通过对唐代均田制下个体农民家庭实际生活状况的

---

① （德）马克思，恩格斯：马克思恩格斯选集（第4卷）［M］. 北京：人民出版社，1972：25.

② （日）内藤湖南；夏应元，刘文柱等译. 中国史通论上：内藤湖南博士中国史著作选译［M］. 北京：社会科学文献出版社，2004：328.

考证，认为均田制下“平常人家耕地三十余亩，可以养活三四口，家庭人口再多，便要忍饥耐寒了。如果所耕的是上好田地，土地生产力好，那就宽裕些，如果是贫瘠田，就很难支持”[①]。按此观点，“别籍异财”之后的小家庭是否能够完成大家庭下通过成员分工明确、密切合作而完成的生产劳动，换言之，在当时的农业生产条件的制约下，以一夫一妻及未成年子女组建的个体小家庭能否胜任由已婚儿子与父母、祖父母组建的大家庭所能完成的农业生产任务，就成为我们考察的重点。

如前所述，四川地区西北高、东南低以及河流纵横、水网密布的特殊地理环境造就了以成都平原为核心的四川农业发展对水利工程有着不可替代的依赖性。成都平原总面积约6500平方公里，西北高，东南低，具有发展自留灌溉的优越条件。[②]都江堰渠首以下平均坡降度4.4‰，居于理想的自流灌溉地形之首。随着都江堰水利工程的日臻完善，农业灌溉技术也不断得以发展和提高，开渠引水自流灌溉，成为成都平原最为普遍的农田灌溉方式。在整个灌区“以亿计”的水渠上往往装有轻便灵活的水门，旱引雨塞，也可根据需要控制水量大小，便于管理，又能确保丰收，为人、地、水三者协和统一的典范。仅此一项每年便能比外地农田大约省去10%～20%的用工。这种便利的自流灌溉在全国是独一无二的。同时，都江堰灌区由于都江堰排沙与行水输沙的功能，使农田新淤泥沙“去粗取精”，确保了土质更新和肥沃，农田不必再从田外担土来更换土质，土壤的自然肥力较高，少施肥也能在很大程度上保证农业稳产和高产。仅此一项，又比其他农业区的农田具体生产劳动节约20个劳动力。[③]而且，田间土质疏松，有利于次级劳动力开展具体的生产劳动，如妇女及14岁至18岁之间的即将成年的劳动力。实际上，都江堰水利工程修建以来进一步优化了成都平原的农业生产条件，妇女进行田间劳作是极为平常的事，汉墓出土的背儿、背背篼劳作女俑反映了这一农业生产劳作的真实场景。由此可证，成都平原优越的农业生产条件，较之全国

① 吴章铨．唐代农民问题研究［M］．台北：台湾中国学术著作奖助委员会，1963：12.

② 李敬洵．唐代四川经济［M］．成都：四川省社会科学院出版社，1988：49.

③ 罗开玉．四川通史·秦汉三卷［M］．成都：四川人民出版社，2010：418、422.

其他农业区，在一定程度上大大节约了劳动力生产成本。虽然迄今为止，四川地区尚未发现唐代妇女从事田间生产劳动的考古资料和文献记载，但是唐政府在四川地区大规模地修建水利工程，较之秦汉，无疑农业生产条件应当得到更进一步的优化。按照历史发展的内在运作逻辑，成都平原在汉代存在的妇女从事田间生产劳动的现象在唐代应当会成为农民个体家庭的生产常态。这就使以一夫一妻及未成年子女组建的小家庭分化为独立的农业生产单位成为可能，从而为“别籍异财”的产生提供了前提预设。

另外，盆地中部、东部耕地面积更为广阔的丘陵地区亦可通过采用人工开凿蓄水池、充分利用年降水量丰富的优势、依靠潴水和陂塘引水灌溉的方式保证农田必要的用水量。杜甫《行官张望补稻畦水归》诗云：“插秧适云已，引溜加灌溉。更仆往方塘，决渠当断岸”[①]，即是描绘了夔州插秧后，引水灌田而获得农业丰收的情景。清人仇兆鳌《杜诗详注》卷19《行官张望补稻畦水归》引东汉崔瑗歌：“穿溜广灌溉，决渠作甘雨”，又引宋人黄鹤注解：“此（诗）当时大历二年瀼西时作”[②]，说明当时夔州农民引水灌田的普遍性。另外一则材料来自可泉县，《新唐书》卷184《杨收传》载：“蜀有可泉县，直嶲州西南，地宽平，多水泉，可灌粳稻。”[③]这是一则典型的在山区平地利用山泉水灌溉稻田的例子。

这种灌溉方式较之其他农业区依靠车水、提水的灌溉方式，节省了大量的劳动力成本。一般情况下，筒车车水、提水的灌溉方式至少需要3～5个劳动力通力协作方能完成，而相形之下，开渠引水自流灌溉仅需1～2个劳动力即可完成。在这种情况下，以3～5个个体家庭组成的大家庭、多个劳动力协作的生产方式在实际运作过程中就会存在诸多障碍，尤其是最为直接的农业收益的再分配问题，不利于家庭内部生产积极性的提高。相形之下，具备两个完整劳动力（指成年男丁）的个体家庭在具体的农业生产劳动中具有更大的可行性。另一方面，水稻对水量的要求较高，必须生长在有适量水

① （清）彭定求等编．全唐诗［M］．北京：中华书局，1999：2343.

② （唐）杜甫著；（清）仇兆鳌注．杜诗详注［M］．北京：中华书局，1979：1365.

③ （宋）欧阳修，宋祁．新唐书［M］．北京：中华书局，1975：5394.

浸泡的水田中，要保住水，最重要的前提就是必须要有充足的水量供应以及便利的水利设施。西汉末年成书的《氾胜之书》讲道："种稻区不欲大，大则水深浅不适。"[①] 作为四川地区最重要的粮食作物，唐代在四川地区修建的42项水利工程（详见第四章第二节）基本保障了稻作农产区的用水量。

因此可以认为，唐代四川地区引流灌溉为主的大规模水利工程的建设与管理，优化了域内固有的农业生产条件，农业生产劳动的具体方式亦随之发生了重大变化。这种农业生产条件的优化，提高了以一夫一妻和未成年子女组建的核心小家庭成为独立的生产单位的可能性。个体家庭对这一变化的适应过程，导致了父子聚居型家庭结构的松动与演变，一夫一妻及未成年子女组成的核心家庭更加适应此时农业发展的需求，成为最基本的农业生产和消费单位，这样也就促使了大家庭的衰落与小家庭的兴起，从物质条件方面为"父子别居异财"现象的普遍存在创造了前提预设。同时，四川盆地内部特有的温润气候也在一定程度上优化了农业生产条件。杜甫脍炙人口的《春夜喜雨》："好雨知时节，当春乃发生。随风潜入夜，润物细无声"[②]，清人仇兆鳌考据认为，此诗即是"（肃宗）上元二年春，作于成都"[③]。另一方面，在当时的生产条件和社会生活环境下，父母与成家儿子组建的大家庭进行农业生产劳动的基本状况是：所有家庭成员共同劳动、共同占有劳动产品，按照父权制占据家庭主导地位的既定伦理原则分配劳动产品。显然，从父子并居的大家庭中脱离出来的以一夫一妻及未成年子女组建的核心家庭，在具体的农业生产劳动过程中，更有利于调动家庭成员的生产劳动积极性，也就有利于提高农业劳动的生产效率，对劳动产品的占有和分配也具有更大的自由空间。这也是唐政府屡次下令禁止"别籍异财"，但效果并不理想的原因所在。

### （二）农民个体家庭的分化与社会伦理的重构

一个家庭通过"别籍异财"之后分化为两个或者三个（视其成年男丁的数量，至于多子家庭是否在每个儿子成丁之后每个都要分家不在本书的探讨

---

① （汉）氾胜之著；万国鼎辑释．氾胜之书辑释［M］．北京：农业出版社，1980：121.

② （清）彭定求等编．全唐诗［M］．北京：中华书局，1999：2439.

③ （唐）杜甫著；（清）仇兆鳌注．杜诗详注［M］．北京：中华书局，1979：799.

范围之内），就从一个整体演化为两个或者三个相对独立的生产和生活单位。“父子别居”就从农业生产范畴渗入到家庭生活层面：即由父子、兄弟至少两代人构建的以共同居住、集体协作劳动、共享劳动成果、共担政府赋税和徭役为主要特征的大家庭悄然转化为由夫妻二人与未成年子女组成的共同居住、以夫妻二人自我劳动、自享劳动成果、自我承担政府赋税和徭役为主要特征的小家庭。除了血缘关系之外，和其他独立的家庭没有更大的区别。同时，为了维护社会秩序，唐政府极其重视对风俗礼节的建设与培养，大力提倡和推行以“孝”和“礼”为核心的大家庭下的既定伦理。随着唐初平定战争的结束，唐政府即着手整饬各地风俗。据《唐大诏令集》记载，自贞观元年（627 年）至唐隆元年（710 年）83 年的时间内，就发布了七道诫励风俗的诏令。其中文明元年（684 年）《诫励风俗敕》明确规定：

> 建立州县，列树官司，所以导俗宜风，惩奸息暴。……所在州县官僚，各宜用心检校……务在田蚕……亦资官府敦劝。若能肃清所部，人无犯法，田畴垦辟，家有余粮，所由官人，宜加考第。功状尤异者，另加升擢。若为政苛烂，户口流移……轻者年终贬考，重者非时解替。①

该条史料反映了唐政府将地方官员“敦劝”所在州县农民“务在田蚕”、奉行孝道的行为纳入年终考核范围。天宝三载（744 年）十二月及肃宗乾元元年（758 年）两度针对“别籍异财”导致的“不孝”行为敕文，《唐大诏令集》卷 74《亲祭九宫坛大赦天下敕》、卷 69《乾元元年南郊赦》相关内容如下：

> 百姓间有孝行过人，乡闾钦伏者，所由长官，具以名荐。其有父母见在，别籍异居，亏败名教，莫斯为甚，特宜禁绝，勿使更然。并亲殁之后，亦不得令分析，郡县切须勒令在籍推行。自今以后，如有不友不恭，伤财破产者，宜配迹西，用清风教……百姓中有事

① （宋）宋敏求．唐大诏令集［M］．北京：商务印书馆，1959：572.

亲不孝，别籍异财，黩污风俗，亏败名教，先决六十，配隶迹西。[①]

上引益州大都督府长史“为设条教，辩告督励”即是履行这一规定的反映。这必然会受到“父子别居”之后分化的小家庭的冲击。诚如美国人类学家玛格丽特·米勒所言，在生产力相对落后的农业社会，“人们缺乏酿就生产和社会变革的必要的物质手段”，“同时在世的祖孙三代构成了前喻文化的基础”。在此文化体系中，老年人成为社会文化的主要传递者，“尊敬老人自然成为一种最为基本的美德”。但是，生产技术的进步以及战争、移民等原因，前喻文化就与年轻人主导的“后喻文化”产生“龃龉抵触”，从而进入“并喻文化”阶段，即“社会以目前流行的行为模式作为自己的行为准则”。[②]唐代四川地区的“别籍异财”就导致了高俭眼中“父母病有危殆者，多不亲扶持，杖头挂食，遥以哺之”[③]的社会风俗，它与原有的“父子同居”大家庭下既定的伦理产生了必然的冲突。对此，谭继和先生有着精彩的论述，谭氏认为这主要是因为当时“蜀人的行为、思维、感情和交流的选择方式与中原人不同”，在现实生活中“不愿遵循中原礼治思维之规而以另类思维来关心时事利禄”，并将这一思维方式归结为“选择性模式”。[④]在其发展的历史延续性上承袭着今文经学重现实政治与利禄的传统。[⑤]

在我国传统社会，个体农民家庭所能容纳的人口数量首先是与其农业生产能力以及由此而产生的农业生产效益相联系的。诚如吴章铨先生指出：“古代生产力停滞，土地和劳力以外的生产因素，对于增加生产力的影响微小。耕地面积既然有限，人口的自然增长，就足以迫使农民的收益递减。”[⑥]

---

① （宋）宋敏求．唐大诏令集［M］．北京：商务印书馆，1959：417、383.

② （美）玛格丽特·米勒著；周晓虹等译．文化与承诺——一项有关代沟问题的研究［M］．石家庄：河北人民出版社，1987：7—9.

③ （后晋）刘昫等撰．旧唐书［M］．北京：中华书局，1975：2442.

④ 谭继和．巴蜀文化研究的现状与未来［J］．四川文物，2002（2）：15—21.

⑤ 谭继和．成都城市文化的性质及特征［A］；郭付人，谭继和等．成都城市研究［M］．成都：四川大学出版社，1989：338—357.

⑥ 吴章铨．唐代农民问题研究［M］．台北：台湾中国学术著作奖助委员会，1963：1.

在当时农业生产力水平的制约下，农业物质生产资源、劳动力生产资源以及农业生产技术资源三者之间的优化组合，使得农民不自觉地进行了对传统农业生产方式的批判和最佳生产效益的选择。夫妻二人田间地头的通力协作基本能够胜任整个农业生产流程。以成都平原的水稻生产为例，夫妻二人的通力协作基本能够完成翻土（前文已论，四川稻作农产区土质疏松，妇女进行田间劳作是极为平常的事，汉墓出土的背儿、背背篼劳作女俑可证）、育秧、田间放水、插秧、田间管理、收获等整个生产流程。这样，农产品就从原有的大家庭共同占有和按照“既定原则”下的分配转化为小家庭的自我占有和自由支配。从生产积极性和生产效率角度分析，小家庭显然要高于大家庭。由此看来，这种最小的生产单位同时也是最佳生产效益的创造主体。与此相适应的，以夫妻二人及未成年子女组建的核心小家庭逐渐替代了祖孙、父子几代人共居的大家庭。可见，优越的农业生产条件是造就“父子别居”现象的主要资粮。而在唐人看来，以“父子同居”为核心的大家庭共居模式被认为是社会生活中“理所应当”的生存方式，这种观念的形成既有来自官方的倡导，更多的则是受到长期以来人们在父权家长制下既定道德伦理规范这一思维惯式的影响。显然，法律限制“父子别籍异财”，而这种观念又排斥“父子别居”。在这种社会环境中，唐代四川地区的农民家庭“父子别居”现象超越了他们自身所处的那个时代主要的文化势力。尽管这种现象不仅仅存在于四川地区，在其他地区亦有存在的迹象，但在他们身处的那个时代，跟当时社会流行的主要的思维惯式相比，它们显得是那么的微弱或者说是“非主流”，所以受到官方禁止及时人的贬斥，也就不难理解了。

当然，除了上述原因，唐代四川地区“别籍异财”现象长期存在的原因还有其他因素。从内部来讲，远离长安与洛阳两大中央政治控制区、相对封闭的自然地理环境、道教源流对儒家意识形态的冲击以及移民、民族聚居等其他因素也起到了一定的影响。从外部因素即国家政策来看，亦有规避丁役方面的原因。《晋书》卷84《殷仲堪传》记载了一则当时奉命都督荆、益、宁三州的殷仲堪处理的农民“别籍”的案件：

荆州桂阳人黄钦，生父没已久，诈服衰麻，言迎父丧。府曹先依律诈取父母卒弃市。仲堪乃曰：“律诈取父母宁依驱詈法弃市。

> 原此之旨，当以二亲生存而横言死没，情事悖逆，忍所不当，故同之驱詈之科，正以大辟之刑。今钦生父实终没，墓在旧邦，积年久远，方诈服迎丧，以此为大妄耳。比之于父存言亡，相殊远矣。"遂活之。又以异姓相养，礼律所不许。子孙继亲族无后者，唯令主其蒸尝，不听别籍以避役也。①

该条史料至少透露出两条信息：一是以律法的形式规定了生活中的"孝"；二是农民如遇父母丧，所承担的赋役可得以减免。"别籍"是为了规避赋役。《通典》卷6《食货六・赋税下》记载，天宝元年（742年）正月，唐政府针对这一现象专下赦文："如闻百姓之内，有户高丁多，苟为规避，父母见在，乃别籍异居，宜令州县勘会。一家之中，有十丁以上者，放两丁征行赋役；五丁以上者，放一丁。即令同籍共居，以敦风教。"②吕思勉先生解释说："盖古以人丁众寡，定户等高下，析居所以避多丁，免重役也"③，可谓一语中的。

另外，唐初实行的均田制在某种程度上也是催生"别籍异财"长期存在的又一因素。《旧唐书》卷48《食货上》记载，唐制："武德七年，始定律令……丁男、中男给一顷，笃疾、废疾给四十亩，寡妻妾给三十亩。若为户者，加二十亩。所授之田，十分之二为世业，八为口分。世业之田，身死则承户者便授之；口分则收入官，更以给人。"④按此均田令，"若为户者，加二十亩"的规定，是最现实、也是最直接的利益刺激，这无疑也在一定程度上刺激了唐代四川社会家庭结构的分化。⑤但是，该项政令作为颁行于全国的一项土地政策，不可能只在四川地区生效。从这个意义上讲，唐代四川地

---

① （唐）房玄龄等．晋书［M］．北京：中华书局，1974：2293.

② （唐）杜佑．通典［M］．北京：中华书局，1984：108.

③ 吕思勉．中国制度史［M］．上海：上海教育出版社，1985：399.

④ （后晋）刘昫等．旧唐书［M］．北京：中华书局，1975：2087.

⑤ 注：目前学界对唐代四川地区是否实施均田制颇有争议，但据乐至出土的《招提寺院施田记》所记，唐代四川地区有过均田制当无异议。（参见霍俊江：《中唐土地制度演变研究》，广州：暨南大学出版社，2000年，第92—93页。）

区长期存在、禁而不止的“别籍异财”现象还是上述所论四川地区独有的农业生产条件与自身的诸多因素有关。

综上所述，“别籍”“异居”“异财”以及由此而衍生的家庭伦理只是一种外在的表现，它们既是考察唐代四川地区社会风俗的一个可见指标，又是判断农业经济发展导致农民个体家庭结构形式产生变迁的一个重要测量仪。马克思主义认为，“人们在自己生活的社会生产中发生一定的、必然的、不以他们意志为转移的关系，即同他们的物质生产能力的一定发展阶段相适应的生产关系”[①]。因此，在所可能导致唐代四川地区“别籍异财”这一社会现象长期存在的众多因素中，农业生产的高度发展是最根本的因素。农业生产条件的改善使得农民不自觉地进行了农业生产资源的优化配置，一夫一妻及未成年儿童组建的核心小家庭适应了农业发展的需要，代替原有的父子同居的大家庭成为农业生产的需要，最终导致了“别籍异财”这一社会现象的长期存在，并由此产生了一系列的社会伦理问题。

另一个特别需要指出的是，唐代四川地区“别籍异财”现象的普遍化，对社会家庭结构变迁带来最直接的影响就是，这种“父子别居”的家庭结构导致了家庭财产的分流，不利于地方豪族或者庄园农业经济的形成。有唐一代，四川地区尽管以成都平原为核心的农业区高度发展，所创造的农业财富也位居全国前列。但是，自始至终却没有像江南地区一样出现地方豪族或者形成大地主庄园农业经济的发展模式，社会经济结构中仍然以个体家庭的小农经济为主。个体家庭较之地方豪族或者庄园经济的生产模式，从财产的存在形式上，表现为农业财富的零星分散；从财产的流向形式上分析，个体家庭的农业财富除了维持日常生活的基本需求和完成封建政府规定的各种赋税以外，很难再将可能剩余的农业财富投向农业再生产，即便是投向农业再生产也仅限于农业生产工具的维修和更新。而相形之下，能够聚集农业财富的地方豪族和大地主庄园将农业财富投向扩大农业再生产或者转向工商业的概率、规模和速率远远大于个体家庭。从这个意义上讲，唐代四川地区“别籍

---

① （德）马克思，恩格斯．马克思恩格斯选集（第2卷）[M]．北京：人民出版社，1972：82.

异财”这一社会现象的普遍化，在稳固个体家庭占据农业经济主体地位的同时，也在很大程度上阻碍了整个四川地区农业经济的进一步发展。

## 本章小结

综上所述，从本质上讲，我国传统社会的农业发展现实不仅是政治权益在经济领域中的体现，也是以伦理道德体系为核心的政治上层建筑对社会变迁的干预和操控。唐代四川地区在历史的延续和进程中，逐渐形成了其内在的独特性和有别于其他区域的独特性。“别籍异财”现象普遍存在的原因表面上是由于四川地区四面环山、相对闭塞的地理环境以及人口的流动等因素造成的礼治不畅，实则是在农业发展条件相对优越的前提下，个体家庭对农业经济效益最大化价值追求的结果。换言之，并非蜀人不遵礼法，而是在农业经济高度发展下，作为基本生产单位的个体家庭因为生产方式的相对独立性在生活方式表现出的有别于其他区域的价值观和运作逻辑。

值得注意的是，虽然我国传统的重农思想更强调国家、而非个体家庭的农业生产效应，但是，实际上具体的农业生产劳动却是由个体家庭完成的，并通过上缴农业生产实物充当赋税的方式上升为国家财富。这与西方农业经济时代将农业发展的重点置于提高农庄的农业生产的指导思想截然不同。从这个意义上讲，考察我国传统社会某一历史时期、某一区域个体家庭的具体农业生产状况以及由此而引发的社会生活现象的变迁在某种程度上就是抓住了我国传统社会变迁的一个关键节点。“父子别居”被视为“异类”，并且由此被冠以“孟门不祀”这样的伦理道德的审判也就不难理解了。其实他们所谓最文明、最进步的由家庭生活所衍生出来的社会伦理制度，往往也只是他们自己生活的那个时代或社会采用的制度罢了。另一方面，唐代四川地区“别籍异财”这一社会现象的普遍化，导致了农业财富的分流，在稳固个体家庭占据农业经济发展主体地位的同时，也在很大程度上阻碍了整个四川地区农业经济的进一步发展。

# 第七章
# 农业发展与“俗好娱乐”
## ——农业发展与社会生活的变迁

“俗好娱乐”，顾名思义，就是因“好娱乐”而成为一种民俗事项。它是唐代四川地区社会生活最为显著的特征，唐人诗文描述和唐以后历代典籍文献，尽管从写作态度上，对这一社会现象或褒、或贬，莫衷一是。但在写作手法上却几乎“不约而同”地俱将其视作唐代四川地区社会生活的“符号”予以处理，甚至一度达到了言及四川地区必书“俗好娱乐”的程度。这一社会现象以及时人与后人的审视态度自然就成为学界高度关注的热点问题之一。目前时贤对其解读涵盖了历史成因、社会影响、民风民俗、生活诉求等多种视角，并取得了丰硕的研究成果。但统而观之，对这一社会现象还有诸多讨论的空间。例如，就其历史成因而言，学界尽管已有相对发达的商品经济说①、交通闭塞的地理因素说②、民风民俗的长期积累说③等业已成熟的

① 注：如王书奴认为，唐代成都“俗好娱乐”源于成都的“地大物繁”。（参见王书奴：《中国娼妓史》，长沙：湖南大学出版社，2014年，第150页。）

② 谢元鲁．论扬一益二［A］；史念海主编．唐史论丛（第三辑）［M］．西安：陕西人民出版社，1987：231—273.

③ 注：如苏宁、邢飞认为唐宋时期成都的“俗好娱乐”这一社会现象的产生是因为都江堰水利工程的修建为成都平原提供了丰富的水利灌溉资源，解决了成都地区的物质瓶颈。农业生产条件的优越相对“缩短了”人们的劳动时间，为成都人民的休闲提供了物质基础和闲暇时间；同时，深受道家文化的浸润，使成都成为一座注重休闲的城市，休闲文化在历史的锤炼之下，已经演化为成都的一个重要文化符号。（参见苏宁、邢飞：《道家精神与成都休闲文化》，武汉：武汉出版社，2014年，第4—20页。）

观点。但是，有一点是我们不能忽略的：既然农业是我国传统社会发展的根本动力，那么，它是如何促使这一社会现象形成的呢？从社会变迁的角度分析，很有必要对其发出学术追问。正是基于这样的学术考虑，本章在充分占有学界研究成果的基础上，拟通过全面梳理唐人诗文及唐以后历代文献典籍对唐代四川地区"俗好娱乐"这一社会现象的描述和记载，在厘正著述者审视"俗好娱乐"的基础上，诠释其历史内涵，并试图由此讨论唐代四川地区农业发展与之形成的关系，最终借此观察我国传统社会区域农业发展与社会生活变迁的内在必然联系。

## 第一节 文献记载所见唐代四川地区"俗好娱乐"

四川地区游娱风尚由来已久，但究竟始于何时，目前学界尚无定论，但在唐代达到极盛，确是不争的事实，史不绝书的"俗好娱乐"以及众说纷纭的唐人诗文描述即是例证。

### 一、文献记载所见唐代四川地区"俗好娱乐"

现存传世文献中，最早记载四川地区游娱风尚的是扬雄的《蜀都赋》。其后，《汉书》《华阳国志》《后汉书》《隋书》等诸书多有关注，唐代以后的历代文献中更是将其列为必书的材料。元代双流人费著《岁华纪丽谱》将这种游娱风尚集中概括为"俗好娱乐"，并对其作了具象性的概述，费氏言：

> 游赏之盛，甲于西蜀。盖地大物繁，而俗好娱乐。凡太守岁时宴集，骑从杂沓，车服鲜华，倡优鼓吹，出入拥导，四方奇技，幻怪百变，序进于前，以从民乐。岁率有期，谓之故事。及期，则士女栉比，轻裘丫服，扶老携幼，阗道嬉游。或以坐具列于广庭，以待观者，谓之遨床，而谓太守为遨头。宋朝以益州重地，尝谋帅以命宋公祁。宰相对曰："蜀风奢侈，祁喜游宴，恐非所宜。"宋朝不

从，卒遣之。……田公况尝为《成都遨乐诗》二十一章以纪其实。而薛公奎亦作《何处春游好诗》一十章，自号“薛春游”，以从其俗。[①]

在众多文献中，《汉书》《隋书》《太平寰宇记》对其记载相对翔实，分别代表了汉、唐、宋三代时人对其的看法，本小节以此为例予以集中讨论。

### （一）汉书

《汉书》卷28《地理志》：

巴、蜀、广汉，本南夷，秦并以为郡。土地肥美，有江水沃野、山林竹木蔬食果实之饶。南贾滇、僰僮，西近邛、莋马旄牛。民食稻鱼，亡凶年忧，俗不愁苦。而轻易淫泆，柔弱褊阸。景、武间，文翁为蜀守，教民读书法令，未能笃信道德，反以好文刺讥，贵慕权势。及司马相如游宦京师诸侯，以文辞显于世。乡党慕循其迹。后有王褒、严遵、扬雄之徒，文章冠天下。繇文翁倡其教，相如为之师，故孔子曰：“有教亡类。”[②]

仔细研读该段史料，不难发现，班氏着重强调了三点：其一，从政治意义上分析，巴、蜀、广汉地区原本处在南夷统治之下，秦并巴蜀之后，方置郡县，划入秦朝行政管理版图，这显然是继承了司马迁“大一统”的史学观点，彰显了班氏维护国家统一的史学理念；其二，从经济意义上观察，巴、蜀、广汉地区，土地肥美，物产丰饶，商品经济发达。究其原因，在班氏看来，即是因为巴、蜀、广汉“有江水沃野”。“江水”主要是指四川区域内以岷江为主的众多河流组成的水系；“沃野”相应地是指以岷江、涪江、绵水为主的水系所带来的肥沃而广阔的土地资源，二者都是发展农业生产必不可缺的条件。有“江水”即可带来“沃野”。因为“江水”不仅能够使得“江

① （元）费著．岁华纪丽谱［M］．北京：中华书局，1991：3.

② （汉）班固撰；（唐）颜师古注．汉书［M］．北京：中华书局，1962：1645.

水”两岸形成冲积平原，带来“沃野”之土，而且，成都平原特殊的自然地理环境又可以形成引流灌溉，两者相结合，最终就可成为发展农业生产的理想场所。需要指出的是，班氏这一观点是立足于关中以发展旱地农业为中心、江水对农业生产尤为重要的社会现实的基础上而提出来的。从这个意义上分析，班氏观点的提出，是符合我国社会历史发展现实的；其三，从社会意识形态来看，班氏指出，巴、蜀、广汉“俗不愁苦”的原因在于“民食稻鱼，亡凶年忧”，这也从一个侧面反映了汉代蜀地农业的高度发展。但是，巴、蜀、广汉由于久居南夷统治之下，难免有失教化，景帝、武帝年间，蜀郡太守文翁方始“教民读书法令”。这一措施，在班氏看来，似乎效果不佳，否则班氏就不会有“未能笃信道德，反以好文刺讥，贵慕权势”的说辞了。

### （二）《隋书》

《隋书》卷29《地理志》云：

> 蜀郡、临邛、眉山、隆山、资阳、泸川、巴东、遂宁、巴西、新城、金山、普安、犍为、越嶲、牂牁、黔安，得蜀之旧域。其地四塞，山川重阻，水陆所凑，货殖所萃，盖一都之会也。昔刘备资之，以成三分之业。自金行丧乱，死海沸腾，李氏据之于前，谯氏依之于后。当梁氏将亡，武陵凭险而取败，后周之末，王谦负固而远祸。故孟门不祀，古人所以诫焉。其风俗大抵与汉中不别。其人敏慧轻急，貌多蕞陋，颇慕文学，时有斐然。多溺于逸乐，少从宦之士，或至耆年白首，不离乡邑。人多工巧，绫锦雕镂之妙，殆侔于上国。贫家不务储蓄，富室专于趋利。其处家室，则女勤作业，而士多自闲。聚会宴饮，尤足意钱之戏。①

该条史料集中反映了隋唐时期四川地区社会风俗人情的具体表现、形成原因以及时人对其的评价，代表了唐代官方主流意识对四川地区社会风俗人

① （唐）魏征等．隋书［M］．北京：中华书局，1973：830。

情的看法。但从其记述来看，在时人眼中，或更为确切地说，在唐代官方的主流意识形态中，四川地区的风俗人情尚有很多不合正统观念之处。虽然历史时期，四川地区凭借其“水陆所凑，货殖所萃”的“一都之会”的优势成为地方割据政权成就霸业的理想之地，如蜀汉时期能够帮助刘备“成三分之业”，并成为后来“李氏”“谯氏”“梁氏”等割据政权的用兵必争之地，但“孟门不祀”的风俗却备受时人贬低，“贫家不务储蓄”“小人薄于情礼，父子率多异居”的现象更是悖于时人所推崇的勤劳、质朴、父慈子孝、“累世而居”等长期以来所形成的传统理念。但从另一方面来看，其人“慕文学”“多溺于逸乐”，又“多自闲，聚会宴饮，尤足意钱之戏”的现象不正是这一时期四川地区崇尚游娱风气的真实写照吗？唐代中后期诗人、成都人雍陶《劝行乐》诗云：“老去风光不属身，黄金莫惜买青春。白头纵作花园主，醉折花枝是别人”[①]，这应当代表了当时蜀人对待生活的普遍观点。再者，既然史料中说蜀地“风俗大抵与汉中不别”，那么汉中的风俗又是如何呢？该书同卷亦有汉中风俗的记载，或者更为精确地说，该书是把蜀地和汉中看作一个整体，以“周时梁州”的行政区划来记述的：

> 周时梁州，以併壅部。及汉，又析置益州。在《禹贡》，自汉川以下诸郡，皆其封域。汉中之人，质朴无文，不甚趋利。性嗜口腹，多事田渔。随蓬室柴门，食必兼肉。好祀鬼神，尤多忌讳。家人有死，辄离其故宅。崇重道教，犹有张鲁之风。[②]

两相对照，可以概括性地认为，“嗜口腹”“事田渔”“好祀鬼神”“多忌讳”以及“崇重道教”的风气在这一时期，两地颇为相似，“慕文学”“多溺于逸乐”以及“多自闲，聚会宴饮，尤足意钱之戏”风气则为蜀地所独有，这恰恰从另一侧面证明了唐代四川地区游娱风尚的盛行。

---

① （清）彭定求等编．全唐诗［M］．北京：中华书局，1999：5926.

② （唐）魏征等．隋书［M］．北京：中华书局，1973：829.

### （三）《太平寰宇记》

《太平寰宇记》72《剑南西道·益州风俗》篇说：

> 《蜀记》云：刚捍生其方，风谣尚其文。《汉书》曰：人食稻鱼，俗不愁苦，而轻易淫佚。然地沃人骄，奢侈颇异，人情物态，别是一方。①

仔细读来，我们发现宋人乐史在编撰《太平寰宇记》时，有意识地运用史学观点对其进行了增删与补充处理。《寰宇记》保留了《汉志》中的“民食稻鱼，亡凶年忧，俗不愁苦，而轻易淫泆”的观点，删除了四川地区历史沿革以及对外商品贸易的记载，而将“巴、蜀、广汉，土地肥美，有江水沃野”这一发展农业生产的巨大优势以及“山林竹木蔬食果实之饶”高度发展的农业，简单概括为“地沃”；而后，又增加了“人骄，奢侈颇异，人情物态，别是一方”的说辞。显然，这是乐史为了强调四川地区“人骄”与“奢侈”的“人情物态”较之其他地区不仅“颇异”，而且“别是一方”的刻意所为。至此，有些问题颇令人费解：乐史为何要对《汉志》史料做出如此的改动？乐史在记载四川地区风俗人情的时候，又为何舍“近”而求“远”？舍弃与其生存年代较近的唐人编撰的《隋书》而选择相对较为久远的汉人撰写的《汉书》？而且，较之《汉书·地理志》，《隋书·地理志》关于四川地区唐代之前（亦包括唐代）社会民俗风情的描述更为详尽和具体，按照一般常理，应是记录唐代四川地区社会民俗风情的直接材料或者重要依据，乐史为何弃之不用？乐史做出这种选择的目的又是什么？

看来，要解答上述疑问，还是要回到两段史料中。将乐史的《太平寰宇记》卷72《剑南西道·益州风俗》篇和《隋书》卷29《地理志》两本著作中关于蜀地社会风俗的记载两相对照，我们发现，《寰宇记》所提到的“风谣尚其文”应与《隋志》中的“慕文学”相对应。但细细研读，又发现，二者语义所指又颇为不同，“慕文学”的内涵和外延更为广泛一些，是一个

① （宋）乐史.太平寰宇记［M］.北京：中华书局，1999：1457.

“泛指”；而“尚其文”则对“文”进行了限定，应是“专指”。联系乐史所言之语境，可以认为“其文”则应专指四川地区的“文”，即指班氏《汉志》中所言“司马相如、王褒、严遵、扬雄之徒”之“文”。照此推敲，“尚其文”应与下文“人骄”相呼应。再者，从文字记载来看，乐史应该认同班氏所提出的“巴、蜀、广汉‘俗不愁苦’的原因在于‘民食稻鱼，亡凶年忧’”的观点，但随后一个“然”字，折射着乐史对四川地区社会风俗人情的独特看法和观点：四川地区的“人物情态”集中表现为“尚其文”“人骄”与“奢侈”，这些特点较之其他地区，尤其“别是一方”，这应该是游娱风尚在社会生活中某些方面的真实反映。而造成四川地区这种风俗现象的深层原因在于“地沃”。魏征生值唐初，所记隋代（实际上也包括作者所生活的唐代）蜀地风俗较之班氏尤为近真，乐史不采纳《隋书》之文而选择班氏之言，只有一种可能，似乎可以解释这一现象，那就是在宋人看来，魏征所记四川地区的风俗并没有表达出宋人眼中“别是一方”的“人物情态”。这实际上也代表了宋人对生活在同一时代的四川地区社会风俗人情的看法和观点，反映了四川地区至迟在宋代的确已经形成了与众不同的社会风俗。

如此看来，宋人乐史所言唐代四川地区“尚其文”“人骄”与“奢侈”等“别是一方”的“人物情态”与《隋志》所载蜀地独有的“多溺于逸乐”以及“多自闲，聚会宴饮，尤足意钱之戏”的社会风气所指相同，具有异曲同工之妙，措辞不同，意思相近，只不过是乐史为了表达出自己对于四川地区社会风俗人情的观点而更换的一种表达方式而已。可见，乐史在编撰唐代剑南西道益州风俗时，在撷取史料的过程中不自觉地、或者说不经意地揉入了时人对四川地区社会风俗人情的看法，在这种思想观念的“干扰”下，乐史做出这种史料的选择与撰写的安排也是合乎情理的。当然，乐史做出此番“改动”的原因远远不止于此，此项问题的讨论和考证亦有较大的余地和空间，但限于课题研究的范畴和资料的束缚，只能在史料允许的大致范围内作出这样的描述和推测。说明了宋代四川地区的游娱风尚与唐代相比，更具地方特色，其奢侈的程度应该是超出了时人所能接受的心理阈值。

概而观之，班氏对于四川地区社会意识形态的记载侧重点在于文化或者说是“教化”更为妥帖，而对于四川地区的社会民俗风情只用“不愁苦”三字简单概括，说明了至迟在东汉，四川地区的游娱风尚尚未形成，或者说至少没有形成明显有别于其他地区的游娱风尚。从这个角度讲，汉代蜀地因为拥有“土地肥美，江水沃野、山林竹木蔬食果实之饶”的自然地理环境，又因为“民食稻鱼，亡凶年忧”的高度发展的农业经济，才有了“不愁苦”的社会风俗。由此，我们可以进一步认为，四川地区特有的游娱风气应该滥觞于汉。魏晋隋唐时期，偏隅西南地区的蜀地远离战争的涂炭，保持了较长时间的社会安定，故而《大慈恩寺三藏法师传》言“时天下饥乱，惟蜀中丰静”。[①]加之唐政府在该地区大规模地修筑水利设施，继秦汉之后再次打破了四川地区制约农业发展的瓶颈。因此，社会经济非但没有遭受破坏，反而还有所发展[②]。这进一步催生了四川地区游娱风气的盛行。蜀郡之成都，“士多自闲，聚会宴饮，尤足意钱之戏”，俨然成了眼中的天堂，就连“耆年白首”亦不愿离开“乡邑”的原因除了“人食稻鱼”“不愁苦”的相对丰饶的生活之外，恐怕也与“逸乐”“自闲”“聚会宴饮”以及追求“意钱之戏”的游娱生活方式不无关系吧！一言以蔽之，四川地区特殊的地理环境和高度发展的农业为其特有的游娱风气的形成提供了前提预设和基础。诚如任乃强先生在辩论常璩云“秦汉徙其豪侠于蜀，资我丰土”时所言：“夫蜀民之富，在于产业勃兴，利源开发而已。迁虏诚预其功，而非能独传其利以致富也。楚汉相争时，萧何曾屡漕巴蜀之物资以济军，而不闻蜀民为之愁叹。至汉武帝时，屡诏腹地饥民转移就食于巴蜀，蜀地不患不给，则蜀地余粟之多可知矣。民食有余，以资工巧，工商业兴而民间益富，乃能‘以富相尚’而侈靡之风兴。”[③]

## 二、文人士子眼中唐代四川地区的“俗好娱乐”

“士多自闲”而又充满游娱风尚的文化气息，对于文人而言，不啻于一

---

①（唐）慧立，彦倧著；孙毓棠，谢方点校．大慈恩寺三藏法师传［M］．北京：中华书局，2000：4.

② 谢元鲁．成都通史·两晋南北朝隋唐时期［M］．成都：四川人民出版社，2011：190.

③（晋）常璩著；任乃强注．华阳国志校补图注［M］．上海：上海古籍出版社，1987：149.

种特殊的吸引力，当时很多文人宦游或者游历成都，以至于清代蜀人李调元发出了“自古诗人例到蜀，好将新句贮行囊”[①]的慨叹。据谢元鲁先生的考证，从“初唐四杰”到中唐的杜甫、高适、岑参等，再到晚唐的张籍、李商隐、陆龟蒙、李崇嗣、郑谷等，还有花间派词人韦庄、薛昭蕴、牛峤等文人都有宦游或者游历成都的经历，并在成都留下了许多歌咏蜀中风物的诗篇。[②]如果说史籍类文献重在解析四川地区“俗好娱乐”形成的内在机理，那么，这些入蜀的文人士子则是以时人的眼光“解说”唐代四川地区“俗好娱乐”的具象表征。兹据文人士子的描述，粗略胪列如下：

骆宾王《畴昔篇》：

> 川平烟雾开，游戏锦城隈。墉高龟望出，水净雁文回。寻姝入酒肆，访客上琴台。不识金貂重，偏惜玉山颓。他乡冉冉消岁月，帝里悠悠恨城阙。[③]

在骆宾王的眼中，来到四川地区，在锦城（唐前期时人对成都的别称）游戏包括“入酒肆寻姝”“上琴台访客”等活动。通过这些活动可以在这里“冉冉”以“消岁月”。另一位入蜀的王勔留有《益州城西张超亭观妓》一诗：

> 落日明歌席，行云逐舞人。江前飞暮雨，梁上下轻尘。冶服看疑画，妆楼望似春。高车勿遽返，长袖欲相亲。[④]

在王勔看来，成都一旦夜幕降临，即会出现灯火通明、歌舞升平、游人如云的游娱景象。

杜甫的《成都府》描绘了诗人初到成都的见闻：

---

① 陈红，杜莉注．李调元诗注·送朱子颖孝纯之蜀作宰［M］．成都：巴蜀书社，1993：135.

② 谢元鲁．成都通史·两晋南北朝隋唐时期［M］．成都：四川人民出版社，2011：32.

③（清）彭定求等编．全唐诗［M］．北京：中华书局，1999：837.

④（清）彭定求等编．全唐诗［M］．北京：中华书局，1999：8728.

我行山川异，忽在天一方。但逢新人民，未卜见故乡。大江东流去，游子日月长。曾城镇华屋，季冬树木苍。喧然名都会，吹箫奏笙簧。信美无与适，侧身望川梁。[①]

颠沛流离、历尽艰辛、远道而来的诗人用真实的笔端记录了与中原战乱迥然有异的成都之繁华与莺歌燕舞的游娱风尚。之后，寄居成都数年的杜甫用饱含浓郁思乡之情的笔端记录了当时成都生活的点点滴滴，其中不乏游娱生活的记载，如《溪涨》诗云：

当时浣花桥，溪水才尺余……我游都市间，晚憩必村墟。[②]

《赠花卿》则描述了四川音乐的美妙：

锦城丝管日纷纷，半入江风半入云。此曲只应天上有，人间能得几回闻。[③]

《贻华阳柳少府》诗云：

醉从赵女舞，歌鼓秦人盆。子壮顾我伤，我欢兼泪痕。[④]

美酒、都市、丝管、舞女，无一不给诗人传递出“忽在天一方”的感觉。尽管诗人已经融入成都游娱的氛围中，但这种极尽奢华的生活方式却勾起了诗人对“城春草木深”故乡的深切怀念，以致“我欢兼泪痕”。

《泛江》诗云：

---

① （清）彭定求等编．全唐诗［M］．北京：中华书局，1999：2302.

② （清）彭定求等编．全唐诗［M］．北京：中华书局，1999：2310.

③ （清）彭定求等编．全唐诗［M］．北京：中华书局，1999：2447.

④ （清）彭定求等编．全唐诗［M］．北京：中华书局，1999：2337.

方舟不用楫，极目总无波。长日容杯酒，深江净绮罗。乱离还奏乐，飘泊且听歌。故国流清渭，如今花正多。[①]

清人仇兆鳌引明人单复考据：“此（诗）在广德二年阆州而作”[②]，虽然是诗人为抒发故土之情而作，但从中也反映了阆州游娱活动的盛行。

《游修觉寺》诗云：

野寺江天豁，山扉花竹幽。诗应有神助，吾得及春游。[③]

仇兆鳌引《蜀统志》：“修觉山，在新津县治东南五里，山有修觉寺”，又引前明朱鹤龄语：“此（诗）当在上元二年。”[④] 可见，新津春游现象应当较为普遍。

田澄《成都为客作》诗云：

蜀郡将之远，城南万里桥。……地富鱼为米，山芳桂是樵。旅游唯得酒，今日过明朝。[⑤]

代宗时期，大历才子司空曙宦游成都期间，留有《晦日益州北池陪宴》一诗：

临泛从公日，仙舟翠幕张。七桥通碧沼，双树接花塘。玉烛收寒气，金波隐夕光。野闻歌管思，水静绮罗香。游骑萦林远，飞桡截岸长。郊原怀灞浐，陂泼写江潢。常侍传花诏，偏裨问羽觞。岂令南岘首，千载播余芳。[⑥]

---

① （清）彭定求等编．全唐诗［M］．北京：中华书局，1999：2473.

② （唐）杜甫著；（清）仇兆鳌注．杜诗详注［M］．北京：中华书局，1979：1077.

③ （清）彭定求等编．全唐诗［M］．北京：中华书局，1999：2442.

④ （唐）杜甫著；（清）仇兆鳌注．杜诗详注［M］．北京：中华书局，1979：786.

⑤ （清）彭定求等编．全唐诗［M］．北京：中华书局，1999：2865.

⑥ （清）彭定求等编．全唐诗［M］．北京：中华书局，1999：3320.

张籍《成都曲》诗云：

万里桥边多酒家，游人爱向水价宿。①

另一首《送客游蜀》诗云：

行进青山道益州，锦城楼下二江流。杜家曾向此中住，为到浣花溪水头。②

宣宗大中六年（852年），以抒发情感著称的李商隐离开成都，返回梓州，在临行饯别的筵席上，诗人通过《杜工部蜀中离席》一诗，留下了在成都期间的所见、所感与所想：

人生何处不离群？世路干戈惜暂分。雪岭未归天外使，松州犹驻殿前军。座中醉客延醒客，江上晴云杂雨云。美酒成都堪送老，当垆仍是卓文君。③

唐代中后期思想家、文学家李翱在《送冯定序》一文中说：

成都有岷峩山，合气于江源，往往出奇怪之人。……生游成都，试为我谢岷峩，何其久无人耶？其士风侈丽奢豪，羁人易留。生其思速出于剑门之艰难，勿我忧也。④

张祜《送蜀客》诗云：

① （清）彭定求等编．全唐诗［M］．北京：中华书局，1999：4290.
② （清）彭定求等编．全唐诗［M］．北京：中华书局，1999：4353.
③ （清）彭定求等编．全唐诗［M］．北京：中华书局，1999：6161.
④ （宋）袁说友等编撰；赵晓兰整理．成都文类［M］．北京：中华书局，2011：449.

锦城昼氲氲，锦水春活活。成都滞游地，酒客须醉杀。莫恋卓家垆，相如已屑屑。①

另一首《送人归蜀》诗云：

锦城春色溯江源，三峡经过几夜猿。红树两厓开霁色，碧岩千仞涨波痕。萧萧暮雨荆王梦，漠漠春烟蜀帝魂。长怨相如留滞处，富家还忆卓王孙。②

马戴《送人游蜀》诗云：

别离杨柳陌，迢递蜀门行。若听清猿后，应多白发生。虹霓侵栈道，风雨杂江声。过尽愁人处，烟花是锦城。③

李频《送友人入蜀》诗云：

天际蜀门开，西看举别杯。何人不异礼，上客自怀才。夜涧青林发，秋江渌水来。临邛行乐处，莫到白头回。④

张乔《送许棠下第游蜀》诗云：

天下猿多处，西南是蜀关。马登青壁瘦，人宿翠微闲。带雨逢残日，因江见断山。行歌风月好，莫老锦城间。⑤

---

①（清）彭定求等编．全唐诗［M］．北京：中华书局，1999：5794.
②（清）彭定求等编．全唐诗［M］．北京：中华书局，1999：5830.
③（清）彭定求等编．全唐诗［M］．北京：中华书局，1999：6434.
④（清）彭定求等编．全唐诗［M］．北京：中华书局，1999：6830.
⑤（清）彭定求等编．全唐诗［M］．北京：中华书局，1999：7306.

初到成都的游客，莫不沉醉于成都的美酒佳肴、美女妙乐、宜人景色，以及可供凭吊赏析的名人胜迹等诸多元素所组成的悠游岁月之中而留滞其间，流连忘返。唐末诗人方干《蜀中》一诗亦云：

游子去游多不归，春风酒味胜余时。闲来却伴巴儿醉，豆蔻花边唱竹枝。[①]

喻坦之《送友人游蜀》诗云：

春尽离丹阙，花繁到锦城。[②]

韦庄脍炙人口的《菩萨蛮》词亦有类似的表达：

劝我早归家，绿窗人似花。人人尽说江南好，游人只合江南老。春水碧于天，画船听雨眠。垆边人似月，皓腕凝霜雪。未老莫还乡，还乡须断肠。

可见，《菩萨蛮》运用白描手法抒发了诗人“把平生漂泊之感、饱经离乱之痛与思乡怀旧之情融为一体”的真挚情感，明写往昔游历江南的追忆，实写诗人因唐末战乱而宦游、旅居成都的亲身感受。“未老莫还乡，还乡须断肠”写尽了成都凭借经济繁华和游娱风尚在那样的一个动乱时代里，对离乡漂泊的文人和游子的温情慰藉和无穷魅力。[③]韦庄另一首《怨王孙·与河传、月照梨花二词同调》尽管是描绘唐代成都蚕市商品经济的繁荣与都市的繁华，但字里行间难免浓厚的游娱风尚：

---

① （清）彭定求等编．全唐诗［M］．北京：中华书局，1999：7504.

② （清）彭定求等编．全唐诗［M］．北京：中华书局，1999：8199.

③ 谢元鲁．成都通史·两晋南北朝隋唐时期［M］．成都：四川人民出版社，2011：33.

锦里，蚕市。满街珠翠，千万红妆。玉蝉金雀，宝髻花簇鸣蜩，绣衣长。日斜归去人难见，青楼远，队队行云散。不知今夜，何处深锁兰房，隔仙乡。①

成都由蚕市而引发的游娱活动早在唐中期就已经形成，女诗人眉娘《和卓英英锦城春望》描述了时人借助蚕市进行游娱活动的场景：“蚕市除开处处春，九衢明艳起香尘”②，这是目前文献及时人诗文中最早提及唐代成都蚕市的情形。除了上述唐代时人的诗文描述，宋人袁说友等编撰的《成都文类》汇集了西汉至两宋时期历代文人，尤其是唐宋间文人对蜀中山川风物、文物古迹、风土人情与社会生活的记叙和咏赞，为我们考察唐代四川地区“俗好娱乐”提供了宝贵的资料。如卷 2 北宋张咏《悼蜀诗》：

蜀国富且庶，风俗矜浮薄。奢僭极珠贝，狂佚务娱乐。虹桥吐飞泉，烟柳闭朱阁。烛影逐星辰，歌声和月落。鬬鸡破百万，呼卢纵大噱。游女白玉珰，骄马黄金络。酒肆夜不扃，花市春渐作。③

在作者看来，成都俨然就是一座充斥浓郁休闲、玩乐氛围的不夜城。卷 3 北宋文学家、史学家宋祁《忆浣花溪泛舟》诗云：

早夏清和在，晴江沿泝时。岸风摇鼓吹，博日乱旌旗。醉帟迁湘蔓，游鬟扑绛蕤。树来惊浦进，山失悟舟移。雅俗西南盛，归轺东北驰。此欢那复得，抛恨寄天涯。④

又如 23 引北宋蜀州郫县（今四川成都郫都区）人杨天惠《代作集府尹石刻序》说：

---

① （清）彭定求等编．全唐诗［M］．北京：中华书局，1999：10078.

② （清）彭定求等编．全唐诗［M］．北京：中华书局，1999：9756.

③ （宋）袁说友等编撰；赵晓兰整理．成都文类［M］．北京：中华书局，2011：32.

④ （宋）袁说友等编撰；赵晓兰整理．成都文类［M］．北京：中华书局，2011：55.

> 酒酣乐作，意气逸发，徽橐缓带，风味余美，辄布善纸、临素壁，游戏翰墨之娱。[①]

北宋初期由长安迁任成都府尹的顷繇为了“以志燕喜之適”而选择滞留成都，对于这种吸引力，宋人张仲殊作词云：

> 成都好，蚕市趁遨游。夜放笙歌喧紫陌，春游灯火上红楼，车马溢瀛州。人散后，茧馆喜绸缪，柳叶已饶烟黛细，桑条何似玉纤柔，立马看风流。[②]

从宋人的诗文描述中，可以看出，成都的游娱风尚较之唐代非但没有减弱，反而呈现出有过之而无不及的现象。按照社会发展的一般规律，两宋时期成都的游娱风尚当是在承续唐代的基础上发展而来的。

## 三、唐代四川地区“俗好娱乐”的特点

第一，节令性。唐代四川地区的“俗好娱乐”本身就是农业节令活动的延伸。《茅亭客话》卷5《鲜于耆宿》载：

> 学射山旧名石斛山，昔张百子三月三日得道上升，今山上有至真观，即其遗迹也。每岁至，是日，倾城士庶，四邑居民咸诣仙观，祈乞田蚕。[③]

三月三日，本为蚕农至学社山祈求田蚕丰收，后逐渐从以买卖桑树幼苗、桑树种植农具、蚕种、养蚕工具、蚕茧以及丝织品为核心商品的集市发展成为四川地区最为重要的游娱活动。北宋仁宗庆历年间（1041年—1048

① （宋）袁说友等编撰；赵晓兰整理．成都文类［M］．北京：中华书局，2011：484.
② 唐圭璋编．全宋词［M］．郑州：中州古籍出版社，1996：709.
③ （宋）黄休复．茅亭客话［M］．北京：中华书局，1991：76.

年）出任成都太守的田况留有《成都遨乐诗二十一首》完整而全面地体现了唐代四川地区“俗好娱乐”的节令性特点，限于篇幅，兹举几例为证：

《九日大慈寺蚕市》云：

高阁长廊门四开，新晴市井绝纤埃。老农肯信尤民意，又见笙歌入寺来。

另一首《开西园》云：

春山寒食节，夜雨书晴天。日气薰花色，韵光遍锦川。临流飞凿落，倚榭立秋千。槛外游人满，林间饮帐鲜。众音方杂沓，余景列留连。座客无辞醉，芳菲又一年。

《寒食出城》则描述了蜀人清明节外出登山踏青的游娱活动：

郊外融和景，浓于城市中。歌声留客醉，花意尽春红。游人一何乐，归驭莫忽忽。①

蚕市的游娱活动早在唐中期就已经形成，眉娘、韦庄等时人皆有吟诵。田况所描述的尽管是北宋初年成都蚕市的游娱活动，但从民俗事项自身所具备的继承性、长期性以及稳定性等特点来看，田况笔下北宋初期成都的蚕市游娱活动应当处处折射着唐代游娱活动的印迹。南宋陈元靓《岁时广记》卷1“游蜀江”条引杜甫《壶中赘录》记载了蜀地二月二“都人士女”户外踏青、江边游赏的情形：

蜀中风俗，旧以二月二日为踏青节。都人士女络绎游赏，缇幕歌酒，散在四郊。历政郡守虑有强暴之虞，乃分遣戍兵于冈坡冢之

① （宋）袁说友等编撰；赵晓兰整理．成都文类［M］．北京：中华书局，2011：55.

上，立马张旗望之。后乖崖公帅蜀，乃曰："虑有他虞，不若聚之为乐。"于是日自万里桥以锦绣器皿结彩舫十数只，与郡僚属官分乘之，妓乐数船，歌吹前导，名曰游江。都人士女骈于八九里间，纵观如堵，抵宝历寺桥，出宴于寺内。寺前创一蚕市，纵民交易，嬉游乐饮，倍于往岁，薄暮方回。①

第二，普同性。按照现代旅游经济相关理论，旅游活动的产生必须具备两个前提，即一定的社会经济发展水平和特定的闲暇时间。由此可推知，在我国传统社会，只有上层统治集团具备这两个条件。但实际上，唐代四川地区无论上层统治集团，还是下层普通仕宦以至普通的黎民百姓，都会参与到游娱活动中来。晚唐张蠙《送友尉蜀中》诗云："故友汉中尉，请为西蜀吟。人家多种橘，风土爱弹琴"②，即是普通仕宦人家追逐游娱活动的真实写照。五代前蜀词人、梓州（今四川三台）人李珣《浣溪沙》也印证了前蜀时期成都浣花溪游娱活动从宫廷走向民间的史实："访旧伤离欲断魂，无因重见玉楼人，六街微雨镂香尘。早为不逢巫峡梦，那堪虚度锦江春，遇花倾酒莫辞频。红藕花香到槛频，可堪闲忆似花人，旧欢如梦绝音尘。"③北宋张咏《悼蜀诗》亦有类似的表达："虹桥吐飞泉，烟柳闭朱阁。烛影逐星辰，歌声和月落。鬬鸡破百万，呼卢纵大噱。游女白玉珰，骄马黄金络。酒肆夜不扃，花市春渐作。"④明代蜀人杨慎《全蜀艺文志》卷45《颂》引宋人刘锡《至道圣德颂并序》所言四川地区"俗尚嬉游，家多宴乐"⑤的景象，当指一般仕宦人家。宋人任正一的《游浣花记》将唐代中后期成都上至官吏、下至士人与普通市民春季游览浣花溪的情形描绘得更为细致：

① （宋）陈元靓编撰；《岁时广记》，《续修四库全书》编辑委员会编．续修四库全书·八八五·史部·时令类［M］．上海：上海古籍出版社，2002：157.

② （清）彭定求等编．全唐诗［M］．北京：中华书局，1999：8085.

③ （清）彭定求等编．全唐诗［M］．北京：中华书局，1999：10121.

④ （宋）袁说友等编撰；赵晓兰整理．成都文类［M］．北京：中华书局，2011：32.

⑤ （明）杨慎编；刘琳，王晓波点校．全蜀艺文志［M］．北京：线装书局，2003：1368.

成都之俗，以游乐相尚，而浣花为特甚。每岁孟夏十有九日，都人士女，丽服靓装，南出锦官门，稍折而东行十里如梵安寺，罗拜冀国夫人祠下，退游杜子美故宅，遂泛舟浣花溪之百花潭，因以名其游与其日。凡为是游者，架舟如屋，饰以缯彩。连樯衔尾，荡漾波间，箫鼓弦歌之声喧阗而作。其不能具舟者，依岸结棚，上下数里，以阅舟之往来。成都之人，于他游观或不能皆出，而浣花则倾城而往，里巷阒然。自旁郡观者，虽负贩刍荛之人，至相与称贷，易资为一饱之具，以从事穷日之游。府尹亦为之至潭上，置酒高会，设水戏竞渡，尽众人之乐而后返。①

任正一为北宋人，去唐代未远，此段关于唐代中后期成都上至官吏、士人下至平民、商贩春季游娱浣花溪的民俗记载应有相当的依据和可信度。游娱风尚从宫廷逐渐散布到民间，从而“演变成为自上而下的民风民俗”②，渗透到人们的日常生活之中了。这些娱乐活动既是达官贵人和文人士子日常生活和社会交往中不可缺少的一种行为方式，同时也是标志其社会身份角色的一种象征符号，不同角色类型的人们都可以在归属于本阶层身份地位的娱乐活动中找到合适的位置。需要指出的是，唐代四川地区的游娱活动与现代意义上的旅游活动，在出游动机、出游需求、具体的活动性质以及活动诉求等方面都有着本质的区别，并不完全等同于现代意义上的旅游活动。

第三，广泛性。唐代四川地区的游娱活动不仅仅限于成都，在其他区域以及乡村皆有游娱活动，甚至不亚于城市。张乔《送蜀客》诗云：“剑阁缘空去，西南转几州。丹霄行客语，明月杜鹃愁。露带山花落，云随野水流。相如曾醉地，莫滞少年游。”③ 诗人“西南转几州”后，得出“莫滞少年游”的结论即是例证。晚唐郑谷《蜀中三首》云：“江楼客恨黄梅后，村落人歌

---

① （宋）袁说友等编撰；赵晓兰整理．成都文类［M］．北京：中华书局，2011：46.

② 张蓉．先秦至五代成都古城形态变迁研究［M］．北京：中国建筑工业出版社，2010：304.

③ （清）彭定求等编．全唐诗［M］．北京：中华书局，1999：7315.

紫芋间”[①]，当指乡村的游娱活动。宋代蜀人张唐英《蜀梼杌》亦称“村落闾巷之间，弦管歌声，合筵席社会，昼夜相接”[②]，则更为直接地描绘了村落间的游娱活动。

第四，奢靡性。前引骆宾王《畴昔篇》“寻姝入酒肆，访客上琴台”[③]、王勣《益州城西张超亭观妓》“落日明歌席，行云逐舞人”[④]之句，说明初唐之时，成都就呈现出酒肆遍地、舞女盛行、通宵达旦的奢靡景象。唐代中后期直至宋代，浣花溪已从杜甫笔下的翠竹茅舍、乡村田园而成为成都西南郊的游乐场所，河流两岸更是成为达官贵人及富豪大姓的遨游与居留之所。[⑤]如唐末入蜀后致仕后蜀的毛文锡《西溪子》说：“昨夜西溪游赏，芳树奇花千样。锁春光，金尊满，听弦管。娇妓舞衫香暖。不觉到斜晖，马驮归。”[⑥]《资治通鉴》卷270《后梁纪五》“后梁均王贞明五年三月”条载前蜀后主王衍：“奢纵无度，日与太后、太妃游宴于贵臣之家，及游近郡名山，饮酒赋诗，所费不可胜纪”[⑦]；同书卷271《后梁纪六》“后梁均王龙德元年正月”条，说王衍又在宫中“结缯为山”而“乐饮缯山，涉旬不下”。[⑧]王衍的行为简直就是为了满足游娱需求而挥金如土。故而，五代时期成都人景焕在《野人闲话》一书中，直言后蜀时期“每春三月，夏四月，有游花院者，游锦浦者，歌乐掀天，珠翠填咽。贵门公子，华轩彩舫游百花潭，穷极奢丽。诸王功臣已下，皆置林亭异果名花，小类神仙之境”。[⑨]由此看来，北宋张咏在《悼蜀诗》中将后蜀的短促而祚归结为“侈极祸必作”[⑩]，是有一定道理的。

---

① （清）彭定求等编 . 全唐诗［M］. 北京：中华书局，1999：7742.

② （宋）张唐英 . 蜀梼杌［M］. 北京：中华书局，1985：25.

③ （清）彭定求等编 . 全唐诗［M］. 北京：中华书局，1999：837.

④ （清）彭定求等编 . 全唐诗［M］. 北京：中华书局，1999：8728.

⑤ 谢元鲁 . 成都通史 · 两晋南北朝隋唐时期［M］. 成都：四川人民出版社，2011：127.

⑥ （清）彭定求等编 . 全唐诗［M］. 北京：中华书局，1999：10084.

⑦ （宋）司马光等著；（元）胡三省注 . 资治通鉴［M］. 北京：中华书局，1997：8842.

⑧ （宋）司马光等著；（元）胡三省注 . 资治通鉴［M］. 北京：中华书局，1997：8861.

⑨ （宋）王明清撰；王松清点校 . 挥麈录［M］. 上海：上海古籍出版社，2012：193.

⑩ （宋）袁说友等编撰；赵晓兰整理 . 成都文类［M］. 北京：中华书局，2011：32.

## 第二节　唐代四川地区农业发展与“俗好娱乐”的形成

前文已论，四川地区“俗好娱乐”由来已久，尽管其源于何时，学界尚无定论，但至唐代最为兴盛却是不争的事实。它的形成应该是地理、经济、战争等多种因素共同作用的结果。除此之外，很难找到更契合唐代四川地区特有的历史运作逻辑的理由或依据。循着这一思路，唐代四川地区“俗好娱乐”这一社会现象的形成，从根本上说，还是四川地区高度发展的农业积累了大量农业财富，一则是粮食储存与外运难度较大；二则是高度集中的农业财富和相对狭小的投资环境，使得农业财富转化为纯粹商品的概率较小，仅靠内部消耗，从而导致了游娱风气的兴盛。

### 一、农业财富的高度集中与外运难度的矛盾考察

#### （一）农业财富的高度集中

唐代四川地区农业高度发展的诸多表现，前文已详证，此不赘述。仅就粮食总产量而言，尽管未见文献确切记载，但可根据相关史料推见其情。唐初，陈子昂即言：“蜀为西南一都会，国之宝府，又人富粟多，浮江而下，可济中国。”[①] 唐中期，根据前文的推证，唐代水稻和粟的亩产量均为 2.3 石（详见第二章第三节）。以天宝元年（742 年）为观察点，是年，四川地区耕地为 152,114,211 亩。稻田集中在盆地西部的成都平原、北部涪江、南部岷江冲积平原以及沱江、嘉陵江的河谷地带；粟则集中在平原地带高地及盆地中部、东部及缘边丘陵山区地带。若分别按耕地总量的九分之一和十分之一计算，则得水稻和粟的种植总面积为 16,901,579 亩和 15,211,421.1 亩。由此可推知唐代四川粮食理论总产量约为 73,859,900.2 石，如下：

（稻）总产量 =2.3（石）×16,901,579（亩）≈ 38,873,631.7（石）

① （宋）欧阳修，宋祁．新唐书［M］．北京：中华书局，1975：4074.

$$（粟）亩产量总产量 = 2.3（石）\times 15,211,421.1（亩）\approx 34,986,268.5（石）$$

尽管这只是唐代四川地区粮食总产量的理论数字，有待进一步运用更为合理的方法予以验证，但其他文献记载可与此印证。作为“西抗吐蕃，南抚蛮獠”民族交往交流交融的前沿地带，四川地区承担着维护唐政府西南边境安全的重任，因此，也是唐政府重点军事布防区。唐代四川地区戍边驻军每年至少需要 21.6 万至 36 万石粮食，高峰值时期则需要 43.2 万至 72 万石粮食。唐政府每年给四川地区戍边驻军调拨“衣八十万匹段，军粮七十万石”[①]，如此量大的供应，以致有学者对此条史料所载唐代剑南道军粮和衣赐标准提出质疑，认为“仅有幽州兵力三分之一的剑南节镇，却享受到与幽州数量完全相等的供给，其人均供衣、供粮水平均诸镇之冠”。[②] 其时，这正是唐代四川地区农业高度发展的又一表现，因粮食不适合长途运输，唐代四川地区戍边驻军所需军粮基本完全依靠本地供应（详见第八章第二节）。

唐末五代一直维持了这样较高的农业发展水平，《蜀梼杌》在记载当时农业发展的状况时说：“是时，蜀中久安，赋役俱省，斗米三钱。城中之人子弟，不识稻麦之苗，以笋、芋俱生于林木之上，盖未尝出至郊外也。”[③] 依据《旧五代史》卷 33《唐庄宗纪七》的记载，这种粮食丰足的景象，恰与同一时期的中原地带存在的“两河大水，户口流亡者十四五，都下供馈不充，军士乏食，乃有鬻子去妻，老弱采食于野，殍碚于行路者”[④] 的悲惨状况形成了鲜明的对比。再看前蜀府库所存粮食，前蜀灭亡时，除了官宦将领的侵吞和盗取外，还存有 253 万石，钱 192 万缗，金银 22 万两，珠玉犀象 2 万，文锦绫罗 50 万匹。《新五代史》卷 24《郭崇韬传》记载，唐庄宗攻蜀之后，

① （唐）杜佑．通典［M］．北京：中华书局，1984：4478.

② 胡宝华．唐代天宝年间军费开支蠡测［A］；中华书局编辑部编．文史（第 33 辑）［M］．北京：中华书局，1990：163—170.

③ （宋）张唐英．蜀梼杌［M］．北京：中华书局，1985：25.

④ （宋）薛居正等．旧五代史［M］．北京：中华书局，1976：453.

看到这份账单，竟然很不满意，“人言蜀天下之富国也，所得止于此邪？”[①]宋人杨仲良《皇宋通鉴长编纪事本末》卷13《李顺之变》记载，北宋灭后蜀时，为了将后蜀府库所存的粮食及蜀锦、绫罗等农产品运往京师，“自京师至两川设传置，发卒负担，每四十卒所荷为一纲，号曰‘日进’”[②]，前后几年时间，“孟氏所储之诸物”才“悉归于内府”。综合上述史料和分析可知，自唐初直到五代，四川地区农业一直维持了相当高的发展水平，集聚了大量的农业财富。

## （二）粮食外运难度

众所周知，唐代是实物经济时代，物价多用绢布来代替，高度发展的农业所带来的农业财富外运难度较大：一则因为四川地区特有的交通难度因素；二则，粮食自身不适宜长途运输；再则，除了船运，当时陆地运输能力有限。前文所引沈括《梦溪笔谈》载记粮食运输的难度亦证明了这一点。在此情况下，农业财富只能内部消化，作为四川地区政治、经济、文化中心的成都，自然就成为农业财富的消费中心。

四川地区群山环抱一盆地的特有交通状况增加了粮食外运的难度。李白《蜀道难》一诗中脍炙人口的“蜀道之难，难于上青天”[③]以及胡曾《咏史诗·金牛驿》一诗中“山岭千重拥蜀门”[④]之语，虽带有文学的修饰与夸张成分，但却正是自然地理环境带来交通障碍的生动写照。在这样的交通状况下，粮食的外运难度极大。《册府元龟》卷498《邦计部·迁徙》记载，武德初年，隋末战乱及唐初平定战争造成“郡县饥荒，百姓流亡，十不存一”，即使“倒悬京师仓廪军国资用，罄以恤民”，也是“便厥支拟”。高祖认为，“蜀汉沃饶，闾里富于猗陶”，但是由于“菽粟同于水火，曩者储蓄，征敛实繁，帑藏犹殷，宜垂拯济。木牛流马，非可转输”，故而只能下令“下官部

① （宋）欧阳修撰；（宋）徐无党著．新五代史［M］．北京：中华书局，1974：245.

② （宋）杨仲良撰；李之亮校点．皇宋通鉴长编纪事本末［M］．哈尔滨：黑龙江人民出版社，2006：163.

③ （清）彭定求等编．全唐诗［M］．北京：中华书局，1999：1681.

④ （清）彭定求等编．全唐诗［M］．北京：中华书局，1999：7246.

领，就食剑南诸郡”。[①] 杜甫笔下的“筑城依白帝，转粟上青天”[②]，也真实地反映了这种自然交通障碍加大了粮食外运的状况。另一方面，粮食外运的成本也相当高。陈子昂《上蜀川军事》中说民夫“担粮轮送，一斗之米，价钱四百”。粮食运输每斗“四百”文，每万石运价就达 4 万贯，其结果是“岁转军储，扰我公私，费以巨亿”。[③]《新唐书》卷 53《食货志》亦载：“民亦罹水路漕运之弊矣……水行来远，多风波覆溺之患，其失常十七八。故其率一斛得八斗为成老”；同时，陆运以车或马为基本工具，“木牛流马”，不仅运载量不大，而且运费惊人，“陆运（江淮）至陕，才三百里，率两斛计佣钱千”[④]，因此，“非可转输”。[⑤]

粮食自身不适宜长途运输，《史记》卷 129《货殖列传》引时人谚语：“百里不贩樵，千里不贩籴”[⑥]，应是时人对此问题的真实看法。同时，由于外运交通代价较高，除了荒年政府不得已调运四川地区的粮食救济之外，四川地区，尤其是成都平原所生产的粮食基本依靠内部消耗。目前尚未发现四川地区粮食作为商品向外输出的相关文献记载。其实，自秦并巴蜀，选派蜀守李冰修建都江堰及其他水利工程以来，四川地区就逐渐发展成为全国重要的农产区之一，粮食外运也是历代王朝着重考虑的治国方略之一。汉武帝元光年间（前 134 年）和唐德宗贞元年间（785 年）朝廷曾议粮食漕运问题，或许会为我们讨论历史时期四川地区粮食外运这一问题提供一个证据。元人马端临的《文献通考》卷 25《国用考·漕运》详细记载了这两次朝廷商议粮食漕运的问题，兹摘录如下：

> 元光中，大司农郑当时言于帝曰：“异时关东运粟，漕水从渭中上，度六月而罢，而渭水道九百余里，时有难处……”后有人上

---

① （宋）王钦若等筹编．册府元龟［M］.5816，北京：中华书局，1960：5816.

② （清）彭定求等编．全唐诗［M］．北京：中华书局，1999：2469.

③ （清）董浩等编．全唐文［M］．北京：中华书局，1983：2700.

④ （宋）欧阳修，宋祁．新唐书［M］．北京：中华书局，1975：1365.

⑤ （宋）王钦若等筹编．册府元龟［M］.5816，北京：中华书局，1960：5816.

⑥ （汉）司马迁．史记［M］．北京：中华书局，1959：3271。

书欲通褒斜道……御史大夫张汤言：“抵蜀从故道多坂远，今穿褒斜道少坂近四百里，而褒水通沔，斜水通渭，皆可以行船漕，漕从南阳上沔入褒，褒之经水至斜，间百余里以车转，从斜入渭，如此汉中谷可致。”

贞元初，陆贽上奏：“隋凿汴河，官漕不通，若导流培岸，功用甚寡，疏鸡鸣冈首尾可以通舟……则江湖、黔中、蜀汉之粟可方舟而下。”[①]

两段史料均反映了一个不争的事实：我国传统社会，增加四川盆地农业区的粮食外运量只能依靠漕运，但漕运的建设消耗也相当大，运输成本过高。在这种情况下，即便漕运有一定的运输能力，粮食和物资的运输总量也不会太大。[②]因此，有唐一代，尽管四川地区农业高度发展，但粮食外运量相对较低。《蜀梼杌》所言唐末五代四川地区“府库之积，无一丝一粒入于中原，所以财币充实”[③]，是符合当时社会发展背景的。

我国传统社会，陆地运输能力有限。葛剑雄先生在谈及这一点时，有着精彩的论述。葛氏认为，在机动车辆问世以前，我国传统社会的陆地运输主要依靠人力和畜力。但人力和畜力直接负担能力有限，而且在运输过程中本身要消耗掉粮食或饲料。机动车辆问世以后，虽然大大增加了运输量，但对道路的牢度、宽度、坡度和平整度也提出了更高的要求，地理障碍往往难以克服。[④]前已论及，唐代四川地区对外陆地交通困难重重，粮食外运成本过高，只能通过陆运对外流通蜀锦、茶叶、药材以及土产等质轻、量小、价昂的商品。在这种情况下，唐代四川地区农业高度发展所带来的粮食及其他大部分商业物资只能就地消费。

① （元）马端临．文献通考［M］．北京：中华书局，1986：239.

② 葛剑雄．统一与分裂：中国历史的启示［M］．北京：商务印书馆，2013：119.

③ （宋）张唐英．蜀梼杌［M］．北京：中华书局，2011：25.

④ 葛剑雄．统一与分裂：中国历史的启示［M］．北京：商务印书馆，2013：119.

## 二、农业财富的高度集中与狭小的投资环境之间的矛盾考察

高度集中的农业财富和狭小的投资环境是唐代“俗好娱乐”现象产生的另一重要因素。早在隋末唐初，四川地区就是“人多工巧，绫锦雕镂之妙，殆侔于上国”[①]。唐代中后期，依据卢求《成都记序》的记载，更是达到了“江山之秀，罗锦之丽，管弦歌舞之多，百工伎巧之富，其人勇且让，其地腴以善熟，较其要秒，扬（州）不足以侔其半”[②]。而至宋代时，四川地区的农业财富集聚量更为惊人，时人笔下的成都是“西南大都会，素号繁丽，万井云错，百货川委，高车大马决骤于通逵，层楼复阁荡摩乎半空，……奇物异产，瑰琦错落，列肆而班布，黄尘涨天，东西冥冥，穷朝极夕，颠迷醉昏，此成都所有也”。[③]据此可见，农业的高度发展，带来了农业财富的高度集中。

但是，我国传统社会，由于自给自足的自然经济占据经济发展的主体地位。同时，在历代政府“重农抑商”的经济政策惯势下，社会财富的流向受到相当大的限制。在这种经济发展背景下，一般而言，我国传统社会社会财富的流向不外乎两个方面：一是购买耕地，尤其是开展农业条件优越的平原和河谷地带更是如此。因为土地历来被视作拥有财富的主要象征；二是投入工商业，尤其是在当时能够带来高额利润的商品经营和手工业再生产。但是，唐代四川地区，这两个流向又受到极大的阻碍和限制。

首先，随着唐代农耕区从平原走向丘陵的扩展，可垦耕地面积已经相当狭小，这就意味着资金流向土地的可能度降低。四川核心农业区成都平原面积仅 8,000 平方千米，唐代水利设施主要围绕成都平原而展开（详见第四章第二节）。土地的可垦已达最大化，为了获得最大的经济效益，农民不得不加大土地的复垦力度。《宋书》卷 89《地理志》说：“川、峡四路……土植宜柘，茧丝织文纤丽者穷于天下，地狭而腴，民勤耕作，无寸土之旷，岁三四

---

① （唐）魏征等．隋书［M］．北京：中华书局，1973：830.

② （清）董浩等编．全唐文［M］．北京：中华书局，1983：4540.

③ 中国地方志集成编辑委员会编．中国地方志集成·四川府志辑·新编 3 同治重修成都县志·民国华阳县志［M］．成都：巴蜀书社，2017：76.

收。”[①]可见，成都平原农民在“无寸土之旷”的情况下，不得不通过“岁三四收”来增加农业总收入。而面积更为广阔的丘陵和山区，由于水利建设条件的限制，可垦耕地也不多。正如宋代蜀人魏了翁在《汉州劝农文》一文中所说：“蜀地险隘，多硗少衍，侧耕危获，田事孔难，唯成都、彭、汉、平原沃壤，桑麻满野。”[②]这种域内农业发展不均衡的现象甚至一直持续到清代，嘉庆年间主持编撰《四川通志》的四川总督常明亦从地方行政长官的角度指出了这一点：“古所称蜀地肥饶，及沃野千里，号为陆海之说，大抵指成都近地言之。而巴、阆、邛、僰间，穷谷巉岩，去水泽绝远，类多硗瘠之区。”[③]宋人史尧弼《莲峰集》卷4《均税策》记载，宋代四川地区甚至一度出现了“有可耕之人，而无可耕之地”[④]的现象。同时，核心农产区的地价高涨，《宋史》卷344《王觌传》记载，唐代成都平原的良田已经达到“亩值千金”[⑤]的程度。显然，在此社会发展背景下，不仅普通的财富占有者不容易购买，就是富商巨贾也难以把大量的资本投入土地。[⑥]因此，“贫家不务储蓄，富室专于趋利”，在此情况下，“士多自闲，聚会宴饮，尤足意钱之戏”[⑦]的“俗好娱乐”的社会风尚也就在所难免了。由此看来，唐代四川地区因农业高度发展而积累的社会财富无法通过购买土地的方式得到更为充分的转化，只能流向其他方面。

其次，从农业经济的发展范畴看，四川农业区是一个相对独立的经济发展体。四川偏隅一方，以成都平原为核心的农业区，又偏处于盆地的西部边缘。其西南横亘着人烟稀少的高山和高原，其他方位与全国经济繁荣区之间，又绵延着经济落后区、甚至是荒凉的山区。诚如谢元鲁先生所指出的，

---

① （元）脱脱等．宋史［M］．北京：中华书局，1977：2210.

② （宋）魏了翁．鹤山先生大全集［M］．四库全书本第1173册：306.

③ （清）常明，杨芳灿等．四川通志［M］．台北：京华书局，1967：2205.

④ （宋）史尧弼．莲峰集［M］．四库全书本第384册：444.

⑤ （元）脱脱等．宋史［M］．北京：中华书局，1977：10941.

⑥ 谢元鲁．论唐五代蜀中的奢侈之风［A］；成都王建墓博物馆编．前后蜀的历史与文化［M］．成都：巴蜀书社，1994：48—56.

⑦ （唐）魏征等．隋书［M］．北京：中华书局，1973：830.

在唐代全盛的天宝年间，成都的人口达到十六万户以上，而在其周围一千公里半径范围内，人口超过七万户的只有长安和洛阳，由成都到距离它最近的大城市长安，路途所用时间至少在一个月以上。[①]这就使得四川地区对外贸易的进一步发展遇到极大的困难。宋人吕大防在《锦官楼记》一文中指陈了这一事实："（四川）土地之毛善利丝枲，为之缯布以给上国，负于陆则经青泥、大散羊肠九折之坂，航于川则冒瞿塘、滟滪沉舟不测之渊，日输月积，以衣被于天下。"[②]吕氏所言青泥、大散是指从四川穿越秦岭至关中的青泥岭和大散关；瞿塘、滟滪则是指从水路出川必经的水势险恶的瞿塘峡和滟滪堆。可见，历史时期四川地区的对外商业贸易，即便是贩运可以长时间储存、重量相对较轻、且价格昂贵的高级丝织品，也要付出长途运输的高额代价和承担随时沉船的高风险。因此，这一时期四川地区农业商品经济的最大特点，即显示为区域内部的市场交换。而这样的市场特点，显然不利于农业财富的流出。

最后，割据政权及其制定和推行的政治限制政策也是农业财富难以流向商业范畴的重要因素。四川地区因其相对隔离的地理特点以及优越的农业发展条件，自有史记载以来，就是割据政权"极其偏爱"的"恃险据富"的地方政权割据区。清人顾祖禹则以史家的眼光予以了详细解读：

> 成都府山川重阻，地大而要。战国时，司马错说秦惠王伐蜀曰：取其地，足以广国也；得其财，足以富民缮兵。诸葛武侯亦云：益州险塞，沃野千里，天府之土，是也。自秦取蜀，因蜀攻楚，楚繇以亡。汉高资巴蜀之力，战胜荥阳、成皋间，卒有天下。故取天下之规，常在巴蜀。公孙述之据蜀也，北连秦陇，东逼荆州，号为盛强。诸葛武侯用巴蜀，北出秦川，魏人骚动。晋季雄窃成都，亦能北收汉中，东取夔峡，南并宁州。是故蜀之险，弱则足

① 谢元鲁．论扬一益二［A］；史念海主编．唐史论丛（第三辑）［M］．西安：陕西人民出版社，1987：231—273.

② （明）杨慎编；刘琳，王晓波点校．全蜀艺文志［M］．北京：线装书局，2003：930.

以自固，强则足以伐人。晋人借之以并吴，隋人资之以亡陈。唐亦繇此以平萧铣，其与秦之攻楚同一揆也。王建之据蜀，号为完固，孟氏因其辙，亦足以自守。元末，明玉珍有蜀。[①]

这种割据政权为了维护其割据利益而制定的各种政治限制也使得四川地区农业财富转向商业经济受到更进一步的阻碍。如南朝刘宋时，益州刺史刘道济就借此割据权力盘剥入蜀商人，《十国春秋》卷42《邓元明传》载：“远方商人，多至蜀土，资货或有值数百万者，（长史）费谦等百计侵夺。”[②] 唐人刘肃《大唐新语》卷12《劝励》记载，唐玄宗时，“成都富商积财巨万，兄弟三人分资不平争讼，长史受其财贿，不决与夺”。[③]《通典》卷11《食货·杂税》记载，“安史之乱”以后，为了解决中央政府面临的财政危机，唐王朝在四川地区专门推行提高商业税收的政策：“豪商富户，皆籍其家资所有，财富畜产，或五分纳一，谓之率贷，所收巨万计。”[④] 这种赤裸裸的财产侵夺，使得多数商人为此破产。另一方面，这种地方割据的政治局面，也导致了一部分士人将农业财富转向政治，以换取官位。如上文所引“资产锯亿，以富雄于乡”[⑤] 的梓州富豪邓元明，在王建进攻成都时，资助王建“前后数百万计”的军粮。《资治通鉴》卷273《后唐纪二》“庄宗同光二年四月”条记载，王建割据成都后，鉴于后唐曾以马匹交易四川地区的高级丝织品，下令“禁锦绮珍奇不得入中国，其粗恶者乃听入中国”[⑥]，使得当时农产品的商业化遭受沉重的打击。至五代时期，甚至出现了“府库之积，无一丝一粒入于中原”的局面。[⑦] 这样的政治策略，显然严重阻碍了农业财富流入商业环境的途径。

---

① （清）顾祖禹撰；贺次君等点校．读史方舆纪要［M］．北京：中华书局，2005：3131.

② （清）吴任臣．十国春秋［M］．北京：中华书局，1983：618.

③ （唐）刘肃撰；许德楠，李鼎霞点校．大唐新语［M］．北京：中华书局，1984：176.

④ （唐）杜佑．通典［M］．北京：中华书局，1984：250.

⑤ （清）吴任臣．十国春秋［M］．北京：中华书局，1983：618.

⑥ （宋）司马光等著；（元）胡三省注．资治通鉴［M］．北京：中华书局，1997：8921.

⑦ （宋）张唐英．蜀梼杌［M］．北京：中华书局，2011：25.

## 三、农业财富的消耗与“俗好娱乐”的推升

由上述所论，唐代四川地区高度发展的农业所带来的农业财富的高度集中由于粮食外运的难度以及四川区域内部相对狭小的投资环境，使得农业财富转化为纯粹商品的概率较小，仅靠内部消耗，从而导致了游娱风气的兴盛。如陈子昂认为士人奢侈的生活源自农业经济的富庶与繁荣：

> 夫蜀都天府之国，金城铁冶，而俗以财雄，弋猎田池，而士多豪侈①。

唐人卢求《成都文类》卷 24 引唐代王徽《创筑罗城记》说：

> 惟蜀之地，厥土黑黎而又墝埆，版筑靡就。……人不知劳，俭而不烦，峻而不譁。去来出入，嬉嬉一家。②

同书同卷又引唐代李昊《创筑羊马城记》，称唐代时期的成都：

> 玉帛子女，漂流凿齿之乡，珠翠绮罗，散失雕题之域。累朝是忘逸乐，深轸殷忧。……华阳旧国，宇内奥区。地称陆海之珍，民有沃野之利。郛郭则楼台叠映，珠碧鲜辉；江山则襟带牵连，物华秀丽。③

这种现象一直持续到了北宋，《宋书》卷 89《地理志·成都府路》载：

> 川、峡四路……土植宜柘，茧丝织文纤丽者穷于天下，地狭而

---

① （清）董浩等编 . 全唐文［M］. 北京：中华书局，1983：4540.

② （宋）袁说友等编撰；赵晓兰整理 . 成都文类［M］. 北京：中华书局，2011：497—499.

③ （宋）袁说友等编撰；赵晓兰整理 . 成都文类［M］. 北京：中华书局，2011：500.

腴，民勤耕作，无寸土之旷，岁三四收。其所获多为遨游之费，踏青、药市之集尤盛焉，动至连月。好音乐，少愁苦，尚奢靡，性轻扬，喜虚称。①

田况《冬至进天庆观会太慈寺》描述了宋代蜀人冬至日出游拜佛聚会的场景：

景至履佳辰，朝祖著国令。黄宫避潜萌，紫宇晨荫映。阳德比君子，吾道实可庆。矧丁皇运亨，遇主尧舜圣。坤维最远方，拙者此尸政。雅俗旧儒文，民牒少讼争。幸足宣上恩，愉恐盭物性。良时不易得，行乐未为病。高会纵嬉游，丰岁愈繁盛。与众助戏欣，寄情于俚咏。②

《宋书》所载及田况所言，虽然描绘的是北宋蜀人游娱的状况，但从历史发展的连续性以及民俗现象形成的长期性来看，这必然有唐代的“痕迹”所在。“高会纵嬉游，丰岁愈繁盛”，一语不仅仅道出了北宋，也自然反映了唐代四川地区农业经济的繁荣与蜀人崇尚游娱社会风俗形成的内在必然联系。照此看来，我们认为，在唐代四川地区“俗好娱乐”形成与发展的众多因素中，高度发展的农业为其提供了前提条件并起着举足轻重的作用，而相对闭塞的地理环境则是游娱风尚形成与发展的客观条件，应该是符合这一历史时期历史发展的内在运作逻辑规律的。两则史料可资为证：晋人张载的《登成都白菟楼》在描绘成都的富庶、繁华与富贾的奢靡之后，亦发出了“人生苟安乐，兹土聊可娱”的慨叹，认为成都是人生安乐、追求游娱风尚最合适的地方：

重城结曲阿，飞宇起层楼。累栋出云表，蛲巢临太墟。高轩启

① （元）脱脱等．宋史［M］．北京：中华书局，1977：2210.

② （宋）袁说友等编撰；赵晓兰整理．成都文类［M］．北京：中华书局，2011：55.

朱扉，回望畅八隅。西瞻岷山岭，嵯峨似荆巫。蹲鸱蔽地生，原隰殖嘉蔬。虽遇尧汤世，民食恒有余。郁郁少城中，岌岌百族居。街术纷绮错，高甍夹长衢。借问扬子舍，想见长卿庐。程卓累千金，骄侈拟王侯。门有连骑客，翠带腰吴钩。鼎食随时进，百和妙且殊。披林采秋橘，临江钓春鱼。黑子过龙醢，果馔逾蟹蝑。芳茶冠六清，溢味播九区。人生苟安乐，兹土聊可娱。①

《成都文类》卷2北宋张咏《悼蜀诗》：

蜀国富且庶，风俗矜浮薄。奢僭极珠贝，狂佚务娱乐。虹桥吐飞泉，烟柳闭朱阁。烛影逐星辰，歌声和月落。斗鸡破百万，呼卢纵大噱。游女白玉珰，骄马黄金络。酒肆夜不扃，花市春渐作。禾稼暮云连，纨绮淑气错。熙熙三十年，光景倏如昨。天道本害盈，侈极祸必作。……不能宣淳化，移风复简约。情性非方直，多为声色着。纵欲穷虚誉，随俗纵贪攫。②

"烛影逐星辰，歌声和月落。""斗鸡破百万，呼卢纵大噱。游女白玉珰，骄马黄金络。酒肆夜不扃，花市春渐作。"游娱风尚从宫廷散布到民间，从而"演变成为自上而下的民风民俗"，③ 成都俨然就是一座充斥浓郁休闲、玩乐氛围的不夜城。尽管诗人将后蜀的短促而祚归结为简单的"侈极祸必作"未免有失偏颇，但"蜀国富且庶，风俗矜浮薄"亦从另一方面反映了蜀人因农业经济的富庶而诱发的游娱风尚的历史事实。

休闲活动是指人们在闲暇的时间，"为了愉悦身心而进行的消遣性活动"④。闲暇时间是休闲活动存在的一种"物质载体"，从一般意义上说，有

① （宋）袁说友等编撰；赵晓兰整理．成都文类［M］．北京：中华书局，2011：38.

② （宋）袁说友等编撰；赵晓兰整理．成都文类［M］．北京：中华书局，2011：32.

③ 张蓉．先秦至五代成都古城形态变迁研究［M］．北京：中国建筑工业出版社，2010：304.

④ 庄华锋．魏晋南北朝社会［M］．合肥：安徽人民出版社，2009：442.

了闲暇时间，才有从事各种休闲活动的条件。[①] 因此，休闲活动并非只有人类社会进入工业经济时代才会产生，在农业经济时代，只要人们具备了闲暇时间，同样会拥有休闲活动的诉求。较之工业经济时代，农耕社会的生产方式相对粗犷，人类的工作时间自由得多。故而，有学者指出，休闲之事古已有之，只是用科学的方法研究休闲，则是近代的事情。[②] 隋唐时期，四川地区，尤其是作为历代蜀地政治、经济、文化中心的成都游娱风气更是长久不衰，这其中的原因，除了相对闭塞的盆地这一特殊地理因素之外，还有各种复杂的社会因素。在众多因素中，高度发展的农业作为社会经济的重要组成部分，无疑起着举足轻重的作用。自以都江堰为核心的水利工程的修建以及唐代大规模地修建和管理水利工程之后，最大限度地解决了制约四川地区农业发展的瓶颈，“基本的物质需求不再成为人们考虑的重点，于是精神以及生活的自由成为人们探寻的另一个重要方向……‘旱涝不知饥馑’的天府之国，生活没那么艰苦，农业生产的迫切性相对其他艰苦地区较弱，于是这个地区的民众对于自由生活的追求，较其他地区更为浓烈一些”。[③] 唐代四川地区高度发展的农业在满足人们，尤其是中上层社会阶层基本生活需求的同时，也进一步催生了成都游娱风气的盛行，使得“俗好娱乐”成为四川地区社会生活的常态。但另一方面，唐代四川地区“俗好娱乐”的社会生活普遍化，造成了农业财富的分散和流失，使得高度集中的农业财富无法转向农业再生产和工商业领域，导致有唐一代四川地区自始至终没有形成庄园农业或地方豪族大土地所有的“大农业”生产经营方式和大规模的工商业发展模式，从而在很大程度上严重影响了整个社会经济的发展。

---

① 苏宁，邢飞．道家精神与成都休闲文化［M］．武汉：武汉出版社，2014：7.

② 马惠娣．休闲：人类美丽的精神家园［M］．北京：中国经济出版社，2004：83.

③ 苏宁，邢飞．道家精神与成都休闲文化［M］．武汉：武汉出版社，2014：4—5.

# 本章小结

综上所述，四川地区滥觞于秦汉以来的“俗好娱乐”[①]，在唐代达到有史以来的最高峰，唐代以后历代文献及时人记述留下了丰富的资料。它的产生并且在唐代达到最高峰，并非偶然现象，而是农业经济、自然地理、战争以及我国传统社会重农抑商的政治策略等多种因素共同作用的结果。首先，继都江堰水利工程修建之后，唐政府大规模地在四川地区修建水利工程，为四川地区提供了丰富的水利灌溉资源，解决了制约四川地区农业发展的最大瓶颈。农业生产条件的优越相对“缩短了”人们的劳动时间，为成都人民的休闲提供了物质基础和闲暇时间；同时，道家文化的浸润使成都成为一座注重休闲的城市，休闲文化在历史的锤炼之下，已经演化为成都的一个重要文化符号。[②]其次，再看战争因素，一般而言，遭受战火洗礼之后，人心思定的心理诉求会表现得更为强烈。在普通百姓眼中，安居乐业、日出而作、日落而息的安定生活与生产方式成为其最高层次的生活追求；而在社会中上阶层那里就会以享乐、游娱等方式出现，正如陈寅恪先生所指出的：“贞元之时，朝廷政治方面，则久经乱离，略得一喘息机会，故亦趋于游娱游乐。”[③]再次，从根本上而言，还是唐代四川地区高度发展的农业带来了农业财富的高度集中；耕地的开垦从盆地西部的成都平原走向盆地中部、东部以及盆地缘边地区的丘陵和山地，导致了“无可耕之地”和“亩值千金”的程度；同时，偏隅一方的自然地理特点以及“蜀道难，难于上青天”的对外交通状况，使得四川成为一个远离其他城市的农业经济独立发展体；再加上统治集团“重农

---

① 注：学界目前对于四川地区“俗好娱乐”这一社会现象产生的具体年代，并未达成共识。现存传世文献中最早对此记载的是《汉书》，结合前文所论（第一章第三节），本书认为秦人入蜀之后，大力兴修水利设施，促进了四川农业的第二次发展高峰（第一次是杜宇教民务农和开明氏治水期间），而后才有了《汉书》所言情景。由此看来，“民食稻鱼，亡凶年忧，俗不愁苦”应是蜀人“俗好娱乐”的滥觞。

② 苏宁，邢飞．道家精神与成都休闲文化［M］．武汉：武汉出版社，2014：4—20.

③ 陈寅恪．陈寅恪文集·元白诗笺证稿［M］．上海：上海古籍出版社，1978：87.

抑商”的思维惯式，导致了高度集中的农业财富无法转向土地和商业投资，也不能如其他城市一样“自由地”开展经济往来。在此情况下，高度集中的农业财富只能通过内部消耗的方式得以转化，从而导致了“俗好娱乐”这一社会现象成为唐代四川地区社会生活的常态，并在维持着高度普遍性的同时，产生了深远的影响。谭继和先生在分析四川地区农耕文明与巴蜀文化特质形成的关系时说，“这种生产方式和生活方式就成为巴蜀文脉基本性质及其展现面貌的决定性因素。直到近代进入工业社会以后，农耕文明这一决定性的因素还对巴蜀城乡建设与生态文明环境，直到巴蜀人的心理状态、思维方式、社会习俗和人情世态起着极大的作用”①。另一方面，需要着重指出的是，唐代四川地区普遍存在的“俗好娱乐”造成了农业财富的分散和流失，使得高度集中的农业财富无法转向农业再生产和工商业领域，从而在很大程度上严重影响了整个社会经济的发展。由此也再次证明了，在我国传统社会，农业是促使社会变迁的根本动力。

① 谭继和．巴蜀文化辨思集［M］．成都：四川人民出版社，2004：93.

# 第八章
# 农业发展与“和同为一家”
## ——农业发展与唐代西南边境安全的维护

以农立国的我国传统社会，历代王朝对自己疆域的经略要求基本上是以是否适宜农耕，是否能够生产出足以养育居民和为戍边军队提供足够的战略物资为基本标准的。[①]从地缘政治角度分析，四川地区不仅自古蜀时期就发展成为长江上游核心农业发展区，而且历来也是一个多民族聚居区域。入唐之后，生活在川西高原的吐蕃与羌族、川西南地区的南诏等部族牧业经济发展较快，为了夺取粮食、衣物等基本生活物质财富，曾多次对剑南道西部发起进攻，给唐代西南边境安全带来了较大的威胁。“和同为一家”，语出《旧唐书》卷196《吐蕃传》，玄宗开元十七年（729年），吐蕃赞普上表唐政府：“外甥是先皇帝舅宿亲，又蒙降金城公主，遂和同为一家，普皆安乐。”[②]可见，其初始本意当指吐蕃与唐政府民族关系的交融。如果仔细研读史料关于吐蕃、南诏等诸民族政权的详细记载，便会发现，唐政府在与这些民族政权交往交流交融的历史发展进程呈现出三个阶段性的显著特征：第一阶段是推行“西抗吐蕃，南抚蛮獠”[③]的军事策略与政治安抚；第二阶段是在战争失去常态化形势下，注重于各民族间的经济文化交流，加强彼此之间的理解与尊

---

① 葛剑雄．统一与分裂：中国历史的启示［M］．北京：商务印书馆，2013：88.

② （后晋）刘昫等．旧唐书［N］．北京：中华书局，1975：5240.

③ （唐）杜佑．通典［M］．北京：中华书局，1984：4478.

重；第三阶段则是推行文化与心理上的认同与接纳，最终形成了“和同为一家”深度交融的民族关系。有唐一代，四川地区的戍边驻军共抗击吐蕃、南诏的入侵以及平息内服的诸蛮、羌族和其他少数民族反叛战事49次，为维护唐政府西南边境的安全作出了重要的历史贡献。由此，“和同为一家”便被赋予了另一深层意涵：唐代西南边境安全的维护。而边境安全的维护，又离不开戍边军队的建设。戍边军队的建设，又离不开兵源的及时补充与相对稳定的战略物资保障。按照这一历史运作逻辑的理解，“和同为一家”这一历史局面的出现，集中指向一点：表面上是民族间的交往交流与交融，本质上还是依赖农业的高度发展。因此，本章拟对唐代四川西南、西北少数民族政权的历史变迁以及与唐政府民族交往交流交融的民族关系予以阐述，并在此基础上试图以此观察唐代四川农业地区发展对于维护唐代西南边境安全的支撑力度。个别观点难免失于详细考证，敬请时贤指正。

## 第一节 唐代四川地区民族交往交流交融关系的历史考察

生活在川西高原的吐蕃、川西南地区的南诏等部族牧业经济发展较快，曾多次对剑南道西部发起进攻，危及唐廷的边境安全，唐政府在与其对抗的过程中互有胜负。同时，唐政府除了拒绝与吐蕃进行互市贸易外，与南诏、羌族均设有互市。从总体上看，唐政府与西南诸民族政权交往交流交融的历史发展进程中，有对抗，亦有融合，但融合是主旋律。

### 一、吐蕃

吐蕃源于古羌人的一支，其活动范围在今西藏和四川西部一带。六世纪中期，生活在雅鲁藏布江河谷地带的吐蕃诸部发展较快，完成了从原始部落向奴隶制生产关系的转换。受限于地理环境，吐蕃农业生产活动基本上依靠发展牧业，在高原地带放牧能够适应高原气候环境的牦牛，在河谷地带畜养羊、马，只是在河谷狭长地带种植麦类作物。形成了以牧业为主、种植业为辅的农业生产结构。《旧唐书》卷196《吐蕃传》载："（吐蕃）地气候大寒，不生秔稻，有青稞麦、裹豆、小麦、乔麦，畜多牦牛猪犬羊马。"[①] 隋末唐初，吐蕃赞普松赞干布统一吐蕃诸部，迁都于逻些城（今西藏自治区拉萨市），建立了奴隶制国家，并仿唐制创建了与之配套的官制、兵制、法律与文字、历法等制度。唐与吐蕃的交往始于太宗贞观八年（634年），时年吐蕃赞普松赞干布遣使入朝。随着其势力的不断壮大，吐蕃在侵扰长安的同时，又屯兵于川西高原。史称，"贞观十二年（638年），吐蕃赞普率其众二十余万，顿于松州西境"。[②] 后因求婚于唐政府未允，"遂进攻松州，都督韩威轻骑觇贼，反为所败，边人大扰"。太宗改派吏部尚书侯君集为当弥道行营大总管，在松州大败吐蕃。"贞观十五年（641年），太宗以文成公主妻之。……执子婿之礼甚恭。既而叹大国服饰礼仪之美……遣酋豪子弟，请入国学以习《诗》《书》。又请中国识文之人典其表疏"。[③] 高宗时，吐蕃灭掉吐谷浑，"连岁寇边"，又迫使"当、悉等州诸羌尽降"。"仪凤三年（678年），高宗令益州长史李孝逸、嶲州都督拓王奉等发剑南、山南兵募以御之……其年秋，往剑南兵募，于茂州之西南筑安戎城以压其境"。[④] 在此情况下，吐蕃再次请婚，中宗以金城公主许嫁之。开元十七年（729年），赞普上表曰："外甥是先皇帝舅宿亲，又蒙降金城公主，遂和同为一家，普皆安乐。"[⑤]

"安史之乱"发生以后，吐蕃乘机侵扰四川。肃宗至德元年（757年），吐蕃进取嶲州。代宗宝应元年（762年），又攻陷松、维、保三州。接着，吐蕃引西山诸羌攻破柘、静等五州。唐王朝以严武为剑南节度使，整顿军马。广德二年（764年），严武大败吐蕃兵7万余人。同时，派汉州刺史崔宁攻破汉城。《资治通鉴》卷226《唐纪四十二》"大历十四年九月"条记载，代宗大历十四年（779年），吐蕃联合南诏出兵20余万分三路进攻剑南西川：一入茂州，逾汶川，扰灌口；一趋扶、文，扰方维；一经黎、雅，扰邛州。神

① （后晋）刘昫等．旧唐书［N］．北京：中华书局，1975：5219.
② （后晋）刘昫等．旧唐书［N］．北京：中华书局，1975：5220.
③ （后晋）刘昫等．旧唐书［N］．北京：中华书局，1975：5223.
④ （后晋）刘昫等．旧唐书［N］．北京：中华书局，1975：5226.
⑤ （后晋）刘昫等．旧唐书［N］．北京：中华书局，1975：5240.

策大将李晟率领剑南东川与山南道合兵自江油趋白坝将之击退。[①] 此次战役的失败，直接导致吐蕃与南诏的分裂。同书卷232《唐纪四十八》“贞元三年春正月”条记载，德宗贞元三年（787年），南诏因苦于吐蕃对其“赋敛重数”“夺其险要城堡”“岁征兵助防”[②] 而归附唐政府。唐人李德裕《会昌一品集》卷12《杂状》记载，文宗太和年间（826年—836年），李德裕任剑南西川节度使，因维州“据高山绝顶，三面临江”的军事战略位置，而试图予以收复，但因党派之争而失去收复失地的良机。[③] 此后，吐蕃发生内乱，势力逐渐衰微，对剑南道的侵扰逐渐平息。

## 二、羌族

羌族在川西高原的活动历史最早可追溯至远古时期。《史记》卷1《五帝本纪》中记为：“迁三苗于三危，以变西戎”[④]；《后汉书》卷87《西羌传》则记载：“西羌之本出自三苗，姜姓之别也。其国近南岳。及舜流四凶，徙之三危，河关之西羌地是也”[⑤]；宋人王应麟《诗地理考》称：“羌本姜姓，三苗之后，居三危，今叠、宕、松诸州皆羌地。”[⑥] 三条史料表明，“炎帝为姜”，炎帝与黄帝部落合并之后，炎帝的一支姜姓部落西迁至川西高原一带。

《旧唐书》卷198《党项羌传》记载，唐初，由于吐蕃势力的扩展，羌族逐渐分裂为党项羌、白兰羌、那鄂羌等若干部落。其中的党项羌逐渐强大起来，其活动范围“东至松州，西接叶护，南杂春桑、迷桑等羌，北连吐谷浑，处山谷间，亘三千里”。[⑦]《资治通鉴》卷193《唐纪九》“太宗贞观五年十二月”条记载，高祖武德年间，党项两次入侵剑南道松州，均被唐军击

① （宋）司马光等著；（元）胡三省注．资治通鉴［M］．北京：中华书局，1997：7270.
② （宋）司马光等著；（元）胡三省注．资治通鉴［M］．北京：中华书局，1997：7480.
③ （唐）李德裕．会昌一品集［M］．上海：上海古籍出版社，1994：76.
④ （汉）司马迁．史记［M］．北京：中华书局，1959：3.
⑤ （南朝）范晔撰；（唐）李贤等注．后汉书［M］．北京：中华书局，1997：2869.
⑥ （宋）王应麟．诗地理考［M］．北京：中华书局，1985：77.
⑦ （后晋）刘昫等．旧唐书［M］．北京：中华书局，1975：5290.

败。太宗时期，党项诸部相继内附，请同编户。贞观五年（631年），“太仆寺丞李世南开党项之地，置十六州、四十七县”①。由于党项羌所处的维、霸等州“气候多风寒，五月草始生，八月霜雪降”，不适宜农作物的生长，所以党项羌基本从事畜牧业，“畜牦牛、马、驴、牛，以供其食。不知稼穑，土无五谷”。②

另外，被吐蕃征服的羌族部落，由于力量的分散，长期遭受吐蕃的奴役。《唐会要》卷99《东女国》记载，属于西羌分支的东女国，“大者不过二三千……土有丝絮，岁输于吐蕃”。③为规避吐蕃的沉重苛敛，很多羌族部落自动归附唐朝。唐人李德裕《会昌一品集》卷12《杂状》载：“诸羌苦蕃中征役，愿作王人……相率内服。”④《新唐书》卷221《东女传》记载，德宗贞元九年（793年），党项西山八国“各率其部落，诣剑南西川内附”，当时西川节度使韦皋“处其众于维、霸等州，赐牛、粮，治生业，差赐官禄”，这一措施极有成效，“于是松州羌二万口相踵入附”。⑤而且，扶、松、茂等州虽然是唐廷在剑南道设置的正州，但是当地的居民仍然是以羌人为主的少数民族。

## 三、西爨白蛮与东爨乌蛮

爨蛮自南朝始就居于川西南的宁州一带，其族源特殊，是汉晋之世移民于此的汉族“大姓”与当地经济文化最高的僰人长期融合而成的。至唐代，生活在四川地区的主要是西爨白蛮和东爨乌蛮两大部落。⑥西爨白蛮分布在今云南洱海和四川凉山州一带，东爨乌蛮则杂居在大渡河以南、金沙江以北的勿邓、两林、丰琶三大部落中。《新唐书》卷222《两爨蛮传》记

① （宋）司马光等著；（元）胡三省注．资治通鉴［M］．北京：中华书局，1997：6090.
② （后晋）刘昫等．旧唐书［N］．北京：中华书局，1975：5290.
③ （宋）王溥．唐会要［M］．北京：中华书局，1955：1767.
④ （唐）李德裕．会昌一品集［M］．上海：上海古籍出版社，1994：76.
⑤ （宋）欧阳修，宋祁．新唐书［M］．北京：中华书局，1975：6219.
⑥ 蒙默，刘琳等．四川古代史稿［M］．成都：四川人民出版社，1988：209—211.

载，勿邓部落“有邛部六姓，一姓白蛮，五姓乌蛮”。其活动区域“土多牛马，无布帛”，“天宝中，皆受封爵”，“及南诏陷巂州”，又“羁属吐蕃”。德宗贞元年间，再度归附唐朝。唐朝封勿邓大鬼主苴梦冲为怀化郡王、丰琶大鬼主骠傍为和义郡王、两林都大鬼主苴那时为顺政郡王，“给印章、袍带”，其“禄、盐、衣、彩，由黎、雅二州供应”。两爨之南的东谢蛮，“居黔州西三百里……地方千里，宜五谷，为畬田，岁一易之”。太宗贞观三年（629年），封其酋领元深为刺史，隶属黔州都督府。东谢蛮南部西赵蛮首领赵西摩率部于贞观中内附。[①]《资治通鉴》卷199《唐纪十五》“太宗贞观二十二年四月”条记载：“松外蛮”，“以其在松州之外而得名也”[②]，其地“有稻、麦、粟、豆、丝、麻、薤、蒜、桃、李”。[③]唐初内附，贞观二十二年复叛，太宗“敕发巴蜀十三州兵讨之，败之”。其后，复归唐廷。[④]黎、邛二州之东的凌蛮、之西的三王蛮，巂州新安城旁边的六姓蛮以及姚州境内的永昌蛮等部族皆已内附。

## 四、南诏

南诏，《新唐书》卷222《南诏传》记载，“本哀牢夷后，乌蛮别种”。[⑤]唐初分布在剑南道西南地区的一支乌蛮进入洱海周边，与当地的白蛮逐渐融合成六个部落，时称“六诏”。高宗时，吐蕃攻入洱海地区，为抵制吐蕃势力的扩展，唐政府竭力扶持“六诏”中的南诏，南诏借助唐军的援助，统一六诏部落。开元二十六年（738年），唐廷封南诏首领皮罗阁为云南王。天宝十三载（754年），南诏王罗凤因遭受姚州太守张虔陀的欺凌而起兵反叛，唐廷先后派遣剑南节度使鲜于仲通及剑南留后李宓两次率军进攻南诏，均告失败。肃宗至德元年（756年），南诏攻陷巂州及会同军，占据清溪关。《资

① （宋）欧阳修，宋祁．新唐书［M］．北京：中华书局，1975：6319—6320.

② （宋）司马光等著；（元）胡三省注．资治通鉴［M］．北京：中华书局，1997：6255.

③ （宋）欧阳修，宋祁．新唐书［M］．北京：中华书局，1975：6321.

④ （宋）司马光等著；（元）胡三省注．资治通鉴［M］．北京：中华书局，1997：6255.

⑤ （宋）欧阳修，宋祁．新唐书［M］．北京：中华书局，1975：6267.

治通鉴》卷226《唐纪四十二》“代宗大历十四年十月”条记载，代宗大历十四年（779年），南诏与吐蕃合兵分三路进攻邛、黎、雅等诸州，被神策大将军李晟击败。[①]其后，南诏苦于吐蕃的无限需索，意欲脱离吐蕃的管控。至德宗时，唐廷针对这一局势，制定了“结南诏以断吐蕃右臂”[②]的军事策略。于是西川节度使韦皋致书南诏王，劝其归唐，南诏表示同意。贞元五年（789年），韦皋在台登（今四川冕宁县）击败吐蕃，收复巂州，南诏乘机夺取铁桥（今云南丽江北塔城）等16镇，解除了吐蕃对洱海地区的威胁。

《唐会要》卷99《南诏蛮》记载，文宗太和三年（829年），西川节度使杜元颖“以文儒自高，不练戎事”，且又克扣戍边军士粮饷，致使大部分士卒脱逃。南诏由此洞察到剑南道戍边驻军的军事防备出现了问题，于是大举进攻剑南，在接连攻陷巂、戎、邛等边境之州后，又攻入成都外廓，劫掠子女百工及珍宝而去，导致“成都以南，越巂以北八百里间，民畜为空”。[③]太和八年（834年），李德裕出任西川节度使，实行了整顿军队、征调剑南西川新兵、在成都制造军器、绘制作战地图、在与南诏接壤之地修筑城堡以加强边防建设、改变运粮运输路线等一系列军事建设与防御措施，迫使南诏归还之前掳掠的百姓工巧等4000余人。《资治通鉴》卷252《唐纪六十八》“懿宗咸通十一年二月”条记载，懿宗咸通二年（861年）至咸通十年（869年），南诏多次出兵攻入四川地区，扰巂州、清溪关，破黎州，袭犍为、嘉州，入邛崃关，包围雅州，危及眉州、新津。咸通十一年（870年），南诏围攻成都，唐廷调动关中与剑南东川军队前来增援，成都居民亦加入战斗序列，“数千人争操芟刀、白棓以助官军，呼声震野”[④]。在四川军民的英勇抗击下，南诏被迫撤退。僖宗乾符年间（874年—879年），南诏两次攻陷黎州，入邛崃关，攻雅州、新津，最终被时任剑南节度使的高骈率军击败。此后，南诏势力衰微，无力扰蜀。

唐代四川地区在与南诏发生激烈战争维护唐廷西南边境安全的同时，也

---

① （宋）司马光等著；（元）胡三省注．资治通鉴［M］．北京：中华书局，1997：7270.

② （宋）司马光等著；（元）胡三省注．资治通鉴［M］．北京：中华书局，1997：7480.

③ （宋）王溥．唐会要［M］．北京：中华书局，1955：1765.

④ （宋）司马光等著；（元）胡三省注．资治通鉴［M］．北京：中华书局，1997：8157.

与其有着密切的经济文化交流。《资治通鉴》《新唐书》及《蛮书》所载诸条史料可证：《资治通鉴》卷 249《唐纪六十五》“宣宗大中十三年十二月”条记载，德宗贞元年间（785 年—805 年），时任剑南西川节度使的韦皋，“开青溪道以通群蛮，使由蜀入贡。又选群蛮子弟聚之成都，教以书数……业成则去，复以他子弟继之。如是五十年，群蛮子弟学成于成都者殆以千数”[①]；《新唐书》卷 222《南诏传》载，文宗太和三年（829 年），南诏攻陷成都，掠夺大批工匠，“自是工文织，与中国埒”。[②] 这批被掠夺至南诏的工匠不仅补充了南诏桑麻种植所必需的劳动力，而且提高了南诏桑麻的种植、管理与生产技术，将南诏的桑麻纺织业整体推向了一个新的发展高度。故而，唐人樊绰《蛮书》说，南诏“虏巧儿及妇女非少，如今悉解绫罗也”。[③] 另外，唐政府与南诏之间亦有和亲关系，《资治通鉴》卷 255《唐纪七十一》“僖宗中和三年十月”条载，僖宗中和三年（883 年），唐廷“以宗室女为安化长公主，妻南诏”。[④]

## 第二节　农业发展与唐代西南边境安全的维护

唐中期，吐蕃、南诏等民族政权对唐廷西南边境的频繁侵扰，加剧了唐廷西南边境的边防危机。针对这一边防局势，德宗贞元元年（785 年），时任翰林学士的陆贽上疏德宗“一境不宁，普天致扰”[⑤]，实际道出了上层统治集团对维护边境安全与稳固社会稳定内在必然联系的普遍看法。承担着“西抗吐蕃，南抚蛮獠”[⑥] 重要军事任务的四川地区，是维护唐廷西南边境安全的门

① （宋）司马光等著；（元）胡三省注．资治通鉴［M］．北京：中华书局，1997：8078.

② （宋）欧阳修，宋祁．新唐书［M］．北京：中华书局，1975：6292.

③ （唐）樊绰撰；向达校注．蛮书［M］．北京：中华书局，1962：174.

④ （宋）司马光等著；（元）胡三省注．资治通鉴［M］．北京：中华书局，1997：8300.

⑤ （宋）欧阳修，宋祁．新唐书［M］．北京：中华书局，1975：4911.

⑥ （唐）杜佑．通典［M］．北京：中华书局，1984：4478.

户。唐代四川地区戍边驻军先后有府兵、边防军与方镇兵、民兵和义军等兵种，数量庞大。军队粮饷问题，最初由政府统一调配和军队屯田相结合的方式予以解决。但由于四川地区军屯所在州县土薄人稀，农业极不发达，畜牧和狩猎占主导地位。无论是粮饷、基本战略物资装备还是兵源的补充均不能满足戍边军队建设的需要。唐代四川地区农业发展对于维护西南边境安全具有重要作用，表现在为军队建设提供粮饷、战略物资储备、及时补充兵源以及提供运粮民夫之外，还表现除了是现在为该区域内羁縻府州提供衣食等基本生活需求。

## 一、唐代四川地区军事地位：维护唐廷西南边境安全的门户

前文已论，生活在川西高原的吐蕃、羌族以及川西南山谷地带的诸蛮等少数民族，入唐之后，通过对生产关系的调整，社会生产力有了长足的发展，建立了奴隶制的民族政权。其农业经济呈现出以畜牧业为主，在河流山谷地带发展种植业的显著特点。随着其势力的壮大，他们不断侵入四川地区，掠夺人口和财物，对唐廷西南边境安全造成了极大的威胁。通过对《旧唐书》《新唐门》《资治通鉴》《通典》《全唐文》《册府元龟》等文献所载及时人诗文描述之战事的简单梳理与统计，兹据上述文献所载及时人诗文描述之战事，简单胪列如下。

### （一）抗击吐蕃战事

有唐一代，吐蕃始终是威胁唐廷西南边境安全的最大隐患。唐代军民在四川地区抗击吐蕃的战事大致可以分为四个阶段：从高祖至睿宗（618 年—712 年），唐军基本处于防御态势；玄宗时期（713 年—756 年），加强了剑南道的军事建设，唐军从战略防御转入主动进攻，集中力量控制川西高原的松、茂等州；“安史之乱”爆发之后，吐蕃与南诏交结，唐军在两线作战的不利局势下，采取以攻代守的策略，放弃巂州，确保成都的安全；德宗即位直至唐末（780 年—907 年）则致力于瓦解吐蕃与南诏的联盟。

吐蕃入侵四川地区始于贞观十二年（638 年），是年，赞普松赞干布借口求婚于唐而未获应允，在击败吐谷浑、进破党项与白兰诸羌后，“勒兵

二十万入寇松州”。松州都督韩威轻骑觇敌，反为吐蕃所败，导致了“属羌大扰，皆叛以应贼”①的严重后果。太宗改派吏部尚书侯君集追击吐蕃于松州，“松赞惧，引兵退。遣使谢罪，因复请婚”。②吐蕃征服吐谷浑之后，将势力扩展至川西高原腹地。为扼制吐蕃的侵扰，唐政府将属于陇右道的松州都督府划归剑南道，以便与茂州都督府互为犄角，抵御吐蕃的东侵。高宗乾封二年（667 年），吐蕃攻占松、茂二州都督府所统领的 12 个生羌羁縻州。③仪凤元年（676 年），“吐蕃进攻叠州，又攻扶州，败守将”。④仪凤二年（677 年），吐蕃再次攻占扶州，擒获唐朝守将，当、悉等州诸羌尽降吐蕃。⑤武周大足元年（701 年），吐蕃赞普墀都松率军东侵松州。武周长安二年（702 年），又进攻悉州，茂州都督陈大慈“与贼四战，斩首千余级”。⑥

玄宗即位之后，加强剑南道的军事力量，设置剑南节度使以统边军，将抗击吐蕃的策略由军事防御转为主动进攻。开元四年（716 年），吐蕃发兵围攻松州，结果被松州都督孙仁献击退。⑦开元十七年（729 年），嶲州都督张守素破吐蕃控制下的昆明及盐城（今四川盐源），杀获万人。⑧开元二十六年（738 年）四月，剑南节度使王昊率剑南兵募攻打吐蕃占据的安戎城。其年九月，吐蕃悉锐以救安戎城，唐军大败。⑨开元二十八年（740 年），“吐蕃寇安戎城及维州，章仇兼琼遣裨将率众御之……时属凝寒，贼久之自引退”。⑩天宝十四载（755 年），吐蕃集合兵马 8 万余人，大举进攻剑南西山地区，结果被唐军击败。⑪

---

① （宋）欧阳修，宋祁．新唐书［M］．北京：中华书局，1975：6073.

② （宋）司马光等著；（元）胡三省注．资治通鉴［M］．北京：中华书局，1997：6139.

③ （后晋）刘昫等．旧唐书［M］．北京：中华书局，1975：5230.

④ （宋）欧阳修，宋祁．新唐书［M］．北京：中华书局，1975：6076.

⑤ （宋）司马光等著；（元）胡三省注．资治通鉴［M］．北京：中华书局，1997：6383.

⑥ （宋）王钦若等筹编．册府元龟［M］．北京：中华书局，1960：4240.

⑦ （宋）司马光等著；（元）胡三省注．资治通鉴［M］．北京：中华书局，1997：6716.

⑧ （宋）司马光等著；（元）胡三省注．资治通鉴［M］．北京：中华书局，1997：6783.

⑨ （后晋）刘昫等．旧唐书［M］．北京：中华书局，1975：5230.

⑩ （后晋）刘昫等．旧唐书［M］．北京：中华书局，1975：5232.

⑪ （清）董浩等编．全唐文［M］．北京：中华书局，1983：4351.

“安史之乱”爆发之后，唐朝戍守边疆的边军相继内调，参与平叛，这无疑对边防力量有所削弱。吐蕃乘机与南诏联兵，对剑南道诸州发动了多次进攻。详细载记南诏与唐政府交往交流交融的《南诏德化碑》云：肃宗至德元年（756 年），吐蕃与南诏联兵围攻会同（今四川省会理县），结果“越巂固拒被夷，会同请降无害”。[①] 肃宗至德二年（757 年），吐蕃与南诏再次联合发兵，攻占巂州，唐军退缩至黎州一带。[②] 上元二年（761 年），吐蕃攻取松州。宝应元年（762 年），吐蕃攻占茂州合水。[③] 代宗广德元年（763 年），“吐蕃陷松、维州、保三州及云山新筑二城，西川节度使高适不能救，于是剑南西山诸州入于吐蕃矣”。[④] 广德二年（764 年），“剑南节度使严武破吐蕃七万众，拔当狗城（今四川会理境内）”。[⑤] 大历三年（768 年），剑南节度使崔宁击败吐蕃万余人。[⑥] 大历十一年（776 年），“剑南节度使崔宁大破吐蕃故洪等四节度，兼突厥、吐浑、氐、蛮、羌、党项二十余万”。[⑦] 大历十二年（777 年），“吐蕃寇黎、雅州，西川节度使崔宁击破之”。[⑧] 大历十四年（779 年），“吐蕃与南诏合兵十万，三道入寇茂、扶、黎、雅等州”[⑨]，结果被李晟打败。

德宗即位直至唐末，唐政府对吐蕃的抗击政策有所改变，即在致力于瓦解吐蕃与南诏联盟的基础上再予以军事打击。德宗贞元四年（788 年），“吐蕃发兵十万将寇西川，亦发云南兵”，剑南节度使韦皋针对吐蕃与南诏的嫌隙，规劝南诏归附，并在清溪关大败吐蕃。[⑩] 贞元九年（793 年），韦皋率军

---

① 徐嘉瑞 . 大理古代文史稿［M］. 昆明：云南人民出版社，2017：23.

②（宋）司马光等著；（元）胡三省注 . 资治通鉴［M］. 北京：中华书局，1997：7011.

③ 徐嘉瑞 . 大理古代文史稿［M］. 昆明：云南人民出版社，2017：23.

④（宋）司马光等著；（元）胡三省注 . 资治通鉴［M］. 北京：中华书局，1997：7158—7159.

⑤（宋）司马光等著；（元）胡三省注 . 资治通鉴［M］. 北京：中华书局，1997：7167.

⑥（宋）司马光等著；（元）胡三省注 . 资治通鉴［M］. 北京：中华书局，1997：7205.

⑦（后晋）刘昫等 . 旧唐书［M］. 北京：中华书局，1975：5243.

⑧（宋）司马光等著；（元）胡三省注 . 资治通鉴［M］. 北京：中华书局，1997：7241.

⑨（宋）司马光等著；（元）胡三省注 . 资治通鉴［M］. 北京：中华书局，1997：7270.

⑩（宋）司马光等著；（元）胡三省注 . 资治通鉴［M］. 北京：中华书局，1997：7515—7516.

出击，大败吐蕃于和城（今四川松潘县境内）。[①] 贞元十三年（797 年），“吐蕃入寇，嶲州刺史曹高仕破之于台登城下”。[②] 贞元十五年（799 年），吐蕃发兵五万围攻嶲州，韦皋出兵抵御，吐蕃无功而还。[③] 贞元十六年（800 年），韦皋累破吐蕃二万余众于黎州、嶲州，吐蕃曩贡、腊城等部分部落来降。[④] 贞元十七年（801 年），吐蕃寇灵、朔，韦皋率维、保、霸、邛等州兵大规模反攻，吐蕃大败，成为唐政府抗击吐蕃的战略转折。[⑤] 自此之后，吐蕃对唐廷的军事侵略从进攻转入防御，除了偶然侵扰之外，没有再发生大规模的进攻，唐廷西南边境安全得到最大限度的维护。

### （二）抗击诸蛮战事

除了吐蕃，南诏是另外一支严重威胁唐廷西南边境安全的民族政权。较之吐蕃，南诏军队对唐廷西南边境安全的威胁更大。这是因为，西南边境夏季气候炎热潮湿，生活在青藏高原地带的吐蕃并不能适应在气候炎热的环境中作战。现代研究表明，吐蕃对唐廷主动发起进攻的时间基本上都避开了夏季。[⑥] 相形之下，南诏军队更为适应在气候炎热的环境下作战。蜀有“西戎尚可，南蛮残我”[⑦] 的谚语，即是指南诏军队对唐廷发起持续性和致命性的威胁。自天宝九载（750 年）至昭宗天复二年（902 年）南诏亡国的 150 余年时间内，南诏多次侵扰四川。《资治通鉴》《唐会要》《旧唐书》《新唐书》及《南诏德化碑》等文献和碑刻资料均有详细的记载。天宝九年（750 年），南诏围攻姚州，击杀越嶲都督张虔陀。[⑧] 天宝十三载（754 年），南诏起兵反叛，唐廷先后派遣剑南节度使鲜于仲通及剑南留后李宓两次率军进

---

① （宋）司马光等著；（元）胡三省注．资治通鉴［M］．北京：中华书局，1997：7540.

② （宋）司马光等著；（元）胡三省注．资治通鉴［M］．北京：中华书局，1997：7577.

③ （宋）司马光等著；（元）胡三省注．资治通鉴［M］．北京：中华书局，1997：7585.

④ （后晋）刘昫等．旧唐书［M］．北京：中华书局，1975：5253.

⑤ （后晋）刘昫等．旧唐书［M］．北京：中华书局，1975：3823.

⑥ 黄布凡，马德编著．敦煌藏文吐蕃史文献译注［M］．兰州：甘肃教育出版社，2000：1—2.

⑦ （宋）欧阳修，宋祁．新唐书［M］．北京：中华书局，1975：6023.

⑧ （宋）司马光等著；（元）胡三省注．资治通鉴［M］．北京：中华书局，1997：6901.

攻南诏，均告失败。[①] 肃宗至德元年（756 年），南诏攻陷嶲州及会同军，占据清溪关。[②] 至德二年（757 年），南诏与吐蕃合兵攻占台登，控制整个嶲州。[③] 代宗大历十四年（779 年），南诏与吐蕃合兵分三路进攻邛、黎、雅等诸州，被神策大将军李晟击败。[④] 文宗太和三年（829 年），南诏攻入剑南，接连攻陷嶲、戎、邛等边境之州后，又攻入成都外廓，劫掠子女百工及珍宝而去，导致"成都以南，越嶲以北八百里间，民畜为空"。[⑤] 懿宗咸通二年（861 年），南诏攻破嶲州，并进攻邛崃关。咸通四年（863 年）入侵剑南西川。[⑥] 咸通五年（864 年），南诏侵夺嶲州。[⑦] 咸通十年（869 年），"群蛮寇嶲州……十二月，遂陷犍为，纵兵焚掠陵、荣二州之境。后数日，蛮军陷嘉州"。[⑧] 咸通十一年（870 年），南诏围攻成都，唐政府调动关中与剑南东川军队前来增援，在四川军民的英勇抗击下，南诏被迫撤退。[⑨] 咸通十四年（873 年），南诏再次进犯剑南西川，被黎州刺史黄景复击败。[⑩] 僖宗乾符元年（874 年），南诏攻破黎州之后，"入邛崃关，攻雅州。成都惊扰，民争入城，或北奔他州"[⑪]。乾符二年（875 年），剑南节度使高骈"发布骑五千追南诏，至大渡河，杀获甚众，擒其酋长数十人，至成都，斩之。修复邛崃关……自是蛮不复入寇"。[⑫]

此外，生活在四川西南山谷地带的诸蛮部族时有反叛，亦需要四川戍边

---

① （宋）司马光等著；（元）胡三省注 . 资治通鉴［M］. 北京：中华书局，1997：6926—6927.

② 徐嘉瑞 . 大理古代文史稿［M］. 昆明：云南人民出版社，2017：23.

③ （宋）司马光等著；（元）胡三省注 . 资治通鉴［M］. 北京：中华书局，1997：7011.

④ （宋）司马光等著；（元）胡三省注 . 资治通鉴［M］. 北京：中华书局，1997：7270.

⑤ （宋）王溥 . 唐会要［M］. 北京：中华书局，1955：1765.

⑥ （宋）王溥 . 唐会要［M］. 北京：中华书局，1955：1765.

⑦ （宋）欧阳修，宋祁 . 新唐书［M］. 北京：中华书局，1975：6281.

⑧ （宋）司马光等著；（元）胡三省注 . 资治通鉴［M］. 北京：中华书局，1997：8151.

⑨ （宋）司马光等著；（元）胡三省注 . 资治通鉴［M］. 北京：中华书局，1997：8157.

⑩ （宋）司马光等著；（元）胡三省注 . 资治通鉴［M］. 北京：中华书局，1997：8166.

⑪ （宋）司马光等著；（元）胡三省注 . 资治通鉴［M］. 北京：中华书局，1997：8172.

⑫ （宋）司马光等著；（元）胡三省注 . 资治通鉴［M］. 北京：中华书局，1997：8176.

驻兵予以平息。如太宗贞观二十二年（648 年），“松外诸蛮暂降复叛，敕发巴蜀十三州兵讨之，败之”。巴蜀十三州，胡三省注曰：“益、眉、荣、梓、利、绵、遂、巴、泸、渠、达、集、渝。”[①]

### （三）抗击羌族、僚族等其他少数民族战事

唐代四川地区驻军除了抵御吐蕃、南诏等民族政权的侵扰之外，还要承担防备内附的羌族、僚人等部族的叛乱任务。

前文已论，生活在川西高原的羌族在内附之前，曾多次侵扰剑南道。高祖武德三年（620 年），党项羌入侵松州，益州道行台左仆射窦轨“破其部众”。[②] 武德七年（624 年），党项羌联合吐谷浑，再次入寇松州，扶州刺史蒋善合击之于松州赤磨镇。[③] 太宗贞观三年（629 年），党项诸部“皆来内属，请同编户”[④]。贞观十九年（645 年），茂州生羌黄郎弄反叛，“右亲卫中将裴行方大破之”[⑤]。

成汉时迁入四川地区的僚人，爰及唐代，广泛分布于岷江流域的黎、邛、雅、眉、嘉等州，盆地中部的简、资、荣、陵、昌、普、遂等州，渠江流域的巴、蓬、集、渠等州，以及盆地南缘的戎、泸、南等长江沿线诸州。尽管内附时间较长，但却时有反叛。武德七年（624 年），“始州（后改为剑州）僚反，遣（益州）行台仆射窦轨讨之”；“洋、集二州僚反，陷隆州”。[⑥] 同年，万州僚反，通事舍人李风起平之。[⑦] 武德九年（626 年），“益州大都督窦轨奏称僚反，请发兵讨之”。高祖认为，“僚依阻山林，时出鼠窜，乃其常俗”，建议罢兵而改用“抚以恩信”的羁縻政策。[⑧] 但是，在执行这一政策

---

① （宋）司马光等著；（元）胡三省注 . 资治通鉴［M］. 北京：中华书局，1997：6255.

② （后晋）刘昫等 . 旧唐书［M］. 北京：中华书局，1975：2365.

③ （宋）司马光等著；（元）胡三省注 . 资治通鉴［M］. 北京：中华书局，1997：5983.

④ （后晋）刘昫等 . 旧唐书［M］. 北京：中华书局，1975：5290.

⑤ （宋）司马光等著；（元）胡三省注 . 资治通鉴［M］. 北京：中华书局，1997：6234.

⑥ （宋）司马光等著；（元）胡三省注 . 资治通鉴［M］. 北京：中华书局，1997：5976、5678.

⑦ （宋）司马光等著；（元）胡三省注 . 资治通鉴［M］. 北京：中华书局，1997：5983.

⑧ （宋）司马光等著；（元）胡三省注 . 资治通鉴［M］. 北京：中华书局，1997：6026.

的过程中，地方官吏多有强行征收过重的赋税，导致僚人反叛。贞观十二年（638 年），“巴、洋、集、壁四州山僚叛，攻巴州，遣右武将军上官怀仁破之于壁州，虏男女万人，明年遂平”①。故宋人总结认为，“大抵剑南诸僚，武德、贞观间数寇暴州县者不一。巴州山僚王多馨叛”。② 为了详细说明有唐一代四川地区为维护唐廷西南边境安全所作出的历史贡献，特列唐代四川地区维护西南边境安全战事一览表（表 8—1）如下：

表 8—1　唐代四川地区维护西南边境安全战事一览表

| 民族 | 名称 | 年代 | 战事概况 | 资料来源 | 合计 |
|---|---|---|---|---|---|
| 吐蕃 | 入侵 | 贞观十二年（638 年） | 吐蕃勒兵二十万入寇松州……都督韩威轻骑觇敌，反为所败，属羌大扰，皆叛以应贼……太宗改派吏部尚书侯君集追击吐蕃于松州，“弄赞惧，引兵退。遣使谢罪，因复请婚” | 《新唐书》卷 216《吐蕃上》<br>《资治通鉴》卷 195 | |
| | 入侵 | 乾封二年（667 年） | 吐蕃攻占松、茂二州都督府所统领的 12 个生羌羁縻州 | 《旧唐书》卷 196《吐蕃传》 | |
| | 入侵 | 仪凤元年（676 年） | 吐蕃进攻叠州，又攻扶州，败守将 | 《新唐书》卷 216《吐蕃上》 | |
| | 入侵 | 仪凤二年（677 年） | 攻占扶州，擒获唐朝守将，当、悉等州诸羌尽降吐蕃 | 《资治通鉴》卷 202 | |
| | 东侵松州 | 大足元年（701 年） | 吐蕃赞普墀都松率军东侵松州 | 《册府元龟》卷 358《将帅部・立功》 | |
| | 进攻悉州 | 长安二年（702 年） | 进攻悉州，茂州都督陈大慈“与贼四战，斩首千余级” | 《册府元龟》卷 358《将帅部・立功》 | |
| | 围攻松州 | 开元四年（716 年） | 吐蕃发兵围攻松州，反被松州都督孙仁献击退 | 《资治通鉴》卷 211 | |
| | | 开元十七年（729 年） | 巂州都督张守素破吐蕃控制下的昆明及盐城，杀获万人 | 《资治通鉴》卷 213 | |

① （宋）欧阳修，宋祁 . 新唐书［M］. 北京：中华书局，1975：6327.

② （宋）欧阳修，宋祁 . 新唐书［M］. 北京：中华书局，1975：6327.

续表

| 民族 | 名称 | 年代 | 战事概况 | 资料来源 | 合计 |
|---|---|---|---|---|---|
| 吐蕃 | | 开元二十六年（738 年） | 剑南节度使王昱率剑南兵募攻其安戎城。其年九月，吐蕃悉锐以救安戎城，唐军大败 | 《旧唐书》卷 196《吐蕃上》 | |
| | 入侵安戎 | 开元二十八年（740 年） | 吐蕃寇安戎城及维州，章仇兼琼遣裨将率众御之……时属凝寒，贼久之自引退 | 《旧唐书》卷 196《吐蕃上》 | |
| | 入侵西山 | 天宝十四载（755 年） | 吐蕃集合兵马 8 万余人，大举进攻剑南西山地区，反被唐军击败 | 《全唐文》卷 377 | |
| | 发兵入侵 | 大历十四年（779 年） | 联合南诏，出兵 20 余万，分三路进攻邛、黎、雅等诸州，被唐军击败 | 《资治通鉴》卷 117 | |
| | 围攻会同 | 至德元年（756 年） | “越嶲固拒被夷，会同请降无害” | 《敦煌本吐蕃历史文书·编年史》756 年 | |
| | 嶲州之战 | 至德二年（757 年） | 攻占嶲州，唐军退缩至黎州 | 《资治通鉴》卷 219 | |
| | 发兵入侵 | 上元二年（761 年） | 攻取松州 | 《敦煌本吐蕃历史文书·编年史》761 年 | |
| | 发兵入侵 | 宝应元年（762 年） | 攻占茂州合水 | 《敦煌本吐蕃历史文书·编年史》762 年 | |
| | 西山之战 | 广德元年（763 年） | 吐蕃陷松、维州、保三州及云山新筑二城，剑南西山诸州入于吐蕃 | 《资治通鉴》卷 223 | |
| | | 广德二年（764 年） | 剑南节度使严武破吐蕃七万众，拔当狗城 | 《资治通鉴》卷 223 | |
| | | 大历三年（768 年） | 剑南节度使崔宁击败吐蕃万余人 | 《资治通鉴》卷 224 | |
| | | 大历十一年（776 年） | 剑南节度使崔宁大破吐蕃故洪等四节度，兼突厥、吐浑、氐、蛮、羌、党项二十余万 | 《旧唐书》卷 196《吐蕃下》 | |

续表

| 民族 | 名称 | 年代 | 战事概况 | 资料来源 | 合计 |
|---|---|---|---|---|---|
| 吐蕃 | 发兵入侵 | 大历十二年（777年） | 吐蕃寇黎、雅州，西川节度使崔宁击破之 | 《资治通鉴》卷225 | |
| | 发兵入侵 | 大历十四年（779年） | 吐蕃与南诏合兵十万，三道入寇茂、扶、黎、雅等州，后被李晟击败 | 《资治通鉴》卷226 | |
| | 清溪关之战 | 贞元四年（788年） | 吐蕃发兵十万将寇西川，亦发云南兵，节度使韦皋针对吐蕃与南诏的嫌隙，规劝南诏归附，并在清溪关大败吐蕃 | 《资治通鉴》卷233 | |
| | | 贞元九年（793年） | 韦皋率军出击，大败吐蕃于和城 | 《资治通鉴》卷234 | |
| | 台登之战 | 贞元十三年（797年） | 吐蕃入寇，嶲州刺史曹高仕破之于台登城下 | 《资治通鉴》卷235 | |
| | 围攻嶲州 | 贞元十五年（799年） | 吐蕃发兵五万围攻嶲州，韦皋出兵抵御，吐蕃无功而还 | 《资治通鉴》卷235 | |
| | | 贞元十六年（800年） | 韦皋累破吐蕃二万余众于黎州、嶲州，吐蕃部分部落来降 | 《旧唐书》卷196《吐蕃下》 | |
| | | 贞元十七年（801年） | 吐蕃寇灵、朔，韦皋率维、保、霸、邛等州兵大规模反攻，吐蕃大败 | 《旧唐书》卷140《韦皋传》 | |
| 小计 | | | | | 28 |
| 南诏 | 起兵反叛 | 天宝十年（751年） | 因遭受姚州太守欺凌而起兵，唐廷两次出击南诏，均告失败 | 《唐会要》卷99 | |
| | 反叛 | 天宝十三载（754年） | 起兵反叛，唐廷先后派遣剑南节度使鲜于仲通及剑南留后李宓两次率军进攻南诏，均告失败 | 《资治通鉴》卷217 | |
| | 反叛 | 至德元年（756年） | 攻陷嶲州及会同军 | 《敦煌本吐蕃历史文书·编年史》756年 | |
| | 反叛 | 至德二年（757年） | 南诏与吐蕃合兵攻占台登，控制整个嶲州。 | 《资治通鉴》卷219 | |

续表

| 民族 | 名称 | 年代 | 战事概况 | 资料来源 | 合计 |
|---|---|---|---|---|---|
| 南诏 | 起兵反叛 | 大历十四年（779年） | 南诏与吐蕃合兵十万，三道入寇茂、扶、黎、雅等州，后被李晟击败 | 《资治通鉴》卷226 | |
| | 入侵剑南西川 | 太和三年（829年） | 攻入剑南，接连攻陷嶲、戎、邛等边境之州后，又攻入成都外廓，劫掠子女百工及珍宝而去，导致“成都以南，越嶲以北八百里间，民畜为空” | 《唐会要》卷99 | |
| | 发兵入侵 | 咸通二年（861年） | 攻破嶲州，并进攻邛崃关 | 《唐会要》卷99 | |
| | 发兵入侵 | 咸通四年（863年） | 入侵剑南西川 | 《唐会要》卷99 | |
| | 发兵入侵 | 咸通五年（864年） | 南诏侵夺嶲州 | 《新唐书》卷222《南蛮传》 | |
| | 入侵 | 咸通十年（869年） | 南诏兵分两路，一路由嶲州东进，攻占犍为，焚掠荣、陵二州，进克嘉、眉二州；一路由嶲州北上，进陷黎、雅、邛三州。 | 《资治通鉴》卷251 | |
| | 进攻成都 | 咸通十一年（870年） | 南诏围攻成都，唐廷调动关中与剑南东川军队前来增援，在四川军民的英勇抗击下，被迫撤退。 | 《资治通鉴》卷252 | |
| | 入侵 | 咸通十四年（873年） | 南诏再次进犯剑南西川，被黎州刺史黄景复击败 | 《资治通鉴》卷252 | |
| | 入侵 | 乾符元年（874年） | 南诏攻破黎州之后，入邛崃关，攻雅州，成都惊扰 | 《资治通鉴》卷252 | |
| | | 乾符二年（875年） | 剑南节度使高骈发布骑五千追南诏，至大渡河，杀获甚众，擒其酋长数十人，至成都，斩之。修复邛崃关……自是蛮不复入寇 | 《资治通鉴》卷252 | |
| 小计 | | | | | 14 |

续表

| 民族 | 名称 | 年代 | 战事概况 | 资料来源 | 合计 |
|---|---|---|---|---|---|
| 羌族 | 入侵 | 武德三年（620年） | 党项羌入侵松州，益州道行台左仆射窦轨破其部众 | 《旧唐书》卷61 | |
| | 入侵 | 武德七年（624年） | 党项羌联合吐谷浑，入寇松州，扶州刺史蒋善合击之于松州赤磨镇。 | 《资治通鉴》卷190 | |
| | 反叛 | 贞观十九年（645年） | 茂州生羌黄郎弄反叛，右亲卫中将裴行方大破之 | 《资治通鉴》卷198 | |
| 小计 | | | | | 3 |
| 诸蛮 | 反叛 | 贞观二十二年（648年） | 群蛮败走，后归附 | 《资治通鉴》卷199 | |
| 小计 | | | | | 1 |
| 僚人 | 反叛 | 武德七年（624年） | 始州（后改为剑州）僚反，遣（益州）行台仆射窦轨讨之；洋、集二州僚反，陷隆州；万州僚反，通事舍人李风起平之。 | 《资治通鉴》卷190 | |
| | 反叛 | 武德九年（626年） | 益州大都督窦轨奏称僚反，请发兵讨之 | 《资治通鉴》卷192 | |
| | 反叛 | 贞观十二年（638年） | 巴、洋、集、壁四州山僚叛，攻巴州，遣右武将军上官怀仁破之于壁州，虏男女万人，明年遂平 | 《新唐书》卷222《南蛮下》 | |
| 小计 | | | | | 5 |
| 合计 | | | | | 51 |

由此可见，有唐一代，四川地区因吐蕃、诸蛮、羌族及其他少数民族侵扰唐廷西南边境而发生的大小战事多达51次，其中抗击吐蕃28次，抗击南诏14次，平息内附的羌族、诸蛮与僚人的反叛9次，减去吐蕃与南诏联兵出战的2次，唐代四川地区驻军共抗击入侵或平息反叛战事49次，为维护唐廷西南边境的安全作出了重要的历史贡献。

另外，“安史之乱”以后，唐政府的军事布防体系也反映了唐代四川地区军事地位的重要性。肃宗至德（756年—758年）之后，唐政府规定在“要冲大郡，皆有节度之额；寇盗稍息，则易以观察之号”。按此规定，全国设有防御观察使1处、节度使36处（至德年间设置33处，上元之后又置秦州、凉州、瓜州三处）、观察使5处、经略观察使1处、观察使2处。其中，析剑南道为剑南西川、剑南东川，并置剑南东川、剑南西川、山南西道、山南东道节度使及黔中道观察使。“剑南西川节度使治成都府，管彭、蜀、汉、眉、嘉、资、简、维、茂、黎、雅、松、扶、文、龙、戎、翼、邛、巂、姚、柘、恭、当、悉、奉、叠、静等州，使亲王领之”；荆南节度使“治江陵府，管归、夔、峡、忠、万、沣、朗等州，使亲王领之”（其中夔、忠、万三州归属四川）。[①] 在全国45处基层军事设置防卫体系中，“使亲王领之”的仅有剑南西川、荆南与淮南节度使三处。这三处中，四川地区就占两处，足见唐政府对剑南西川军事防御体系的重视。

## 二、唐代四川戍边驻军数量与战略装备的考察

“一夫不率，阖境罹殃”[②]，戍边驻军担负着维护国家边境安全的重任。唐代不同时期在四川地区的戍边驻军数量与战略装备因边境局势以及唐政府军制的演变而有所不同。现存文献除了明确记载天宝元年（742年）剑南道兵“三万九百人，马二千疋”之外，此前后之兵马数不载于史，只能依据片段史料相互印证，推见其情。面对吐蕃、南诏等民族政权长期袭扰的严峻局势，从战略上讲，唐政府不得不在与其接壤的四川地区大规模驻军。驻军的兵种先后有府兵、边防军和方镇兵、团结兵与民兵等兵种。下文按其存在的时间，考证如下：

① （后晋）刘昫等．旧唐书［M］．北京：中华书局，1975：1389.

② （宋）欧阳修，宋祁．新唐书［M］．北京：中华书局，1975：4911.

### （一）戍边驻军数量的考察

现存“二十四史”中，《新唐书》卷50首开《兵制》，实际上反映了一个不容忽视的问题，即有唐一代军队制度的演变较之以前的秦汉魏晋隋诸朝，“变易增损者颇亦多矣”[①]，是唐代社会变迁的一个缩影。正如张国刚先生指出：这说明了“兵”的问题在所志的唐代和作者（指欧阳修、宋祁等史家）所处的宋代具有特别的重要性。[②]府兵制，形成于西魏文帝时期。南宋王应麟《玉海》卷137《兵制》引《后魏书》云：“西魏大统八年，宇文泰仿周典，置六军，合为百府。十六年，籍民之有材力者为府兵。”[③]按照《北史》的记载，府兵的军籍管理，最初“自相督率，不编民户”。[④]《隋书》卷2《高祖纪》记载，文帝开皇十年（590年），隋政府规定：“凡是军人，可悉属州县，垦田籍账，以与民同”[⑤]，府兵遂隶属所在州县。唐承隋制，高祖置十二军以统关内诸府，太宗贞观十年（636年），改诸府为折冲府，诸府分隶十卫及六率。其后，这一制度基本持续到玄宗天宝八年（749年），基本没有什么变化。是年，“折冲诸府至无兵可交”[⑥]，府兵制名存实亡。按照《玉海》卷138《兵制》所载，府兵制的突出特点是“始一寓之于农”[⑦]，即三时务农，一

① 陈寅恪．陈寅恪集：隋唐制度渊源略论稿·唐代政治史述论稿［M］．北京：生活·读书·新知三联书店，2001：137.

② 张国刚．唐代兵制的演变与中古社会变迁［M］．中国社会科学，2006（4）：178—189.

③（宋）王应麟．玉海［M］．扬州：广陵书社，2003：2538.

④（唐）李延寿．北史［M］．北京：中华书局，1974：2129.

⑤（唐）魏征等．隋书［M］．北京：中华书局，1973：35.

⑥（宋）欧阳修，宋祁．新唐书［M］．北京：中华书局，1975：1328.

⑦（宋）王应麟．玉海［M］．扬州：广陵书社，2003：2560.

时教战。这样，府兵就由职业军人转变为“兵农合一”[①]的乡兵。唐代在四川地区设置的折冲府，据《新唐书》卷42《地理志》记载，共有20府，其中明确记为中等4府、下等5府、其余11府。尽管现存史料对其余11府的等级语焉不详，但考虑到唐代四川地区担负着“西抗吐蕃，南抚蛮僚”的军事重任，是维护唐廷西南边境安全的门户这一因素，将这11府推测为上等当无异议。按唐制：“凡府三等：兵千二百人为上，千人为中，八百人为下”[②]，

① 注：学界关于唐前期府兵制是否是“兵农合一”颇有争议，观点大致可以分为三种：一是以陈寅恪先生为代表的“兵农合一”说。陈氏在《隋唐制度渊源略论稿·兵制》中明确指出：“欧阳永叔以唐之府兵为兵农合一是也。但概括府兵二百年之全部，认其初期亦与唐制相同，兵农合一，则已谬矣。叶水心以宇文苏绰之府兵为兵农分离，是也。但亦以为其制经二百年之久，无根本之变迁，致认唐高祖太宗之府兵仍是兵农分离之制，则更谬矣。司马君实既误用《家传》以唐制释西魏府兵。”又说“府兵制前期为鲜卑兵制，为大体兵农分离制，为部酋分属制；其后为华夏兵制，为大体兵农合一制，为君主直辖制，为比较平民制。其前后两期分化之界限，则在隋代。周文帝、苏绰则府兵制创建之人，周武帝、隋文帝其变革之人，唐玄宗、张说其废止之人”。（参见陈寅恪：《陈寅恪集：隋唐制度渊源略论稿·唐代政治史述论稿》，北京：生活·读书·新知三联书店，2001年，第147—155页。）二是以岑仲勉先生为代表的“兵农分离”说。岑氏认为：“唐之府兵不是普遍的征兵……陈氏《略论稿》引《通典》六龙朔三年七月制：‘卫士八等以下，每年五十八放令出军，仍免庸调’（陈引误为‘每年放还，令出军’），谓八等指户籍等第，‘然则此制与其初期仅籍六等以上豪户者不同，即此制已推广于设置军府地域内全部人民之确证也’。按‘六户’非六等以上户……府兵之家既不免征徭，自然有户等之别，从何见得府兵制普及于军府地域内之全部人民？且全部人民包含各种阶级，就让一步而言，只能证为‘兵民合一’，不能证为‘兵农合一’。”（参见岑仲勉：《隋唐史》，石家庄：河北教育出版社，2000年，第206—207页。）三是以贺昌群先生为代表的“中间说”，即认为考察兵农关系，须联结土地。贺氏指出：“用兵民分离或兵农合一的框框来看汉、唐间土地关系与封建军事的关系，不能说明这段历史时期封建社会阶级矛盾发展的过程，原因就在于不能说明这里的‘兵’是什么样，‘农’是什么样的阶级地位……离开了他们（指兵与农）和土地的关系，而泛言‘兵农合一’或‘兵农分离’，是没有历史内容的说法。”（参见吴泽主编：《贺昌群史学论著选》，北京：中国社会科学出版社，1985年，第390—391页。）此外，王树椒先生主张“府兵制行之二百年来未曾增损”，亦“无根本之变迁”。（参见李玉梅：《论陈寅恪对唐代兵制的研究》，《江汉论坛》1996年第4期）。这些代表性的学术观点都具有一定的合理性，本书姑采陈氏之说。

② （宋）欧阳修，宋祁．新唐书［M］．北京：中华书局，1975：1323.

据此可知，唐代四川地区的府兵总数大概约 21,200 人。

除了府兵，唐代四川地区戍边驻军还有边防军和方镇兵。武德初，沿袭隋制，置总管府统领地方军。武德七年（624 年），改总管府为都督府，太宗时期，逐渐裁撤内地的都督府，只在边境和襟带地区设置都督府。其后，在边境地区设立都督府以统领边防军，成为唐王朝的基本防务政策。从高祖武德元年（618 年），始设益州总管府，直至穆宗长庆四年（824 年），唐政府在四川地区共设置益、梁[①]、夔、利、遂、通、泸、嶲、茂、松、戎、翼、雅、黎、嘉、龙、昌、黔 18 总管府。唐制：都督府统帅的边防军，按照军、守捉、城、镇的等级序列进行编组。《新唐书》卷 50《兵志》载："兵之戍边者，大曰军，小曰守捉，曰城，曰镇，而总之者曰道。"[②] 这一期间，剑南道都督府、军、守捉、城、镇的设置情况，前后变化不大。至于具体数量，《新唐书》卷 50《兵志》记为 10 军、15 守捉、32 城、38 镇；而通过对同书卷 42《地理志》所载统计，唐代四川地区共设有 15 军、23 守捉、37 城、47 镇，多于《兵志》之数。为了清晰地说明这一问题，特列唐代四川地区军府设置一览表（表 8—2）如下：

表 8—2 唐代四川地区军府设置一览表

| 州名 | 府 | 军 | 守捉 | 城 | 镇 | 资料来源 |
|---|---|---|---|---|---|---|
| 益州 | 威远、归德、二江、武威 | 天征（天威） | | | | 《新唐书》卷 42 |
| 彭州 | 天水、唐兴 | 威戎 | 羊灌田、朋笮、绳桥 | 七盘、安远、龙溪 | | 同上 |

① 注：梁州虽不属于剑南道管辖，但据《旧唐书》卷 50《兵制》载，高祖武德元年（618 年）置梁州总管府，武德七年（624 年）改为都督府。太宗贞观六年（632 年）废都督府，贞观八年（635 年）复置，贞观十七年（643 年）又罢。高宗显庆元年（656 年）又复置，督梁、洋、集、壁四州。因此，本书将其列为四川都督府之一。

② （宋）欧阳修，宋祁．新唐书［M］．北京：中华书局，1975：1323.

续表

| 州名 | 府 | 军 | 守捉 | 城 | 镇 | 资料来源 |
|---|---|---|---|---|---|---|
| 嶲州 | 金堰、广逢、灌口 | 镇静 | | | | 同上 |
| 汉州 | 玉津 | 威胜 | | | | 同上 |
| 嘉州 | | | | | 犍为、沐源、寺庄、牛径、铜山、曲滩、陀和、平戎、依名、利云、溶川、罗护、柘林、大池、鸡心、龙溪、赖泥、可阳、婆笼、马鞍、始犁、峨眉 | 同上 |
| 邛州 | 兴化 | 镇南 | | | | 同上 |
| 资州 | | 安定 | | | | 同上 |
| 嶲州 | 中都督 | 昆明、 | | | | |
| 宁远 | | 新安、三阜、沙野、苏祁、保塞、罗山、西泸、蛇勇、遏戎 | | 同上 | | |
| 雅州 | 下都督 | | | 晏山、边临、统塞、集重、伐谋、制胜、龙游、尼阳 | 和川、始阳、灵关、安国 | 同上 |
| 黎州 | 下都督 | 洪源 | | 武侯、廓清、铜山、肃宁、大定、要冲、潘仓、三硐、杖义、琉璃、和孤 | 定蕃、飞越、和孤 | 同上 |

续表

| 州名 | 府 | 军 | 守捉 | 城 | 镇 | 资料来源 |
|---|---|---|---|---|---|---|
| 茂州 | 下都督 | 威戎 | | | | 同上 |
| 翼州 | | | 合江、谷塠、三谷 | 峨和、白岸、都护、祚鼎 | 陇东、益登、清溪、御籓、吉超 | |
| 维州 | | 通化 | 乾溪、白望、暗桶、赤鼓溪、石梯、达节、鵶口、质台、骆它、通耳、瓜平、乾溪、侏儒、箭上、谷口 | 符坚 | 宁塞、姜维 | 同上 |
| 戎州 | 中都督 | | | 奋戎 | 石门、龙腾、和戎、马湖、移风、伊禄、义宾、可封、泥溪、开边、平寇 | 同上 |
| 姚州 | | | 澄川、南江 | | | 同上 |
| 松州 | 下都督 | 松当 | | | | 同上 |
| 保州 | | 天保 | | | | 同上 |
| 遂州 | 中都督 | 静戎 | | | | 同上 |
| 龙州 | 中都督 | | | | | 同上 |
| 荣州 | | 威远 | | | | 同上 |
| 昌州 | 下都督 | | | | | 同上 |
| 合计 | 20 | 15 | 23 | 37 | 47 | 同上 |

由于史料缺载这一时期军、守捉、城、镇等序列兵数的具体配置，这对我们了解四川戍边驻军兵士数量造成了一定的困难，但可据下条史料推见其情。《唐六典》卷5《兵部尚书》记载，开元二年（714年），为加强西南边境军事防务，唐政府在剑南道设置节度使，统领“昆明军，松州、当州防御，邛崃守捉，姚、巂州经略四使”[①]，统一掌管该地区的边防军。《资治通鉴》卷215《唐纪三十一》“玄宗天宝元年正月”条记载，天宝元年（742年），剑南节度因担负“西抗吐蕃，南抚蛮獠”的军事重任，唐政府使其“统天宝、平戎、昆明、宁远、澄川、南江六军，屯益、翼、茂、当、巂、柘、松、维、恭、雅、黎、姚、悉十三州之境，治益州，兵三万九百人”。[②]由此可知，天宝之前，四川地区戍边驻军数量应当不会少于30,900人，占当时全国在籍军队数量的5.42%[③]。为了详细说明唐前期四川地区戍边驻军人数较之其他9个节度（经略）在全国在籍军队数量的权重问题，兹据《资治通鉴》卷215“玄宗天宝元年正月”条所载，特列唐前期各节度（经略）在籍军人人数表如下：

---

① （唐）李林甫等撰；陈仲夫点校．唐六典［M］．北京：中华书局，2014：158.

② （宋）司马光等著；（元）胡三省注．资治通鉴［M］．北京：中华书局，1997：6850.

③ 注：《资治通鉴》卷215《唐纪三十一》“玄宗天宝元年正月”条载：“凡镇兵四十九万人，马八万余匹。”是说唐玄宗天宝元年（742年），有唐一代的边防兵总人数达49万人，马匹8万多。但对于此数字，后人颇有争议，如司马光在采集该条史料时，就于其下专注“考异”曰：“此兵数，《唐历》所载也。《旧纪》：‘是岁天下健儿、团结、弥骑等，总五十七万四千七百三十三。’此盖止言边兵，彼并京畿诸州弥骑数之耳。”（《资治通鉴》卷215《唐纪三十一》，北京：中华书局，1997年，第6850页。）张国刚先生亦认同这一观点，认为司马氏的考证“不仅记录了开元、天宝之际全国现役军人的总数，而且指明了当时的兵员种类。也就是说，唐朝中央军事主管部门——兵部在统计全国在籍军队的时候，把什么府兵、兵募、健儿、团结、弥骑等等之类，统统归并为健儿、团结、弥骑三种。骑是开元十一年（723年）用来代替府兵宿卫的禁军，其来源是府兵与白丁。司马光‘考异’的意思是说，57万多军队中除了弥骑（约8万人）外，正好是边兵49万人。而边兵则只分为健儿和团结两种”。（参见张国刚：《唐代兵制的演变与中古社会变迁》，《中国社会科学》2006年第4期。）

表 8—3　唐前期各节度（经略）在籍军人人数表

| 军府名 | 治所 | 军事战略 | 在籍军人人数 | 全国在籍军人人数 | 所占比例 (%) | 资料来源 |
|---|---|---|---|---|---|---|
| 安西 | 龟兹 | 抚宁西域 | 24,000 | 570,000 | 4.21 | 《资治通鉴》卷 215 |
| 北庭 | 北庭都护府 | 防制突骑施、坚昆 | 20,000 | 570,000 | 3.51 | 同上 |
| 河西 | 凉州 | 断隔吐蕃、突厥 | 73,000 | 570,000 | 12.81 | 同上 |
| 朔方 | 灵州 | 捍御突厥 | 64,000 | 570,000 | 11.23 | 同上 |
| 河东 | 太原 | 与朔方掎角以御突厥 | 55,000 | 570,000 | 9.65 | 同上 |
| 范阳 | 幽州 | 临制奚、契丹 | 91,400 | 570,000 | 16.04 | 同上 |
| 平庐 | 营州 | 镇抚室韦、靺鞨 | 37,500 | 570,000 | 6.58 | 同上 |
| 陇右 | 鄯州 | 备御突厥 | 75,000 | 570,000 | 13.16 | 同上 |
| 剑南 | 益州 | 西抗吐蕃、南抚蛮獠 | 30,900 | 570，000 | 5.42 | 同上 |
| 岭南吴府经略 | 广州 | 绥静夷、獠 | 15,400 | 570,000 | 2.70 | 同上 |

前文论及，“安史之乱”爆发以后，吐蕃、南诏等少数民族政权乘机入侵四川地区，迫使唐政府不得不进一步加强四川地区的军事防务。肃宗上元二年（761 年），唐政府分剑南道为东、西两道，各置节度使以章兵权。至此，边防军遂演变成节度使之兵，即方镇兵，然其具体数量，史载不详，只能依据相关史料，以推大概。杜甫在肃宗广德二年（764 年）上疏严武《东西两川说》：“闻西山汉兵食粮者四千人，皆关辅、山东劲卒……人人可用，兼差（一作羌）堪战子弟二万人，实足以备边守险。脱南蛮侵掠，邛雅子弟不能独制，但分汉劲卒助之。”[①] 按杜氏所言，其时剑南已有防御吐蕃之兵 2

① （唐）杜甫著；（清）仇兆鳌注 . 杜诗详注［M］. 北京：中华书局，1979：2210.

万人，另调用邛雅子弟抵御南诏，而邛雅子弟的具体数量，杜氏未言。另外一条记载邛、雅等州出兵抵抗吐蕃的史料可作为考察邛雅子弟数量的旁证，《旧唐书》卷140《韦皋传》载：贞元十七年（801年），吐蕃寇灵、朔，韦皋率维、保、霸、邛等州兵1万余人大规模反攻，吐蕃大败。其中，邛州发兵1300人，雅州发兵3000人，黎州发兵2000人，嶲州发兵4000人。[①] 由此观之，广德二年剑南邛雅子弟数量当不少于1万。如若所考，广德二年，四川戍边驻军数量当在34,300以上。贞元时期，战事频繁，四川戍边驻军数量一直维持在4万人左右。检唐人杜牧《樊川文集》卷6《燕将录》：“自元和以来，刘辟守蜀，栈道剑阁，自以为子孙世世之地，然军卒三万，数月见羁。”[②] 杜牧言刘辟窃据剑南凭借“军卒三万”，但据《文苑英华》卷892《王爵·南平郡王高崇文神道碑》的载记，另一位唐人韦贯之却说刘辟乱蜀时有“众四万人”。[③] 两人所言有一万人的出入，可能源于二人观察点的不同。杜氏所言是指刘辟的常备军数量，而韦氏所言可能包括刘辟乱蜀时为增加军事实力而临时招募的军士在内。合而观之，这一时期，加上韦皋的苦心经营，四川戍边驻军数量当在4万人左右。

唐后期，四川地区戍边驻军基本上以镇防团结兵为主。团结兵是为防备吐蕃与南诏而设，《唐六典》卷5《尚书兵部》“兵部尚书”条载：“黎、雅、邛、翼、茂五州有镇防团结兵”[④]，因其大部分是由当地羌族部落兵组成，故又称羌兵。上文杜甫所言“邛、雅子弟兵”即指团结兵，代宗宝应元年（762年）改编为镇兵。此后，团结兵数量一直维持在3万人左右，最高达到5万人。数条史料可证：《资治通鉴》卷244《唐纪四十》“文宗大和四年七月”条记载，李德裕戍守剑南，加强军事防务，整治团结兵。其军事策略是，要抵御南诏进犯，“惟重兵镇守……黎、雅以来得万人，成都得二万人，精加训练，则蛮不敢动矣”。[⑤]《全唐文》卷744引卢求《成都记序》：

① （后晋）刘昫等．旧唐书［M］．北京：中华书局，1975：3822.

② （唐）杜牧．樊川文集［M］．上海：上海古籍出版社，1978：98.

③ （宋）李昉等．文苑英华［M］．北京：中华书局，1966：4693.

④ （唐）李林甫等撰；陈仲夫点校．唐六典［M］．北京：中华书局，2014：157.

⑤ （宋）司马光等著；（元）胡三省注．资治通鉴［M］．北京：中华书局，1997：7873.

宣宗大中六年（852 年），“蜀为奥壤，领州十四，县七十一，户百万，兵士五万，外疆接两蕃”。[①] 又据《新唐书》卷 222《南蛮传》载，懿宗咸通十四年（873 年），南诏寇蜀，西川节度使牛丛发出警告：“今吾有十万众，舍其半未用……清野待尔。”[②] 检诸文献，没有其他材料可证四川地区戍边驻军数量十万，牛丛所言剑南将士十万从何而来？《资治通鉴》卷 252《唐纪六十八》“僖宗乾符二年正月”条记载，乾符元年（874 年），南诏大规模侵蜀，执政卢携上疏：“今朝廷府库匮，甲兵少，牛丛有北兵七万，首尾奔冲不能救”[③]，建议采用羁縻政策。可知，当时牛丛所言，蜀兵十万包含前来救援的北兵七万。类似情况还有乾符二年（875 年），剑南节度使高骈为抗击南诏的入侵，“奏请自将本管及天平、昭义、义成等军工六万人击南诏”。[④] 为了说明唐代四川地区戍边驻军数量，特列表如下：

表 8—4　唐代四川地区戍边驻军数量简表

| 年代 | 兵数（人） | 资料来源 |
|---|---|---|
| 贞观十年（636 年） | 21,200 | 《新唐书》卷 50 |
| 天宝元年（742 年） | 30,900 | 《唐六典》卷 5 |
| 广德二年（764 年） | 34,300 | 《杜诗详注》卷 25、《旧唐书》卷 140 |
| 贞元时期（785 年—805 年） | 40,000 | 《樊川文集》卷 6、《文苑英华》卷 892 |
| 大中六年（852 年） | 50,000 | 《全唐文》卷 744 |
| 咸通十四年（873 年） | 100,000？ | 《新唐书》卷 222 |
| 乾符二年（875 年） | 60,000？ | 《资治通鉴》卷 252 |

另外，李世平先生综合文献考证认为，蜀汉时期民、兵、吏的比例分别为 86.88%、9.43% 和 3.7%。[⑤] 尽管这是三国鼎立时期蜀汉政权采取的一项非

① （清）董浩等编 . 全唐文［M］. 北京：中华书局，1983：4540.
② （宋）欧阳修，宋祁 . 新唐书［M］. 北京：中华书局，1975：6282.
③ （宋）欧阳修，宋祁 . 新唐书［M］. 北京：中华书局，1975：6282.
④ （宋）司马光等著；（元）胡三省注 . 资治通鉴［M］. 北京：中华书局，1997：8176.
⑤ 李世平 . 四川人口史［M］. 成都：四川大学出版社，1987：16.

常态化的施政措施，但可以为我们考察唐代四川地区戍边驻军数量提供一个新的思考点。按其观点带入前文所考唐代四川地区总户数，可得：

贞观十三年：690,234（户）×0.0943 ≈ 65,089（人）

天宝元年：1,179,052（户）×0.0943 ≈ 111,184（人）

显然，这一数字远远超过文献所载唐代四川地区戍边驻军数量，可仅供参考。综合上述所考，有唐一代，四川地区戍边驻军人数维持在 2 ~ 5 万人当无异议。

### （二）戍边驻军战略装备的考察

在冷兵器时代，战马对于军事作战和军事防御的重要意义是不言而喻的，故而，本书所言戍边驻军战略装备主要是指战马的配置。《资治通鉴》卷 215 载：全国十个节度与经略使中，共有“马八万余匹”，司马光于其下进行了注解，详细说明了全国范围内各军府马匹配备的具体数量。“马八万余匹”，按其字面理解，应该不会超过 81,000 匹，为了考察四川地区在其中所占的比例，假定 81,000 匹，根据《资治通鉴》卷 215 所载，特制作表格如下：

表 8—5　唐前期各地方军府（节度）拥有马匹数量表

| 军府名 | 马匹数量（匹） | 全国马匹数量（匹） | 所占比例 | 资料来源 |
|---|---|---|---|---|
| 安西府 | 2,700 | 81,000 | 3.33% | 《资治通鉴》卷 215 |
| 北庭瀚海军 | 4,200 | 81,000 | 5.19% | 同上 |
| 天山军 | 500 | 81,000 | 0.62% | 同上 |
| 伊吾军 | 300 | 81,000 | 0.37% | 同上 |
| 河西赤水军 | 13,000 | 81,000 | 16.04% | 同上 |
| 大斗军 | 2,400 | 81,000 | 2.96% | 同上 |
| 健康军 | 500 | 81,000 | 0.62% | 同上 |
| 宁寇、玉门军 | 600 | 81,000 | 0.74% | 同上 |

续表

| 军府名 | 马匹数量（匹） | 全国马匹数量（匹） | 所占比例 | 资料来源 |
| --- | --- | --- | --- | --- |
| 墨离军 | 400 | 81,000 | 0.49% | 同上 |
| 豆卢军 | 400 | 81,000 | 0.49% | 同上 |
| 朔方经略军 | 3,000 | 81,000 | 3.70% | 同上 |
| 丰安军 | 1,300 | 81,000 | 1.60% | 同上 |
| 定远军 | 2,000 | 81,000 | 2.47% | 同上 |
| 西受降城 | 1,700 | 81,000 | 2.10% | 同上 |
| 中受降城 | 2,000 | 81,000 | 2.47% | 同上 |
| 东受降城 | 1,700 | 81,000 | 2.10% | 同上 |
| 振武军 | 1,600 | 81,000 | 1.98% | 同上 |
| 河东天兵军 | 5,500 | 81,000 | 6.79% | 同上 |
| 云中守捉 | 2,000 | 81,000 | 2.47% | 同上 |
| 大同军 | 5,500 | 81,000 | 6.79% | 同上 |
| 横野军 | 1,800 | 81,000 | 2.22% | 同上 |
| 范阳经略军 | 5,400 | 81,000 | 6.67% | 同上 |
| 威武军 | 300 | 81,000 | 0.37% | 同上 |
| 清夷军 | 300 | 81,000 | 0.37% | 同上 |
| 静塞军 | 500 | 81,000 | 0.62% | 同上 |
| 平卢军 | 4,200 | 81,000 | 5.19% | 同上 |
| 卢龙军 | 500 | 81,000 | 0.62% | 同上 |
| 渝关守捉 | 500 | 81,000 | 0.62% | 同上 |
| 安东府 | 700 | 81,000 | 0.86% | 同上 |
| 陇右临洮军 | 8,000 | 81,000 | 9.88% | 同上 |
| 河源军 | 650 | 81,000 | 0.80% | 同上 |
| 白水军 | 500 | 81,000 | 0.62% | 同上 |
| 安人军 | 250 | 81,000 | 0.31% | 同上 |
| 威戎军 | 50 | 81,000 | 0.06% | 同上 |

续表

| 军府名 | 马匹数量（匹） | 全国马匹数量（匹） | 所占比例 | 资料来源 |
| --- | --- | --- | --- | --- |
| 汉门军 | 200 | 81,000 | 0.25% | 同上 |
| 宁塞军 | 50 | 81,000 | 0.06% | 同上 |
| 积石军 | 300 | 81,000 | 0.37% | 同上 |
| 剑南团结营 | 1,800 | 81,000 | 2.22% | 同上 |
| 昆明军 | 200 | 81,000 | 0.25% | 同上 |

上表显示，剑南团结营军队拥有马匹的数量为1,800匹，占全国军队拥有马匹数量的2.22%，这个数据与所占比例，较之安西府（3.33%）、河西赤水军（16.04%）、北庭瀚海军（5.19%）、朔方经略军（3.70%）、河东天兵军（6.79%）、大同军（6.79%）、范阳经略军（6.67%）、平庐军（5.19%）以及陇右临洮军（9.88%）等军事机构，仿佛显得微不足道。但需要指出的是，这仅仅是一个保守估算的数字。另外，还有一个不容忽略的事实，《资治通鉴》卷215《唐纪三十一》“玄宗天宝元年正月”条明确记载：“剑南节度西抗吐蕃，南扶蛮獠，统天宝、平戎、昆明、宁远、澄川、南江六军，屯益、翼、茂、当、嶲、柘、松、维、恭、雅、黎、姚、悉十三州之境。”[①]由此可知，四川地区担负着唐代西南、西北边防重任，尤其是四川地区西北部与吐蕃相邻的松州、茂州、翼州、维州等军府更是维系着国家的安全。按照司马光“团结营在成都府城内，兵万四千人”的说法，团结营地处剑南行政管理中心城市——成都，从军事意义上看，安全系数相对较高，军队拥有马匹可能系出于卫护地方行政中心的考虑，从这个角度分析，担负着国家西南边防安全重任的“翼州兵五百人。茂州兵三百人。维州兵五百人。柘州兵五百人。松州兵二千八百人。当州兵五百人。雅州兵四百人。黎州兵千人。姚州兵三百人。悉州兵五千人”[②]，共拥有兵士11,800人，占整个剑南节度管辖区域内军队人数的三分之一。再看其他九个节度，担负“抚宁西域”重

① （宋）司马光等著；（元）胡三省注．资治通鉴［M］．北京：中华书局，1997：6850.

② （宋）司马光等著；（元）胡三省注．资治通鉴［M］．北京：中华书局，1997：6850.

任的安西节度“兵二万四千”，拥有马匹数量为2,700匹；负责“防制”突骑施与坚昆的北庭节度“兵二万人”，拥有4,200匹马；负责“断隔”吐蕃与突厥的河西节度“兵七万三千人”，拥有13,000匹马；“捍御突厥”的朔方“兵六万四千人”、马3,000匹；“与朔方掎角以御突厥”的河东“兵五万五千人”，马5,500匹；“临制奚与契丹”的范阳“兵九万一千四百人”，马5,400匹；“镇抚室韦、靺鞨”的平庐“兵三万七千五百人”，马4,200匹；“备御突厥”的陇右“兵七万五千人”，马8,000匹；而“西抗吐蕃、南抚蛮獠”的剑南“兵三万九百人”，配备的马匹数量，现存文献只有剑南团结营的记载，而缺乏其他军事防区的记载。但我们可以根据全国十个担负国家边境安全的节度和经略使中在籍军人人数与配备马匹的比例大体推测剑南节度拥有的马匹数量，为了考察这一问题，特制表如下：

**表8—6 唐前期各节度（经略）在籍军人人数与马匹数量配备表**

| 军府名 | 治所 | 军事战略 | 在籍军人人数 | 马匹数量 | 军人与马匹配备比例（%） | 资料来源 |
|---|---|---|---|---|---|---|
| 安西 | 龟兹 | 抚宁西域 | 24,000 | 2,700 | 11.25 | 《资治通鉴》卷215 |
| 北庭 | 北庭都护府 | 防制突骑施、坚昆 | 20,000 | 4,200 | 21 | 《资治通鉴》卷215 |
| 河西 | 凉州 | 断隔吐蕃、突厥 | 73,000 | 13,000 | 17.8 | 《资治通鉴》卷215 |
| 朔方 | 灵州 | 捍御突厥 | 64,000 | 3,000 | 4.69 | 《资治通鉴》卷215 |
| 河东 | 太原 | 与朔方掎角以御突厥 | 55,000 | 5,500 | 10 | 《资治通鉴》卷215 |
| 范阳 | 幽州 | 临制奚、契丹 | 91,400 | 5,400 | 5.91 | 《资治通鉴》卷215 |
| 平庐 | 营州 | 镇抚室韦、靺鞨 | 37,500 | 4,200 | 11.2 | 《资治通鉴》卷215 |
| 陇右 | 鄯州 | 备御突厥 | 75,000 | 8,000 | 10.67 | 《资治通鉴》卷215 |
| 剑南 | 益州 | 西抗吐蕃、南抚蛮獠 | 30,900 | 1,800 | 5.83 | 《资治通鉴》卷215 |

在我国传统社会的军事战争中，军人与战马的配备比例究竟多少为黄金比例，或者说符合战争的发展规律，史料缺乏详细的记载，目前学界对此问题的探讨也较为薄弱。在这种情况下，本书只能在史料允许的范围内作出一个大体的推测。从表 8—3 来看，唐前期全国十个节度（经略）在籍军人人数与马匹数量配备比例各不相同，可能是政府在各军府配备一定数量马匹的前提下，根据军事作战或边防安全的需要而临时调拨，取其平均值为 10.93%。剑南团结营兵士 14,000 人配备 1,800 匹马的比例为 12.86%，两者平均比例为 11.9%，假定照此比例估算，担负国安西南安全重任的松州、茂州等军府 11,800 人至少应当拥有马匹数量为 1,400，这对于驻扎此地以备不时之需的这些常备军而言，显然远远不能满足战时之需。再者，从前引《新唐书》卷 42《地理志》来看，有唐一代要求隶属剑南的巂州、黔州等地区进贡“蜀马”，应该主要是用于剑南军队的建制而为。《唐律疏议》卷 15《厩库》“故杀官私马牛”条明确规定马的用途是“致远供军”[①]，即作为陆路长途交通工具和军队给养。

基于上述考虑，尽管史料缺乏对整个剑南节度军队拥有马匹具体数量的记载，但我们认为，松州、茂州、维州等与吐蕃邻近的军府至少应当拥有与吐蕃相制衡的军队建制。从这个意义上讲，这些军府拥有的马匹数量必定大于剑南团结营的 1,800 匹，假定这些军府拥有马匹数量为 2,500 匹，那么整个剑南节度军队拥有马匹数量当在 4,300 匹左右，占全国军队拥有马匹数量的 5% 左右，应是符合历史发展实际的。

## 三、唐代四川地区农业发展与戍边驻军的建设

前已论及，作为维护唐廷西南边境安全的门户，因吐蕃、南诏等民族政权的频繁侵扰导致四川地区戍边常备军一直维持在 3 ~ 5 万人左右，有时甚

① （唐）长孙无忌等 . 唐律疏议［M］. 北京：中华书局，1983：282.

至会达到 6 万与 10 万人。[①] 供应如此庞大的军队建制，如果没有高度发展的农业提供人力基础和基本物资的保障作用，是难以想象的。

## （一）唐代四川地区戍边驻军屯田和营田的考察

关于唐代官定口粮的标准，《唐六典》卷 6《尚书刑部》“都官郎中员外郎”条、卷 19《司农寺》“太仓署”条等均记为“丁男日给米二升”。[②] 按此标准，则丁男每年口粮为 7.2 石，这应是唐政府基于普通百姓维持日常生活下限而作出的成熟考虑。据此推算，唐代四川地区戍边 6 万至 10 万的驻军每年至少需要 21.6 万至 36 万石粮食，高峰值时期则需要 43.2 万至 72 万石粮食。那么，数量如此庞大的军粮供应从何而来？揆诸史籍，唐代戍边驻军的粮饷及军备战略物资基本上依靠的是政府的统一调配和军队自我屯田两条途径获取的。

《通典》卷 172《州郡二》载：“剑南节度使：管兵三万九百人，马二千匹，衣赐八十万匹段，军粮七十万石。”[③] 有学者对此条史料所载唐代剑南道军粮和衣赐标准提出质疑[④]，但限于尚无其他史料可资佐证，本书姑从史载。《资治通鉴》卷 215《唐纪三十一》“玄宗天宝元年（742 年）正月”条亦有更为具体的记载：“开元之前，每岁供边兵衣粮，费不过二百万；天宝之后，边将奏益兵浸多，每岁用衣千二十万匹，粮百九十万斛。”对此军队给养，司马光进行了考据，认为：“安西衣赐六十二万匹段，北庭衣赐四十八万匹

---

① 注：文献关于唐代四川戍边驻军数量 6 万与 10 万的记载，虽不是常态化，但即便因作战需要而短时间驻扎，亦需要解决饮食问题，故本书将其列入军队粮饷供应问题的考察范畴之内。

② （唐）李林甫等撰；陈仲夫点校 . 唐六典［M］. 北京：中华书局，1992：194、527.

③ （唐）杜佑 . 通典［M］. 北京：中华书局，1984：4476.

④ 注：如李锦绣认为，“馈军食剑南道 70 万，实际上是岭南、剑南两道数字，其别支计之匹段也是如此”。（参见李锦绣：《唐代财政史稿》，北京：北京大学出版社，1995 年，第 1234 页）；胡宝华认为，“仅有幽州兵力三分之一的剑南节镇，却享受到与幽州数量完全相等的供给，其人均供衣、供粮水平均诸镇之冠……或者与天宝政局有一定的关系”。（参见胡宝华：《唐代天宝间军费开支蠡测》，载中华书局编辑部编：《文史第 33 辑》，北京：中华书局，1990 年，第 163—170 页。）

段，河西衣赐百八十万匹段，朔方衣赐二百万匹段，河东衣赐百二十六万匹段，粮五十万石，范阳衣赐八十万匹段，粮五十万石，平庐失衣粮数，陇右衣赐二百五十万匹段，剑南衣赐八十万匹段，粮七十万石。”[①]显然，司马光在采纳此条史料时，未作任何改动，由此观之，杜佑所记，应当不谬。按此记载，唐政府每年统一调配的70万石粮食应当能够基本满足四川地区戍边驻军的日常生活需求。

同时，为了保证戍边驻军粮食的正常供应，唐政府又作出了新的调整。《唐六典》卷7《尚书工部》“屯田郎中”条记载：“凡军州边防镇守，转运不给，则设屯田，以益军储”[②]；《旧唐书》卷93《娄师德传》记载：“王师外镇，必籍边境营田。”[③]这样调整的主要目的是试图通过屯田和营田的方式在军粮一旦“转运不给”的情况，能够实现军粮的自给。那么，唐代四川地区是否普遍采用屯田和营田的方式供应军饷呢？检诸史乘，唐代四川地区最早的军屯记载是高祖武德三年（620年）。《新唐书》卷95《窦轨传》记载，“党项引吐谷浑寇松州，（窦）轨度羌必为患，始屯田松州。”[④]具体的农田劳作，主要由戍边的士兵担任，《大唐六典》卷5《尚书兵部》记载：“人给十亩以供粮。”为了增加屯田劳动力数量，同时又规定：若常驻边防的军士，其家人“情愿同去者，听至军州，各给田地屋宅。……所收斛斗，皆准顷亩折除”。[⑤]用这样的优惠政策吸纳更多的屯田劳动力。此后，随着维护西南边境安全战略思想的加强，四川缘边军镇设置逐渐增加，相应地，军队屯田的范围也有所扩大，但至开元二十二年（735年）也仅限于松州与巂州两地。同书卷7《尚书工部》“屯田郎中”条载：“剑南道巂州八屯，松

① （宋）司马光等著；（元）胡三省注．资治通鉴［M］．北京：中华书局，1997：6851.

② （唐）李林甫等撰；陈仲夫点校．唐六典［M］．北京：中华书局，1992：222.

③ （后晋）刘昫等．旧唐书［M］．北京：中华书局，1975：2975.

④ （宋）欧阳修，宋祁．新唐书［M］．北京：中华书局，1975：3845.

⑤ （唐）李隆基撰；（唐）李林甫注；（日）广池千九郎校注；内田智雄补订．大唐六典［M］．西安：三秦出版社，1991：120.

州一屯。”①

唐代四川地区戍边驻军的屯田效果自一开始似乎就不理想，《新唐书》为我们提供了这方面的证据。该书卷107《陈子昂传》载，垂拱初，面对“吐蕃、九姓叛”的“天下有危机”的局面，陈子昂上疏武则天迁民和增兵河西诸州，理由是：“河西诸州，军兴以来，公私储备，尤可嗟痛。凉州岁食六万斛，屯田所收不能偿垦。”可见，“岁食六万斛”的凉州军人如果紧靠军士屯田远远不能满足基本生活的需要，因为在陈子昂看来，以现有军士的人数屯田，每年的粮食收入连垦田的投入也未能收回，这种局面实在令人“嗟痛”。另一方面，《大唐六典》卷7《尚书工部》记载，“甘州（今甘肃张掖）地广粟多，……但户止三千，胜兵者少，屯田广夷，仓庾丰衍，瓜、肃以西，皆仰其馈，一旬不往，士多枵饥。……甘州四十余屯，水泉良沃，不待天时，岁取二十万斛，但人力匮乏，未尽恳发……宜益屯兵，外得以防盗，内得以营农，取数年之收，可饱士百万。”②据此可知，“水泉良沃”的甘州已经有四十余个屯田，尽管“岁取二十万斛”，但由于“户止三千”而导致“人力匮乏”，使得土地“未尽垦发”。

开元二十二年（735年），全国实施戍边军镇屯田的共有剑南道、河东道、关内道、河南道、河西道、陇右道、河西道7道。就屯田数量而言，“凡天下诸军州管屯总九百九十有二”，具体分布为河东道131屯，约占戍边军镇屯田总数的12.6%；关内道258屯，约占戍边军镇屯田总数的24.9%；河南道107屯，约占戍边军镇屯田总数的10.3%；河西道154屯，约占戍边军镇屯田总数的14.8%；陇右道171屯，约占戍边军镇屯田总数的16.5%；河北道208屯，约占戍边军镇屯田总数的20%；剑南道9屯，约占戍边军镇屯田总数的0.9%③。为了更加清晰地对比说明这一问题，根据《大唐六典》所载，特列表如下：

---

①（唐）李隆基撰；（唐）李林甫注；（日）广池千九郎校注；内田智雄补订．大唐六典［M］．西安：三秦出版社，1991：156.

②（宋）欧阳修，宋祁．新唐书［M］．北京：中华书局，1975：4072—4073.

③（唐）李隆基撰；（唐）李林甫注；（日）广池千九郎校注；内田智雄补订．大唐六典［M］．西安：三秦出版社，1991：171.

表 8—7　开元二十二年（734 年）戍边军镇屯田数量一览表

| 道名 | 屯田数（屯） | 所占比例（%） | 全国屯田数（屯） | 资料来源 |
|---|---|---|---|---|
| 河东道 | 131 | 12.6 | 1038① | 《大唐六典》卷 7 |
| 关内道 | 258 | 24.9 | 1038 | 《大唐六典》卷 7 |
| 河南道 | 107 | 10.3 | 1038 | 《大唐六典》卷 7 |
| 河西道 | 154 | 14.8 | 1038 | 《大唐六典》卷 7 |
| 陇右道 | 171 | 16.5 | 1038 | 《大唐六典》卷 7 |
| 河北道 | 208 | 20 | 1038 | 《大唐六典》卷 7 |
| 剑南道 | 9 | 0.9 | 1038 | 《大唐六典》卷 7 |

显然，但就屯田数量而言，与其他六道相比，剑南道通过军队自我屯田供应军队所需粮饷的能力是微乎其微的。“安史之乱”爆发之后，实施屯田的松州和嶲州相继被吐蕃和南诏攻占，原有的屯田也就不复存在了②，其他地方也未能实施。宣宗大中年间（847 年—859 年），西川节度使杜悰困于军粮，曾试图实施屯田：“蜀有可县，直嶲州西南，地宽平，多水泉，可灌秔稻。或谓杜悰计兴屯田，省转馈以饱边士，悰将从之。”但节度府判官杨收却说：“田可致，兵不可得。且地当蛮冲，本非中国。今辍西南屯士往耕，则姚、嶲兵少，贼得乘间。若调兵捍贼，则民疲士怨。假令大穰，蛮得长驱，是资贼粮，岂国计耶？”③杜悰虑及当时的军事防备形势而最终作罢。

此后，屯田逐渐演变为营田。《资治通鉴》卷 248《唐纪六十四》“宣宗大中三年七月条”胡注引宋白《续通典》载：“营田之名，盖缘边多隙地，蕃兵镇戍，课其播殖以助军须，谓之屯田。其后中原兵兴，民户减耗，野多闲田，而治财赋者如沿边例开置，名曰营田。行之岁久，不以兵，乃招致

① 注：《大唐六典》卷 7《尚书工部》“屯田郎中”条载“凡天下诸军州管屯总九百九十有二”，但与下文具体所列数字总和相互抵牾，本书以各道所列具体数目相加为全国戍边军镇军屯数量予以考察。

② 李敬洵．唐代四川经济［M］．成都：四川省社会科学院出版社，1988：80.

③（宋）欧阳修，宋祁．新唐书［M］．北京：中华书局，1975：5392.

农民强户，谓之营田户。”[①]《新唐书》卷53《食货志》亦言：“唐开府军以捍冲要，因隙地置营田。”[②]据此可知，营田最初是与屯田同时存在的一种官府占田依靠士兵耕种供应军储的农业运作方式。后经历“安史之乱”的兵火洗礼，常住户口减少，依靠“成丁而入”“人给十亩以供粮”的屯田制度无法得以维持的情况下，政府通过“招致农民强户”耕种田地而不断得以发展，逐渐代替屯田成为供应驻军军储的又一农业运作方式，其耕作范围主要是兵火涂炭、民户逃亡之后的闲置荒地。诚如清人黄辅臣所言：“屯田因兵得名，则固以兵耕。营田募民垦种，分里筑室以居其人，略仿晁错田塞之制，故以营名。其实用民，而非兵也。”[③]

唐代四川地区戍边驻军的营田，现存文献虽无确切记载，但其中却不乏剑南三川节度使兼领本道“营田使”的记载。如《唐会要》卷78《节度使》言：“开元五年（717年）二月，除剑南节度使支度营田兼姚、巂等州处置兵马使。”[④]《唐大诏令集》卷50《夏侯孜平章事制》则说，懿宗咸通三年（862年）夏侯孜出任“剑南西川节度副大使、知节度使事、管内支度营田观察处置等使”[⑤]，剑南西川营田再次由节度使兼管。两条史料合观，虽不能确定唐代四川地区实施营田制的具体时间，但从开元五年（717年）解除剑南节度使兼领营田使的政令来看，唐代四川地区至少在此之前开始实施营田制度一直到懿宗咸通三年（862年）当无异议。

---

① （宋）司马光等著；（元）胡三省注．资治通鉴［M］．北京：中华书局，1997：8043.

② （宋）欧阳修，宋祁．新唐书［M］．北京：中华书局，1975：1365.

③ （清）黄辅辰编著；马宗申校释．营田辑要校释［M］．北京：农业出版社，1984：1.

④ （宋）王溥．唐会要［M］．北京：中华书局，1955：1341.

⑤ 注：《授夏侯孜平章事制》《唐大诏令集》卷50记为《夏侯孜平章事制》，没有“授”字，但在文末又明确记为（懿宗）咸通三年七月（【宋】宋敏求：《唐大诏令集》卷50《大臣》，北京：商务印书馆，1959年，第156页）。《文苑英华》卷449录有此文。同样没有“授”字，所录时间与《唐大诏令集》相同（【宋】李昉等：《文苑英华》卷449《命相》，北京：中华书局，1966年，第273页）；又据《新唐书》卷9《懿宗本纪》记载：“（咸通三年）七月，剑南节度使夏侯孜为尚书仆射、兼门下侍郎、同中书门下平章事”（【宋】欧阳修，宋祁撰：《新唐书》卷9《懿宗本纪》，北京：中华书局，1975年，第258页）。三条史料合观，本书采用《唐大诏令集》和《文苑英华》所录。

由此可见，唐代四川地区戍边驻军实施屯田和营田当无异议。那么，依靠屯田和营田是否能够满足四川地区戍边驻军的粮饷和其他军储的日常需求呢？这必然需要讨论唐代四川地区屯田和营田的粮食总产量问题。

首先，唐代四川地区屯田和营田的耕地面积。唐代关于戍边军队屯田和营田面积的规定较为明确，即“诸军州管屯，大者五十顷，小者二十顷”①“隶州、镇诸军者，每五十顷为一屯”②。而目前所见文献记载，剑南道仅有“巂州八屯，松州一屯”，共计450顷耕地。但对于营田，由于史料缺载，导致无法估算具体耕田数，本书仅以屯田为例予以考证。就农作物而言，巂州与松州地处四川盆地西南边缘，“其地气候大寒，不生秔稻，有青稞麦、裹豆、小麦、乔麦”③，地势高寒，不适宜种植水稻，只能种植耐寒、耐旱的青稞、小麦以及粟等旱地作物。

其次，唐代营田旱地农作物的亩产量。《旧唐书》卷109《黑齿常之传》：“常之以河源军正当贼（吐蕃）冲，开营田五千余顷，岁收百余万石”④。刘昫生活在唐宋之间，其对旱地粮食亩产量的记载应当符合当时农业生产的实际情况。成书于宋仁宗嘉祐五年（1060年）的《新唐书》卷110《黑齿常之传》：“黑齿常之拜河源道经略大使，垦田五千顷，岁收粟斛百余万”⑤；成书于宋神宗元丰七年（1084年）的《资治通鉴》卷202《唐纪十八》“高宗永隆元年七月”条则记为：“擢常之为河源军经略大使……开屯田五千余顷，岁收五百余万石”⑥；唐人李翱《平赋书》说：“一亩之田，以强并弱，水旱之不时，虽不能尽地力者，岁不下粟一石”；⑦《新唐书》卷107《陈子昂传》垂拱中上疏言甘州屯田：“其四十余屯，水泉良沃，不待天时，岁取二十万

① （唐）李隆基撰；（唐）李林甫注；（日）广池千九郎校注；内田智雄补订．大唐六典［M］．西安：三秦出版社，1991：165.

② （宋）李昉．太平御览［M］．北京：中华书局，1960：1530.

③ （后晋）刘昫等．旧唐书［M］．北京：中华书局，1975：5219.

④ （后晋）刘昫等．旧唐书［M］．北京：中华书局，1975：3294.

⑤ （宋）欧阳修，宋祁．新唐书［M］．北京：中华书局，1975：4121.

⑥ （宋）司马光等著；（元）胡三省注．资治通鉴［M］．北京：中华书局，1997：6395.

⑦ （唐）李翱．李文公集［M］．上海：上海古籍出版社，1993：13.

斛，但人力寡乏，未尽垦发”；[①]《新唐书》卷53《食货志》载：元和中“以韩重华为振武、京西营田、和籴、水运使……募人为十五屯，每屯百三十人，人耕百亩……垦田三千八百余顷，岁收粟二十万石”；《新唐书》卷54《食货志》载，唐代宗时议天宝以来情况：“田以高下肥瘠丰耗为率，一顷出米五十余斛”[②]；《旧唐书》卷163《崔弘礼传》载：崔弘礼“请于秦渠下辟荒田三百顷，岁收粟二万斛，诏皆从之”[③]；《新唐书》卷164《崔弘礼传》：“迁河阳节度使，治河内秦渠，溉田千顷，岁收八万斛。”[④]

胡戟先生对上述史料逐条予以了考证，认为河源军治都城（今青海省西宁市），黑齿常之屯田年代诸书记载合，垦田数亦合。唯《通鉴》记岁收五百余万石，合亩收十石，大面积屯田的收获量高于常田十倍，不可信。殆“五”为衍字。当以两唐书所记为准，岁收百余万石，合亩二石；李翱此书反映九世纪上半期时平均亩产量不下一石，与裴耀卿所言相同。甘州，今甘肃张掖，当为军屯。四十余屯合地二千余顷，岁取二十万斛，陈子昂所估，亩产亦合一石。十五屯，每屯百三十人，人耕百亩，共耕一千九百五十顷，岁收粟二十万石，合亩一石。所言“垦田三千八百余顷”，恰为实耕地数之二倍，应是包括一半休耕地在内。一顷出米五十余斛，合亩产粟八、九斗以上。此长庆后事。河内，今河南沁阳。旧传所记为奏请之言，新传所记是实收情况。田千顷收八万斛，合亩产八斗。殆是新辟荒田，亩产量略低。[⑤]目前，学界普遍认为唐代旱地农作物粟的亩产量通常在一石左右是比较符合当时的农业发展状况的。[⑥]

按此所考，唐代四川地区的松州、嶲州两地屯田450顷粟的总产量当为

---

① （宋）欧阳修，宋祁．新唐书［M］．北京：中华书局，1975：4072—4073.

② （宋）欧阳修，宋祁．新唐书［M］．北京：中华书局，1975：1373、1388.

③ （后晋）刘昫等．旧唐书［M］．北京：中华书局，1975：4265.

④ （宋）欧阳修，宋祁．新唐书［M］．北京：中华书局，1975：5050。

⑤ 胡戟．唐代粮食亩产量——唐代农业经济述论之一［J］．西北大学学报（哲学社会科学版），1980（3）：75—76.

⑥ 吴慧．中国经济史若干问题的计量研究［M］．福州：福建人民出版社，2009：344；李敬洵．唐代四川经济［M］．成都：四川省社会科学院出版社，1988：82.

4.5 万石。另一个需要考虑的问题是唐代通常的出米量。唐人陆贽所撰《请减京东水运收脚价于沿边州镇储蓄军粮事宜状》一文所言为我们提供了这方面的思考。陆氏在文中明确提到唐代的出米量是“每米六升折粟一斗”[①]。按照这一标准进行折合，唐代四川地区的松州、嶲州两地屯田得米当在 2.7 万石左右。而四川地区戍边驻军每年粮食需求至少在 21.6 万 ~ 72 万石之间。由此看来，唐代四川地区驻军依靠屯田和营田所得的粮食仅占全部所需军粮的 3.8% ~ 12.5% 左右，显然远远不能满足戍边驻军正常运转的需要。因此，唐代四川地区戍边驻军的粮食供应几乎完全依靠政府的统一调配。

### （二）唐代四川地区戍边驻军粮食供应问题的考察

既然唐代四川地区戍边驻军的粮食供应几乎完全依靠政府的统一调配，那么，每年的军粮又从何而来？来自京师、江南还是四川地区本土？现存文献记载和时人诗文描述为我们提供了足够的证据，证实唐代四川地区戍边驻军每年所需军粮完全依靠本土的供应。

《资治通鉴》卷 187《唐纪三》“高祖武德二年冬十月”条记载，武德二年（619 年）冬十月，“集州獠反，梁州总管庞玉讨之。獠据险自守，军不得进，粮且尽……玉扬言：‘秋谷将熟，百姓毋得收刈，一切供军’”。[②] 陈子昂在《上蜀川军事》一文中指陈了四川地区戍边驻军粮食供应来自四川地区本土的史实：“臣伏惟松、潘诸军自屯镇以来，于今相继百十余年……闻松、潘等州屯军，数不逾万，计粮给饷，年则不过七万余石可盈足……每岁向役十六万夫，担粮轮送……蜀川百姓，永不得息。通轨军人，保安边镇。”[③] 唐长孺先生考订指出，陈子昂上此疏大约在高宗垂拱四年（688 年）前后，且陈氏所言“百十余年”之“百”为“有”之误写。[④] 如此，自戍守松、潘的通轨军建制以来，即由四川地区的百姓每年为其运送军粮。同书同卷又载陈氏在高宗圣历元年（698 年）再次上疏朝廷，言及每年都要从成都平原各州

① （唐）陆贽著．刘泽民校点．陆宣公集［M］．杭州：浙江古籍出版社，1988：188.

② （宋）司马光等著；（元）胡三省注．资治通鉴［M］．北京：中华书局，1997：5867.

③ （宋）欧阳修，宋祁．新唐书［M］．北京：中华书局，1975：4641.

④ 唐长孺．唐书兵志笺正［M］．北京：中华书局，1962：71.

县征调五十万丁为驻守扶州的同昌军运粮。[①] 当然，征调四川地区的民夫每年为戍边驻军运粮还不足以证明所运粮食来自四川农产区。唐代粮食的运输不仅难度极大，而且成本也相当高。上引《上蜀川军事》中说民夫“担粮轮送，一斗之米，价钱四百”。粮食运输每斗“四百”文，每万石运价就达 4 万贯，其结果是“岁转军储，扰我公私，费以巨亿”。[②]《新唐书》卷 53《食货志》亦载：“民亦罹水路漕运之弊矣……水行来远，多风波覆溺之患，其失常十七八。故其率一斛得八斗为成老”；同时，陆运以车或马为基本工具，不仅运载量不大，而且运费惊人，“陆运（江淮）至陕，才三百里，率两斛计佣钱千”。[③] 在运粮数量大、成本高的情况下，唐政府不会舍近求远而外调粮食于蜀。《旧唐书》卷 190《陈子昂传》所录一条史料为此提供了最为直接的证据：武周时期，陈子昂上疏武则天指陈蜀地运粮供军而带来的不利影响：“巴、陇婴吐蕃之患，西蜀疲老，千里赢粮……往年吐蕃欲寇松州，遂使国家盛军师，大转饷以备之……而蜀人残破，几不堪命。”[④]《旧唐书》卷 196《吐蕃上》亦言：“开元二十六年（738 年）四月，王昊率剑南兵募攻其安戎城。先于安戎城左右筑两城……运剑南道资粮以守之。”[⑤] 另外，北宋沈括所描述的为戍边军队运粮难度亦可提供这方面的思考。《梦溪笔谈》卷 11《政事》记曰：“运粮不但多费，而势难行远……人负米六斗，卒自携五日干粮……一去可十八日……若以畜乘运之，则驼负三石，马、骡一石五斗，驴一石，比之人运，虽负多而费寡，然刍牧不时，畜多瘦死。”[⑥] 由此可知，四川百姓所运军粮只能出自四川农业区。

另外，唐代四川地区戍边驻军建设的后勤保障，即抚慰阵亡将士家属和致残将士所赐衣粮，亦有四川地区农业自我提供。据《唐大诏令集》记载，唐政府多次下诏令抚慰阵亡将士。如该书卷 124《政事·诛李惟岳后忧恤易

---

① （宋）欧阳修，宋祁 . 新唐书［M］. 北京：中华书局，1975：4641.

② （宋）欧阳修，宋祁 . 新唐书［M］. 北京：中华书局，1975：4641.

③ （宋）欧阳修，宋祁 . 新唐书［M］. 北京：中华书局，1975：1365.

④ （后晋）刘昫等 . 旧唐书［M］. 北京：中华书局，1975：5019—5023.

⑤ （后晋）刘昫等 . 旧唐书［M］. 北京：中华书局，1975：5250.

⑥ （宋）沈括著；侯真平点校 . 梦溪笔谈［M］. 长沙：岳麓书社，1998：96—97.

定等道诏》记载：“有家属者……给复三年”；卷125《政事·破李同捷得音》记载：“阵亡其家口有在者，各委本军优恤，仍三年勿绝粮赐；其有因种矢遂至残废者，各委本军厚加存养，仍给衣粮，终身勿绝。”① 同时将这一制度延伸至将领的婚丧嫁娶。《资治通鉴》卷236《唐纪五十二》“顺宗永贞元年（805年）八月”条载：“（韦）皋在蜀二十一年，重加赋敛，丰贡献以结主恩，厚给赐以抚士卒，士卒婚嫁死丧，皆供其资费。”②《唐语林》卷6《补遗》载：“韦太尉之在西川，凡军士将有婚嫁，则以熟锦衣给其夫，以银泥衣给其妻，又各给钱一万，死丧称是……极其聚敛，军府浸盛，而民困矣。”③

唐代四川地区戍边驻军日常及后勤保障所需衣粮均由四川地区自我提供，无疑加重了四川区域内百姓的赋敛负担。这一状况在时人诗文描述中多有反映，杜甫《西山三首（即岷山，捍阻羌夷，全蜀巨障）》即言：

> 彝界荒山顶，蕃州积雪边。筑城依白帝，转粟上青天。蜀将分旗鼓，羌兵助井泉。西戎背和好，杀气日相缠。辛苦三城戍，长防万里秋。烟尘侵火井，雨雪闭松州。风动将军幕，天寒使者裘。漫山贼营垒，回首得无忧。子弟犹深入，关城未解围。蚕崖铁马瘦，灌口米船稀。辩士安边策，元戎决胜威。④

至德二年（757年），担任蜀州、彭州刺史的高适，感于四川地区长期担负“西抗吐蕃，南抚蛮獠”的重任而使农业发展遭受严重影响而上《请罢东川节度使疏》：

> 剑南虽名东西两川，其实为一道。自邛关、黎、雅，界于南蛮也；茂州而西，经羌中至平戎数城，界于吐蕃也。临边小郡，各举

---

① （宋）宋敏求.唐大诏令集［M］.北京：商务印书馆，1959：664、670.

② （宋）司马光等著；（元）胡三省注.资治通鉴［M］.北京：中华书局，1997：7620.

③ （宋）王谠撰；周勋初校正.唐语林［M］.北京：中华书局，1987：547.

④ （清）彭定求等编.全唐诗［M］.北京：中华书局，1999：469.

军戎，并取给于剑南。其运粮戎，以全蜀之力，兼山南佐之，而犹不举。①

另一位生活在中宗时期的成都人闾丘均在《益州父老请留博陵王表》一文中则直接说：

蜀乡财产，古称天府。疲敝始西军之役，屡空拯冒赙之夫，满路吁嗟，弃亲亡散，维贷是视，爱养谁能。②

综上所述，唐代四川地区戍边驻军建设所需的粮饷、马匹等战略物资和战略装备，“始终都要依靠四川盆地各州供给”。③

### （三）兵源与力役问题的考察

唐代四川地区农业发展对戍边驻军建设的支持，除了上述提供军粮供应以外，还集中体现在提供兵源和力役两个方面。

首先，按唐制：“民年十六为中男，十八始成丁，二十一为丁充力役。”④《大唐六典》卷5《尚书兵部》“兵部尚书”条载：“凡三年一简点，成丁而入，六十而免，量其远近，以实番第。”又言“凡天下诸州差兵，募取户殷丁多，人材骁勇”。⑤两条史料合观可知，凡是年满十八岁的男丁皆在备选之列，具体戍边地点则根据居住地和戍边军镇之间的距离而定。作为维护唐廷西南边境的门户，唐政府肯定会在四川地区将这一政策予以重点推行。上考唐代四川地区戍边驻军常备数量3万～5万，尽管未言兵地来源，但来自四川本地当无异议。《资治通鉴》卷202《唐纪十八》“高宗永隆元年七月”条载：“剑

---

① （后晋）刘昫等．旧唐书［M］．北京：中华书局，1975：3329—3330.

② （宋）宋敏求．文苑英华［M］．北京：中华书局：1966：3157.

③ 李敬洵．唐代四川经济［M］．成都：四川省社会科学院出版社，1988：82.

④ （宋）司马光等著；（元）胡三省注．资治通鉴［M］．北京：中华书局，1997：6027.

⑤ （唐）李隆基撰；（唐）李林甫注；（日）广池千九郎校注；内田智雄补订．大唐六典［M］．西安：三秦出版社，1991：119、120.

南募兵于茂州西南筑安戎城，以断吐蕃通蛮之路。”[①]《唐六典》卷5《兵部尚书》“兵部尚书”条载：“黎、雅、邛、翼、茂五州有镇防团结兵”[②]，其来源大多是计户出兵。《会昌一品集》卷12《故循州司马杜元颖》记载，文宗大和三年（829年），在抵抗南诏的入侵过程中，邛、雅二州的团结兵伤亡惨重，仅南诏俘虏的8000余人中，“皆是黎、雅百姓，半杂葛僚”[③]。《资治通鉴》卷244《唐纪六十》“文宗太和四年十月条”记载，太和四年（830年），李德裕出任西川节度使，整顿军队，征调新兵，“率户二百取一人，使习战，贷勿事，缓则农，急则战，谓之雄边子弟”[④]。时年，史料缺载四川地区具体户数，无法推及四川地区提供的具体兵士数量。唐人卢求《成都记序》言宣宗大中六年（852年），“蜀为奥壤，领州十四，县七十一，户百万，兵士五万，外疆接两蕃”[⑤]，恰与李德裕“户二百取一人”相吻合，可引为旁证。又：《资治通鉴》卷255《唐纪七十一》“僖宗中和四年三月”条记载，僖宗中和四年（884年），剑南东川节度使杨师立“集本道将士、八州坛丁十五万人”，讨伐西川节度使陈敬宣。“坛丁”，胡三省注曰：“蜀中边郡民兵也”。[⑥]

其次，唐代四川人民担负的各种赋役中，最为沉重的当属转输军粮。《旧唐书》卷196《吐蕃传》记载，“剑南西山与吐蕃、氐、羌邻接，武德以来，开置州县，立军防”[⑦]。其后，随着缘边驻军人数的持续增加，粮饷运输任务十分繁重。上引陈子昂《上蜀川军事》言，高宗时，戍守松、潘的通轨军每年所需7万石军粮是由16万“蜀川百姓”“不得息”运送而至。《上蜀川安危事》说，每年都要从成都平原益、彭、蜀、汉等人口相对稠密的州县征调50万丁夫为同昌军运送军粮。仅此两项运役，每年就要从四川地区征发66万丁夫，而当时唐政府在四川地区设置的军镇，远不止同昌和通轨

① （宋）司马光等著；（元）胡三省注．资治通鉴［M］．北京：中华书局，1997：6396.
② （唐）李林甫等撰；陈仲夫点校．唐六典［M］．北京：中华书局，1992：157.
③ （唐）李德裕．会昌一品集［M］．上海：上海古籍出版社，1994：76.
④ （宋）司马光等著；（元）胡三省注．资治通鉴［M］．北京：中华书局，1997：7873.
⑤ （清）董浩等编．全唐文［M］．北京：中华书局，1983：4540.
⑥ （宋）司马光等著；（元）胡三省注．资治通鉴［M］．北京：中华书局，1997：8302.
⑦ （后晋）刘昫等．旧唐书［M］．北京：中华书局，1975：5250.

二军。据《新唐书》卷50《兵志》记载，唐前期，剑南道先后设置有10军、15守捉、32城、38镇；而通过对同书卷42《地理志》所载统计，则为15军、23守捉、37城、47镇。按此估算，唐政府每年从剑南道征调的运粮丁夫不会少于100万。再据陈子昂的记载，运送7万石军粮需要16万丁夫，若按此标准估计，每万石军粮至少需要2万余丁夫。而四川地区戍边驻军每年粮食需求至少在21.6万～72万石之间，可知，唐政府每年从四川地区征调的丁夫当在43.2万～144万之间。太宗贞观十三年（639年）大簿，四川地区有69.4余万户，玄宗开元年间增至90.4万户，天宝元年（742年）又增至117.9万户，这也是史籍所载唐代四川地区户数的最高峰值。除去不课户及盆地缘边诸州的少数民族，实际承担这项运役的民户，平均每户至少要征调2人。前文论及，唐代四川地区尤其是成都平原及岷江下游、涪江冲积平原农业区家庭结构基本上是以一夫一妻及未成年子女组建的核心小家庭为主。假如每户征调2个丁夫，除了未成丁男性、老年丁男以及丁女，几乎全部被征调。其结果自然就是“剑南百姓，不堪此役”①“蜀人残破，几不堪命”②，致使“百姓老弱，未得其所，比年以来，多以逃亡”。③玄宗时期，四川地区军事防务任务愈加繁重，供军力役也随之苛重。时人张九龄说：“兵连蛮檄，岁转军储。扰我公私，费以巨亿”④，导致“三蜀疲罄”。⑤

综上所述，有唐一代，处于“西抗吐蕃，南抚蛮獠”军事要冲的四川地区，是维护唐廷西南边境安全的门户所在，不仅要为唐廷西南戍边驻军提供军粮与战马等基本战略物资和战略装备，而且还承担着输送兵源与力役的重任。在唐代特定的社会生产力发展水平、唐政府关于人口与农业发展的宏观政策调控以及军队建制等因素的制约下，实现这一重任最有效的支撑点必须以农业的发展为前提。现存传世文献所载和唐人的诗文记述都无可辩驳地证

① （唐）陈子昂．陈子昂集［M］．北京：中华书局，1960：176.
② （唐）陈子昂．陈子昂集［M］．北京：中华书局，1960：203.
③ （唐）陈子昂．陈子昂集［M］．北京：中华书局，1960：176.
④ （清）董浩等编．全唐文［M］．北京：中华书局，1983：2052.
⑤ （宋）欧阳修，宋祁．新唐书［M］．北京：中华书局，1975：4444.

明了唐代四川地区凭借高度发展的农业有效地实现了维护唐廷西南边境安全的重任。

## 本章小结

“兵戈犹拥蜀，赋敛强输秦”①，杜甫一语道破了唐代四川地区农业高度发展对于维护唐廷西南边境安全的重要历史贡献。由于四川地区地处“西抗吐蕃，南抚蛮獠”的军事前沿地带，缘边诸州一直设有戍边驻军，其常备军数量一直维持在3万至5万人左右，有时甚至会达到6万至10万人左右。每年军粮需求至少在21.6万至72万石，依靠戍边军队的屯田和营田所得的粮食仅有2.7万石左右，占全部所需军粮的3.8%至12.5%，其余则“始终都要依靠四川盆地各州供给”。②同时，又通过提供兵源和力役维持了戍边驻军的正常建制。除此之外，唐代四川地区农业发展对维护唐廷西南边境安全的历史贡献还表现在为区域内羁縻府州提供衣食等基本生活需求。陈子昂《上蜀川安危事》称：“松、茂等州诸羌首领，二十年来利得此军财帛、粮饷，以富己润屋。”③可以说，唐代四川地区凭借高度发展的农业在与吐蕃、南诏等民族政权以及内附的羌族、西爨白蛮与东爨乌蛮、僚人等少数民族的融合和对抗的过程中，通过提供军粮、军衣、战马等战略物资与战略装备以及提供兵源、力役等人力资源维持了唐廷西南边境戍边驻军的正常运转，又通过农耕与游牧两种生产方式的交融，创造出了“和同为一家”的民族交融局面，从而有力地维护了唐政府西南边境的安全，为推进唐代社会的变迁提供了有力的历史支撑。

① （清）彭定求等编．全唐诗［M］．北京：中华书局，1999：2504.

② 李敬洵．唐代四川经济［M］．成都：四川省社会科学院出版社，1988：82.

③ （唐）陈子昂．陈子昂集［M］．北京：中华书局，1960：173.

# 结　语

变迁是社会发展的常态，社会始终处于变迁的态势之中。以农业立国的我国传统社会，在漫长的发展历程中，尽管社会性质和政治意义上的上层建筑没有发生实质性的改变，但并不能借此就否认发展意义上的社会变迁的发生与存在。同时，我国传统社会的发展历程又充分证明了，农业发展与社会变迁互为因果、相互融合：一方面，在促使社会产生变迁的政治、经济、文化、军事、生产技术等众多因素中，农业是不可或缺的物质基础和最为重要的原动力；另一方面，社会变迁又为农业发展提供政策调整、劳动力资源支撑及科学技术的智力支持等，而总趋势则是前者为因，后者为果，即社会变迁是农业发展所结之果。可以说，二者的这种相互作用、相互联系以及由此而带来的诸多变化，宏观地体现了我国传统社会在演进过程中所折射出来的固有的复杂的法则或规律。这既是我们认识我国传统社会的基本内容，同时也是根本的途径之一。

另一个不容忽略的事实是，我国幅员辽阔，历史时期国家统一的农业政策和近乎相同的农业生产技术在不同的农业生产区并不必然形成等同的农业发展水平，这就造成了我国传统社会农业发展虽然总体呈现共时性的特点，但区域发展的不平衡更为明显，并由此导致了社会变迁的内容、程度与方式亦呈现出显著的区域性特征。四川地区[①]由于特殊的地理环境，在历史时期

① 注：如前文所述，本书所指的四川地区是以四川盆地为中心，包括盆地周边的丘陵山区地带和川西高原东部这一相对封闭、既自成一体，又符合我国传统意义上按照山脉走向和河流流向划分地方行政单位的政治理念的地理空间。

既形成了以成都平原为核心的稻作农产区及四川盆地东部丘陵、山地为核心的旱作农产区，又形成了农耕与游牧这两种我国传统社会农业生产体系并行发展的典型特征。

目前学界普遍认为，自秦昭襄王（公元前306—公元前251年）由秦移民至巴蜀之后直至元代，四川农业区发展水平一直居于我国领先地位，不仅是历代王朝财赋的主要供应区域，而且也是我国开发西南边疆、促进国家统一和维护社会稳定的重要基地。[①] 爰及唐代，经过域内人民的辛勤开发与经营，四川地区农业迎来了新的突破与发展，中唐以后，一度成为全国农业发展速度最快、同时也是最稳定的农业区。因此，时贤在评论其历史地位和历史贡献时，一般将其与江南农业区和关中农业区相提并论，并认为它与隶属江南农业区的江淮地区是当时全国农业经济最为发达的两个地区。同时，唐代四川地区的社会变迁也表现得更为突出和显著。“扬一益二”“别籍异财”“俗好娱乐”“和同为一家”等俗语几乎成了唐代四川地区的身份识别和特有的文化符号，无论是生活在同一时代的唐人诗文描述，还是唐之后的历代典籍文献的追述记载，俱对此四类社会现象不吝笔墨，充分说明了时人及唐之后历代史学家对唐代四川地区的这种社会变迁现象的认可和接纳程度。毫无疑问，在我国以农立国的传统社会，唐代四川地区农业发展是这四类社会现象形成的物质基础和重要的原始推动力。

另一个需要指出的问题是，尽管农业与社会发展相生相伴，是人类社会发展历程中最为悠久的生产活动（或者说是生产部门），但由于农业在某一特定历史发展阶段对社会发展所起的作用有所不同，同时人们对其本质及其对社会发展的作用也有着不同的理解，甚至这种不同的理解在不同的历史发展阶段又被注入了新的认识，以至于给农业下一个确切的定义的确存在较大的学术困难。目前学界对农业内涵的界定基本存在农业社会发展阶段说和农业本质属性说两种观点。本书立足于中国大百科全书的释义：“利用生物生长发育过程来获取动植物产品的社会生产部门”，结合我国传统社会小农

---

① 冀朝鼎.中国历史上的基本经济区与水利事业的发展［M］.北京：中国社会科学出版社,1981：79；段渝：四川通史（先秦卷）［M］.成都：四川人民出版社,2010：3—6；蒙默，刘琳等.四川古代史稿［M］.成都：四川人民出版社，1988：204.

经济的显著特点，将我国传统社会背景下的“农业”界定为：封建政府占有土地，以个体家庭为基本生产单位和消费单位的广义农业，包含种植业、林业、家庭养殖业和副业等生产部门。

按此农业内涵及唐代四川地理范围的界定，本书以马克思主义关于生产力和生产关系的辩证原理为根本理论基础，结合现存传世文献记载、考古发现、时人诗文描述以及学界现有的研究成果，从农业物质生产资源、劳动力生产资源和生产技术资源三个方面全面考察了唐代四川农业发展的具体表现和基本原因所在。在此基础上，又根据现代学术认定，以“扬一益二”“别籍异财”“俗好娱乐”“和同为一家”四类唐代四川地区社会变迁表现得最为显著的社会现象为代表，分析了唐代四川农业发展对社会经济结构、社会家庭结构、社会生活以及民族关系的变迁的促进作用或者说是支撑力度。

## 一、唐代四川地区农业发展的考察

唐代四川地区农业的高度发展是农业物质生产资源、劳动力资源和生产技术资源全面优化的直接结果。

就农业物质生产资源而言，首先，有唐一代，唐政府在平原和低缓的丘陵地带，通过大规模地修建农田水利设施（本书统计为 42 项），使得稻田自流灌溉区从成都平原向北扩大到涪江冲积平原、向南扩大到岷江冲积平原；在盆地中部和东部的丘陵地带，则通过畲田的方式扩展耕地面积。玄宗天宝年间（742 年—755 年），四川地区耕地面积较之东汉增长了两倍多。其次，随着耕地面积的扩展，农作物种类亦有大幅度的增加，水稻产量达到了汉代的两倍之多。桑麻类农产品及茶叶的生产一度占据全国前列。在基本满足不断增长的人口对衣、食等生活资料基本需求的同时，还在维护国家政权稳定方面起到了巨大作用，从而提升了四川地区在全国的经济和政治地位。但另一方面，唐代四川地区域内地区间的发展不均衡现象依然存在。这种不平衡现象主要表现在平原与丘陵山区的差别以及盆地内部汉族与盆地西南、西北少数民族之间的差异。成都平原的农业发展水平整体高于盆地中部与周边丘陵山区和盆地东南平行岭间河谷区。

其次，在我国传统社会中，人口是农业发展和社会变迁相互关系中最为活跃的因素。单纯地从数量上讲，人口既是衡量农业发展的基本参考标志之一，又能为农业发展提供必要的劳动力资源。因为，在当时的社会环境中，粮食运输的难度极大，一般是某一区域的人口数量基本依靠这一区域粮食供给予以维持。从这个意义上讲，四川地区分别在隋末唐初、“安史之乱”爆发的唐中期以及唐末战乱三次接收移民入蜀之后人口数量的迅速增长，从一个侧面反映了唐代四川农业发展的整体水平。唐代四川地区人口数量，玄宗开元年间（713 年—741 年），官方统计的人口数量虽然没有超过西汉平帝元始二年（2 年）在籍数量，但较之隋大业年间（605 年—617 年），无论户数还是口数都超出了近两倍。但同时，也呈现出区域增长以及区域分布不均衡的特点。总体上说，人口增长的速率和分布密度从平原向盆地中部、东部以及缘周丘陵山地、川西高原东部依次递减，这也与唐代四川地区农业发展的区域性特点相吻合，有力地证明了人口数量的增长为农业发展提供了相对充足的劳动力资源。另外，需要特别指出的是，农业教育和劳动力素养的提高，也是唐代四川地区农业发展的一个必不可少的内在条件。

再次，四川盆地西南向东北倾斜、平原地带河流纵横交错的地理特点决定了农业发展对农田水利工程有着不可替代的依赖性。“治蜀先治水”成为历代王朝辖治四川的共识。有唐一代，唐政府在四川地区不仅展开了大规模的修建农田水利工程，而且还通过设立专门的水利机构、制定专门的岁修制度等措施，为农业发展提供了必要的基础保障。同时，限于成都平原相对狭小的耕地面积，以轮作制和复种制为代表的稻作和丘陵山地旱作技术也日渐成熟，生产工具已经普遍使用铁制农具，提高了土地的利用率，为农作物总产量的提高提供了重要的技术支撑。但同时，也存在平原地带“无寸土之旷，岁三四收”①、丘陵山区农民“务本不闻于秀麦”② 极不均衡的现象。这也是导致唐代四川地区农业发展过程中，平原地带农业发展水平整体高于丘陵山地的又一重要因素。

---

① （元）脱脱等．宋史［M］．北京：中华书局，1977：2210.

② （宋）王象之．舆地纪胜［M］．北京：中华书局，1992：4579.

## 二、唐代四川地区社会变迁的考察

唐代四川地区农业高度发展促使社会产生了显著的变迁，集中体现在社会经济结构、社会家庭结构、社会生活结构以及民族关系等方面。

首先，唐代四川地区农业的高度发展，提高了农产品商品化的比重，尤其是成都平原农产品商品化程度的提高，使得农业财富日益向成都集中，最终形成了“扬一益二”的经济格局。但是，依靠高度集中的农业财富商品化所带来繁荣的成都，作为一个相对独立的经济发展体，受限于自然、交通、政治、割据势力以及当时小农经济占据主体的经济背景等多种因素，难以与城市相对集中的江南、关中地区展开持久的竞争，在宋元之后逐渐走向落寞。

其次，唐代四川以成都平原为核心的农产区农业生产条件的优化，大大提高了以一夫一妻及未成年子女组建的核心家庭成为独立生产单位和消费单位的可能性。“父子别居”的家庭生活模式，在农业生产中获得的实际效益远远高于“父子同居”“累世而居”的大家庭。这就使得滥觞于秦代，而后普遍存在于全国的社会现象，日益成为唐代四川地区专有的社会现象，甚至成为唐代四川地区家庭结构的常态，并由此引发了一系列的社会伦理问题。但是，这种“父子别居”的家庭结构导致了家庭财产的分流，不利于大家族的形成。有唐一代，四川地区尽管以成都平原为核心的农业区高度发达，所创造的农业财富也位居全国前列。但是，自始至终却没有像江南地区一样出现地方豪族或者形成庄园农业经济的发展模式，社会经济结构中仍然以个体家庭的小农经济为主。

再次，唐代四川地区农业的高度发展，将滥觞于秦汉以来的“俗好娱乐”在唐代推到了有史以来的最高峰。高度发展的农业带来了农业财富的高度集中，但相对狭小的投资环境、偏隅一方的自然地理特点以及“蜀道难，难于上青天”的对外交通状况和统治集团“重农抑商”的思维惯式，导致了高度集中的农业财富无法转向土地和商业投资，也不能如其他城市一样“自由地”开展经济往来，使得四川成为一个远离其他城市的农业经济独立发展体。在此情况下，高度集中的农业财富只能通过内部消耗的方式得以转化，从而导致了“俗好娱乐”这一社会现象成为唐代四川地区社会生活的常态。另一方面，唐代四川地区普遍存在的“俗好娱乐”造成了农业财富的分散和流失，使得高度集中的农业财富无法转向农业再生产和工商业领域，从而在很大程度上严重影响了整个社会经济的发展。

最后，唐代四川地区地处“西抗吐蕃，南抚蛮獠”的军事前沿地带，缘边诸州一直设有戍边常备军。每年所需21.6万至72万石军粮，除了3%左右依靠屯田和营田所得外，其余则“始终都要依靠四川盆地各州供给”。[①]同时，又通过提供兵源和力役维持了戍边驻军的正常建制。不仅如此，唐代四川还要为区域内羁縻府州解决衣食等基本生活需求。可以说，唐代四川凭借高度发展的农业在与吐蕃、南诏等民族政权以及内附的羌族、西爨白蛮与东爨乌蛮、僚人等少数民族的融合和对抗的过程中，通过提供军粮、军衣、战马等战略与物资战略装备以及提供兵源、力役等人力资源维持了戍边驻军的正常运转，又通过农耕与游牧两种生产方式的交融，创造出了“和同为一家”的民族交融局面，从而有力地维护了唐政府西南边境的安全。

综上，唐代四川地区运用“土富人繁，物力之饶，甲乎天下”的农业生产方式造就了唐代中后期“扬一益二”的经济发展格局；并将西汉以来蜀民“俗好娱乐”的生活方式推向一个新的高度；相对优越的农业生产条件又改变了个体农民的家庭组织结构，夫妻组成的核心家庭成为农业生产的基本单位，“父子别居”成为社会普遍化现象；同时“藩捍西南隅”，又为唐廷提供最基本的军队战略物资和兵源保障，从而改善了唐与吐蕃、南诏等民族的关系，为推进唐代社会的变迁提供了有力的历史支撑。

## 三、课题未来考察空间

历史现象是复杂的，社会生活的方面亦很宽广，“农业发展与社会变迁”这一命题显然不能完全表达唐代四川地区丰富的社会生活和复杂的历史进程。“扬一益二”“别籍异财”“俗好娱乐”“和同为一家”仅仅是唐代四川地区社会变迁在社会经济结构、社会家庭结构、社会生活结构以及民族关系诸领域的一个突出的表现点而已。或者说，这四类社会现象在唐代四川地区社

① 李敬洵．唐代四川经济［M］．成都：四川省社会科学院出版社，1988：82.

会变迁的过程中表现得最为强烈和显著。虽然不能完全涵盖唐代四川地区社会变迁的整体脉络，但也在一定程度上反映了唐代四川地区社会变迁的广度和深度，且有一点毋庸置疑：任何社会现象的产生、发展与消亡都与当时社会变迁进程中的经济运行状况和总体社会环境是分不开的。所以，如何进一步拓展“唐代四川农业发展与社会变迁”这一学术命题的研究范畴，尚需从资料的挖掘、理论的夯实、考察视野的扩展以及研究方法的更新等方面予以深入探讨，从而使得这一学术命题更为丰满。简而言之，笔者在未来学习过程中拟着力关注的热点如下：

第一，如何进一步深入论证我国历代王朝关于农业政策的调整和区域农业发展的关系问题。我国传统社会农业发展的显著特点之一就是：农业是在历代王朝不断更替的序列中予以推进的。在此期间，历代王朝几乎无一例外地在政权创建伊始，或者中后期出于稳固、或者挽救即将走向衰落的政权的考虑，都对农业政策做出了不同程度的调整。国家农业政策的调整尽管在本质上没有发生实质性的改变，但它的宏观调控与区域农业政策的具体执行存在怎样的对接关系？对区域农业的发展产生了怎样的历史性影响？区域农业又是怎样在自我运行的过程中接纳和认同这一政策并且物化为推动社会变迁的原动力呢？

第二，讨论唐代四川地区农业发展问题，必然不能忽视农民与农村问题，这一问题又可分解为：如何判定传统社会人口与土地结合的程度和方式是否合理？人口与劳动力，尤其是与实际投入农业生产的劳动力并不能完全对等，农业劳动力数量如何计算才能符合我国传统社会的历史发展实际等诸问题。诚如中国台湾学者吴章铨先生指出：“自古以来，我国主要经济基础建立在农村上，政府的收入、大多数百姓的生业，都依赖农业……古代生产力停滞，土地和劳力以外的生产因素，对于增加生产力的影响微小”。[①] 唐代前期采取的均田制和中后期实施的“两税法”对四川地区人口与土地结合的方式产生了怎样的影响？又由此引发了哪些社会变迁等问题，都是未来开启学者研究不能规避的思考点。

① 吴章铨.唐代农民问题研究［M］.台北：台湾中国学术著作奖助委员会，1963：1.

第三，我国传统社会的农业教育问题。本书虽然关注了唐代四川地区劳动力数量以及劳动者在进行具体农业生产劳动过程中必然存在的个体差异等相关问题，但是，这一学术命题尚有诸多讨论空间。如：怎样科学地界定我国传统社会农业教育问题？从哪些方面考察我国传统社会劳动者在进行具体农业生产劳动过程中必然存在的个体差异？这种必然存在的个体差异对农业发展又产生了怎样的影响？农业教育的具体内容是什么？农业教育一般通过哪些方式或者说那些手段予以实施？农业教育又产生了哪些社会影响？等等。

第四，作为一个相对独立的“农业基本经济区”①，唐代四川农业区与江南农业区、关中农业区难以展开长期而持久的竞争，除了本书论及的相对封闭的自然地理因素、域内农业经济发展不均衡以及劳动力资源存在差异等原因之外，还有哪些因素通过何种方式在这种社会变迁过程中产生了怎样的作用？这些问题同样需要进一步地深入思考和讨论。

第五，从资料的运用方面分析，如何进一步提高农业考古报告及研究成果的科学利用率。证诸史乘，唐代四川地区农业发展史迹仅散见于零星记载，这就给我们从典籍文献方面考察唐代四川地区农业发展的全貌造成了极大的学术困难。另一方面，尽管20世纪后半叶以来，四川地区唐代考古遗址的不断发现，以充分的实物在一定程度上弥补了这一时期农业历史文献记载的不足。但学界对这些有关考古发掘报告和研究成果缺乏系统的分类和整理，导致了它们仅仅停留在单纯的器物描述和孤立零碎的资料水平上。如何进一步提高这些农业考古报告和研究成果的利用率，发挥其应有的学术效用，是学界进行农业考古学科建设迫切需要解决的问题。

第六，从课题研究的学术价值和时代价值方面分析，本书以“唐代四川农业发展与社会变迁”为研究对象，创作的核心目的是通过科学的分析唐代四川地区农业发展与社会变迁在双重互动下所折射出的历史合理性和内在规

① 注：冀朝鼎先生秉承区域史研究的理念，指出“农业基本经济区”的含义首先是农业呈现出高度的自给自足，并据此将四川列为一个“很明显地就能以独立的和自给自足的方式而存在的农业基本经济区”。（参见冀朝鼎著，朱诗鳌译：《中国历史上的基本经济区与水利事业的发展》，北京：中国科学出版社，1981年，第9页。）

律性，最终为国家和四川省政府制定符合中国特色、四川省情战略规划提供历史借鉴、理论依据和智力支持，从而实现“历史研究与服务现实的对话”。因此，这一问题就牵涉到对秦汉及唐代大规模修建的水利工程进行田野考察的学术活动，具体内容包括：四川地区历史上这两次大规模修建的水利工程目前仍在发挥实际效用的究竟有多少？成都平原目前的有效自流或引流灌溉耕地面积到底有多少？区域内农民仍在沿袭唐代水稻和小麦种植的生产技术还是在此基础上有所创新等基本问题。

第七，从研究内容上讲，本书属于区域史的研究。区域史研究过程中，如何处理好共性和个性的问题，是本课题未来着力关注的又一命题。如从农业物质生产资源、劳动力资源以及农业生产技术资源三个方面，考察唐代四川地区农业发展问题，也适用于其他农业区，如何在这种共性中探讨唐代四川地区农业发展的个性，需要从理论、资料和方法等方面予以综合考虑。

总之，本书以“唐代四川农业发展与社会变迁”为学术命题，选取“扬一益二”“别籍异财”“俗好娱乐”“和同为一家”等文献着重记载的唐代四川地区社会变迁的显著表现点，从社会经济结构、社会家庭结构、社会生活与民族关系四个方面，考察了区域农业发展与社会变迁的双重互动关系，并在一定程度上揭示了这种互动关系所折射出的内在合理性和较为独特的演变机制。但不可否认的是，这种“以点带面”的研究范式不可能完全反映出唐代四川地区农业发展与社会变迁的历史轨迹，个别地方的论证虽然关联度极高，但并不存在必然的联系，甚至难免有“雄鸡一唱天下白”的痕迹所在，还有诸多研究空间需要进一步结合文献记载和考古资料的疏证。同时，在论证的过程中，个别观点也难免失于详细考证，敬请时贤指正。

# 主要参考文献

## 一、马克思主义经典著作

[1] 马克思，恩格斯：《马克思恩格斯选集》第3卷，人民出版社，1972年。
[2] 马克思，恩格斯：《马克思恩格斯选集》第2卷，人民出版社，1995年。
[3] 马克思，恩格斯：《马克思恩格斯全集》第23卷，人民出版社，1972年。
[4] 列宁：《列宁选集》，人民出版社，1972年。
[5] 列宁：《俄国资本主义的发展》，人民出版社，1972年。

## 二、古籍

[1] 王云五，朱经农主编；黄公渚选注：《周礼》，商务印书馆，1936年。
[2]（春秋）管仲著；（唐）房玄龄注；（明）刘绩补注；刘晓艺校点：《管子》，上海古籍出版社，2015年。
[3] 冀昀主编：《吕氏春秋》，线装书局，2007年。
[4]（战国）荀子著；安继民译注：《荀子》，中州古籍出版社，2006年。
[5]（汉）司马迁：《史记》，中华书局，1959年。
[6]（汉）氾胜之著；万国鼎辑释：《氾胜之书辑释》，农业出版社，1980年。
[7]（汉）刘向著；贺伟，侯仰军点校：《战国策》，齐鲁书社，2005年。
[8]（汉）许慎：《说文解字》，中华书局，1963年。
[9]（汉）班固撰；（唐）颜师古注：《汉书》，中华书局，1962年。
[10]（汉）崔寔撰；石声汉校注：《四民月令校注》，中华书局，1965年。
[11]（汉）应劭撰；王利器校注：《风俗通义校注》，中华书局，1981年。
[12]（汉）应劭撰；吴树平校译：《风俗通义校释》，天津人民出版社，1980年。
[13]（汉）桓宽：《盐铁论》，上海人民出版社，1974年。

［14］（晋）郭璞注：《尔雅》，浙江古籍出版社，2011 年。

［15］（晋）陈寿撰；（宋）裴松之注：《三国志》，中华书局，1959 年。

［16］（晋）常璩：《华阳国志》，中华书局，1985 年。

［17］（晋）常璩著；任乃强校注：《华阳国志校补图注》，上海古籍出版社，1987 年。

［18］（晋）常璩著；刘琳校注：《华阳国志校注》，成都时代出版社，2007 年。

［19］（北魏）郦道元注；陈桥驿注释：《水经注》，浙江古籍出版社，2001 年。

［20］（北魏）贾思勰：《齐民要术》，上海古籍出版社，2009 年。

［21］（南朝）刘义庆：《世说新语》，浙江古籍出版社，1998 年。

［22］（南朝）萧子显：《南齐书》，中华书局，1972 年。

［23］（南朝）沈约：《宋书》，中华书局，1974 年。

［24］（南朝）范晔撰；（唐）李贤等注：《后汉书》，中华书局，1997 年。

［25］（南北朝）颜之推：《颜氏家训》，中国文史出版社，2003 年。

［26］（南梁）萧统编；（唐）李善注：《文选》上海古籍出版社，1986 年。

［27］（北齐）魏收：《魏书》，中华书局，1974 年。

［28］（隋）虞世南：《北堂书钞》，天津古籍出版社，1988 年。

［29］（唐）李隆基撰；（唐）李林甫注：《大唐六典》，三秦出版社，1991 年。

［30］（唐）魏征等：《隋书》，中华书局，1973 年。

［31］（唐）房玄龄等：《晋书》，中华书局，1997 年。

［32］（唐）陈子昂：《陈子昂集》，中华书局，1960 年。

［33］（唐）长孙无忌等：《唐律疏议》，中华书局，1985 年。

［34］（唐）高适：《高常侍集》，中华书局，1985 年。

［35］（唐）令狐德棻等：《周书》，中华书局，1971 年。

［36］（唐）张彦远：《历代名画记》，中华书局，1985 年。

［37］（唐）李德裕：《会昌一品集》，上海古籍出版社，1994 年。

［38］（唐）杜佑：《通典》，中华书局，1988 年。

［39］（唐）欧阳询编：《艺文类聚》，中华书局，1965 年。

［40］（唐）李林甫等撰；陈仲夫点校：《唐六典》，中华书局，1992 年。

［41］（唐）温大雅：《大唐创业起居注》，上海古籍出版社，1983 年。

［42］（唐）刘禹锡：《刘梦得文集》，上海古籍出版社，1994 年。

［43］（唐）韩鄂著；缪启愉校释：《四时纂要校释》，农业出版社，1981 年。

［44］（唐）樊绰撰；向达校注：《蛮书》，中华书局，1962 年。

［45］（唐）苏敬等撰；尚志钧辑校：《唐・新修本草》，安徽科学技术出版社，1981 年。

[46]（唐）段成式撰；方南生点校：《酉阳杂俎》，中华书局，1981年。
[47]（唐）段成式：《酉阳杂俎续集》，中华书局，1981年。
[48]（唐）李肇：《唐国史补》，上海古籍出版社，1979年。
[49]（唐）慧立，彦悰著；孙毓棠，谢方点校：《大慈恩寺三藏法师传》，中华书局，2000年。
[50]（唐）白居易：《白氏长庆集》，上海古籍出版社，1994年。
[51]（唐）徐坚：《初学记》，中华书局，1962年。
[52]（唐）杜牧：《樊川文集》，上海古籍出版社，1978年。
[53]（唐）李吉甫撰；贺次君点校：《元和郡县图志》，中华书局，1983年。
[54]（唐）李匡文：《资暇集》，中华书局，1985年。
[55]（后晋）刘昫等撰：《旧唐书》，中华书局，1975年。
[56]（后蜀）何光远：《鉴诫录》，中华书局，1985年。
[57]（后唐）冯贽：《云仙散录》，中华书局，1986年。
[58]（五代）韩保昇撰；尚志钧辑复：《蜀本草》，安徽科学技术出版社，2005年。
[59]（宋）王钦若等筹编：《册府元龟》，中华书局，1960年。
[60]（宋）吕陶：《净德集》，中华书局，1985年。
[61]（宋）孙光宪：《北梦琐言》，中华书局，1960年。
[62]（宋）赵抃：《成都古今集记序》，四库全书商务印书馆影印本。
[63]（宋）司马光著；（元）胡三省注：《资治通鉴》，中华书局，1997年。
[64]（宋）宋敏求：《唐大诏令集》，京华书局，1968年。
[65]（宋）李昉：《太平御览》，中华书局，1960年。
[66]（宋）李昉：《太平广记》，中华书局，1961年。
[67]（宋）李昉：《文苑英华》，中华书局，1966年。
[68]（宋）王溥：《唐会要》，中华书局，1955年。
[69]（宋）乐史：《太平寰宇记》，中华书局，1999年。
[70]（宋）欧阳修，宋祁等：《新唐书》，中华书局，1975年。
[71]（宋）宋祁：《益部方物略记》，中华书局，1985年。
[72]（宋）黄休复：《茅亭客话》，中华书局，1991年。
[73]（宋）薛居正等撰：《旧五代史》，中华书局，1976年。
[74]（宋）欧阳修撰；（宋）徐无党著：《新五代史》，中华书局，1974年。
[75]（宋）苏轼：《苏东坡集》，商务印书馆，1933年。
[76]（宋）张唐英：《蜀梼杌》，中华书局，1985年。
[77]（宋）苏轼著：《苏轼文集》，中华书局，1986年。

[78]（宋）洪迈著；孔凡礼点校：《容斋随笔》，中华书局，2005年。

[79]（宋）郭允蹈：《蜀鉴》，商务印书馆，1937年。

[80]（宋）勾延庆：《锦里耆旧传》，中华书局，1985年。

[81]（宋）王应麟：《玉海》，文化书局，1977年。

[82]（宋）王应麟：《诗地理考》，中华书局，1985年。

[83]（宋）王象之：《舆地纪胜》，中华书局，1992年。

[84]（宋）陶谷：《清异录》，中华书局，1991年。

[85]（宋）王象之著；（清）李调元补编；胡丹凤考校：《蜀碑记补》，商务印书馆，1939年。

[86]（宋）祝穆撰；（宋）祝洙增订；施和金点校：《方舆胜览》，中华书局，2003年。

[87]（宋）范缜：《唐宋史料笔记丛刊·东斋记事》，中华书局，1980年。

[88]（宋）沈括著；侯真平点校：《梦溪笔谈》，岳麓书社，1998年。

[89]（宋）陈旉：《陈旉农书》，中华书局，1985年。

[90]（宋）叶延珪：《海录碎事》，上海辞书出版社，1989年。

[91]（宋）张君房辑：《云笈七签》，齐鲁书社，1988年。

[92]（宋）洪适：《隶释》，中华书局，1985年。

[93]（宋）山谦之：《丹阳记》，中国书店，1986年。

[94]（宋）魏了翁：《重校鹤山先生大全集》，国家图书馆出版社，2004年。

[95]（宋）范成大：《范石湖集》，上海古籍出版社，1981年。

[96]（宋）杨仲良：《续资治通鉴长编纪事本末》，北京图书馆出版社，2003年。

[97]（宋）郭知达：《九家集注杜诗》，上海古籍出版社，1985年。

[98]（元）王祯撰；王毓瑚校注：《农书》，中华书局，1981年。

[99]（元）马端临：《文献通考》，中华书局，1986年。

[100]（元）脱脱等：《宋史》，中华书局，1977年。

[101]（明）徐光启撰；石生汉点校：《农政全书校注》，上海古籍出版社，1979年。

[102]（明）何宇度：《益部谈资》，中华书局，1985年。

[103]（明）杨慎：《全蜀艺文志》（上中下），线装书局，2003年。

[104]（明）曹学佺：《蜀中名胜记》，商务印书馆，1936年。

[105]（明）黄省曾：《理生玉镜稻品》，中华书局，1985年。

[106]（明）彭大翼：《山堂肆考》，上海古籍出版社，1992年。

[107]（明）李贤撰；方志远点校：《大明一统志》，巴蜀书社，2017年。

[108]（清）顾炎武撰；黄坤校点：《天下郡国利病书》，上海古籍出版社，2012年。

［109］（清）顾炎武著；黄汝成集释；栾保群，吕宗力校点：《日知录》，上海古籍出版社，2014年。

［110］（清）董诰等编：《全唐文》，中华书局，1983年。

［111］（清）彭定求等编：《全唐诗》，中华书局，1960年。

［112］（清）吴任臣撰：《十国春秋》，中华书局，1983年。

［113］（清）常明，杨芳灿等：《四川通志》，扬州古籍出版社，1986年。

［114］（清）李宝著；黄仁寿等校注：《蜀语校注》，巴蜀书社，1990年。

［115］（清）穆彰阿，潘锡恩等：《大清一统志》，上海古籍出版社，2008年。

［116］（清）黄辅辰编著；马宗申校释：《营田辑要校释》，农业出版社，1984年。

［117］（清）顾祖禹撰；贺次君，施和金点校：《读史方舆纪要》，中华书局，2005年。

［118］（清）彭遵泗：《蜀碧》，中华书局，1985年。

［119］（清）仇兆鳌辑：《杜诗详注》，中华书局，1979年。

［120］（清）李玉宣等修；衷兴鉴编：《同治重修成都县志》，同治十二年刻本，巴蜀书社，1992年。

［121］（清）王谟：《汉唐地理书钞》，中华书局，1961年。

［122］（清）叶桂年等修；（清）吴嘉谟，龚煦春纂：《光绪井研县志》，巴蜀书社，1992年。

［123］（清）严可均辑；任雪芳审订：《全汉文》，商务印书馆，1999年。

［124］（清）张澍编：《蜀典》，四库全书商务印书馆影印本。

［125］（清）彭磬泉辑：《蜀故》，四库全书商务印书馆影印本。

［126］（清）王灏：《广群芳谱》，上海书店出版社，1985年。

［127］《山海经·海内经》，四库全书商务印书馆影印本。

［128］《梁启超史学论著四种·中国历史研究法》，岳麓出版社，1985年。

［129］刘琳等校点：《宋会要辑稿》，上海古籍出版社，2014年。

［130］佚名：《五国故事》，中华书局，1991年。

［131］四川大学古籍整理研究所主编：《全宋文》，巴蜀书社，1994年。

［132］陈尚君辑校：《全唐文补编》，中华书局，2005年。

［133］郫县地方志办公室：《民国郫县志》，方志出版社，2013年。

## 三、考古报告

［1］徐鹏章：《成都站东乡汉墓清理记》，《考古通讯》1956年第1期。

[2] 四川省文物管理委员会:《成都东北郊西汉墓葬发掘简报》,《考古通讯》1958年第2期。

[3] 四川省博物馆文物工作队:《四川新津县堡子山崖墓清理简报》,《考古》1958年第8期。

[4] 四川省博物馆:《四川牧马山灌溉渠古墓清理简报》,《考古》1959年第8期。

[5] 四川大学历史系考古教研组:《四川理县汶川县考古调查简报》,《考古》1965年第12期。

[6] 冯汉骥,童恩正:《岷江上游的石棺葬》,《考古学报》1973年第2期。

[7] 四川省金沙江渡口西昌段、安宁河流域联合考古调查队:《西昌坝河堡子大石墓发掘简报》,《考古》1976年第5期。

[8] 四川省博物馆:《四川文物考古工作三十年》,文物出版社,1979年。

[9] 茂县羌族自治县文化馆:《四川茂县营盘山的石棺葬》,《考古》1981年第5期。

[10] 四川省博物馆,青川县文化馆:《青川县出土秦更修田律木渎——四川青川县战国墓发掘简报》,《文物》1982年第1期。

[11] 四川省文管会,茂县文化馆:《四川茂汶羌族自治县石棺葬发掘简报》,载《文物资料丛刊》1983年第7期。

[12] 高维刚:《茂汶县石棺墓清理简报》,《四川文物》1986年第2期。

[13] 阿坝藏族自治州文物管理所,理县文化馆:《四川理县佳山石棺葬发掘清理报告》,《南方民族考古》第一辑,四川大学出版社,1987年。

[14] 四川省文管会等:《广汉三星堆遗址》,《考古学报》1987年第2期。

[15] 四川省文管会等:《成都十二桥商代建筑遗址第一期发掘简报》,《文物》1987年第12期。

[16] 唐长寿:《四川乐山麻浩一号崖墓》,《考古》1990年第2期。

[17] 茂县羌族博物馆,阿坝藏族羌族自治州文物管理所:《四川茂县牟托一号石棺墓及陪葬坑清理简报》,《文物》1994年第3期。

[18] 四川省博物馆:《四川茂汶考古调查简报》,《考古》1995年第5期。

[19] 四川省文物考古研究所编:《四川考古论文集》,文物出版社,1996年。

[20] 成都市文物考古工作队等:《四川新津宝墩遗址调查与试掘》,《考古》1997年第1期。

[21] 成都市文物考古工作队等:《四川温江鱼凫村遗址1996年发掘简报》,《文物》1998年第12期。

[22] 成都市文物考古工作队等:《四川郫县古城村遗址1996年发掘简报》,《文物》1999年第1期。

［23］成都市文物考古工作队，都江堰文物局：《四川都江堰芒城遗址发掘简报》，《考古》1999 年第 7 期。

［24］徐鹏章：《成都方池街古遗址发掘报告》，《考古学报》2003 年第 2 期。

［25］李映福等：《重庆云阳县明月坝唐宋寺庙遗址发掘简报》，《文物》2006 年第 1 期。

［26］成都文物考古研究所：《2012 年成都考古发现》，科学出版社，2014 年。

## 四、专著

### （一）外国专著

［1］（日）河田嗣郎著；郑里镇译：《农业经济学》，文化书局，1934 年。

［2］（德）瓦格勒著；王建新译：《中国农书》，商务印书馆，1936 年。

［3］（德）黑格尔著；王造时译：《历史哲学》，生活·读书·新知三联书店，1956 年。

［4］（德）黑格尔：《小逻辑》，商务印书馆，1980 年。

［5］Ruth A，Wallance and Alison Wolf，edt. *Contemporary Sociological Theoy*，Englewood Cliffs，N.J.1980.

［6］C.R.W. Spedding and others：*Biological Efficiency in Agriculture*，Academic Press，1981.

［7］（美）保罗·萨缪尔森，（美）威廉·诺德豪斯著；萧琛译：《经济学》，商务印书馆，1982 年。

［8］（英）斯佩丁（C.R.W. Spedding）著；贾慎修译：《草地生态学》，科学出版社，1983 年。

［9］（日）西嶋定生著；冯佐哲译：《中国经济史研究》，农业出版社，1984 年。

［10］Lentricchia，Frank：*Criticism and Social Change Criticism and Social Change Criticism and Social Change*，UNIV OF CHICAGO PR，1985.

［11］（英）M. 厄普顿著；姚君泽等译：《农业生产经济学和资源利用》，农业出版社，1987 年。

［12］（奥）路德维希·冯·贝塔朗菲：《一般系统论》，社会科学文献出版社，1987 年。

［13］（美）莫尔（Wilbert E. Moore）著；俞景蘧译：《社会变迁》，巨流图书公司，1988 年。

［14］（美）查尔斯·巴克斯著；林超民译：《南诏国与唐代的西南边疆》，云南人民出版社，1988 年。

［15］（日）仁井田陞著；栗劲等编译：《唐令拾遗》，长春出版社，1989 年。

［16］（美）伍兹著；何瑞福译：《文化变迁》，河北人民出版社，1989年。

［17］（日）佐竹靖彦：《唐宋变革の地域的研究》，同朋舍，1990年。

［18］（美）舒尔茨著；梁小民译：《改造传统农业》，商务印书局，1992年。

［19］Donald · Worster：*The Wealth of Nature*：*Environmental History and the Ecological Imagination*，Oxford University Press，1993.

［20］StevenVago：*Social change*，Prentice Hall College Div，1996.

［21］（美）赵冈：《中国历史上生态环境之变迁》，中国环境科学出版社，1996年。

［22］（日）大泽正昭：《唐宋变革期农业社会史研究》，汲古书院，1996年。

［23］Mary Fulbrook：*Historical Theory*：*Ways of Imagining the Past*，*Routledge*，Routledge，2002.

［24］（日）祖田修著；张玉林等译：《农学原论》，中国人民大学出版社，2003年。

［25］（日）内藤湖南著；夏应元，刘文柱等译：《中国史通论上：内藤湖南博士中国史著作选译》，社会科学文献出版社，2004年。

［26］（日）藤田昌久，（比）雅克 · 弗朗斯瓦蒂斯著；刘峰等译：《集聚经济学——城市、产业区位与区域增长》，西南财经大学出版社，2004年。

［27］（美）史蒂文 · 瓦戈著；王晓黎等译：《社会变迁》，北京大学出版社，2007年。

［28］MacKintosh，Robert：*Historic Theories of Atonement*，Books LLC，2009.

［29］Mackintosh，Robert：*Historic Theories of Atonement*；*With Comments*，General books，2010.

［30］（波）Piotr Sztompka著；林聚任等译：《社会变迁中的社会学》，北京大学出版社，2011年。

［31］（美）许倬云著；程农等译：《汉代农业：早期中国农业经济的形成》，江苏人民出版社，2011年。

［32］（美）马若孟著；史建云译：《中国农民经济：河北和山东的农民发展，1890—1949》，江苏人民出版社，2013年。

［33］Nancy Partner：*The SAGE Handbook of Historical Theory*，SAGE Publications Ltd，2013.

［34］（日）上田信著；朱海滨译：《森林和绿色的中国史》，山东画报出版社，2013年。

［35］（英）杜希德（D. C. Twitchett）著：《唐代财政》，中西书局，2016年。

## （二）国内专著

［1］黄现璠：《唐代社会概略》，商务印书馆，1926年。

[2] 吴承洛:《中国度量衡史》，商务印书馆，1937 年。
[3] 楼云林:《四川》，中华书局，1941 年。
[4] 张梁任:《四川粮食问题》，重庆振华印书馆，1941 年。
[5] 蒋君章:《西南经济地理》，商务印书馆，1945 年。
[6] 陈安仁:《中国农业经济史》，商务印书馆，1948 年。
[7] 岑仲勉:《西周社会制度问题》，新知识出版社，1956 年。
[8] 侯外庐主编:《中国思想通史》第 4 卷，人民出版社，1959 年。
[9] 孙敬之主编:《西南地区经济地理》，科学出版社，1960 年。
[10] 韩国磐:《南朝经济试探》，上海人民出版社，1963 年。
[11] 王毓瑚:《中国农学书录》，农业出版社，1964 年。
[12] 四川文献研究所主编；杨芳灿等撰:《四川通志》，京华书局，1967 年。
[13] 周开广:《四川经济志》，台湾商务印书馆，1972 年。
[14] 黄耀能:《中国古代农业水利史研究》,（台北）六国出版社，1978 年。
[15] 中国通史教学研讨会主编:《中国通史论文选》，台北华世出版社，1979 年。
[16] 侯外庐:《中国封建社会史论》，人民出版社，1979 年。
[17] 胡如雷:《中国封建社会形态研究》，三联书店，1979 年。
[18] 陈寅恪:《金明馆丛稿初编》，上海古籍出版社，1980 年。
[19] 陈寅恪:《金明馆丛稿二编》，上海古籍出版社，1980 年。
[20] 钮溥编著:《旱地农业蓄水保墒技术》，农业出版社，1980 年。
[21] 王云森:《中国古代土壤科学》，科学出版社，1980 年。
[22] 汪篯著：唐长孺等编:《汪篯隋唐史论稿》，中国社会科学出版社，1981 年。
[23] 傅筑夫:《中国古代经济史概论》，中国科学出版社，1981 年。
[24] 冀朝鼎:《中国历史上的基本经济区与水利事业的发展》，中国社会科学出版社，1981 年。
[25] 郭文韬:《中国古代的农作制和耕作法》，农业出版社，1981 年。
[26] 杨宽:《中国古代冶铁技术发展史》，上海人民出版社，1982 年。
[27] 邓少琴:《巴蜀史迹探索》，四川人民出版社，1983 年。
[28] 吕思勉:《两晋南北朝史》，上海古籍出版社，1983 年。
[29] 胡焕庸:《论中国人口之分布・人口地理文集》，华东师范大学出版社，1983 年。
[30] 史金波等:《文海研究》，社会科学出版社，1983 年。
[31] 刘志远等:《四川汉代画像砖与汉代社会》，文物出版社，1983 年。
[32] 光明日报社史学专刊编:《史学纵论》，重庆出版社，1984 年。
[33] 韩国磐:《北朝隋唐的均田制度》，上海人民出版社，1984 年。

[34] 李璠:《中国栽培植物发展史》，科学出版社，1984年。

[35] 赵俪生:《中国土地制度史》，齐鲁书社，1984年。

[36] 郑肇经:《中国水利史》，上海书店，1984年。

[37] 吴慧:《中国历代粮食亩产研究》，农业出版社，1985年。

[38] 贾大泉:《宋代四川经济述论》，四川省社会科学院出版社，1985年。

[39] 胡昭曦:《四川古史考察札记》，重庆出版社，1986年。

[40] 邓少琴:《巴蜀史稿》，重庆出版社，1986年。

[41] 葛剑雄:《西汉人口地理》，人民出版社，1986年。

[42] 周询:《蜀海丛谈》，巴蜀书社，1986年。

[43] 傅崇矩编:《成都通览》，巴蜀书社，1987年。

[44] 蒙文通:《蒙文通：第一卷古学甄微》，巴蜀书社，1987年。

[45] 李世平:《四川人口史》，四川大学出版社，1987年。

[46] 青柏林等:《简明农业科技全书·农业经济与管理篇》，四川辞书出版社，1987年。

[47] 尤中:《中国西南边疆变迁史》，云南教育出版社，1987年。

[48] 蒙默，刘琳等:《四川古代史稿》，四川人民出版社，1988年。

[49] 童恩正:《古代的巴蜀》，重庆出版社，1988年。

[50] 赵文林，谢淑君编著:《中国人口史》，人民出版社，1988年。

[51] 李敬洵:《唐代四川经济》，四川省社会科学院出版社，1988年。

[52] 何炳棣:《中国古今土地数字的考释和评价》，中国社会科学出版社，1988年。

[53] 史念海:《河山集·三集》，人民出版社，1988年。

[54] 包明宝:《农业经济学》，江苏科学技术出版社，1988年。

[55] 宁业高，桑传贤:《中国历代农业诗歌选》，农业出版社，1988年。

[56] 刘洪康主编:《中国人口·四川分册》，中国财政经济出版社，1988年。

[57] 曹贯一:《中国农业经济史》，中国社会科学出版社，1989年。

[58] 梁永勉:《中国农业科学技术史稿》，农业出版社，1989年。

[59] 岳琛主编:《中国农业经济史》，中国人民大学出版社，1989年。

[60] 成都市城市科学研究会编:《成都城市研究》，四川大学出版社，1989年。

[61] 隗瀛涛:《四川近代史稿》，四川人民出版社，1990年。

[62] 石方:《中国人口迁移史稿》，黑龙江人民出版社，1990年。

[63] 汪家伦，张芳:《中国农田水利史》，农业出版社，1990年。

[64] 中华人民共和国财政部《中国农民负担史》编辑委员会:《中国农民负担史》（1—4卷），中国财政经济出版社，1991年。

[65] 路兆丰:《中国古代农书的经济思想》,新华出版社,1991年。

[66] 徐中舒:《先秦史论稿》,巴蜀书社,1992年。

[67] 周绍良:《唐代墓志铭汇编》,上海古籍出版社,1992年。

[68] 徐才安:《四川古代史话》,重庆出版社,1992年。

[69] 王耀,陈战译注:《敦煌本吐蕃历史文书·编年史》,民族出版社,1992年。

[70] 武建国:《均田制研究》,云南人民出版社,1992年。

[71] 阎万英,尹英华:《中国农业发展史》,天津科学技术出版社,1992年。

[72] 王建革,李群主编:《农业发展原理》,南京大学出版社,1993年。

[73] 郭声波:《四川历史农业地理》,四川人民出版社,1993年。

[74] 冻国栋:《唐代人口问题研究》,武汉大学出版社,1993年。

[75] 车明诚等:《农业经济学——理论与政策》,黑龙江人民出版社,1993年。

[76] 张振国主编:《中国经济大辞库·农业卷》,中国经济出版社,1993年。

[77]《中国农业全书》总编辑委员会,《中国农业全书·四川卷》编辑委员会编:《中国农业全书·四川卷》,中国农业出版社,1994年。

[78] 钱穆:《中国文化史导论》(修订本),商务印书馆,1994年。

[79] 彭雨新主编:《中国封建社会经济史》,武汉大学出版社,1994年。

[80] 唐长寿:《乐山崖墓和彭山崖墓》,电子科技大学出版社,1994年。

[81] 郭文韬:《中国耕作制度史研究》,河海大学出版社,1994年。

[82] 陈玉民等编:《中国主要作物需水量与灌溉》,水利电力出版社,1995年。

[83] 杨子慧主编:《中国历代人口统计资料研究》,改革出版社,1995年。

[84] 罗桂环,舒俭民:《中国历史时期的人口变迁与环境保护》,冶金工业出版社,1995年。

[85] 熊大桐:《中国农业科学技术史》,中国林业出版社,1995年。

[86] 卢华语:《唐代蚕桑丝绸研究》,首都师范大学出版社,1995年。

[87] 翁俊雄:《唐代人口与区域经济》,新文丰出版有限责任公司,1995年。

[88] 林蒲田:《中国古代土壤分类和土地利用》,科学出版社,1996年。

[89] 费省:《唐代人口地理》,西北大学出版社,1996年。

[90] 樊志民:《秦农业历史研究》,三秦出版社,1997年。

[91] 阎万英:《中国农业思想史》,中国农业出版社,1997年。

[92] 侯绍庄:《中国古代土地关系史》,贵州人民出版社,1997年。

[93] 刘清泉:《四川省经济地理》,新华出版社,1997年。

[94] 李根蟠:《中国农业史》,文津出版社,1997年。

[95] 钟祥财:《中国农业思想史》,上海社会科学院出版社,1997年。

[96] 史继中：《西南民族社会形态与经济文化类型》，云南教育出版社，1997年。
[97] 黎虎：《汉唐外交制度史》，兰州大学出版社，1998年。
[98] 李根蟠：《中国古代农业》，商务印书局，1998年。
[99] 李守常：《史学要论》，商务印书馆，1999年。
[100] 翁俊雄：《唐后期政区与人口》，首都师范大学出版社，1999年。
[101] 四川省农业区划办公室编：《四川农业灾害与减灾对策》，四川科学技术出版，1999年。
[102] 麻国庆：《家与中国社会结构》，文物出版社，1999年。
[103] 岑仲勉：《隋唐史》，河北教育出版社，2000年。
[104] 杨铭：《西南民族史研究》，重庆出版社，2000年。
[105] 霍俊江：《中唐土地制度演变研究》，暨南大学出版社，2000年。
[106] 侯向阳：《区域农业发展的历史生态研究》，中国农业出版社，2000年。
[107] 潘同生编著：《中国经济诗今释》，中国财政经济出版社，2000年。
[108] 吴松弟：《中国人口史·辽宋金元时期》，复旦大学出版社，2000年。
[109] 陈寅恪：《隋唐制度渊源略论稿》，生活·读书·新知三联书店，2001年。
[110] 翁俊雄：《唐代区域经济研究》，首都师范大学出版社，2001年。
[111] 刘磐修：《盛世探源：汉唐农业发展研究》，江苏古籍出版社，2001年。
[112] 邹逸麟：《中国历史人文地理》，科学出版社，2001年。
[113] 翁独健：《中国民族关系史纲要》，中国社会科学出版社，2001年。
[114] 陈文华：《农业考古》，文物出版社，2002年。
[115] 葛剑雄主编：《中国人口史·先秦至魏晋南北朝时期》，复旦大学出版社，2002年。
[116] 冻国栋：《中国人口史·隋唐五代卷》，复旦大学出版社，2002年。
[117] 赵云旗：《唐代土地买卖研究》，中国财政经济出版社，2002年。
[118] 张泽咸：《汉晋唐时期农业》，中国社会科学出版社，2003年。
[119] 赵岗：《历史上的土地制度与地权分配》，中国农业出版社，2003年。
[120] 张善余：《中国人口地理》，科学出版社，2003年。
[121] 葛金芳：《唐宋变革期研究》，湖北人民出版社，2004年。
[122] 郑显文：《唐代律令制研究》，北京大学出版社，2004年。
[123] 谭继和：《巴蜀文化辨思集》，四川人民出版社，2004年。
[124] 周昕：《中国农具发展史》，山东科学技术出版社，2004年。
[125] 王勇：《东周秦汉关中农业变迁研究》，岳麓出版社，2004年。
[126] 马惠娣：《休闲：人类美丽的精神家园》，中国经济出版社，2004年。

[127] 段鹏等:《林盘——蜀文化之生态家园》，四川科学技术出版社，2004年。

[128] 钱钟书:《宋诗选注》，人民文学出版社，2005年。

[129] 吕思勉:《隋唐五代史》，上海古籍出版社，2005年。

[130] 张景书:《中国古代农业教育研究》，西北农林科技大学出版社，2005年。

[131] 管彦波:《中国西南民族关系史》，黑龙江人民出版社，2005年。

[132] 徐中舒著；徐亮工编:《川大史学·徐中舒卷》，四川大学出版社，2006年。

[133] 胡泽学:《中国梨文化》，学苑出版社，2006年。

[134] 张平真主编:《中国蔬菜名称考释》，北京燕山出版社，2006年。

[135] 卢华语等:《〈全唐诗〉经济资料辑释》，重庆出版社，2006年。

[136] 贾志刚:《唐代军费问题研究》，中国社会科学出版社，2006年。

[137] 卢丁等主编；(日)肥田路美著:《中国四川唐代摩崖造像：蒲江·邛崃地区调查研究报告》，重庆出版社，2006年。

[138] 赫治清主编:《中国古代灾害史研究》，中国社会科学出版社，2007年。

[139] 罗丽编著:《中国古代农事诗研究》，中国农业出版社，2007年。

[140] 梁方仲:《中国历代户口、田地、田赋统计》，中华书局，2008年。

[141] 王学典:《史学引论》，北京大学出版社，2008年。

[142] 游修龄主编:《中国农业通史·原始社会卷》，中国农业出版社，2008年。

[143] 杨伟兵:《云贵高原的土地利用与生态变迁》，上海人民出版社，2008年。

[144] 成都市地方志编撰委员会编撰:《成都市志·总志》，成都时代出版社，2009年。

[145] 郝时远:《民族研究文汇·民族理论篇》，社会科学文献出版社，2009年。

[146] 朱启臻主编:《农业社会学》，社会科学出版社，2009年。

[147] 李伯重:《唐代江南农业的发展》，北京大学出版社，2009年。

[148] 宁欣:《唐宋都城社会结构研究：对城市经济和社会的关注》，商务印书馆，2009年。

[149] 周振鹤:《体国经野之道——中国行政区划沿革》，上海书店出版社，2009年。

[150] 张雁南:《唐代消费经济研究》，齐鲁书社，2009年。

[151] 彭希哲:《人口与人口学》，上海人民出版社，2009年。

[152] 何平:《文化与文明史比较研究》，山东大学出版社，2009年。

[153] 李宗放:《四川古代民族史》，民族出版社，2010年。

[154] 贾大泉，陈世松主编:《四川通史》，四川人民出版社，2010年。

[155] 王文才，王炎编著:《蜀志类钞》，巴蜀书社，2010年。

[156] 朱宏斌:《秦汉时期区域农业开发研究》，中国农业出版社，2010年。

[157] 段渝:《四川通史·先秦卷》,四川人民出版社,2010年。

[158] 罗开玉:《四川通史·秦汉三国卷》,四川人民出版社,2010年。

[159] 李敬洵:《四川通史·魏晋南北朝隋唐卷》,四川人民出版社,2010年。

[160] 贾大泉主编:《四川通史·五代两宋卷》,四川人民出版社,2010年。

[161] 赵文欣,吕火明:《天府之国的四川农业》,西南财经大学出版社,2010年。

[162] 张剑光,邹国慰:《唐五代农业思想与农业经济研究》,上海三联书店,2010年。

[163] 卢华语等:《唐代西南经济研究》,科学出版社,2010年。

[164] 戴建国:《唐宋变革时期的法律和社会》,上海古籍出版社,2010年。

[165] 张志烈等:《苏轼全集校注》,河北人民出版社,2010年。

[166]《成都通史》编委会主编:《成都通史》,四川人民出版社,2011年。

[167] 张广智主编:《史学之魂:当代西方马克思主义史学研究》,复旦大学出版社,2011年。

[168] 蓝勇主编:《"西三角"历史发展溯源》,西南师范大学出版社,2011年。

[169] 齐涛主编:《中国古代经济史》,山东大学出版社,2011年。

[170] 张芳,王思明主编:《中国农业科技史》,中国农业科学技术出版社,2011年。

[171] 林文勋:《唐宋社会变革论纲》,人民出版社,2011年。

[172] 张安福,郭宁:《唐代的西域屯垦开发与社会生活研究》,中国农业出版社,2011年。

[173] 吴志强,傅泽平:《四川丘陵地区发展现代农业研究》,西南财经大学出版社,2011年。

[174] 韩茂莉:《中国历史农业地理》,北京大学出版社,2012年。

[175] 彭世奖:《中国作物栽培简史》,中国农业出版社,2012年。

[176] 王思明,沈志忠主编:《中国农业文化遗产保护研究》,中国农业科学技术出版社,2012年。

[177] 郭声波:《中国行政区划通史·唐代卷》,复旦大学出版社,2012年。

[178] 四川省南充市顺庆区志编撰委员会:《顺庆艺文撷英》,成都力扬文化传播有限公司线装本,2012年。

[179] 葛剑雄:《统一与分裂:中国历史的启示》,商务印书馆,2013年。

[180] 石承苍,刘定辉:《四川省自然地理环境与农业分区》,四川科技出版社,2013年。

[181] 王双怀:《古史新探》,陕西人民出版社,2013年。

[182] 马大正:《中国边疆经略史》,武汉大学出版社,2013年。

［183］阚能才：《四川制茶史》，中国农业科学技术出版社，2013年。

［184］王利华：《人竹共生的环境与文明》，生活·读书·新知三联书店，2013年。

［185］周其仁：《城乡中国》，中信出版社，2013年。

［186］蒋爱花：《唐代家庭人口辑考：以墓志铭资料为中心》，中央民族大学出版社，2013年。

［187］吴承明：《经济史：历史观与方法论》，商务印书馆，2014年。

［188］刘芝凤：《中国稻作文化概论》，人民出版社，2014年。

［189］惠富平：《中国传统农业生态文化》，中国农业科学技术出版社，2014年。

［190］黄宗智主编：《中国乡村研究第十一辑》，福建教育出版社，2014年。

［191］王书奴：《中国娼妓史》，湖南大学出版社，2014年。

［192］苏宁、邢飞：《道家精神与成都休闲文化》，武汉出版社，2014年。

［193］王俊：《中国古代水利》，中国商业出版社，2015年。

［194］周毅：《人口、资源、环境、社会、科技可持续发展研究》，新华出版社，2015年。

［195］任继周：《中国农业系统发展史》，江苏科学技术出版社，2015年。

［196］李文华：《中国重要农业文化遗产保护与发展战略研究》，科学出版社，2016年。

［197］刘学锴：《温庭筠全集校注》，三晋出版社，2016年。

［198］蒋超：《郑国渠》，山西科学技术出版社，2017年。

［199］李钊，何韬，邹家兴：《穿越历史的迷思——考古发现与古巴蜀文明探索》，四川辞书出版社，2017年。

［200］安晓东：《中国历代农林文献集成》，学苑出版社，2018年。

［201］闵庆文：《中国的全球重要农业文化遗产》，中国农业科学技术出版社，2018年。

［202］谭光万：《农业商品化：历史与启示》，东南大学出版社，2018年。

## 五、论文

### （一）期刊

［1］鞠清远：《唐宋时代的四川蚕市》，《食货》第3卷1936年第6期。

［2］陈寅恪：《论韩愈》，《历史研究》1954年第1期。

［3］徐中舒：《试论周代田制及其社会性质——并批判胡适井田辨观点和方法的错误》，《四川大学学报》（哲社版）1955年第2期。

［4］胡如雷：《唐代均田制研究》，《历史研究》1955 年第 5 期。

［5］唐长孺：《均田制的产生及其破坏》，《历史研究》1956 年第 2 期。

［6］孔经纬：《中国封建社会受工业中的资本主义萌芽》，《新史学通讯》1956 年第 2 期。

［7］蒙文通：《中国历代亩产量的扩大和赋役制度及学术思想的演变》，《四川大学学报》（哲社版）1957 年第 2 期。

［8］徐中舒：《巴蜀文化初论》，《四川大学学报》（哲社版）1959 年第 2 期。

［9］胡如雷：《唐宋之际中国封建社会的巨大变革》，《史学月刊》1960 年第 7 期。

［10］史念海：《隋唐时期长江下游农业的发展》，《人文杂志》1960 年第 1 期。

［11］郑学檬：《试论隋唐的屯田和营田》，《厦门大学学报》1962 年第 3 期。

［12］宋伯胤，黎忠义：《从汉画像石探索汉代织机构造》，《文物》1962 年第 3 期。

［13］孙达人：《对唐至五代租佃契约经济内容的分析》，《历史研究》1962 年第 6 期。

［14］（日）松井秀一：《唐代前半期的四川》，《史学杂志》1962 年第 9 期。

［15］（日）松井秀一：《唐代后半期的四川》，《史学杂志》1964 年第 10 期。

［16］竺可桢：《中国近五千年来气候变迁的初步研究》，《考古学报》1972 年第 1 期。

［17］谢雁翔：《四川郫县犀浦出土的东汉残碑》，《文物》1974 年第 4 期。

［18］刘志远：《四川汉代画像砖反映的社会生活》，《文物》1975 年第 4 期。

［19］谢忠梁：《关于都江堰历史的两个问题》，《四川大学学报》（哲社版）1975 年第 6 期。

［20］王开发等：《根据孢粉分析推断上海地区近六千年以来的气候变迁》，《大气科学》1978 年第 2 期。

［21］朱伯康：《论唐代封建经济的变化》，《中华文史论丛》1979 年第 1 期。

［22］傅筑夫：《唐宋时代商品经济的发展与资本主义因素的萌芽》，《陕西师范大学学报》（哲社版）1979 年第 1 期。

［23］王毓铨：《“民数”与汉代封建政权》，《中国史研究》1979 年第 3 期。

［24］刘志远：《考古材料所见的汉代四川农业》，《文物》1979 年第 12 期。

［25］徐中舒：《中国古代的父系家庭及其称谓》，《四川大学学报》（哲社版）1980 年第 1 期。

［26］宁可：《有关汉代农业生产的几个数字》，《北京师范学院学报》1980 年第 3 期。

［27］胡戟：《唐代粮食亩产量——唐代农业经济述论之一》，《西北大学学报》（哲社版）1980 年第 3 期。

［28］蒙默：《犀浦出土东汉残碑是泐石“资薄”说》，《文物》1980 年第 4 期。

［29］贾大泉：《宋代四川地区的茶业和茶政》，《历史研究》1980 年第 4 期。

[30] 郑学檬:《关于唐代商人和商业资本的若干问题》,《厦门大学学报》1980 年第 4 期。

[31] 黄盛璋:《唐代户口的分布与变迁》,《历史研究》1980 年第 6 期。

[32] 杨玉波等:《四川森林分区的初步研究》,《西南师范学院报》1981 年第 1 期。

[33] 张隐农:《四川盆地一条农业气候规律》,《农业气象》1981 年第 3 期。

[34] 冯汉镛:《唐代剑南道的经济状况与李唐的兴亡关系》,《中国史研究》1982 年第 1 期。

[35] 张家诚:《气候变化对中国农业生产的影响初探》,《地理学报》1982 年第 2 期。

[36] 李伯重:《唐代江南地区粮食亩产量与农户耕田数》,《中国经济史研究》1982 年第 2 期。

[37] 何汝泉:《唐代成都的经济地位试探》,《社会科学研究》1982 年第 6 期。

[38] 葛剑雄:《略论我国封建社会人口增长的不平衡性》,《历史研究》1982 年第 6 期。

[39] 葛金芳:《唐宋之际农民阶级内部构成的变动》,《历史研究》1983 年第 1 期。

[40] 游修龄:《占城稻质疑》,《农业考古》1983 年第 1 期。

[41] 刘文杰,余德章:《四川汉代陂塘水田模型考述》,《农业考古》1983 年第 1 期。

[42] 吴稼祥:《论中国封建工商业的特点——关于中国封建社会长期延续的原因》,《学术月刊》1983 年第 1 期。

[43] 汤明檖:《从户籍制度看中国封建制下的小农》,《学术研究》1983 年第 2 期。

[44] 谢元鲁:《宋代成都经济特点试探》,《中国社会经济史研究》1983 年第 3 期。

[45] 凌大燮:《我国森林资源的变迁》,《中国农史》1983 年第 3 期。

[46] 蒙默:《试论古巴、蜀民族及其与西南民族的关系》,《贵州民族研究》1983 年第 4 期。

[47] 吴敏良:《都江堰的科学价值及“古为今用”的巨大效益》,《农业考古》1983 年第 7 期。

[48] 王馥堂:《世界气候与粮食产量的预测》,《气象知识》1984 年第 1 期。

[49] 秦保生:《汉代农田水利的布局及人工养鱼业》,《农业考古》1984 年第 1 期。

[50] 魏承思:《略论唐五代商人和割据势力的关系》,《学术月刊》1984 年第 5 期。

[51] 武敏:《吐鲁番出土蜀锦的研究》,《文物》1984 年第 6 期。

[52] 沈达尊:《略论农业生产资源的利用及其评价问题》,《农业技术经济》1985 年第 1 期。

[53] 史占扬:《从陶俑看汉代农夫形象和农具》,《农业考古》1985 年第 1 期。

[54] 林鸿:《四川古代的森林变迁》,《农业考古》1985 年第 1 期。

[55] 李家光:《古蜀名茶的形成与发展》,《茶业通报》1985 年第 6 期。

［56］杨希义：《唐代关中农业经济的主要产品及其地理分布》，《西北大学学报》（哲社版）1986 年第 1 期。

［57］任振球：《中国近五千年来气候的异常期及其天文成因》，《农业考古》1986 年第 1 期。

［58］阎守诚：《唐代的农田水利建设》，《晋阳学刊》1986 年第 2 期。

［59］葛金芳：《中国封建经济主导地位确立的前提——兼论唐宋之际地权关系和阶级构成的变化》，《中国经济史研究》1986 年第 3 期。

［60］于真：《我国的社会变迁与社会历史文化特质》，《社会科学研究》1986 年第 6 期。

［61］秦晖：《郫县汉代残碑与蜀地农村社会》，《陕西师范大学学报》（哲社版）1987 年第 2 期。

［62］谢元鲁：《论“扬一益二”》，《唐史论丛》1987 年第 2 期。

［63］王永兴：《论唐代均田制》，《北京大学学报》1987 年第 2 期。

［64］谢元鲁：《唐五代移民入蜀考》，《中国社会经济史研究》1987 年第 4 期。

［65］贾大泉：《唐和五代时期四川的茶叶》，《天府新论》1987 年第 4 期。

［66］武建国：《论均田制土地授受方式——兼论均田制实施范围》，《历史研究》1987 年第 5 期。

［67］段渝：《论巴蜀地理对文明起源的影响》，《四川大学学报》（哲社版）1988 年第 2 期。

［68］傅衣凌：《中国传统社会：多元的结构》，《中国社会经济史研究》1988 年第 3 期。

［69］巴家云：《汉代四川农业方面几个问题的探讨》，《四川文物》1988 年第 6 期。

［70］林立平：《唐宋时期商人社会地位的演变》，《历史研究》1989 年第 1 期。

［71］周殿杰，张邻：《伦唐代经济结构中的市场因素》，《中国社会经济史研究》1989 年第 1 期。

［72］张邦炜：《两宋时期的社会流动》，《四川师范大学学报》（社科版）1989 年第 2 期。

［73］曹尔秦：《论唐代关中的农业》，《中国历史地理论丛》1989 年第 2 期。

［74］潘孝伟：《唐代蜀中农业发展原因补议——谈水旱灾害的稀少》，《中国农史》1990 年第 2 期。

［75］罗开玉：《论秦汉政府向巴蜀的移民、迁徙与迁虏》，《巴蜀新论》1990 年第 3 期。

［76］张泽咸：《唐代城市构成的特点》，《社会科学战线》1992 年第 2 期。

[77] 华林甫:《唐代水稻生产的地理布局及其变迁初探》,《中国农史》1992 年第 2 期。

[78] 姜世碧:《成都汉代农业考古概述》,《农业考古》1992 年第 3 期。

[79] 徐嫩唐:《唐代商品经济特点浅析》,《中国社会经济史研究》1993 年第 4 期。

[80] 郭声波,陈铁军:《秦汉时代四川的农业开发》,《西南师范大学学报》(哲社版)1993 年第 4 期。

[81] 李映发:《都江堰在科学技术史上的价值》,《四川大学学报》(哲社版)1993 年第 5 期。

[82] 王其俊:《论孟子的社会变迁观》,《东岳论丛》1994 年第 2 期。

[83] 罗庆康:《〈居延新简〉所记的西汉物价研究》,《安徽史学》1994 年第 2 期。

[84] 段渝:《古史研究的材料、理论和方法——以巴蜀古史研究为例》,《史学理论研究》1994 年第 4 期。

[85] 陈明光:《初探大足石刻是宋史研究的实物史料宝库》,《社会科学研究》1994 年第 4 期。

[86] 唐力行:《徽州方氏与社会变迁——兼论地域社会与传统社会》,《历史研究》1995 年第 1 期。

[87] 龚良:《"圂"考释——兼论汉代的积肥与施肥》,《中国农史》1995 年第 1 期。

[88] 李晓:《宋代的茶叶市场》,《中国经济史研究》1995 年第 1 期。

[89] 王赛时:《唐代酒业初探》,《中国史研究》1995 年第 1 期。

[90] 张剑光:《唐代渔业生产的发展及其商品化问题》,《农业考古》1996 年第 3 期。

[91] 张剑光:《唐代藩镇割据与商业》,《文史哲》1997 年第 4 期。

[92] 林向:《蜀与夏——从考古新发现看蜀与夏的关系》,《中华文化论坛》1998 年第 4 期。

[93] 戴逸:《世纪之交中国历史学的回顾与展望》,《历史研究》1998 年第 6 期。

[94](日)宫泽知之:《唐宋社会变革论》,《中国史研究动态》1999 年第 6 期。

[95] 漆侠:《唐宋之际社会经济关系的变革及其对文化思想领域所产生的影响》,《中国经济史研究》2000 年第 1 期。

[96] 段渝:《秦汉时代的四川开发与城市体系》,《社会科学研究》2000 年第 6 期。

[97] 罗二虎:《四川青川秦律与稻作农业》,《四川大学学报》(哲社版)2001 年第 4 期。

[98] 罗二虎:《中国西南汉代画像内容分类》,《四川大学学报》(哲社版)2002 年第 1 期。

[99] 谭继和:《巴蜀文化的研究现状与未来》,《四川文物》2002 年第 2 期。

[100] 张玉法：《近代中国社会变迁》，《社会科学战线》2003 年第 1 期。

[101]（美）布雷特·辛斯基，蓝勇等：《气候变迁和中国历史》，《中国历史地理论丛》2003 年第 2 期。

[102] 蒋成，陈剑：《岷江上游考古发现述析》，《中华文化论坛》2003 年第 2 期。

[103] 张荣强：《唐前期剑南道的财赋地位及其特征》，《中国农史》2003 年第 4 期。

[104] 干鸣丰：《简论“川主”信仰及其历史影响》，《西南民族学院学报》（哲社版）2003 年第 5 期。

[105] 刘后滨：《从贞观之治看中国古代政治传统中的治世与盛世》，《北京联合大学学报》（社科版）2003 年第 12 期。

[106] 林文勋：《商品经济与唐宋社会变革》，《中国经济史研究》2004 年第 1 期。

[107] 陈虹：《四川水稻发展小史》，《农业考古》2004 年第 1 期。

[108] 刘玉峰：《唐代商品性农业的发展和农产品的商品化》，《思想战线》2004 年第 2 期。

[109] 吴孔明：《唐代西南麻类作物及其分布特点研究》，《中国麻业》2004 年第 2 期。

[110] 谢元鲁：《对唐宋社会经济制度变迁的再思考》，《中国经济史研究》2005 年第 2 期。

[111] 姚乐野：《论汉唐间巴蜀地区经济开发的特点》，《社会科学研究》2005 年第 3 期。

[112] 陈瑶：《李冰成就天府之国》，《资源与人居环境》2005 年第 3 期。

[113] 张莉红：《成都平原稻作农业区的形成与经济社会影响》，《社会科学研究》2005 年第 4 期。

[114] 邹礼洪：《都江堰岁修中的生态环境保护意识》，《西华大学学报》（哲社版）2006 年第 4 期。

[115] 柳立言：《何谓“唐宋变革”？》，《中华文史论丛》2006 年第 1 期。

[116] 张国刚：《唐代兵制的演变与中古社会变迁》，《中国社会科学》2006 年第 4 期。

[117] 杜文玉：《唐五代茶叶产区分布考述》，《陕西师范大学学报》（哲社版）2007 年第 3 期。

[118] 段渝：《巴蜀文化研究发轫》，《史学史研究》2007 年第 4 期。

[119] 彭邦本：《上古蜀地水利史迹探论》，《四川大学学报》（哲社版）2007 年第 6 期。

[120] 吴建国，张锦鹏：《从唐宋农村投资消费结构新特点看乡村社会变迁》，《中

国经济史研究》2008 年第 1 期。

[121] 邹礼洪:《从石刻碑铭看都江堰历史上的生态环境保护》,《中国农史》2008 年第 4 期。

[122] 王双怀:《"天府之国" 的演变》,《中国经济史研究》2009 年第 1 期。

[123] 葛金芳:《"农商社会" 的过去、现在和未来——宋以降(11—20 世纪)江南区域社会经济变迁》,《安徽师范大学学报》(社科版),2009 年第 5 期。

[124] 李映涛:《唐代巴蜀城市商业发展特征浅析》,《西南民族大学学报》(人文社科版)2009 年第 6 期。

[125] 罗开玉:《秦汉三国时期巴蜀的水利管理》,《成都大学学报》(社科版)2009 年第 6 期。

[126] 刘复生:《"都广之野" 与古蜀文明》,《中华文化论坛》2009 年第 11 期。

[127] 彭邦本:《双流境内瞿上、广都和蚕丛氏传说新探——兼及古蜀农业的起源与早期发展》,《中华文化论坛》2009 年第 11 期。

[128] 张邦炜:《"唐宋变革论" 的首倡者及其他》,《中国史研究》2010 年第 1 期。

[129] 张国刚:《唐代农村家庭生计探略》,《中华文史论丛》2010 年第 2 期。

[130] 李钊:《贞观元年婚姻诏令考释》,《西南民族大学学报》(社科版)2010 年第 2 期。

[131] 彭邦本:《秦人治蜀时期蜀地水利与农业的发展》,《西华大学学报》(哲社版)2012 年第 2 期。

[132] 李远国,田苗苗:《论巴蜀地区的川主、二郎信仰》,《中华文化论坛》2012 年第 6 期。

[133] 林移刚:《川主信仰与清代四川社会整合》,《西南大学学报》(社科版)2013 年第 5 期。

[134] 李映发:《岷江与都江堰对成都平原生存环境的影响——从历史考察的角度》,《西华大学学报》(哲社版)2013 年第 3 期。

[135] 崔建华:《蜀地入秦初期的管理体制再探讨》,《陕西师范大学学报》(社科版)2014 年第 1 期。

[136] 李钊:《试论杜宇、开明王朝的嬗替与先秦时期蜀地农业发展的关系》,《西南民族大学学报》(社科版)2015 年第 9 期。

[137] 李钊,彭邦本:《20 世纪以来李冰研究述论》,《中华文化论坛》2018 年第 9 期。

[138] 李钊,秦美玉:《蜀守遴选及秦并巴蜀后蜀地农业的发展》,《西南民族大学学报》(社科版)2018 年第 12 期。

## （二）论文集

［1］中国考古学会主编：《中国考古学会第二次年会论文集》，文物出版社，1982年。
［2］蒙文通：《第一卷古学甄微》，巴蜀书社，1987年。
［3］贾大泉主编：《四川历史研究文集》，四川省社会科学院，1987年。
［4］四川省文物考古研究所主编：《四川考古报告集》，文物出版社，1998年。
［5］卢华语主编：《古代长江上游的经济开发》，西南师范大学出版社，1989年。
［6］成都王建博物馆编：《前后蜀的历史与文化——前后蜀的历史与文化学术讨论会论文集》，巴蜀书社，1994年。
［7］邓少琴：《邓少琴西南民族史地论集》，巴蜀书社，2001年。
［8］徐鹏章：《四川历史考古文集》，四川大学出版社，2005年。
［9］严耕望：《严耕望史学论文选集》，中华书局，2006年。
［10］《南都学刊》编辑部：《汉代文化研究论文集》，大象出版社，2013年。

## （三）博士学位论文

［1］苏金花：《唐五代敦煌绿洲农业研究》，中国社会科学院，2002年。
［2］张景书：《中国古代农业教育问题研究》，西北农林科技大学，2003年。
［3］侯满平：《黄淮海平原农业结构调整及农业发展战略研究》，中国农业大学，2004年。
［4］姚乐野：《汉唐间巴蜀地区开发研究》，四川大学，2004年。
［5］周尚兵：《唐五代技术进步与社会变化》，首都师范大学，2005年。
［6］范立君：《近代东北移民与社会变迁（1861—1931）》，浙江大学，2005年。
［7］彭邦本：《先秦禅让传说新探》，四川大学，2006年。
［8］张安福：《唐五代农民家庭经济研究》，首都师范大学，2006年。
［9］程方：《清代山东农业发展与民生研究》，南开大学，2010年。
［10］郝二旭：《唐五代敦煌农业专题研究——以敦煌写本文献为中心》，兰州大学，2011年。
［11］侯江红：《唐朝政府农业经济职能研究》，云南大学，2011年。
［12］谭光万：《中国古代农业商品化研究》，西北农林科技大学，2013年。

## 六、报纸

［1］蜀勃：《东汉石刻李冰像在都江堰出土》，《光明日报》1974年6月6日。

［2］罗茂城：《四川面向市场调整农业结构》，《人民日报》2000 年 8 月 6 日。

［3］王宇信：《三星堆遗址研究展望》，《中国文物报》2000 年 9 月 6 日。

［4］任芳：《四川农田水利：何时丰水又沃田？》，《经济日报》2000 年 10 月 4 日。

［5］柯川：《挑战传统农业，构建现代农业》，《四川科技报》2000 年 10 月 23 日。

［6］陈显丹：《三星堆文化考古》，《光明日报》2001 年 2 月 27 日。

［7］郑德刚：《四川推进农业产业化步伐》，《人民日报》2001 年 8 月 14 日。

［8］张卡：《加快四川农业国际化进程》，《四川日报》2001 年 11 月 2 日。

［9］崔妮：《都江堰与府南河》，《光明日报》2001 年 11 月 26 日。

［10］高大伦：《灿烂的三星堆文明》，《中国旅游报》2002 年 1 月 7 日。

［11］蒋作平，刘瑾：《四川插上现代农业的翅膀》，《中国民族报》2002 年 3 月 26 日。

［12］彭述明：《实现治水新思路，迈向水利现代化》，《中国水礼报》2002 年 10 月 31 日。

［13］张珏娟：《金沙考古凸现商周耜》，《四川日报》2003 年 2 月 25 日。

［14］朱会伦，傅雪军：《都江堰建坝折射出决策科学化问题》，《科技日报》2003 年 8 月 7 日。

［15］邓万祥：《四川挖掘农业内部增收潜力》，《农民日报》2004 年 3 月 4 日。

［16］罗明：《三星堆和金沙古蜀金器“射鱼纹”之管见》，《中国文物报》2004 年 7 月 9 日。

［17］彭述明：《都江堰的历史经验与当今发展》，《中国水利报》2004 年 8 月 10 日。

［18］赵一：《都江堰岁修，成都用水不受影响》，《成都日报》2004 年 11 月 6 日。

［19］萧易：《二郎神修了都江堰？》，《成都日报》2005 年 9 月 12 日。

［20］李传君：《复活成都唐代雕版印刷》，《成都日报》2006 年 5 月 26 日。

［21］刘裕国：《金沙考古再获重大发现》，《人民日报》2006 年 6 月 12 日。

［22］李韶辉：《四川新农村建设面临诸多困难》，《中国改革报》2006 年 6 月 19 日。

［23］何茜：《三星堆让古蜀史不再茫然》，《四川日报》2006 年 7 月 13 日。

［24］毛小瑞：《节水灌溉提升四川农业》，《农民日报》2006 年 11 月 20 日。

［25］刘裕国：《四川农业科技进步贡献率达 45%》，《人民日报》2006 年 12 月 17 日。

［26］余长安，周龙：《金沙遗址：一段金堆玉积的古蜀文明》，《光明日报》2007 年 4 月 17 日。

［27］史幼波：《踏上艰难蜀道的诗仙诗圣》，《成都日报》2007 年 5 月 14 日。

［28］吕火明：《推进传统农业向现代农业发展》，《四川日报》2008 年 2 月 26 日。

［29］徐洪兴：《唐宋间中国思想转型及其提供的思考》，《解放日报》2008 年 7

月 27 日。

［30］席玮:《神秘的金沙遗址石跪人像》,《中国文化报》2009 年 10 月 27 日。

［31］穆祥桐:《都江堰与李冰》,《农民日报》2011 年 3 月 24 日。

［32］王绍良:《探寻历史变化中的都江堰》,《人民长江报》2011 年 5 月 28 日。

［33］许静:《四川农业综合排位跃居全国第四》,《四川日报》2012 年 8 月 28 日。

［34］李可可:《都江堰——天人合一的典范》,《中国水利报》2012 年 9 月 27 日。

［35］辜迅:《都江堰构筑成都平原生态屏障》,《中国环境报》2013 年 11 月 26 日。

［36］郭晓鸣:《2014：四川农业发展如何实现新突破》,《四川日报》2013 年 12 月 18 日。

［37］吴运亮，郭潇雅:《流淌千古的“史诗”：都江堰》,《中国社会科学报》2014 年 3 月 28 日。

［38］祝丹妮:《摩诃池：唐朝成都中央公园，杜甫陆游曾写诗赞美》,《成都日报》2014 年 5 月 26 日。

［39］李钊:《诗意田园：不仅慰乡愁，也可兴产业》,《成都商报》2020 年 11 月 16 日。

# 后　记

习近平总书记在十九大报告中指出，中国特色社会主义进入了新时代，这是我国发展新的历史定位。在新的历史时期，我国社会主要矛盾已经转化为人们日益增长的美好生活需要和不平衡不充分发展之间的矛盾。这种不平衡与不充分突出表现在区域发展之间，较之东部沿海地带，面积更为广阔、人口分布相对分散的中西部地区依然未能得到充分的发展。未来中国特色社会主义的建设重心，必须着力解决好中西部发展不平衡、不充分的问题。为了解决这一问题，2020 年 1 月，习近平总书记分别主持召开中央财经委员会第六次会议与中央政治局会议，专题部署成渝地区双城经济圈的战略规划与实施。这是继京津冀、长三角和粤澳港三个区域增长极之后，国家着力打造带动全国高质量发展的第四个重要增长极和新的动力源，是构建以国内大循环为主体、国内国际双循环相互促进的新发展格局的一项重大举措。较之其他三个区域增长极，成渝地区双城经济圈在经济总量占比、科技创新及其对经济增长的带动程度等方面，都存在着显著的差距。因此，探寻农业发展对加强成渝地区双城经济圈建设和深入推进乡村振兴的支撑点，成为学界迫切需要解决的问题之一。

在中西部的地域构成中，以目前最新的测量和统计，四川省总面积 48.6 万平方千米，占全国总面积的 5% 左右，常住人口 8262 万，占全国人口总数的 6% 左右；从民族构成来讲，有 55 个少数民族，490.8 万人。彝族、藏族、羌族、苗族、回族、蒙古族、土家族、傈僳族、满族、纳西族、布依族、白族、壮族、傣族为省内世居少数民族。四川地处藏羌彝走廊，是全国第二大藏区、最大的彝族聚居区和唯一的羌族聚居区。历史时期，不仅民族间的交往、交流与交融内容丰富，而且形成了农耕文明与游牧文明交相辉映的农耕亚文化气质。

作为西南地区农业发展程度最高、社会变迁最为强烈的唐代四川地区，在其特定小农经济发展模式下，具有相对独立的“四川特色”，并在推动社会变迁的历史进程中体现出了特有的内在演变机制和历史合理性。单纯依靠经验层面的解释性研究，显然不能实现“历史研究与服务现代的对话”，也就不能为国家和四川省制定符合中国特色、四川省情发展应用性需求提供历史借鉴、理论依据和智力支持。正是基于这种考虑，本书选择“唐代四川农业发展与社会变迁”作为研究对象，立足于马克思主义关于经济基础与上层建筑之间的辩证关系为根本理论基础，并通过文献记载、唐人诗文记述与出土资料相互印证的方法，来探究唐代四川地区农业发展与社会变迁互动进程中所折射出的历史合理性和内在规律性，试图做到将历史性的解释与当今社会发展需求的应用性研究结合起来，才能为贯彻党和国家制定的“一带一路”发展策略和十九大深入推进中西部地区社会全面发展的精神服务。希冀本书的出版发行，不仅可以弥补唐代四川地区农业研究的不足，而且可以为考察我国传统社会区域农业发展与社会变迁提供一个新的研究范式，同时亦可为成渝地区双城经济圈建设提供历史借鉴、学术支持和理论思考。

即将完稿，付梓出版，感恩之情油然而生！要感谢的人太多了，我的师长、学院领导、同门与亲人在本书的创作中提供了力所能及的帮助。首先要感谢我的博士导师、四川大学历史文化学院教授彭邦本先生。本书是在我的博士论文《唐代四川农业发展与社会变迁》的基础上衍生而成的。我在硕士期间学习的是隋唐史，博士期间改为攻读中国史的巴蜀文化，虽同属历史学的研究范畴，但毕竟分属两个完全不同的学习领域。从隋唐史到巴蜀文化，学习的内容、方法以及必须涉猎到的理论完全不同，跨度极大。记得当年，我怀着对知识的渴求和对先生的崇敬之情，“叩响”了先生的知识之门，先生并没有因我资质愚钝而拒之门外，反而耐心地将我带入“巴蜀文化”这座对我而言全新而又神圣的学术殿堂悉心教导。忘不了，为了探寻古蜀时期四川地区农业发展与社会变迁之间的关系，到都江堰、金堂峡、三星堆、金沙遗址等杜宇、开明王朝活动区域实地考察之后，将偶尔所获的学术心得呈交先生后，先生鼓励的话语；忘不了，从研究对象的选取与确立、到逻辑层次的安排再到文献资料和考古发现的合理运用，先生不厌其烦的“探讨式”的指导；更忘不了，先生将其对我们的关怀延伸到我们工作与生活中，“先做人，后做学问”的谆谆教导时刻萦绕在耳畔。先生高超的学术造诣、严谨的治学态度，潜移默化地影响着我，使我获益匪浅。

其次，要感谢四川大学历史文化学院的徐亮工教授。在本书的创作过程中，徐先生多次垂询写作进程，并对“唐代四川农业发展”这一学术命题的具体论证内容提出了诸多指导性的建议。在此，向徐先生致以最诚挚的谢意。

再次，要感谢我的硕士生导师、四川师范大学历史与旅游学院教授谢元鲁先生和师母尹容英女士。我生于山东、长于山东，却负笈来蓉，投身于谢教授门下攻读隋唐史。先生和师母一直将我视作“儿子”，在学习生活上给予了无微不至的关照，更给了我一个温暖的“家”。记得谢教授第一次来我家“做客”，我爱人为谢教授冲泡了茶水，谢教授未来得及“品茗”，即走进我的卧室看了一下我的被褥，对我们说了一句此生难忘的话：“孩子们，你们来自北方，成都的天气不像你们北方那么干燥，这儿比较潮湿，被褥太薄了，最好选择厚一点、能防潮的被褥。”这哪里是老师对学生的叮嘱，分明是一位慈祥的父亲对儿子日常生活起居的关心！每逢节假日，谢教授更是将我们一家三口接到家中，同享天伦之乐！每每想起这些生活中的点点滴滴，在感动的同时，更是被幸福笼罩着。这些都成为我学术探寻道路上不竭的动力。

但是，由于本人资质平庸并承担着繁重的教学任务，未能学有所成，实在是愧对师恩。幸好，我将彭教授、谢教授的师德“偷偷地”珍藏下来，融汇在我对学生的关爱之中，将一批批的学生送入了北京大学、复旦大学、四川大学、中国政法大学等高校继续深造，借此聊以弥补自己学术上的愚钝。

需要特别感谢的还有西华大学文学与新闻传播学院的邹礼洪教授，自入职西华大学以来，邹教授给了我工作和生活上无微不至的指导和关照，并且在学术研究上也给了我最大的鼓励和帮助。从本书的选题与逻辑框架的搭建、理论的构建、具体章节的安排以及资料的收集、选取与使用，邹教授都提出了很多宝贵的建议，为本书的顺利完成提供了无私的指导。不仅如此，邹教授还时刻过问论文的进展情况并不断地叮嘱我处理好日常教学工作与论文写作的关系。在此，向邹教授致以最诚挚的敬意。

再次，要感谢我的亲人们，尤其是我的爱人阚洪华女士，为了本书的写作，课余时间我几乎每日都要奔波于四川大学和西华大学之间，请教彭教授、查阅资料。小女的学习和生活重任完全由爱人承担。本书即将付梓刊印之际，小女已在浙江大学攻读硕士学位，浓浓的谢意与愉悦之情为本书的创作增添了色彩。我携妻带女负笈来蓉之后，与年迈体弱的父母远隔千里，照顾父母的重任基本上由兄嫂及姐姐们承担。深深的牵挂也不能替代兄嫂与姐姐们的悉心照料，唯有将对父母的愧疚和对亲人的感谢化作深深的祝福。

此外，还要感谢李世佳、罗晓蓉、惠翔宇、李毅忠、王瑰、何丹、陶佳玮、汤新钊、邹家兴、陈曙鹏等众位同门。由于我担任西华大学文学与新闻传播学院文化产业管理系的系主任，工作内容琐碎而繁重，资料的查阅和获取有时不得不托付同门。在接到我的托付之后，上述同门会在第一时间将我所需资料发给我，帮助我解决了很大困难。在此，向他们致以衷心的感谢。

最后，也要感谢西华大学文学与新闻传播学院的谢应光、王莉、潘殊闲、王学东、徐攀、范佳等领导以及官性根、徐宁、陈瑶、吴会蓉、王燕飞、胡冬梅、陈彧、陈睿、余华、喻曦等同事们无私的支持与帮助。

祝我的恩师、爱人、亲人、同门及单位领导、同事们万事安好！

李钊

二〇二一年五月于西华大学西华苑